Helmut Burkhardt

Ethik

Teil II

Das gute Handeln
(Allgemeine Materialethik)

Zweiter Teilband

Sexualethik – Wirtschaftsethik – Umweltethik – Kulturethik

BRUNNEN
Verlag GmbH · Giessen

Die THEOLOGISCHE VERLAGSGEMEINSCHAFT (TVG)
ist eine Arbeitsgemeinschaft der Verlage
Brunnen Gießen und SCM-R. Brockhaus Wuppertal.

3., bearbeitete Auflage 2020

www.brunnen-verlag.de
Umschlagmotiv: Marc Chagall / Charles Marq „L'Arbre de vie",
Sarrebourg, 1976, Detail; © VG Bild-Kunst, Bonn 2008
Umschlaggestaltung: Ralf Simon
Satz: Rudolf Horn, Linden
Herstellung: Hubert & Co. GmbH & Co. KG, Göttingen
Gedruckt in Deutschland
ISBN Buch 978-3-7655-9478-6
ISBN PDF 978-3-7655-7708-6

INHALT

Kurzüberblick über das Gesamtwerk dieser Ethik

Band 1: Einführung in die Ethik. Grund und Norm sittlichen Handelns (Fundamentalethik)

A. Vorfragen: Was ist Ethik?
   I. Ethische Allgemeinbegriffe
   II. Die Stellung der Ethik innerhalb der systematischen Theologie
   III. Literatur zur Ethik
B. Entwürfe säkularer Ethik
   I. Positivistische Ethik
   II. Utilitaristische Ethik
   III. Naturrechtliche Ethik
   IV. Situationsethik
   V. Zusammenfassender Überblick
C. Theozentrische Ethik
   I. Geschichtstheologische Begründung der Ethik: Das Gesetz Israels
   II. Schöpfungstheologische Begründung der Ethik: Welt und Mensch als Werk Gottes
   III. Eschatologische Begründung christlicher Ethik: Die Herrschaft Gottes in Christus

Band 2: Das gute Handeln. Allgemeine Materialethik, 1. Teil

   I. Überlegungen zum Aufbau inhaltlicher Ethik
   II. Religionsethik
   III. Humanethik
      1. Lebensethik
      2. Sozialethik

Band 2: Das gute Handeln. Allgemeine Materialethik, 2. Teil

      3. Sexualethik
   IV. Naturethik
      1. Wirtschaftsethik
      2. Umweltethik
      3. Kulturethik

Vorwort zur 1. Auflage

Der Leser nimmt es hoffentlich nicht als billige Entschuldigung für von ihm möglicherweise festgestellte Mängel: Aber eine Ethik zu schreiben, die ihrer Aufgabe einigermaßen gerecht wird, nämlich alle Bereiche menschlichen Handelns anzusprechen und zu reflektieren, bedeutet eigentlich für einen Einzelnen eine hoffnungslose Überforderung. Denn neben den grundlegenden theologischen Kenntnissen sind um einer sachgerechten Beurteilung der ethischen Problematik in allen Bereichen willen auch spezielle außertheologische Fachkenntnisse erforderlich, die alle zusammen ein Einzelner sich nur schwer aneignen kann: medizinische, biologische, soziologische, wirtschaftswissenschaftliche Kenntnisse usf. So sehr die vorliegende Ethik zwar als systematische konzipiert und deshalb grundsätzlich um eine umfassende Erörterung menschlichen Handelns bemüht ist, so sehr ist der Autor sich doch nicht nur der Bruchstückhaftigkeit dessen, was er vorträgt, bewusst, sondern auch seiner Lückenhaftigkeit. Mancher Leser wird die eine oder andere Fragestellung oder Literatur darüber, die ihm wichtig erscheint, nicht oder s.E. nicht ausreichend ausführlich erörtert finden. Und ich werde ihm oft kaum widersprechen können. Aber wenn dies Werk überhaupt einmal zum Schluss kommen sollte, musste ich einfach gewisse Beschränkungen in Kauf nehmen und manche Fragen, denen auch ich an sich gern weiter nachgegangen wäre, nur andeutend behandeln oder gar auslassen. Ich hoffe nicht zuletzt bei allen, die sich selbst einmal einer entsprechenden Aufgabe unterzogen haben (oder vielleicht auch um der genannten Schwierigkeiten willen darauf verzichteten und sich auf Spezialgebiete konzentrierten), auf wohlwollendes Verständnis.

Grenzach-Wyhlen, Januar 2008 — Helmut Burkhardt

Vorwort zur 3. Auflage

Unsere gegenwärtige Gesellschaft befindet sich in einem z. T. rasanten Wandel. Deshalb ist es zwölf Jahre nach der ersten Auflage unvermeidlich, zumindest auf einige der wichtigen ethisch relevanten Veränderungen gegenüber dem Ersterscheinungsjahr einzugehen, vor allem im Bereich der Sexualethik. Dies geschah in nicht nur vielen kleineren, sondern auch einigen größeren Änderungen und Ergänzungen. Auch neuere Literatur wurde nach Möglichkeit nachgetragen. Autor und Verlag bitten um Verständnis dafür, dass dies alles leider nicht möglich war ohne leichte Verschiebung bzw. Erweiterung der Seitenzahlen. Dem theologischen Lektor des Verlags, Herrn Uwe Bertelmann, gilt mein herzlicher Dank für die so arbeitsaufwendige, immer zuverlässige Einarbeitung aller Änderungen.

Grenzach-Wyhlen, August 2020 — Helmut Burkhardt

3. Sexualethik

3.1 Begriff und Wesen der Sexualität

Die Erörterung sexualethischer Fragen leidet oft unter dem Mangel, dass man die Fragestellung zu eng fasst und von bestimmten praktischen Einzelproblemen ausgeht. Man fragt etwa: Welchen Raum darf die Sexualität in meinem Leben haben? Ist sie das Wichtigste, das deshalb meinem Leben den eigentlichen Inhalt gibt? Oder ist sie, ganz im Gegenteil, etwas an sich Schlechtes, das ich am besten meiden sollte? Wie weit sollte ich mich auf sie einlassen?

Dabei wird in der Regel übersehen oder gar nicht erkannt, dass sich zunächst einmal solche Fragen gar nicht stellen. Denn Sexualität ist nicht etwas, das ich tun oder lassen könnte. Sexualität ist vielmehr eine grundlegende Bestimmtheit menschlichen Daseins, der ich mich überhaupt nicht entziehen kann – selbst wenn ich es, törichterweise, wollte. Das Geschlechtliche „... bildet keinen abgrenzbaren Sonderbereich, kommt vielmehr in allem, was Menschsein heißt, zur Geltung“ (Guardini 670).

Sicher: Wie ich meine Sexualität lebe und gestalte, das ist allerdings eine gewichtige ethische Frage, der wir uns im Folgenden ja auch näher zuwenden wollen. Aber dass jeder Mensch Geschlechtswesen ist, also je entweder Mann oder Frau, das ist eine unveränderliche Vorgegebenheit.

Eben dies geht schon aus der Analyse des Begriffs hervor: „Sexualität“ kommt vom lat. *secare* = schneiden, abschneiden, einteilen. Das Substantivum *sexus* heißt dann so viel wie Einteilung. Sexualität bezeichnet also, wie das gleichbedeutende deutsche Wort Geschlechtlichkeit, grundlegend die natürliche Gegebenheit, dass die Gattung Mensch in zwei Geschlechter differenziert ist. Der Mensch existiert nie als Mensch schlechthin, sondern im Regelfall eindeutig (zu Ausnahmen vgl. Exkurs I, S. 24-26) entweder als männlicher oder weiblicher Mensch (Guardini 671; zur sog. Intersexualität siehe unten S. 24).

Dieser natürlichen Tatsache der Zweigeschlechtlichkeit (Heterosexualität) entspricht auch das biblische Zeugnis: Wo die Bibel von der Erschaffung des Menschen berichtet: „Gott schuf den Menschen *(ät haadam)* zu seinem Bilde, zum Bilde Gottes schuf er ihn“, fährt sie erläuternd sogleich fort: „... und schuf sie als Mann und Frau *(sachar uneqebah)*“ (Gen 1,27).

Allerdings: Diese physische Gegebenheit ist nicht nur eine ruhende Tatsache wie etwa groβer oder kleiner Wuchs, blonde oder dunkle Haarfarbe u.ä. Vielmehr liegt in der Differenzierung der Menschen in die beiden Geschlechter von Mann und Frau zugleich eine innere Dynamik. Die Geschlechtlichkeit ist von Anfang an zielgerichtet – nämlich auf die geschlechtliche Vereinigung und damit die Fortpflanzung des Menschen, ebenso wie die geschlechtliche Differenzierung auch sonst im Tier- und weithin auch im Pflanzenreich darauf ausgerichtet ist. Dieser Zielgerichtetheit entsprechen beim Menschen und auch beim Tier nicht nur bestimmte physische Merkmale der beiden Geschlechter (die sog. primären und sekundären Geschlechtsmerkmale), sondern generell, und zwar prinzipiell – wenn auch in unterschiedlicher Weise – in beiden Geschlechtern, ein natürlicher Trieb zur Vereinigung hin, der sog. Geschlechtstrieb *(Libido)*.

Dies Angezogensein von einem Menschen des anderen Geschlechts ist eine Form des allgemeineren Geselligkeitstriebs. Während das individuelle Selbstsein des Menschen im Selbsterhaltungstrieb zum Ausdruck kommt, dem er etwa in der Befriedigung von Hunger und Durst, in Abwehr von Kälte und Hitze nachkommt, entspricht der Geselligkeitstrieb der Sozialität des Menschen. Das Hingezogensein zu einem bestimmten anderen Menschen, das sich an dem entzündet, was ihn in meinen Augen bzw. nach meinem Empfinden besonders anziehend macht, wird zunächst in einem weiteren Sinn *Eros* genannt. Im engeren Sinn dann bezeichnet Eros ein solches Hingezogensein zu einem Menschen des anderen Geschlechts. Dabei bezieht sich der Eros auf den anderen Menschen in seiner Ganzheit, also keineswegs nur auf die sog. „erogenen Zonen“ des anderen, also die sog. primären und sekundären Geschlechtsmerkmale und ihre Beschaffenheit. Er sucht den anderen Menschen nach Leib, Seele und Geist als ganze Persönlichkeit. *Sex* dagegen, die aus dem Amerikanischen abgeleitete Kurzform des Begriffs Sexualität, bezeichnet eine gerade von der Ganzheitlichkeit des Menschen absehende, auf den äußeren Vollzug der Geschlechtsgemeinschaft reduzierte und damit eine entartete, entmenschlichte und entmenschlichende Form der Liebe (Pieper 162: „Es ist der Eros, der die Geliebte will … Sex hingegen sucht ein Neutrum, etwas Sachhaftes und Dingliches, nicht ein Du, sondern ein Es“). Der rechtverstandene geschlechtliche Eros schließt auch die *Philia* ein, die in persönlicher Zuneigung zum andern wurzelnde Freundschaft, und vollendet sich in der *Agape* als selbstloser Liebe.

Literatur:

U. Eibach, Liebe, Glück und Partnerschaft, Wuppertal 1996; R. Guardini, Ethik, Mainz 1993 (661-713); C. S. Lewis, Was man Liebe nennt, Gießen 1979 (engl.: The Four Loves, Glasgow 1960); W. Lütgert, Ethik der Liebe, Gütersloh 1938 (160-175); W. Neuer, Mann und Frau in christlicher Sicht, Gießen [5]1993; J. Pieper, Über die Liebe, München [7]1992; O. A. Piper, Die Geschlechter. Ihr Sinn und ihr Geheimnis in biblischer Sicht, Hamburg 1954.

3.2 Kennzeichen menschlicher Sexualität

3.2.1 Die Ursprünglichkeit der Sexualität

3.2.1.1 Die Infragestellung der Ursprünglichkeit der Sexualität

Seelsorger und Psychologen stellen immer wieder fest, dass ihnen in ihrer Praxis Menschen begegnen, die in dem Sinne Probleme mit ihrer Geschlechtlichkeit haben, dass sie diese und ihren Vollzug als „schlecht" empfinden, als etwas, das sie in ihrem sittlichen Selbstwertgefühl belastet.

Vor allem nichtchristliche Psychologen geben dafür gern christlicher Weltanschauung und Ethik die Schuld. Sie werfen ihr Prüderie und überhaupt Sexfeindlichkeit vor.

Tatsächlich scheinen hier historisch gewisse Zusammenhänge zu bestehen. So gilt insbesondere das Ethos der bürgerlichen Gesellschaft des sog. viktorianischen bzw. wilhelminischen Zeitalters im 19. Jahrhundert einerseits als besonders von christlicher Moral bestimmt, gleichzeitig aber auch als besonders durch Prüderie gekennzeichnet. Man neigte vor allem in der Erziehung dazu, das Geschlechtliche in den Bereich des Peinlichen zu verdrängen. Kennzeichnend ist das damals in diesem Zusammenhang beliebte Märchen vom Klapperstorch, mit dem man neugierige Fragen von Kindern meinte befriedigen und ihre Phantasie von diesem vermeintlich „schmutzigen" Bereich fernhalten zu können.

Tatsächlich hat Sexfeindlichkeit eine alte Tradition, auch in der christlichen Kirche (Haag/Elliger 35-46). So galten in der Alten Kirche mancherorts z.B. sog. Josephsehen (also Ehen, die von Anfang an bewusst auf Geschlechtsgemeinschaft verzichten, Piper 221) als Ausdruck besonderer Frömmigkeit. In der ostsyrischen Kirche des 2. Jhs. wurden nur Ehelose oder Eheleute, die sich zu vollständiger geschlechtlicher Enthaltsamkeit verpflichteten, zur Taufe zugelassen (Müller 99). Eine solche Auffassung ist aber keineswegs christlichen Ursprungs, sondern geht auf einen nichtbiblischen, generell schöpfungs- und deshalb leibverachtenden, im „indogermanisch-persischen Raum" beheimateten Dualismus zurück (Arnold 947). Er wirkt schon in vorchristlicher Zeit auf das hellenistische Judentum und auf diesem Wege später auf das Christentum ein. Bezeichnend sind etwa Aussagen Philos von Alexandrien in seiner von platonischer Philosophie beeinflussten Deutung der biblischen Sündenfallgeschichte: „Nun trat die Liebe *(eroos)* hinzu, die sie wie zwei getrennte Hälften eines Wesens vereinigte und zusammenfügte, indem sie beiden das Verlangen nach inniger Gemeinschaft einflößte zur Erzeugung eines ähnlichen Wesens. Dies Verlangen *(pothos)* aber erzeugte jene Wollust *(hädonä)* des Körpers, die der Anfang ungerechter und ungesetzlicher Handlungen ist, um deretwillen die Menschen das sterbliche und unglückliche Leben für ein unsterbliches und glückseliges eintauschen" (op 152, vgl. Baer 37f). In dem Vergleich „wie zwei getrennte Hälften eines Wesens" spielt Philo auf den Mythos vom androgynen Urmenschen an, der als Strafe für seine Hybris von den Göttern in die zwei Geschlechter geteilt wurde und seitdem das Verlangen nach Wiedervereinigung in sich trägt (Plato, Symposion 189-191, dort vorgetragen von dem Komödiendichter Aristophanes). Dieser die Geschlechtlichkeit als nichtursprünglich abwertende Mythos taucht immer wieder in christlicher Theologie auf, so um 1200 n.Chr. bei dem Pariser Theologen Amalrich von Bena, im 17. Jh. bei dem deutschen Mystiker Jakob Böhme und noch im 19. Jh. bei Th. P. Culmann, einem dem Pietismus nahestehenden evangelischen Theologen (Arnold 950; vgl. Kranz 352).

Literatur:

F. X. Arnold, Sexualität und Menschenwürde in theologischer Wertung, in: Universitas 9. Jg./1954, 943-959; R. A. Baer jr., Philo's Use of the Categories Male and Female, Leiden 1970; M. Kranz/M. Heinz/F. Kuster, Art. Weiblich/männlich, in: HWP Bd. 12, 343-371; K. Müller, Kirchengeschichte I,1, Tübingen [2]1929; H. Haag/K. Elliger, Stört die Liebe nicht. Die Diskriminierung der Sexualität – ein Verrat an der Bibel, Olten 1986.

3.2.1.2 Die Ursprünglichkeit der Sexualität in biblischer Sicht

Eine ganz andere Einstellung zum geschlechtlichen Leben zeigt sich uns in der Bibel. Von grundlegender Bedeutung ist hier wieder die Schöpfungsgeschichte, in der die Zweigeschlechtlichkeit als gutes Werk des Schöpfers festgestellt und ihre Bestimmung zur Zeugung von Nachkommenschaft (Gen 1,28) und zur ehelichen Gemeinschaft von Mann und Frau herausgestellt wird (Gen 2,18-25). Erst danach ist vom Sündenfall die Rede. Kein Unterschied unter Menschen ist „so fundamental und ursprünglich wie der zwischen den Geschlechtern“ (Splett 330).

Entsprechend unbefangen und grundsätzlich positiv sieht die Bibel dann auch sonst die Geschlechtlichkeit des Menschen. Im Alten Testament mag dafür vor allem die so ganz und gar nicht prüde, unbefangene Art stehen, in der das Hohelied die Liebe von Mann und Frau zueinander beschreibt, so etwa in der Schilderung der leiblichen Schönheit der Geliebten (z.B. Hld 4,1-7.12-15 und 7,1-10) und des Verlangens der Liebenden nach einander (8,6ff: „Liebe ist stark wie der Tod und Leidenschaft unwiderstehlich wie das Totenreich“). Wäre das Christentum wirklich prüde, so müsste es die gerade von Kindern so geliebten Weihnachtsgeschichten (Mt 1-2 und Lk 1-2) eigentlich unter die jugendgefährdenden Schriften rechnen, wenn man bedenkt, wie selbstverständlich sie von Zeugung, Schwangerschaft und Geburt sprechen.

3.2.1.3 Einwände gegen die Ursprünglichkeit der Sexualität aus der Bibel und ihre Kritik

a. Die Bibel sagt zwar nicht ausdrücklich, dass die *Ursache* der Sünde in der Geschlechtlichkeit des Menschen zu suchen sei. Wohl aber scheint sie das Verlangen der Frau nach dem Mann als eine *Folge* des Sündenfalls zu beschreiben (Gen 3,16). Fällt von daher also nicht doch ein negatives Licht auf die Geschlechtlichkeit selbst?

Richtig ist, dass nach der Aussage dieses Textes der Mensch seine Geschlechtlichkeit jetzt, nach dem Sündenfall, anders erfährt als vorher. Das Verlangen der Frau nach dem Mann liefert sie ihm in gewisser Weise aus („… und er wird dein Herr sein“, V. 16b). Aber damit ist nichts über die Geschlechtlichkeit selbst gesagt. Vielmehr unterliegt sie in ihrem Vollzug seit dem Sündenfall einem gewissen Gestaltwandel: Aus der liebenden Zuwendung vorher (Gen 2,23f) wird jetzt, unter dem Einfluss der Sünde des Menschen, ein allzuleicht missbrauchtes Herrschafts- und Abhängigkeitsverhältnis, drastisch zugespitzt im Männlichkeitsgehabe des Lamech (Gen 4,23).

Zu bedenken ist dabei auch, dass hier nicht von der Geschlechtlichkeit überhaupt (also auch der des Mannes), sondern nur von der offenbar (durch den Mann) besonders gefährdeten Geschlechtlichkeit der Frau die Rede ist.

b. Ein weiterer Einwand gegen die Ursprünglichkeit der Geschlechtlichkeit könnte aus der Beobachtung abgeleitet werden, dass geschlechtliche Sünde in der Bibel immer wieder in besonderer Weise zum *Einfallstor für Gottlosigkeit* wird (z.B. Num 25). Sie ist in der Bibel nicht nur Bild für die Abwendung von Gott (Hos 2; Jer 2-3; Hes 23), sondern auch reales Anzeichen des Abfalls (Jer 5,7f; Hes 22,11, vgl. Röm 1,24ff; 1Kor 5-6 u.ö.). Sollte das nicht ein Hinweis sein auf die enge Verbindung von Sünde und Geschlechtlichkeit?

Tatsächlich ist das Gegenteil der Fall: Gerade weil die Geschlechtlichkeit eine so große Gabe Gottes an den Menschen und etwas im menschlichen Leben von der Schöpfung her so Wichtiges ist, kann sie so leicht zur Verführung zum Götzendienst missbraucht werden. Bezeichnend ist, dass nach Römer 1 die Sünde sich erst sekundär im Bereich der Geschlechtlichkeit auswirkt, primär dagegen im Denken („.. haben ihre Gedanken dem Nichtigen zugewandt und ihr unverständiges Herz wurde verfinstert“, Röm 1,21). Aber es wäre sicher töricht, deshalb bestreiten zu wollen, dass die Vernunft des Menschen eine gute Gabe des Schöpfers ist.

c. Ist die Erfahrung der *Scham* gerade im Zusammenhang mit dem Geschlechtsleben nicht ein Hinweis darauf, dass dieses unlöslich mit Sünde verbunden ist? So heißt es ja vor dem Sündenfall auch ausdrücklich, dass Adam und Eva sich nicht schämten, obwohl sie nackt waren (Gen 2,25, hebr. *bosch*, sonst auch *kalam*, vgl. Jer 8,12), nach dem Sündenfall aber ihre Nacktheit wahrnehmen und entsprechende Maßnahmen zu ihrer Verhüllung ergreifen (Gen 3,7.10f).

Diesem Einwand gegenüber ist zunächst zu bedenken, was unter Scham eigentlich zu verstehen ist. Das Erlebnis der Scham ist keineswegs nur an die Geschlechtlichkeit gebunden, sondern ein viel allgemeineres Phänomen. Man schämt sich eines Versehens, einer Schwäche. Man schämt sich, weil man irgendeinen Mangel an sich entdeckt und nun versucht, ihn zum Schutz des eigenen Selbstwertgefühls zu verbergen. Das Schamgefühl ist also ein „Minderwertigkeitserlebnis“ im weitesten Sinn (Lersch 250f). Scham ist ganz allgemein eine Selbstschutzmaßnahme. Als solcher begegnen wir ihr dann auch im Bereich des Geschlechtlichen.

O. A. Piper beschreibt drei je nach ihrer Ursache zu unterscheidende Formen von Schamgefühl: das Schuldgefühl, die Beschämtheit und die Schamhaftigkeit (Piper 344ff).

Das *Schuldgefühl* hat seinen Grund im Verstoß gegen eine sittliche Norm.

Die Ursache der *Beschämtheit* ist in einem gestörten Verhältnis zu sich selbst in seiner Natürlichkeit zu sehen: Im Bewusstsein, ein der Natur überlegenes geistiges Wesen zu sein, schämt man sich seiner Körperlichkeit, in besonderer Weise elementarer natürlicher Funktionen der Ausscheidungen von Blase und Darm, aber in dem Zusammenhang eben auch seiner Geschlechtsteile (Piper 347; vgl. Gerl-Falkowitz 363).

Die Ursache der *Schamhaftigkeit* sieht Piper im „Geheimnis der Geschlechtlichkeit selbst" (346). Die Scham ist im weitesten Sinn Ausdruck des Wissens des Menschen um sich selbst in seiner Individualität (die Scham hängt „aufs innigste zusammen ... mit dem Grunderlebnis der Individuation" Spranger 100). Sie ist Maßnahme zum Schutz der Individualität gegen verdinglichenden Zugriff anderer. Man kann das schon beim Kleinkind beobachten, wie es, auf dem Arm der Mutter, angesichts eines zudringlich sich ihm zuwendenden Fremden „verschämt" lächelnd den Kopf zur Seite wendet und sich so solchem fremden Zugriff zu entziehen versucht. Zum Selbstsein des Menschen gehört in besonderer Weise seine Geschlechtlichkeit. Innerhalb der Geschlechtlichkeit kommt sie in besonderer Weise zum Ausdruck im Umgang mit den körperlichen Merkmalen des Geschlechts. Gerade hier, in der sogen. Intimsphäre, weiß er sich in besonderer Weise als er selbst. Scham als Schutz der Intimsphäre vor fremdem, auch optischem, Zugriff ist also Selbstschutz der menschlichen Person. „Die Scham ist eine Schutzhülle, die die Würde der Persönlichkeit umgibt und schützt" (Lütgert 356). Scham ist „Scheu vor Selbstpreisgabe und damit ein Schutzgefühl des Individuums" (Schrey 117). So war es kennzeichnend für die neomarxistisch inspirierte 68er-Bewegung, dass sie sich in ihren kollektivistischen Bestrebungen mit Pornographie, sexualisierter Gruppendynamik und einseitig naturalistischer Sexualkunde die sexuelle Revolution zunutze machte, deren Grundzug ja die Aufhebung der Scham ist. Sie wurde bewusst eingesetzt als Mittel der Kollektivierung des Menschen.

Wo aber die Gefahr der Entfremdung und Entpersönlichung nicht besteht, nämlich in wirklich liebender Zuwendung, da verliert auch der Selbstschutz des Schamgefühls seine Bedeutung. In dem Maße, in dem die Liebe echtes Vertrauen in den anderen schafft und damit Vertrauen darein, dass er meine Blöße nicht „schamlos" ausnutzt, kann ich auf abwehrende Schutzmaßnahmen verzichten. Der Ort solcher von Vertrauen geprägten Liebe ist für das geschlechtliche Schamgefühl allein die Ehe. Eine Ausnahme ist nur die notlagenbedingte Öffnung der Intimsphäre gegenüber dem Arzt, die aber ebenfalls das unbedingte Vertrauen voraussetzt, dass der andere meine Schwäche nicht ausnutzt, sondern mir nur helfen will.

Pornographie ist also wesentlich Angriff auf die Personwürde des Menschen und damit seine Freiheit (Court). Umgekehrt ist der Verlust der Schamhaftigkeit alles andere als Ausdruck aufgeklärter, fortschrittlicher Gesinnung, sondern, nach den Erkenntnissen moderner Psychologie, Zeichen seelischer Krankheit (Exhibitionismus) bzw. des Schwachsinns (Illies 21, in Anlehnung an S. Freud).

d. Ein gewichtiges biblisches Argument gegen die Ursprünglichkeit der Geschlechtlichkeit scheint die Feststellung zu sein, dass nach vereinzelten Aussagen der kultischen Gesetzgebung des Alten Testaments der Geschlechtsverkehr (Ex 19,15; 1Sam 21,5f), aber auch der Samenfluss des Mannes im Schlaf (Lev 15,16f.32) oder die Menstruation (Lev 15,19ff.33) und die Geburt bei der Frau (Lev 12) kultisch „unrein" machen. Steht danach also der ganze Bereich des Geschlechtlichen unter dem Vorzeichen der Sündhaftigkeit?

Gegen diese Schlussfolgerung spricht aber der Tatbestand, dass auch etwas, das an sich wichtige religiöse Verpflichtung und also gerade nicht Sünde ist, nämlich die Bestattung verstorbener Angehöriger (Gen 25,9f; vgl. Tob 12,13), durch die dabei unvermeidliche Berührung der Toten unrein macht (Lev 21,1f; Num 5,2; 6,6; 9,6; 19,11-13). Hinter der Auffassung, dass geschlechtliche Erlebnisse unrein machen, steht also nicht eine ethische Abwertung solcher Vorgänge, sondern eine archaische Scheu angesichts der Geheimnisse um den Beginn des Lebens und sein Ende, den Tod. Bezeichnend ist etwa auch, dass im Judentum später die Berührung heiliger Schriften als unrein machend angesehen wird (Leiman 102ff). Grund dafür ist gerade nicht eine Abwertung solcher Gegenstände, sondern ihre Heiligkeit.

e. Ein letztes Argument ist dem Neuen Testament entnommen: Jesus scheint im Gespräch mit den Sadduzäern im Reich Gottes die Aufhebung der Geschlechtlichkeit zu erwarten und Geschlechtslosigkeit damit als Ideal zu werten: „In der Auferstehung werden sie weder freien noch sich freien lassen, sondern sie sind wie die Engel im Himmel" (Mt 22,30).

Gegen diese Schlussfolgerung spricht: Engel sind in der Bibel keineswegs geschlechtslos vorgestellt, sondern durchweg in männlicher Gestalt (Gen 18,2: „drei Männer“; vgl. 19,5; Mk 16,5: „ein Jüngling“). Vor allem: Jesus spricht hier nicht von Aufhebung der Geschlechtlichkeit, also der Aufhebung von Mannsein bzw. Frausein, sondern nur davon, dass im Himmel die Geschlechtlichkeit nicht mehr in der Geschlechtsgemeinschaft ausgeübt wird. Die Geschlechtlichkeit ist mehr als nur geschlechtliche Vereinigung. Die jeweilige Geschlechtlichkeit des Einzelnen gehört zu seiner Personidentität und die wird in der Auferstehung gerade nicht ausgelöscht. „Mann und Frau sind von Beginn der Schöpfung an unterschieden und bleiben es in alle Ewigkeit“ (Kongregation für die Glaubenslehre 12, S.17).

Literatur:

J. H. Court, Pronographie. Anfang oder Ende der Freiheit?, Gießen 1980; H.-B. Gerl-Falkowitz, Gender: Eine Theorie auf dem Prüfstand, in: IKZ Communio, Jg.35/2006, 355-369; J. Illies, Unschuldig wie Gott sie schuf. Ein Plädoyer für das Schamgefühl, Wuppertal 1981; Kongregation für die Glaubenslehre, Schreiben an die Bischöfe der Katholischen Kirche über die Zusammenarbeit von Mann und Frau in der Kirche und in der Welt, Verlautbarungen des Apostolischen Stuhls 166, Bonn 2004; S. Z. Leiman, The Canonization of Hebrew Scripture, Hamden/Connecticut 1976; W. Lütgert, Schöpfung und Offenbarung, Gütersloh 1934; K. H. Michel, Der dreieine Gott und die Einheit von Mann und Frau, in: ders., Sehen - glauben - leben. Ausgewählte Aufsätze, hg. von R. Braun und H. Hempelmann, Gießen 2012, 96-108; O. A. Piper, Die Geschlechter. Ihr Sinn und ihr Geheimnis in biblischer Sicht, Hamburg1954; J. Ruhnau, Art. Scham, in: HWP 8, 1208-1215; H.-H. Schrey, Einführung in die Ethik, Darmstadt ^{2}1977; J. Splett, Der Mensch – männlich und weiblich, in: IKZ Communio, 35.Jg/2006, 328-335; E. Spranger, Psychologie des Jugendalters, ^{23}1953.

3.2.2 Die Ganzheitlichkeit der Sexualität

Zum Verständnis der Sexualität ist nicht nur die Erkenntnis ihrer Ursprünglichkeit (und deshalb Gottgewolltheit) wichtig, sondern zugleich auch die Erkenntnis ihrer Ganzheitlichkeit, die Erkenntnis also, dass die Sexualität nicht etwas am Menschen ist (der als solcher wesentlich geschlechtslos zu denken wäre), sondern dass der ganze Mensch von seiner Geschlechtlichkeit geprägt ist: Der ganze Mensch, in allen Bereichen seiner leiblichen und geistigen Existenz, ist je entweder Mann oder Frau.

3.2.2.1 Vereinseitigungen der Sexualität

Diese Erkenntnis war und ist aber nicht überall selbstverständlich akzeptiert. Es gab und gibt immer wieder Versuche, die Sexualität auf Teilbereiche des menschlichen Lebens zu reduzieren.

a. Sexismus

„Sexismus“ ist ein polemischer Begriff, der in der Frauenbewegung geprägt wurde. Er bezeichnet allgemein „die Diskriminierung von Personen aufgrund ihrer Geschlechtszugehörigkeit“ (Krebs 722), speziell aber eben von Frauen durch Männer. Ein sexistisches Verhältnis des Mannes zur Frau ist besonders gekennzeichnet dadurch, dass er sie nicht als Person ansieht und respektiert, sondern nur als mögliches Objekt des männlichen Sexualtriebs betrachtet.

Gefördert wird eine solche Sicht der Frau durch den beim Mann erfahrungsgemäß stärker als bei der Frau ausgeprägten Sexualtrieb, kombiniert mit dem ihm in der Regel ebenfalls stärker eigenen Machttrieb und unterstützt durch die durchschnittlich gegebene physische Überlegenheit des Mannes. Echten Eros, der ja immer die ganze Person des Partners im Blick hat, kennt der Sexismus nicht. Ihm geht es nur um den eigenen momentanen Lustgewinn, speziell im Orgasmus. Er will im Geschlechtsverkehr möglichst schnell zum „Eigentlichen“ kommen. Die Frau wird hier, auch in einer formell eingegangenen Ehe, eher als eine jederzeit zur Verfügung stehende Prostituierte (und ggf. auch Gebärerin und Haushälterin) gesehen denn als wirkliche Geliebte. Sexismus ist damit typischer Ausdruck einer vom Mann beherrschten sog. patriarchalischen Gesellschaft.

b. Feminismus

Der Feminismus entwickelte sich zunächst im *modernen Feminismus* als Befreiungsbewegung von patriarchalischer Unterdrückung der Frau und als Protest und Gegenwirkung gegen einen frauenverachtenden Sexismus. Dieser Protest erfuhr aber im emanzipatorischen Feminismus eine Ideologisierung. Während im Sexismus die Frau nur als Sexualobjekt gesehen war, möchte man nun im Gegenzug diesen Aspekt so weit wie möglich zurückdrängen oder gar verdrängen. Man kehrt einseitig das gemeinsam Menschheitliche heraus und versucht, die Unterschiede zwischen den Geschlechtern zu minimieren, indem man sie etwa auf die nun einmal unleugbaren äußeren Geschlechtsmerkmale beschränkt sein lässt, evtl. gar (so im frühen Sozialismus bei A. Bebel) auf die Gebärfähigkeit der Frau (Burri 33). Oder man leugnet (oder vergleichgültigt) die Unterschiede kühn und behauptet, niemand werde als Mann oder Frau geboren, man werde dazu erst erzogen (S. de Beauvoir 218; vgl. Bailey 251, vgl. unten S. 48 zur heutigen Gender-Ideologie).

Inzwischen ist die Entwicklung weitergegangen zu einem *postmodernen Feminismus.* Er versucht sich auch emotional von der Fixiertheit auf die angebliche Überlegenheit des Mannes freizumachen, indem er sich bewusst wieder auf die Eigenart der Frau besinnt, sie aber neu bewertet, nämlich als der des Mannes in vieler Hinsicht überlegen.

3.2.2.2 Die Ganzheitlichkeit der Sexualität in biblischer Sicht

Grundlegend ist hier wieder das Zeugnis von Genesis 1: „Gott schuf den Menschen zu seinem Bilde … und schuf sie als Mann und Frau“ (V. 27). Indem der Mensch von Anfang an nur in der Zweigeschlechtlichkeit da ist, gibt es überhaupt nicht „den“ Menschen, sondern es gibt Menschen immer nur als Mann oder Frau. Dies Mann- oder Frausein ist dabei nicht etwas, was sie je nur zu einem Teil charakterisiert. Vielmehr ist der ganze Mensch je Mann oder Frau. Auch nach dem Bericht von Genesis 2 wird Eva nicht geschaffen, um *etwas* an Adam zu ergänzen, was ihm gefehlt hätte, sondern als *Ganze* ist sie ergänzendes Gegenüber zu ihm (V. 18.23).

Von einem ursprünglichen Androgyn als Ursprungs- und Idealgestalt des Menschen, wie in der griechischen Mythologie (Plato; vgl. Burri 31) und romantischer Spekulation angenommen wurde (Burri 31; Culmann 61 spricht von Adams ursprünglicher „Erhabenheit über die geschlechtliche Bedingtheit“), weiß die Bibel nichts. Es heißt in Gen 1,27b nicht, Gott habe „ihn“ (den Menschen, Singular, also: „männlich-weiblich“) geschaffen, sondern „…sie“ (Plural, nämlich „als Mann *und* als Frau“, vgl. Eichrodt II, 64, Anm. 2).

3.2.2.3 Die Ganzheitlichkeit der Sexualität in humanwissenschaftlicher Sicht

Sofern nun Mann und Frau natürlich nicht zwei verschiedenen Gattungen von Lebewesen angehören, sondern der einen Gattung Mensch, drückt sich diese menschliche Gemeinsamkeit entsprechend auch in allen Bereichen der menschlichen Existenz aus. Dies gilt selbst dort, wo die Unterschiede am auffallendsten sind, bei den primären und sekundären Geschlechtsmerkmalen, etwa bei der Brustwarze (obgleich sie beim Mann keine erkennbare Funktion hat), aber selbst bei den primären Merkmalen gibt es gewisse Analogien (z.B. Clitoris/Penis etc., vgl. Verch 34f; Burri 68).

All das ändert aber nun nichts an der Unterschiedenheit in allem Gemeinsamen, und zwar in allen Bereichen des Menschen. Dem liegt ein Tatbestand zugrunde, an dem die Ganzheitlichkeit der Sexualität am eindeutigsten zutage tritt, die Tatsache nämlich, dass jede einzelne Zelle des menschlichen Körpers je spezifisch männlich oder weiblich ist. Denn der Chromosomenbestand jeder Körperzelle ist beim Mann anders als bei der Frau: Das Geschlechtschromosomenpaar der Frau besteht aus zwei X-Chromosomen, das des Mannes aus einem X-Chromosom und einem Y-Chromosom (Verch 65).

Literatur:

D. S. Bailey, Mann und Frau im christlichen Denken, Stuttgart 1963; S. de Beauvoir, Das andere Geschlecht, Hamburg 1951; J. Burri, Als Mann und Frau schuf er sie. Differenz der Geschlechter aus moral- und praktisch-theologischer Sicht, Zürich 1977; Th. Culmann, Die christliche Ethik, Stuttgart [3]1889; W. Eichrodt, Theologie des Alten Testaments, II. Teil, Leipzig 1935; J. Fischer/P. Rhein/R. Ruthe (Hg.), Wörterbuch zur Sexualpädagogik, Wuppertal 1969; A. Krebs, Art. Sexismus/Feminismus, in: HWP Bd. 9, 721-725; K. Verch, Der unbekannte Körper. Biologie der Fortpflanzung – Geheimnis der Menschwerdung, Wuppertal [3]1969.

Exkurs 1: Intersexualität

Die Zugehörigkeit eines Menschen zu je einem Geschlecht, männlich oder weiblich, ist grundsätzlich eindeutig feststellbar. Trotzdem kommt es immer wieder auch zu Abweichungen von der normalen Entwicklung, sogenannter Intersexualität, d.h. zu Formen der Geschlechtlichkeit, bei denen die Zugehörigkeit eines Menschen zu einem der beiden Geschlechter nicht eindeutig festzustellen ist, weil bei ihm Merkmale beider Geschlechter ausgebildet sind. Es handelt sich dabei vor allem um Abweichungen in den Geschlechtschromosomen und um genetisch bedingte hormonelle Entwicklungsstörungen, jeweils mit entsprechenden physischen Auswirkungen. Die bekannteste und sozusagen klassische (zugleich besonders selten vorkommende) Gestalt der Intersexualität ist die des sog. Hermaphroditismus („Herm“ vom gr. Gott Hermes für das männliche Element, „aphroditismus“ von der gr. Göttin Aphrodite für das weibliche Element). Hier kommt es dazu, dass in einem menschlichen Organismus die Keimdrüsen beider Geschlechter (Hoden wie auch Eierstöcke) sich voll ausbilden. Daneben gibt es aber eine Fülle von weiteren, sehr unterschiedlichen anderen Störungen in der geschlechtlichen Entwicklung, „Disorders of sexual developement“ genannt (= DSD; vgl. die Darstellung in der 2012 herausgegebenen Stellungnahme des Deutschen Ethikrats S. 35-47).

Es ist offensichtlich, dass eine solche geschlechtliche Entwicklung für die von ihr Betroffenen in vielen Fällen eine erhebliche psycho-soziale Belastung darstellt. Einige Formen bergen auch ein großes gesundheitliches Risko in sich (Krebs).

In der ethischen Frage, wie mit diesen Abweichungen von der normalen Entwicklung umzugehen ist, werden vor allem zwei Möglichkeiten diskutiert:
1. Therapeutischer Eingriff durch Operation und/oder Hormonbehandlung. Während man früher in der Medizin vor allem zu – möglichst frühen - operativen Eingriffen neigte, ist man hier heute wesentlich zurückhaltender, weil es sich dabei um einen unumkehrbaren Eingriff in den Kernbereich eines Menschen handelt. Wichtig dabei ist vor allem auch die Frage, ob es sich um einen (willkürlich etwa nach dem Wunsch der Eltern) zum männlichen oder weiblichen Geschlecht zuordnenden Eingriff handelt (im Widerspruch zum feststellbaren chromosomalen Geschlecht), oder nur um einen (entsprechend dem chromosomalen Geschlecht) verdeutlichenden Eingriff (Dt. Ethikrat S. 27 und 108). Zwingend nötig ist ein operativer Eingriff selbstverständlich, wo ein bösartiger Krebs sich entwickelt. Hier geht es nicht mehr nur um ein sexualethisches Problem, sondern um eine Frage von Leben und Tod.
2. Neben der Möglichkeit des Wunsches oder auch der Notwendigkeit, die Situation des von DSD betroffenen Menschen therapeutisch zu verändern, besteht bei vielen Formen von DSD grundsätzlich auch die Möglichkeit, dass man versucht, sich mit dieser Situation zu arrangieren. Angesichts der Tatsache aber, dass die Intersexualität nicht der traditionellen Zweigeschlechtlichkeit entspricht, besteht die Gefahr einer gesellschaftlichen Diskriminierung der von ihr Betroffenen. Um ihr vorzubeugen, ist in letzter Zeit die Forderung erhoben worden, Intersexualität als sog. „Drittes Geschlecht“ gesellschaftlich zu etablieren. Aber diese Forderung ist wissenschaftlich unhaltbar. Es handelt sich bei DSD nun einmal unbestreitbar um krankhafte Entwicklungsstörungen. Sie stellen auch statistisch gesehen ausgesprochene Ausnahmefälle dar, die entgegen der Annahme des Bundesverfassungsgerichts (0,2 %) nur ca. 0,002 % der Bevölkerung betreffen (Spiewak 39). Nicht zuletzt die großen Unterschiede, in denen Intersexualität auftritt, schließen es aus, von einem „Dritten“ Geschlecht

zu sprechen. Die Feststellung, dass es sich um eine krankhafte Entwicklung handelt, hat als medizinische Diagnose mit Diskriminierung nichts zu tun. Eine andere Frage ist – wie bei jeder Krankheit oder Behinderung – wie man mit ihr umgeht. Tatsächlich ist die Annahme eines „Dritten Geschlechts" eher ein Versuch, die herkömmmliche, den normalen natürlichen Gegebenheiten entsprechende Zweigeschlechtlichkeit im Sinn der Gender-Ideologie in eine Vielfalt von geschlechtlichen Lebensformen aufzulösen (vgl. oben S.48f). Trotz dieser gut begründeten Bedenken entschied das Bundesverfassungsgericht 2017, dass der Gesetzgeber bis 2019 im Personenstandsrecht neben „männlich" und weiblich" einen weiteren positiven Geschlechtseintrag einzuführen habe. Dies geschah Ende 2018 im Bundestag mit dem Begriff „divers".

Literatur:

Deutscher Ethikrat, Intersexualität. Stellungnahme, Berlin 2012; M. Spiewak, Diverse Missverständnisse, in: DIE ZEIT vom 9.5.2019, 39f.

3.2.3 Die Plastizität menschlicher Sexualität

Ursprünglichkeit und Ganzheitlichkeit der Sexualität hat der Mensch grundsätzlich mit dem Tier gemeinsam. Über diese Gemeinsamkeit hinaus besteht eine Besonderheit menschlicher Sexualität in ihrer sog. Plastizität (Gehlen 55 und 351f). Beim Tier ist das Sexualverhalten ganz instinktgesteuert und damit einseitig auf die Arterhaltung fixiert. Der Geschlechtstrieb ist dabei in der Regel auf bestimmte Zeiten beschränkt, die sog. Brunftzeit. Anders beim Menschen. „Die für das Tierleben so bezeichnende rhythmische Betätigung des hormonalen Antriebssystems, der regelmäßige Wechsel zwischen Zeiten der Brunst und solchen geschlechtlicher Indifferenz, ist … beim Menschen so gut wie völlig aufgehoben" (Portmann 63). Das menschliche Sexualverhalten ist nicht durch Instinkte festgelegt und insofern sozusagen „gesichert", vielmehr die auch beim Menschen vorhandenen sexuellen Antriebe müssen von ihm in seinem Verhalten selbst gestaltet werden. Er ist in seinem Sexualverhalten also „ungesichert". Es ist formbar und auf solche Formung durch den Menschen selbst angewiesen. Man spricht von einer daraus folgenden „stetigen, dauernden Sexualisierung aller menschlichen Antriebssysteme einerseits", aber auch einer „bedeutungsvollen Durchdringung der sexu-

ellen Aktivität mit den stetig wirkenden anderen Motiven menschlichen Verhaltens“ (Portmann 63f). In solcher Plastizität der menschlichen Sexualität liegen Risiko wie Chance:
a. In ihr liegt das *Risiko,* dass dem Sexualtrieb unkontrolliert ständig Raum gegeben werden kann. Seine ständig gesuchte Befriedigung löst sich von seinem biologischen Zweck, der Fortpflanzung, und wird zum Selbstzweck, sodass er schließlich in einer unnatürlichen Weise das Leben bestimmt (Pansexualität). Dabei löst sich auch die natürlicherweise mit der Erfüllung des Antriebsverlangens im Vollzug der Geschlechtsgemeinschaft verbundene Lust von ihrem biologischen Zweck und wird zur kein Maß mehr kennenden Wollust. In diesem Sinn spricht etwa Paulus von der „gierigen Lust“ *(pathos epithymias),* wie sie ihm für das heidnische Sexualleben seiner Zeit typisch erschien (1Thess 4,5), und er warnt vor jenen, die „die Lüste mehr lieben als Gott“ (*philhädonoi mallon ä philotheoi,* 2Tim 3,4). Die Maßlosigkeit des Sexuallebens führt zugleich konsequent in den ständigen Wechsel der Sexualpartner (Promiskuität).

b. In der Plastizität menschlicher Sexualität liegt aber auch die *Chance,* dass der Mensch diese Freiheit, statt sie zu missbrauchen, positiv zur schöpferischen Gestaltung seines Sexuallebens nutzt, indem er geordnete Formen des Sexuallebens entwickelt. „Die kulturelle Überformung der sexuellen Antriebe gehört sicherlich ebenso zu den ursprünglichen Kulturleistungen … des Menschen wie Werkzeug und Sprache, ja, es spricht nichts dagegen, in dieser Regelung der Geschlechts- und Fortpflanzungsbeziehungen des Menschen die primäre Sozialform alles menschlichen Verhaltens zu erblicken“ (Schelsky 12). Die Geschlechtlichkeit ist nicht nur natürliche Gabe, sondern mit der Gabe ist auch die Aufgabe zu ihrer Kultivierung gegeben (Gerl-Falkowitz 361).

Dabei wird die Sexualität in die Entwicklung der Gesamtpersönlichkeit integriert. Selbst der Sexualakt im engeren Sinn hat personale Struktur: Er ist einbezogen in einen Akt zwischenmenschlicher, liebender Kommunikation. Umgekehrt sind nicht nur die körperlichen Geschlechtsmerkmale des Menschen des anderen Geschlechts Gegenstand der geschlechtlichen Anziehung, sondern in der Gestalt des Eros erfasst sie jeweils den ganzen Menschen in seiner leiblichen wie seelisch-geistigen Eigenart. Und dies auch nicht nur momentan, sondern in der lebensgeschichtlichen Ganzheit seines Lebens und im sich gegenseitig Öffnen zu einem gemeinsamen Lebensentwurf.

Die Menschlichkeit menschlicher Sexualität erweist sich also gerade darin, dass sie nicht nur der biologischen Fortpflanzung dient. Die durchaus erotisch bestimmte Zuneigung kann beim Menschen im Grenzfall sogar auf eine Erfüllung im Bereich des Leiblichen (bes. der leiblichen Vereinigung) bewusst verzichten (sog. „platonische“ Liebe), ohne krampfhaft-unnatürlich zu werden. Bezeichnend ist, dass die seelische Liebe in der Entwicklung des jungen Menschen der sexuellbestimmten im engeren Sinn in der Regel vorausgeht. Es gibt durchaus erotische Beziehungen unter Heranwachsenden, die noch völlig frei sind vom Gedanken der sexuellen Vereinigung. Die jugendliche Erotik ist „eine ganz überwiegend seelische Form der Liebe“ (Spranger 73; vgl. bei Pieper 148 das Goethe-Zitat: „Die ersten Liebesneigungen einer unverdorbenen Jugend nehmen durchaus eine geistige Wendung. Die Natur scheint zu wollen, dass ein Geschlecht in dem andern das Gute und Schöne sinnlich gewahr werde“. Klassisches Beispiel aus der Literatur ist etwa Th. Storms Novelle „Pole Poppenspäler“. Wie überhaupt gute Dichtung in ihrer Beschreibung von Liebe der seelisch-geistigen Dimension das Hauptaugenmerk zuwendet und dabei (anders als der Großteil moderner Literatur heute) ohne nähere Beschreibung sexueller Handlungen im engeren Sinn auskommt (vgl. auch Märchen und Volkssagen). Solche Literatur hat darin eine große, vor einer einseitig naturalistischen Sicht des Menschen und seiner Sexualität bewahrende sexualerzieherische Bedeutung. Eine angeblich emanzipatorische sexuelle Frühaufklärung ist demgegenüber ganz unnatürlich und hat u.U. verhängnisvolle Folgen für die seelisch gesunde Entwicklung des Kindes (Meves 83ff; vgl. zur Entwicklung der menschlichen Sexualität auch Härle 289-219).

Die Plastizität der Geschlechtlichkeit bedeutet also nicht etwa Freiheit zu beliebiger Gestaltung der Geschlechtlichkeit („völlig willkürlich“, Bailey 252), sondern die Ermöglichung einer Gestaltung der Geschlechtlichkeit, die der natürlichen Anlage von Mann und Frau in ihrer jeweiligen Eigenart und Zuordnung entspricht. Tendenzen zur Auflösung solcher geordneter Formen des Zusammenlebens der Geschlechter führen nicht etwa zu einem Gewinn an Freiheit, sondern ganz im Gegenteil zu einem „Verfall des Kulturwesens Mensch“ (Schelsky 12).

Literatur:

D. S. Bailey, Mann und Frau im christlichen Denken, Stuttgart 1963; A. Gehlen, Der Mensch. Seine Natur und seine Stellung in der Welt, Wiesbaden [13]1986; H.-B. Gerl-Falkowitz, Gender: Eine Theorie auf dem Prüfstand, in: IKZ Communio Jg. 35/2006, 355-369; W. Härle, Ethik, Berlin [2]2018; Chr. Meves, Manipulierte Maßlosigkeit, Freiburg [22]1980; J. Pieper, Über die Liebe, München 1972; A. Portmann, Zoologie und das neue Bild des Menschen, Hamburg 1956; H. Schelsky, Soziologie der Sexualität. Über die Beziehungen zwischen Geschlecht, Moral und Gesellschaft, Hamburg [21]1977; E. Spranger, Psychologie des Jugendalters, Heidelberg [23]1953.

3.3 Das Verhältnis der Geschlechter zueinander

Mann und Frau unterscheiden sich ganzheitlich. Die Geschlechtlichkeit und damit auch die Unterschiedenheit der Geschlechter sind deshalb nicht etwas am Menschen, das er, wenn er wollte, auch ablegen könnte, sondern jeder Mensch ist ganz Mann oder Frau. Der Geschlechtsunterschied ist für den Menschen also nicht etwas Zufälliges (ein *accidens*), sondern etwas ihm Wesentliches (ein *essens*). Worin aber besteht nun dieser Wesensunterschied? Wie prägt er sich in den Geschlechtern aus? Und welche Konsequenzen ergeben sich aus solcher Unterschiedenheit für das Verhältnis der Geschlechter zueinander?

3.3.1 Die Eigenart der Geschlechter

Über die Frage der Eigenart der Geschlechter, und zwar auch über die äußerlich erkennbaren physischen Unterschiede hinausgehend, ist seit jeher in unendlichen Variationen nachgedacht worden. Schon bei Aristoteles findet sich der Versuch einer auf Beobachtung und Erfahrung beruhenden Typologie der Geschlechter: „Das Weib neigt mehr zum Mitleid und zu Tränen als der Mann; es ist … leichter entmutigt und verzweifelt, weniger besonnen und in größerem Maße der Falschheit und dem Irrtum ausgeliefert. Die Frau besitzt ein besseres Erinnerungsvermögen als der Mann, sie ist wachsamer, jedoch weniger aktiv und beweglich … Der Mann ist eher dazu bereit, in Gefahr zu helfen; er ist mutiger als die Frau“ (nach Hofstätter 132). Ganz abgesehen von möglicherweise berechtigter Kritik an einzelnen Charakterisierungen hat man grundsätzlich eingewandt, „die“ Frau und „den“ Mann gebe es doch gar nicht, solche Typologien verzeichneten also immer die Wirklichkeit. Das ist einerseits sicherlich richtig. Es gibt in der Realität eine unendliche Variationsbreite des Männlichen und des Weiblichen. Niemand wird alle Kennzeichen als auf sich zutreffend erkennen können. Trotzdem schließt das nicht aus, dass es nun doch gewisse Merkmale gibt, die einerseits mehr den Mann, andererseits mehr die Frau kennzeichnen, und zwar von den physischen Merkmalen über die seelisch-geistigen bis zur Art des Weltbezugs. Dabei geht es, wie gesagt, weithin nicht um für das eine oder andere Geschlecht spezifische, sondern um nur (relativ) typische Merkmale.

Grundlegend für die geschlechtlichen Unterschiede ist die geschlechtsspezifische genetische Disposition: die entweder männlichen (XY) oder weiblichen (XX) Geschlechtschromosomen in allen Körperzellen des Mannes bzw. der Frau. Diese sind maßgebend für die Bildung und Zusammensetzung der Hormone, die ihrerseits entscheidend sind für die Ausbildung der unterschiedlichen Geschlechtlichkeit. Wobei man nur bedingt von männlichen oder weiblichen Hormonen sprechen kann. Sie sind an sich geschlechtsunspezifisch: Die sog. männlichen Hormone (Androgene) finden sich auch bei der Frau, die sog. weiblichen (Östrogene) auch beim Mann. Entscheidend für ihre Wirkung ist ihre mengenmäßige Konzentration. So produzieren die männlichen Keimdrüsen hauptsächlich Androgene, die weiblichen vor allem Östrogene (Bischof-Köhler 197; vgl. Burri 71).

a. Physische Unterschiede

Am offenkundigsten sind natürlich vor allem die sog. primären, direkt der Fortpflanzung dienenden Organe (die weiblichen und männlichen Genitalien), aber auch die sekundären Geschlechtsmerkmale (wie die Brüste bei der Frau und der Bartwuchs beim Mann). In dem Zusammenhang ist aber auch an die Menstruation bei der Frau zu denken, durch die ihr konkretes Leben viel stärker von ihrer Geschlechtlichkeit geprägt ist als das des Mannes durch seine. Entsprechendes gilt natürlich erst recht, wenn es denn dazu kommt, im Blick auf die jeweils lang andauernde Schwangerschaft.

Aber auch sonst sind männlicher und weiblicher Körper in vieler Hinsicht charakteristisch unterschieden. So ist z.B. der Mann in der Regel größer, sein Knochenbau stärker; bei Frauen sind in der Regel die Hüften breiter, bei Männern die Schultern; der Mann hat mehr Muskelmasse, die Frau dafür mehr Fett; speziell die sog. quergestreifte, der spontanen Kontraktion dienende Muskulatur ist beim Mann in der Regel stärker ausgebildet (vgl. den Bizeps), die sog. glatte, dem Willen nicht direkt unterworfene und Kontraktionen länger haltende Muskulatur stärker bei der Frau (z.B. im Bereich des Unterleibs, wichtig für die Schwangerschaft); die Körperbehaarung der Frau ist schwächer, ihr Kopfhaar dagegen erreicht bei ungehindertem Wachstum eine größere Länge; Männer haben weniger Empfindungsnerven unter der Haut als die Frau, diese zeichnet sich also durch ein sensibleres Tastempfinden aus (Bischof-Köhler 230f; Hauke 82-85; Johnson 283f; Neuer 27f).

b. Psychische Unterschiede

In der Psychologie spricht man allgemein von einer Neigung des Mannes zu Aggressivität und Risikobereitschaft, zu Dominanz und entsprechend zum Aufbau von Dominanzhierarchien, die das Miteinander regeln (Bischof-Köhler 118.122.304ff). Die Frau neigt dagegen in der Regel mehr zur Anpassung und hat ein größeres Sicherheitsbedürfnis (Bischof-Köhler 289f). Der Denkstil des Mannes ist mehr funktional, der der Frau prädikativ-umschreibend (Bischof-Köhler 256f), bzw. das Denken des Mannes mehr abstrahierend-begrifflich, das der Frau mehr konkret-intuitiv (Hauke 87). Die Frau zeichnet sich durch größeres Einfühlungsvermögen aus (sog. Empathiefähigkeit), beim Mann ist stattdessen von einer mehr rationalen Perspektivübernahme zu sprechen (Bischof-Köhler 349f).

Ein Grund für die genannten Unterschiede wird heute in Erkenntnissen der Neurophysiologie gesucht: Die zwei Hälften des Gehirns sind für unterschiedliche Funktionen zuständig: die linke mehr für „analytische Fähigkeiten und sprachgebundene Leistungen“, die rechte mehr für „global-ganzheitliche Erfassung und nichtverbale Leistungen wie anschauliches Vorstellen, raumbezogene Fähigkeiten und Musikalität“ (Bischof-Köhler 240). Dabei ist die linke Hemisphäre beim Mann schwächer ausgebildet als die rechte. Wichtig ist vor allem: Beim Mann sind beide Hemisphären weniger vernetzt als bei der Frau (Lateralisierung). Deshalb verlaufen beim Mann die geistigen Prozesse einseitiger, insofern aber auch konzentrierter ("Males, with their more isolated brains, tend to have thoughtprocessing … perhaps more straightforward … It could allow more uninterrupted processing of visual/spacial data in the right hemisphere and conceptional analysis in the left, which would lead to a slight math advantage in males", Johnson 289). Das mehr intuitive Denken der Frau andererseits dürfte mit der stärkeren Vernetzung der Gehirnhälften zusammenhängen und der damit auch gegebenen größeren Empfänglichkeit für gleichzeitige Eindrücke (Johnson 288f).

c. Unterschiede im Weltbezug

Der physischen und psychischen Disposition entspricht die Art des Weltbezugs. Den Mann zeichnen „Risikobereitschaft, Unternehmungslust, die Freude, sich in Gefahr zu begeben, sich im Kampf zu messen einerseits, und Kooperationsbereitschaft andererseits“ aus, dagegen sind „Fürsorglichkeit, Pflege persönlicher Beziehungen, Verantwortung für das Wohlergehen und die seelische Verfassung anderer“ besondere Qualitäten der Frau (Bischof-Köhler 160f.342). Mädchen bevorzugen, auch ohne fremde Beeinflussung, Spiel mit Puppen, Jungen mit Bausteinen und Maschinen (Bischof-Köhler 80ff). Bei Jungen untereinander ist mehr „egoistische Dominanz“ zu beobachten, bei Mädchen mehr „prosoziale Dominanz“ (Bischof-Köhler 347). „Die Frauen sind eher für das seelische Wohlbefinden zuständig, auf das sie mit pflegerischen Aktivitäten unmittelbar Einfluss nehmen. Die Männer sorgen dafür, dass das Umfeld stimmt, indem sie einen Beitrag zur Ernährung und zum Schutz der Familie leisten“ (Bischof-Köhler 352). Männer neigen dazu, rigide nach dem Gesetz zu urteilen, Frauen mehr flexibel nach ihrem Empfinden (Bischof-Köhler 365).

Literatur:

D. Bischof-Köhler, Von Natur aus anders. Die Psychologie der Geschlechtsunterschiede, Stuttgart 2002; J. Burri, Als Mann und Frau schuf er sie. Die Differenz der Geschlechter aus Moral- und Praktisch-theologischer Sicht, Zürich 1977; M. Caliskan, Eine Frage des Geschlechts. In der Medizin hat sich die Genderdebatte erledigt, in: FAZ vom 17.8.2016; M. Hauke, Die Problematik des Frauenpriestertums vor dem Hintergrund der Schöpfungs- und Erlösungsordnung, Paderborn 1982; P. R. Hofstätter, Psychologie, Frankfurt [10]1965; G. Johnson, The Biological Basis for Gender-Specific Behaviour, in: J. Piper/W. Grudem (Ed), Recovering Biblical Manhood & Womanhood, Wheaton Illinois 1991, 280-293; W. Neuer, Mann und Frau in christlicher Sicht, Gießen [5]1993; M. Spreng, Adam und Eva – die unüberbrückbaren neurophysiologischen Unterschiede, in: M. Spreng/H. Seubert, Vergewaltigung der menschlichen Identität, Ansbach 2011, 25-56.

3.3.2 Die Zuordnung der Geschlechter zueinander in ihrer geschichtlichen Entwicklung

3.3.2.1 Mann und Frau in der Umwelt der Bibel

Das Verhältnis der Geschlechter zueinander ist seit jeher ein spannungsreiches. Die Unterschiedenheit der Geschlechter spiegelt sich in vielen Variationen in der sozialen Stellung und Wertschätzung von Mann und Frau.

In der Antike hatte der Mann als Ehemann und Vater in der Familie und von daher generell in der Gesellschaft in der Regel eine dominierende Stellung. Die Frau dagegen, obgleich sie als Hausfrau und Mutter teilweise gewissen Spielraum des Handelns vor allem in der Verwaltung des Haushalts hatte und eine entsprechende Wertschätzung genoss, unterlag doch auch z.T. erheblichen rechtlichen Einschränkungen in ihrer Selbstbestimmung und einer entsprechenden Geringschätzung, wie sie etwa in einem Wort zum Ausdruck kommt, das dem altgriechischen Philosophen Thales (6. Jh. v.Chr.) zugeschrieben wird: „Drei Dinge sind es, die mich dem Schicksal zu Dank verpflichten: Erstens, dass ich als Mensch zur Welt kam und nicht als Tier; zweitens, dass ich ein Mann ward und nicht ein Weib; drittens, dass ich ein Hellene bin und nicht ein Barbar“ (Diogenes Laertius I,33).

Daneben gab es aber bemerkenswerte Vorstöße in Richtung auf eine Gleichberechtigung der Geschlechter. Plato schlägt in seinem Entwurf eines idealen Staates vor, dass im Stand der sog. Wächter die Frauen den Männern grundsätzlich völlig gleichgestellt sind, bis hin zur Teilnahme am Militärdienst, und deshalb auch gleiche Ausbildung genießen (Politeia 451-460), denn „die Anlagen sind unter beiden menschlichen Geschlechtern gleichmäßig verteilt“ (455d). Allerdings müssten dabei den Frauen „wegen der Schwäche ihres Geschlechts die leichteren Aufgaben zufallen“ (457a).

Nach Aristoteles steht es dem Mann als Ehemann zwar zu, „über die Frau … zu herrschen“, denn „das Männliche ist von Natur mehr zur Leitung und Führung geeignet als das Weibliche“. Diese „Herrschaft“ unterscheidet sich aber von der über Sklaven. Sie ist eine über Freie und ein Freistaat besteht aus Elementen, „die von Natur einander gleich sind, und duldet keinen Unterschied, und dennoch verlangt es, solange das eine befiehlt und das andere gehorcht, dass ein Unterschied sei in Abzeichen, Titeln und Ehren … Nun aber verhält sich das Männliche zum Weiblichen in dieser Weise immer“ (Politika I,12).

Der spätstoische römische Philosoph Musonius Rufus (ca. 30–108 n.Chr.) kolportiert einerseits ganz selbstverständlich das Vorurteil von der Überlegenheit des männlichen Verstands („Denn es sollten doch die Männer den Frauen weit überlegen sein, wenn sie denn wertgeachtet werden, ihnen vorzustehen“, XII). Andererseits vertritt er aber mit Nachdruck die Auffassung, dass beide Geschlechter nach Vernunft, Sinneswahrnehmung, Teilen des Körpers und Streben nach Tugend grundsätzlich gleich veranlagt sind. Die Frau hat ihre Anlagen allerdings vornehmlich in der verantwortlichen Führung des Haushalts zu bewähren und darin sich als besonnen und auch tapfer (bis hin zur Verteidigung mit der Waffe) zu erweisen. Ganz im traditionellen Sinn „dient“ *(hypäretei)* sie damit ihrem Mann (III). Die gleichen Anlagen verlangen auch gleiche Erziehung (IV). Auch Philosophie sollten die Frauen studieren können, ohne dass diese sie dem Mann gegenüber überheblich macht (III; vgl. Winter 59ff). Zur gleichen Zeit kann man in der römisch-hellenistischen Gesellschaft geradezu von einer frauenemanzipatorischen Bewegung sprechen (Winter 17ff).

Literatur:

Aristoteles, Politik, dt. von E. Rolfes, PhB 7, Leipzig [3]1943; Diogenes Laertius, Leben und Meinungen berühmter Philosophen, dt. von O. Apelt, Phil. Bibliothek 53/54, Hamburg [2]1967; Epiktet. Teles. Musonius, Ausgewählte Schriften gr.-dt., hg von R. Nickel, Zürich 1994; Plato, Der Staat, dt. von A. Horneffer, Stuttgart 1949; B. W. Winter, Roman Wives, Roman Widows. The Appearance of New Women and the Pauline Communities, Grand Rapids 2003.

3.3.2.2 Mann und Frau in der Bibel

Grundlegend für die biblische Bestimmung des Verhältnisses der Geschlechter zueinander ist wieder die *Schöpfungsgeschichte*: Von einer Rangfolge zwischen Mann und Frau (auch einer zeitlichen) ist zunächst keine Rede: Beide werden als Gottes Ebenbild geschaffen (Gen 1,27) und entsprechend wird grundsätzlich auch beiden gemeinsam der Auftrag gegeben, sich die Erde untertan zu machen (V. 28-30).

Einen anderen Akzent setzt die anschließende Erzählung von einer Erschaffung zunächst Adams (Gen 2,7) und dann erst der Eva als seiner „Hilfe, die ihm entspricht“ (V. 18b) und von gleicher Art ist wie er („Bein von meinem Bein und Fleisch von meinem Fleisch“, V. 23). Zweierlei ist damit von der Frau ausgesagt: Ihre Gleichheit im Menschsein und ihre Zuordnung auf den Mann hin. Die Gleichheit im Menschsein schließt jede Abwertung im Sinne der Minderwertigkeit der Frau aus. Die Zuordnung auf den Mann hin kann so verstanden werden, dass sie von Anfang an ihren Existenzsinn nicht in sich, sondern in eben dieser Hinordnung auf den Mann hin hat. Was vom Menschen generell als personalem Wesen gilt, dass er in Beziehung auf den Mitmenschen lebt, gilt von der Frau in besonderer Weise (ein „Sein auf den anderen“ hin). Allerdings wird umgekehrt auch der Mann als der Frau bedürftig und auf ihr helfendes Gegenüber angewiesen angesehen: „Es ist nicht gut, dass der Mensch allein sei“ (V. 18a). Das Wort „Hilfe“, das etwa im bekennenden

Dank auch von Gott ausgesagt wird (Ex 18,4; Ps 33,20 u.ö.), ist also nicht im abwertenden Sinn des Wortes „Gehilfin" gemeint. Und doch enthält die Aussage, dass die Frau dazu bestimmt ist, dem Mann „Hilfe" zu sein, in ihrer unumkehrbaren Tendenz eine gewisse Dominanz des Mannes („Es könnte in 2,18 eben nicht gesagt sein, dass der Mann zur Hilfe für die Frau geschaffen sei", Westermann 357). Sie kommt auch zum Ausdruck in der Benennung der Frau durch den Mann: „Sie wird Männin *(ischa)* genannt werden, weil sie vom Mann *(isch)* genommen wurde" (2,23). Das Gerichtswort über die Frau nach dem Sündenfall sagt deshalb nichts schlechthin Neues, wenn es darin heißt: „Dein Verlangen wird nach deinem Manne sein, aber er soll dein Herr sein" (Gen 3,16b), sondern es bringt nur zum Ausdruck, dass, als weiterwirkende Folge der Sünde in Mann und Frau, das gegenseitige Verhältnis jetzt dahingehend gestört ist, dass die ursprünglich von Gott gewollte Vorrangstellung des Mannes als Bestimmung zur Führung innerhalb eines grundsätzlich partnerschaftlichen Verhältnisses nun dazu neigt, zum Herrschaftsverhältnis zu entarten. Solches „Herrschen" des Mannes ist also keineswegs zu verstehen als Gottes guter Wille für das Verhältnis der Geschlechter zueinander, der entsprechend befolgt werden müsste. Auch die Ankündigungen gegenüber dem Mann, dass die Erde Dornen und Disteln tragen werde (3,18), oder gegenüber der Frau, dass das Gebären der Kinder mit Schmerzen verbunden sein werde (V. 16a), bedeuten ja nicht, dass Dornen und Disteln auf dem Acker nicht bekämpft und die Geburtsschmerzen der Frau nicht gelindert werden dürften. Für die ethische Frage nach dem guten Verhalten ist also nicht die sekundär differenzierende Aussage Gen 3,16, sondern die grundlegende Gen 2,18 maßgebend (vgl. die auffallende Aussage in Gen 24,28, nach der Rebekka zum „Haus ihrer Mutter" läuft, um den Besuch Eliesers anzukündigen).

In den zentralen Aussagen der *mosaischen Gesetzgebung* ist ein partnerschaftliches Verhältnis von Mann und Frau grundsätzlich beibehalten. So gilt das Gebot, die Eltern zu ehren, in gleicher Weise gegenüber Vater und Mutter (Ex 20,12; 21,15.17; in Lev 19,3 ist die Mutter sogar zuerst genannt; Spr 17,25; 23,22.25; 30,11.17; vgl. auch die Gleichwertigkeit von Mann und Frau in Ex 21,28f; auch in religiöser Verantwortung, z.B. Num 5,3.6; 6,2). Daneben finden sich allerdings auch gesetzliche Bestimmungen, die mehr von einer patriarchalischen Denkweise bestimmt zu sein scheinen und die an Gen 3,16 erinnern: Die Geschlechterlisten sind in der Regel rein patrilinear (vgl. Num 1 und 26); bei der Geburt eines Sohnes ist die Mutter nur eine Woche unrein, bei der Geburt einer Tochter zwei Wochen (Lev

12,3-5); die Auslösung der Erstgeburt ist nur nötig bei dem, „was männlich ist“ (Num 3,40); ein Vater kann seine Tochter verkaufen (Ex 21,7); Gelübde von Frauen können vom Vater (Num 30,4-6) bzw. Ehemann (Num 30,7-16) aufgehoben werden; Erbrecht haben Töchter erst, wenn kein Sohn da ist (Num 27,1; 36,2); die Polygamie ist geduldet (Dt 17,17; 21,15; vgl. 1Sam 1,2); vor der Heirat ist ein Brautgeld zu zahlen (Ex 22,16; Dt 22,29); beim Verdacht der ehelichen Untreue der Frau muss diese sich einem umständlichen und entwürdigenden Beweisverfahren unterziehen (Num 5,12ff), während von Entsprechendem beim Mann keine Rede ist; Ehescheidung geht nur vom Mann aus (Dt 22,13ff; 24,1ff). Man spricht deshalb generell von einer Art „Vormundschaftsverhältnis“ der Frau unter dem Mann in Israel wie in gleichzeitigen anderen altorientalischen Kulturen auch (van Oyen 164f). In den angedeuteten Grenzen hat die Frau aber doch auch, vor allem als Ehefrau und Mutter, eine geachtete Stellung. Als Hausherrin hat sie einen großen Spielraum des verantwortlichen Handelns und bewegt sich (anders als etwa in Griechenland) frei in der Öffentlichkeit (Oepke 781).

Das bezeugt besonders eindrücklich die alttestamentlich *Spruchweisheit,* so vor allem das Lob der Hausfrau in Sprüche 31,10-31: Sie führt nicht nur in völliger Eigenständigkeit den Haushalt, sondern verkauft auch Produkte des Hauses (V. 24) und tätigt sogar Grundstückskäufe (V. 16). „Kraft und Würde sind ihr Gewand und sie lacht des kommenden Tages. Sie tut ihren Mund auf mit Weisheit und auf ihrer Zunge ist gütige Weisung *(torah)*“ (31,25f; vgl. 11,16a; 12,4; 14,1; 18,22; 19,14).

Bemerkenswert bleibt auch die herausragende Rolle, die zumindest gelegentlich bedeutende Frauen in der *Geschichte Israels* spielen, allen voran die Richterin und Prophetin Debora, die zwar zusammen mit Barak, aber als die eigentlich treibende Kraft, Israel im Befreiungskampf gegen die Kanaaniter unter Sisera zum Sieg führt (Ri 4,4-5,31). Wie wenig die Art, wie sie ihr leitendes Amt ausführte, als im Gegensatz zu ihrem Frausein stehend empfunden wurde, zeigt sich in ihrem Beinamen „Mutter in Israel“ (Ri 5,7). Während Debora am eigentlichen Kampfgeschehen nicht beteiligt war, tötet eine andere Frau, die Keniterin Jael, eigenhändig den feindlichen Feldherrn Sisera (Ri 4,17-22). Dem Mose steht in der Führung des Volkes außer seinem Bruder Aaron auch seine Schwester, die Prophetin Miriam, zur Seite (Mi 6,4). Sie führt den Tanz und den Lobgesang der Frauen nach der Rettung am Roten Meer an (Ex 15,20f), schürt später allerdings auch zusammen mit Aaron die Kritik an der Führung des Mose (Num 12). Rahab verhilft den israelitischen Kundschaftern in Jericho zur Flucht (Jos 2). Der Geschichte der Moabiterin Ruth, die durch die von ihr mutig vorangetriebene Heirat mit Boas zur Stammmutter Davids wird, ist ein ganzes biblisches Buch gewidmet (wie später noch der Königin Esther). Am Anfang des Samuelbuches steht die Geschichte der Hanna und ihr Lobgesang nach der Geburt ihres Sohnes Samuel (1Sam 1-2). Neben Miriam und Debora wird auch von einer Prophetin Hulda berichtet, die nach der Auffindung des Gesetzbuches von König Josia um eine prophetische Weisung gebeten wird (2Kön 22,13-20, vgl. 2Chr 34,21-28). Als – allerdings falsche – Prophetin findet Noadja Erwähnung (Neh 6,14; Hes 13,17). Angesichts dessen, dass es in Israel offensichtlich möglich war, dass eine Frau ein leitendes politisches Amt innehatte (Debora) und als Prophetin tätig war, ist es umso auffallender, dass sie vom Amt des Priesters konsequent ausgeschlossen war (nur von gewissen Hilfsdiensten vor der Tür der Stiftshütte ist die Rede, Ex 38,8; 1Sam 2,22). Das ist umso bemerkenswerter, als Priesterinnen in den zeitgenössischen Kulturen weit verbreitet waren (Oepke 786; Hauke 206) – von etwaiger Anpassung an eine patriarchalisch gesinnte Umwelt kann hier also keine Rede sein, vielmehr eher von einem bewussten, religiös motivierten Gegensatz.

Insgesamt ist trotzdem festzuhalten, dass die Stellung der Frau in Israel mehr als in manchen anderen Kulturen eine geachtete und relativ freie war. Das scheint sich in der hellenistischen Zeit geändert zu haben, nicht zuletzt wohl unter griechischem Einfluss. Besonders deutlich zeigt sich diese Veränderung an dem von griechischer Bildung stark geprägten jüdischen Philosophen *Philo* (Heinemann 231ff). Er kann sagen: „Der Verstand ist der sinnlichen Wahrnehmung wie der Mann dem Weibe in jeder Hinsicht überlegen“ (spec leg I 201; vgl. auch Josephus, cAp II,21). „Durch ihre Schwäche und Beeinflussbarkeit ist die Sünde in die Welt gekommen“ (op 165, vgl. Baer 40f). Öffentliche Tätigkeit ist dem Mann vorbehalten, „das weibliche Geschlecht dagegen soll das Haus hüten und daheim bleiben“, die Männer haben die Leitung des öffentlichen Gemeinwesens, die Frauen die der Haushaltung (spec III 169-170; vgl. Capper 119).

Eine ähnliche Sicht spiegelt sich dann auch in der *rabbinischen Überlieferung*. Während noch zur Zeit Nehemias Männer und Frauen unterschiedslos an der öffentlichen Verlesung des Gesetzes teilnahmen (Neh 8), gibt es im herodianischen Tempel einen eigenen Vorhof der Frauen und in der Synagoge nehmen die Frauen, von den Männern getrennt, von einer Empore aus am Gottesdienst teil (Haag/Elliger 56). An einem Synagogengottesdienst müssen mindestens zehn Männer anwesend sein, während die Zahl der Frauen keine Rolle spielt (Haag/Elliger 56). Es gibt Stimmen unter den Rabbinen, die davor warnen, Frauen in der Tora zu unterrichten (Oepke 782), und in der Öffentlichkeit sich mit einer Frau nur zu unterhalten gilt schon als anstößig (Joh 4,27). Im Morgengebet heißt es: „Gepriesen sei er, der mich nicht als Frau geschaffen hat" – was allerdings nicht diskriminierend verstanden werden muss, sondern eher als Ausdruck der dankbaren Empfindung eines gesetzesstrengen Juden angesichts dessen, dass er das ganze Gesetz erfüllen darf, während die Frau (wegen natürlich bedingter häufiger Unreinheit) von der Erfüllung bestimmter Gesetze dispensiert ist (Dexinger 431).

Eine neue Einstellung zur Frau findet sich im Umkreis *Johannes des Täufers*. Wie der Hinweis darauf zeigt, dass auch Dirnen dem Täufer geglaubt hätten (Mt 21,32), „beteiligten sich auch Frauen an der Taufbewegung und rüsteten sich für die Gottesherrschaft" (Schlatter z. St. 627). „Damit bahnte sich etwas an, was im Jüngerkreis und in der apostolischen Gemeinde weiterwuchs" (ebda).

Jesus zeigt sich dann in seinem Umgang mit Frauen, angesichts der genannten Vorbehalte gegenüber der Frau in seiner Umwelt bemerkenswert, völlig unbefangen. Anders als in jüdischer Praxis sonst üblich, setzt Jesus nach dem Markusevangelium bei der Ehescheidung eine wesentliche Gleichstellung von Mann und Frau voraus, indem nicht nur der Mann die Frau, sondern umgekehrt auch die Frau den Mann aus der Ehe entlassen kann (Mk 10,12; vgl. Billerbeck II, 23). Kennzeichnend ist vor allem die Erzählung von seinem Gespräch mit der samaritischen Frau (Joh 4; vgl. auch Joh 8,9-11), aber auch die Geschichte von Maria und Martha, in der er die als seine Schülerin ihm zu Füßen sitzende Maria gegen den Vorwurf der Untätigkeit in Schutz nimmt: Indem sie auf seine Belehrung hört, tut sie das „Eine, das nötig ist" (Lk 10,42). Dem entspricht es, dass sich auf seinen Reisen in seiner Begleitung auch – namentlich genannte – Frauen befinden (Lk 8,2f). Sie sind auch bei der Kreuzigung dabei (Mt 27,55f; Mk 15,40f; Lk 23,49b; Joh 19,25) und Frauen sind die ersten Zeugen der Auferstehung (Mt 28,1-9; Mk 16,1-8; Lk 24,1-10; Joh 20,1-2.11-18). Umso auffallender ist allerdings, dass Jesus nie eine Frau in die Nachfolge im engeren Sinn beruft (Lk 23,49 werden die Frauen nicht wie die Jünger *akolouthountes* genannt, sondern *synakolouthousai*, vgl. Schlatter z. St. 451) und zum Apostelkreis nur Männer gehören. Ein Zusammenhang damit, dass das alttestamentliche Priestertum Männern vorbehalten ist, liegt nahe.

Auch bei der in der *Apostelgeschichte* berichteten Nachwahl eines Apostels liegt der Gedanke eines weiblichen Kandidaten trotz anwesender Frauen (Apg 1,14) offenbar völlig fern. Andererseits aber wird zu Pfingsten der Geist auf alle anwesenden Anhänger – und offenbar auch Anhängerinnen – Jesu ausgegossen, wie das Joel-Zitat betont („eure Söhne und Töchter", Apg 2,17f). Später werden die prophetisch begabten Töchter des Philippus erwähnt (Apg 21,9; vgl. schon die noch den Alten Bund repräsentierende Prophetin Hanna in Lk 2,36-38, hier öffentlich im Tempel). Johannes erwähnt eine sich als Prophetin ausgebende „Isebel" (Offb 2,20). Auch sonst spielen im Leben der jungen christlichen Gemeinden immer wieder Frauen eine beachtliche Rolle: Das Haus der Purpurhändlerin Lydia war der Kristallisationskern der neuen Gemeinde in Philippi (Apg 16,14-15.40). Priscilla gehört zusammen mit ihrem Mann Aquila zum engsten Mitarbeiterkreis des Apostels Paulus (Apg 18,1-3; 1Kor 16,19; Röm 16,3-4). Gemeinsam führten sie den Evangelisten Apollos tiefer in die christliche Lehre ein (Apg 18,26). Auch sonst erwähnt Paulus namentlich Mitarbeiterinnen der Gemeinden: Euodia und Syntyche in Philippi (Phil 4,2-3), Nympha („und die Gemeinde in ihrem Haus") in Laodicea (Kol 4,15), in Rom allen voran die Diakonin *(diakonos)* und Vorsteherin *(prostatis)* Phoebe (16,1-2), dann wieder Priska, noch vor ihrem Mann Aquila genannt, die zusammen in ihrem Haus eine Hausgemeinde versammeln (V. 3-5); eine Maria (V. 6), Tryphäna und Thryphosa (V. 12a), Persis (V. 12b) und die Mutter des Rufus (V. 13), Julia und eine Schwester des Nereus (V. 15). Unklar ist, ob in V. 7 mit dem in der Akkusativform stehenden Namen „*Iounian*" ein Frauenname gemeint ist (so Haacker 320; vgl. Stenschke 18-22) oder (so Michel 379) die sonst nicht überlieferte gräzisierte Form Junias des lateinischen Männernamens Junianus (im ersten Fall müsste der Akzent auf der zweiten Silbe liegen, im andern Fall auf der dritten – aber diese Frage ist kaum zu entscheiden, denn die alten Handschriften hatten noch keine Akzente); unsicher ist auch, ob Andronikus und Junia(s) als „bekannt bei *(en)* den Aposteln" bezeichnet werden oder (so Capper 115) selbst Apostel genannt werden („bekannt unter den Aposteln", wobei allerdings wie in 2Kor 8,23 und Phil 2,25 ein weiterer Apostelbegriff vorausgesetzt wäre als der sonst übliche, Haacker 320). Eine Schwierigkeit bei all den genannten Frauennamen ist, dass die z.T. beigegebenen Erläuterungen zu knapp sind, um sich die Aufgabe dieser Frauen in der Gemeinde konkret vorstellen zu können, insbesondere wieweit auch leitende Funktionen (Gehring) mit eingeschlossen sind.

Solcher positiven Würdigung des Dienstes von Frauen durch den Apostel *Paulus* entspricht die für sein Verständnis des Verhältnisses der Geschlechter grundlegende Aussage im Galaterbrief: „Hier (d.h. bei denen, die auf Christus getauft sind und so ‚Christus angezogen' haben, Gal 3,27) ist nicht Jude noch Grieche, hier ist nicht Knecht noch Freier, hier ist nicht Mann noch Frau; denn ihr seid allzumal einer in Christus" (V. 28). Dabei geht es Paulus nicht um die Aufhebung der genannten Unterschiede selbst als natürlicher bzw. sozialer Gegebenheiten, sondern ausschließlich um die Aufhebung ihrer Relevanz für das Verhältnis des Einzelnen zu Gott (nur davon ist im Zusammenhang die Rede). Ganz im Sinne der alttestamentlichen Lehre von der Gottebenbildlichkeit von Mann und Frau und ebenso der Einstellung Jesu wird der Frau, ohne die Unterschiedlichkeit der Geschlechter infrage zu stellen, die gleiche Würde wie dem Mann zuerkannt. Beide sind Gottes Ebenbild, beide sind, als Christen, Kinder Gottes und untereinander geistliche Geschwister (Bruder und Schwester, Röm 16,1; Phlm 1f) und haben sich als solche auch untereinander zu achten. Entsprechend schließt die pauschale Anrede der Mitchristen als „Brüder" bei Paulus wie auch sonst im Neuen Testament in der Regel die Frau mit ein (Röm 1,13 u.ö., sog. inklusiver Sprachgebrauch). Gelegentlich wird allerdings neben dem „Bruder" *(adelphos)* ausdrücklich auch die „Schwester" *(adelphä)* angesprochen (1Kor 7,15; vgl. Jak 2,15). In einem alttestamentlichen Zitat, das nur von „Söhnen" (in 2Sam 7,14 steht der Singular) spricht, ergänzt Paulus, in Anlehnung an Jesaja 43,6, „und Töchter" (*thygateres*, 2Kor 6,18).

Die geistliche Gleichstellung der Geschlechter ändert für Paulus allerdings, wie gesagt, nichts daran, dass Mann und Frau in ihrer geschlechtlichen Differenzierung von Natur verschieden sind und dieser Unterschiedenheit auch verschiedene Funktionen in Gesellschaft und Gemeinde entsprechen. Dies Thema bringt der Apostel an zwei in der Auslegung vieldiskutierten Stellen des 1. Korintherbriefes und im 1. Timotheusbrief zur Sprache.

In 1. Korinther 11 und 14 erörtert er Fragen der Ordnung des Gottesdienstes.

In *Kap 11* geht es um die im Judentum (Billerbeck III, 427-434) wie auch sonst in der hellenistischen Welt (Winter 77-96) weitverbreitete Sitte, dass die Frau in der Öffentlichkeit eine das Haupthaar verhüllende Kopfbedeckung trägt.

Paulus sieht in dieser Sitte offenbar mehr als nur eine Äußerlichkeit, vielmehr einen Ausdruck ihres in der Unterschiedlichkeit der Geschlechter begründeten Verhältnisses zueinander. Der Mann ist danach die *kephalä* der Frau. Dies gr. Wort kann zwar auch „Ursprung" heißen, bedeutet hier aber offensichtlich „Haupt" im Sinne einer Autoritätsbeziehung (wie in Kol 2,10 und Eph 1,22; Schrage 502; vgl. Philo Mos II, 82: „Die Vernunft ist Haupt und Führer der Wahrnehmung", vgl. auch Grudem 55). Diese Aussage ist aber in den Zusammenhang eines umfassenderen Ordnungsgefüges eingebettet: Wie der Mann Haupt der Frau, so ist Christus Haupt des Mannes und Gott Haupt des Christus (V. 3). Damit wird deutlich, dass die mit dem Begriff „Haupt" angedeutete Unterordnung der Frau nichts Diskriminierendes enthält – genausowenig wie die Unterordnung des Christus unter Gott, die ja eine wesentliche Gleichheit voraussetzt (vgl. 1Kor 15,24; Phil 2,5-8).

Im Blick auf Mann und Frau begründet Paulus diese Ordnung von der Schöpfungsgeschichte her: Der Mann ist nach V. 7 als Gottes Ebenbild auch seine „Ehre" (so LÜ für *doxa*; vgl. Schlatter 311: „Ihm ist aufgetragen, im Gehorsam gegen den göttlichen Willen zu zeigen, wie mächtig und gnädig Gott sei"), die Frau dagegen ist des Mannes „Ehre" (Schlatter 311: „... das große Geschenk und die kräftige Hilfe, die Gott dem Mann gegeben hat"; vgl. Gen 2,18 und Spr 12,4). Nach V. 8 ist entsprechend nicht der Mann aus der Frau, sondern die Frau aus dem Mann geschaffen (vgl. Gen 2,21f), auch ist der Mann nicht um der Frau willen, sondern die Frau um des Mannes willen, auf ihn hin, geschaffen (vgl. Gen 2,18). Aber, und damit versucht der Apostel noch einmal einem einseitigen und die Frau diskriminierenden Verständnis vorzubeugen, ohne doch die Unterschiedenheit zu leugnen: Nach der gegenwärtigen Erfahrung und erst recht in der gemeinsamen Verbundenheit mit Christus sind Mann und Frau gegenseitig aufeinander angewiesen: So „... ist weder die Frau etwas ohne den Mann, noch der Mann ohne die Frau, in dem Herrn" (V. 11), „... denn wie die Frau von dem Mann, so kommt auch der Mann durch die Frau, aber alles von Gott" (V. 12; eine Aussage, die sich wörtlich so auch in der rabbinischen Überlieferung findet, Schlatter 313; Billerbeck III, 440).

An diese theologische Argumentation von Gen 1-2 her schließt sich im Blick speziell auf die Kopfbedeckung der Frau in V. 13 ein Verweis auf das allgemeine Gefühl für das Schickliche *(prepon)* und in V. 14f auf die Natur an: „Lehrt nicht auch die Natur selbst, dass es einem Manne Unehre ist, wenn er (sich damit der Frau angleichend) langes Haar trägt, aber der Frau eine Ehre, wenn sie (entsprechend ihrer auch von der modernen Physiologie grundsätzlich bestätigten natürlichen Anlage) langes Haar hat", worauf abschließend der – fast unwillig klingende („ist jemand, der Lust hat zu zanken") – Verweis auf das in den Gemeinden allgemein Übliche (V. 16) folgt. Motiviert vermutlich durch ein die natürlichen Gegebenheiten und damit auch die Unterschiedlichkeit der Geschlechter als überholt ansehendes, gnostisierendes Denken (Lütgert 130), zugleich angeregt von der damals in der hellenistisch-römischen Kultur weitverbreiteten emanzipatorischen Bewegung der „new women" (Winter 17ff), scheinen Frauen in der korinthischen Gemeinde im Gottesdienst provokativ auf die ihre Unterordnung unter den Mann symbolisierende Kopfbedeckung verzichtet zu haben. In seinem Einspruch dagegen geht es Paulus nicht um die Durchsetzung jener Sitte als solcher, sondern um die Beachtung der Unterschiedlichkeit der Geschlechter und die Bewahrung der mit ihr verbundenen schöpfungsgemäßen Zuordnung der Geschlechter zueinander.

Auch in *Kap 14* ist wieder hermeneutisch zu unterscheiden zwischen einer theologisch begründeten grundsätzlichen Aussage und ihrer praktischen Anwendung in einer bestimmten Sitte. Die praktische Weisung ist vorangestellt: In der Gemeinde (d.h. in ihren gottesdienstlichen Versammlungen) sollen die Frauen „schweigen", es soll „ihnen nicht zugelassen werden zu reden" (14,34b; vgl. Aristoteles, Politika 1260a „des Weibes Schmuck ist Schweigen", Zitat aus Sophokles, Aias 293). Daran schließt sich die grundsätzliche Aussage an: „… sondern sie sollen sich unterordnen" (V. 34c). Die praktische Regel verweist begründend auf die Praxis „in allen Gemeinden" (V. 34a; vgl. V. 26), die grundsätzliche Anweisung auf das Gesetz („wie auch das Gesetz sagt", V. 34c; vgl. Gen 2,18).

In einigen Handschriften finden sich die Verse 34-35 erst hinter V. 40. Das hat immer wieder zur Vermutung geführt, es handele sich bei den beiden Versen um eine nachpaulinische Interpolation (Schrage 481-501). Die Tatsache, dass die wichtigsten Textzeugen sie aber zwischen V. 33 und 36 haben, vor allem aber dass sie in keinem überlieferten Text ganz fehlen, spricht gegen diese Hypothese (so auch Stegemann, 340).

Bleibt man beim herkömmlichen Text, wird vor allem die Bedeutung des *lalein* in V. 34 diskutiert. So wird vorgeschlagen, es im Sinne von „schwatzen“ zu verstehen. Dazu wird darauf verwiesen, dass man damals tatsächlich bei Frauen gelegentlich Neigung zur Geschwätzigkeit unterstellte (Heinemann 232 und 237; Oepke 782,2). Aber das Wort *lalein* kann ohne erläuternden Zusatz oder erkennbaren Anhalt am Kontext diese eingeschränkte Bedeutung nicht haben. Auch gäbe es keinen Sinn, Geschwätzigkeit speziell nur bei der Frau als „schändlich“ zu bezeichnen (*aischron gynaiki*, V. 35b; zu beachten ist, dass der griechische Philosoph Plutarch (ca. 46-120 n.Chr.) in seinem Traktat „Über die Geschwätzigkeit“ nur von Männern spricht). Auch bei der Annahme, beim „Reden“ der Frauen handele es sich um – ausuferndes – unterbrechendes Hineinreden im Sinne der Bewertung prophetischer Reden (V. 29; vgl. Thiselton 1156 „disruptive sifting of prophetic speech“), bleibt die Frage, warum gerade Frauen darauf angesprochen werden.

Als Argument für eine Interpolation der Verse 34-35 könnte angeführt werden, dass das Schweigegebot im Widerspruch zum geistgewirkten Reden von Frauen in Kap. 11 stehe. Aber kann man einem möglichen Interpolator die Naivität zutrauen, einen solchen Widerspruch einzuführen, ohne es selbst zu merken?

Eher wäre zu erwägen, dass *lalein* hier doch in einem besonderen, eingeschränkteren Sinn gemeint ist, und zwar in einem vom Kontext vorgegebenen. In V. 35a wird als Alternative zum „Reden“ empfohlen: „Wenn sie etwas *lernen* wollen, sollen sie zu Hause ihre eigenen Männer befragen“ (vgl. V. 31: „… damit alle lernen“). Vorausgesetzt ist dabei offenbar ein Lehr- und Lernprozess innerhalb des Gottesdienstes (so auch Dautzenberger 195; Stegemann 341) – und in *ihm* sollen Frauen in der Öffentlichkeit der Gemeindeversammlung „schweigen“ und nicht „reden“. Indem sie in solcher Lehrdiskussion den Männern den Vortritt lassen, ordnen sie sich der von der Schöpfung her vorgegebenen Ordnung unter.

Diese Deutung entspricht auch der Anweisung, die Paulus seinem Mitarbeiter Timotheus für dessen Gemeinde gibt: „Eine Frau lerne in der Stille mit aller Unterordnung. Einer Frau lasse ich nicht zu, dass sie lehre, auch nicht, sich über den Mann erhebe“ (1Tim 2,11-12). Bemerkenswert ist an dieser Aussage zunächst, dass Paulus die Frauen in der Gemeinde ausdrücklich zum Lernen auffordert (vgl. Michel, Grundfragen, 90f.). Manche Rabbinen warnten davor, Frauen in der Tora zu unterweisen (Oepke

782, vgl. Heinemann 236). In Griechenland war die Auffassung verbreitet, Frauen hätten keinen Anspruch auf Bildung (Oepke 777). Dass der römische Philosoph Musonius sich zu ausführlicher Erörterung der Frage veranlasst sieht, ob es gut sei, auch Frauen in die Philosophie einzuführen (Musonius 3), zeigt, wie wenig selbstverständlich es war. Ein Einwand, mit dem er sich auseinanderzusetzen hat, ist, Frauen würden dadurch leicht „selbstgefällig" *(authadäs)* und „überheblich" *(thrasos)* – welchem Einwand er mit dem Argument entgegnet, rechte Philosophie wirke dem gerade entgegen. Paulus entscheidet differenziert: Nicht schon das Lernen der Frau an sich ist ihm problematisch, sondern dass sie weitergeht und auch in der Öffentlichkeit der Gemeindeversammlung zu lehren beginnt und sich so über den Mann erhebt (*authentei* = Autorität über ihn ausübt, V. 12; vgl. die Begriffsuntersuchung von Baldwin in Köstenberger u.a. 69ff). Paulus gibt deshalb die Anweisung, Frauen in der Gemeindeversammlung nicht zum Lehren zuzulassen, ermutigt sie aber dazu, in gebotener Zurückhaltung („in der Stille") zu lernen und sich so der natürlichen Ordnung der Geschlechter einzufügen („in aller Unterordnung", V. 12).

Paulus begründet seine Entscheidung, dass die Frau nicht lehren solle, wie in 1. Kor 11,8 mit dem zeitlichen Vorrang des Mannes bei der Erschaffung des Menschen (1Tim 2,13), zusätzlich, in Anlehnung an die Geschichte vom Sündenfall, damit, dass nicht Adam, sondern Eva zuerst von der Schlange verführt wurde (V. 14; Philo erklärt dies durch den Hinweis darauf, dass die Frau, weil stärker von der sinnlichen Wahrnehmung als der Vernunft bestimmt, der Verführung leichter zugänglich sei, vgl. oben S. 37). Positiv verweist Paulus auf die besondere Aufgabe der Frau, das Gebären und Aufziehen von Kindern, darin habe ihr Glaube sich vor allem zu bewähren (V. 14; vgl. 5,9).

Auch hier liegt das Schwergewicht der Argumentation des Apostels darauf, dass jedes Geschlecht einen seiner Eigenart entsprechenden Ort innerhalb des sozialen Beziehungsgefüges findet, und das heißt dann hier, dass das weibliche Geschlecht hinter dem führenden männlichen zurücktritt (sich „unterordnet").

Die gleiche Grundregel vertritt Paulus auch in den sog. „Haustafeln", die das Verhalten der Glieder einer Hausgemeinschaft untereinander regeln sollen: „Ihr Frauen, ordnet euch den (= euren) Männern unter, wie es sich im Herrn gebührt" (Kol 3,18; vgl. Eph 5,22), den Männern aber nicht etwa als Despoten, sondern als sie Liebenden und insofern ihnen Dienenden (Kol 3,19; Eph 5,28f). Dem entspricht im einleitenden Satz Eph 5,21 die Gegenseitigkeit der Unterordnung („ordnet euch einander unter in der Furcht Christi"). Die in der Ausführung dieses Grundsatzes nun doch speziell von der Frau gegenüber dem Mann geforderte Unterordnung unterscheidet sich dabei in bemerkenswerter Weise von der, die von Kindern und Sklaven erwartetet wird: Anders als bei diesen (*hypakouete*, Kol 3,20.22; Eph 6,1.5) ist bei den Frauen nicht von Gehorsam die Rede. Gehorsam setzt eine gewisse Unmündigkeit voraus. Mit der „Unterordnung" der Frau meint Paulus aber offenbar etwas anderes: Innerhalb einer vorgegebenen Ordnung, in der jeder einen anderen, ihm gemäßen Ort hat, wird der, der sich an untergeordneter Stelle einordnen soll, doch als mündiges und darin gleichgestelltes Gegenüber geachtet.

Literatur:

R. A. Baer, Philo's Use of the Categories Male and Female, Leiden 1970; H. S. Baldwin, Ein schwieriges Wort in 1. Tim 2,12, in: A. J. Köstenberger u.a., Frauen in der Kirche, dt. Gießen 1999; P. Billerbeck, Kommentar zum Neuen Testament aus Talmud und Midrasch, Bd. II und III, München 1924/26; B. J. Capper, To Keep Silent, Ask Husbands at Home, and not to Have Authority over Men, Part. I., in: ThZ Jg 61/2005, 113-131; G. Dautzenberger, Zur Stellung der Frauen in den paulinischen Gemeinden, in: ders. (Hg.), Die Frau im Urchristentum, Freiburg 1983, 182-224; F. Dexinger, Art. Frau III Judentum, in: TRE 11, 424-431; Epiktet-Teles-Musonius, Ausgewählte Schriften, hg. von R. Nickel, Zürich 1994; R. W. Gehring, Hausgemeinden und Mission, Gießen 2000 (darin Exkurs: Die Leitungsaufgaben der Frau in den paulinischen Hausgemeinden, S. 359-380); W. Grudem, Does ΚΕΦΑΛΗ („Head") mean „Source" or „Authority over" in Greek Literature?, in: TrinJ 6 NS (1985), 38-59; ders, The Meaning of Kephale („Head"): A Response to Recent Studies, in: J. Piper/W. Grudem, Recovering Biblical Manhood & Womanhood, Wheaton 1991, 425-468; K. Haacker, Der Brief des Paulus an die Römer, ThHK 6, Leipzig 1999; H. Haag/K. Elliger, Stört nicht die Liebe. Die Diskriminierung der Sexualität – ein Verrat an der Bibel, Olten 1986; M. Hauke, Die Problematik des Frauenpriestertums vor dem Hintergrund der Schöpfungs- und Erlösungsordnung, Paderborn 1982; I. Heinemann, Philos griechische und jüdische Bildung, Hildesheim [2]1973; W. Lütgert, Freiheitspredigt und Schwarmgeister in Korinth, BFChTh XII/3, Gütersloh 1908; O. Michel, Der Brief an die Römer, KEK IV, Göttingen [12]1963; ders., Grundfragen der Pastoralbriefe, in: FS Th.Wurm, Auf dem Grunde der Apostel und Propheten, Stuttgart 1948, 83-99; A Oepke, Art. *gynä*, in: ThWNT, I, 776-790, Stuttgart 1933; Plutarch, Von der Ruhe des Gemütes und andere philosophische Schriften, dt. von B. Snell, Zürich 1952; H. van Oyen, Ethik des Alten Testaments, Gütersloh 1967; A. Schlatter, Der Evangelist Matthäus, Stuttgart [6]1963; ders., Das Evangelium des Lukas, Stuttgart 1931; ders., Paulus der Bote Jesu, Stuttgart 1934; W. Schrage, Der erste Brief an die Korinther, EKK VII/2, Neukirchen 1995; E. und W. Stegemann, Urchristliche Sozialgeschichte, Stuttgart 1995; C. Stenschke, Verheiratete Frauen und urchristliche Mission, in: JETh 24/2010,7-48; A. C. Thiselton, The First Epistle to the Corinthians, NIGTC, Grand Rapids 2000; C. Westermann, Genesis, Bd. I,1, Neukirchen 1974; B. W. Winter, Roman Wives, Roman Widows, Grand Rapids 2003.

3.3.2.3 Die weitere Entwicklung des Verhältnisses von Mann und Frau bis zur Gegenwart

Der neuen Würde der christlichen Frau als dem christlichen Mann ebenbürtiges Kind Gottes entspricht es, dass Frauen seit der Frühzeit der Christenheit bemerkenswerten Anteil am kirchlichen Leben hatten (vgl. auch Harnack 395-407). Das zeigt schon der bereits im Neuen Testament bezeugte, in Gebet und Gemeindediakonie tätige altkirchliche Stand der Witwen (1Tim 5,9; vgl. Stählin 451-454), aber ähnlich auch die sog. Jungfrauen und vor allem die Diakonissen (Hauke 436-440). Die Märtyrerakten wissen gerade von vielen Frauen zu berichten, die sich als Zeuginnen ihres Glaubens bis in den Tod hinein bewährten. Bereits in den ersten Anfängen des Mönchtums im 3. Jh. n.Chr. kam es parallel zu den Männerklöstern auch zur Bildung von Frauenklöstern, und zwar selbstverständlich unter weiblicher Leitung. Sofern solche Klöster später z.T. erheblichen Grundbesitz hatten, bekamen Äbtissinnen oft auch beachtliche ökonomische und politische Verantwortung. Einzelne Frauen erlangten große Bedeutung als geistliche Schriftstellerinnen wie Hrotswith von Gandersheim (10. Jh) oder Hildegard von Bingen (1098–1179), andere als Heilige wie Elisabeth von Thüringen (1207–1231) oder Katharina von Siena (1347–1380). Letztere gewann entscheidenden Einfluss auf die Kirchenpolitik ihrer Zeit. 1970 wurde sie ebenso wie Theresa von Aquila (1515–1582) offiziell zur „Lehrerin der Kirche“ erklärt. Der von Vinzenz von Paul (1576–1660) gegründete Orden der „Barmherzigen Schwestern“ wurde bahnbrechend für eine Erneuerung institutioneller christlicher Liebestätigkeit. Von ihm empfing auch die im 19. Jahrhundert entstandene Bewegung der evangelischen Diakonissen wichtige Anregungen.

Trotzdem bleibt in der europäischen Gesellschaft lange Zeit ein gewisser patriarchalischer Grundzug sehr selbstverständlich. Der Lebenskreis der normalen Frau ist vor allem Haus und Familie, während der Mann das öffentliche Leben bestimmt. Auch hier immer wieder vorkommende Ausnahmen (z.B. regierende Fürstinnen, berufstätige Frauen als Mitglieder in Handwerkerzünften, als Ärztinnen oder auch Universitätsprofessorinnen, und dies ausgerechnet schon zur Zeit des „finsteren“ Spätmittelalters) heben die Regel nicht auf, stellen aber immerhin das heute immer noch weitverbreitete Bild von einer generell frauenverachtenden und -unterdrückenden christlichen Gesellschaft in Frage (Hauke 458-462). Allerdings konnte, unter dem Einfluss aristotelischer Anthropologie, in der Scholastik die Frau auch abwertend als „unvollkommener Mann" (*mas occasionatus,* Hauke 454) bezeichnet werden.

Die Aufhebung des Klosterwesens im Bereich der von der Reformation erfassten Länder hat hier die traditionelle Rollenverteilung von Mann und Frau eher verstärkt. Erst in der Zeit der Aufklärung, vor dem Hintergrund eines grundlegend von der Vernünftigkeit des Menschen geprägten Menschenbildes, nahm der Gedanke einer völligen gesellschaftlichen Gleichberechtigung von Mann und Frau Gestalt an, vorangetrieben vor allem durch die Französische Revolution und später die sozialistische Bewegung. Ein gewisses retardierendes Element kam im klassischen deutschen Idealismus und der von ihm beeinflussten Romantik zum Zuge: In der Neuentdeckung der Ganzheitlichkeit des Menschen kamen auch die geschlechtlichen Unterschiede neu in den Blick. Dies führte zur These von der Polarität der Geschlechter, in der sie sich ergänzen („Alles Männliche zeigt mehr Selbsttätigkeit, alles Weibliche mehr leidende Empfänglichkeit", Humboldt 100; vgl. Burri 25-30). Während hier aber die Anerkenntnis der Unterschiedlichkeit noch mit einer außerordentlichen Hochschätzung der Frau in ihrer Eigenart verbunden war, kam es (erstmals) bei dem Philosophen des Pessimismus A. Schopenhauer (1788–1860) zu ausgesprochen frauenfeindlichen bzw. frauenverachtenden Aussagen, die dann zum Ende des 19. Jahrhunderts in der These vom „physiologischen Schwachsinn des Weibes" auf den Gipfel getrieben wurden (P. J. Möbius; vgl. Burri 21f).

Im Gegenschlag gegen diese Entwicklung entstand seit der Mitte des 19. Jhs. die Bewegung der Frauenemanzipation, die eine völlige rechtliche Gleichstellung der Geschlechter anstrebte und schließlich auch weithin realisierte (in Deutschland: 1918 aktives und passives Wahlrecht der Frau; 1949 in Art. 3 GG allgemeine Gleichberechtigung: „Niemand darf wegen seines Geschlechts … benachteiligt oder bevorzugt werden"). In der Theorie, die dieser Politik zugrunde lag, neigte man dazu, die Frau dem Mann anzugleichen und die bisherige Unterschiedlichkeit der Geschlechter auf wenige unleugbare körperliche Merkmale zu reduzieren (letztlich auf die Funktion der Frau in der Fortpflanzung; vgl. Burri 33), die Unterschiede im übrigen aber als Produkt gesellschaftlicher Prägung zu verstehen. Einen Schritt weiter geht innerhalb des modernen Feminismus eine sog. „gynozentrische" Richtung (Krebs 724). Über die Gleichstellung in allen Lebensbereichen hinaus versucht sie die Entwicklung eigener weiblicher Kultur und Religiosität. Im theologischen Feminismus ist man dabei nicht nur bemüht, die weiblichen Aspekte in Bibel und

Tradition neu herauszustellen, sondern darüber hinaus die als androzentrisch wahrgenommene christliche Lehre durch eine weiblich orientierte zu ergänzen bzw. zu korrigieren („Mutter-unser“, „Jesa Christa“, „Heilige Geistin“, vgl. dazu Gerl-Falkowitz 258), wobei teilweise auch fremdreligiöse Elemente aufgenommen werden können (Gerl-Falkowitz 260f; vgl. Hempelmann 9-19).

Gegenwärtig am stärksten gesellschaftspolitisch wirksam ist die sog. Gender-Theorie, in der konsequent die Ansicht propagiert wird, dass die traditionelle Geschlechterdifferenzierung nichts als ein kulturelles Erzeugnis des „gesellschaftlichen Machtdiskurses“ sei (Kuhlmann 275), eine „soziokulturelle Konstruktion“ (Kuster 368), ein zu überwindendes „Zwangssystem“ (Butler 205). Gesellschaftspolitische Zielvorstellung ist, eine allgemeine „psychische Androgenität“ (vgl. Laslop 745) und damit eine androgyne Gesellschaft herzustellen, in der die herkömmliche Heterosexualität durch sexuelle Pluralität ersetzt wird (Kuster 369; vgl. auch V. Sigusch 311-315; kritisch dazu Deines 45).

Gelegentlich meldet sich allerdings auch wieder eine entspanntere Betrachtung der Geschlechterdifferenz zu Wort: „Die klare Vorstellung von der Geschlechterdifferenz und der eigenen Zugehörigkeit ist offenbar eine gute Basis für einen späteren freien Umgang mit Stereotypen. Man kann sich dann Interesse und sogar Freude und Spaß an der Differenz leisten“ (Strassmann 30).

Literatur:

J. Burri, Als Mann und Frau schuf er sie. Differenz der Geschlechter aus moral- und praktisch-theologischer Sicht, Einsiedeln 1977; J. Butler, Das Unbehagen der Geschlechter, Frankfurt 1991; R. Deines, Leiblichkeit und Sexualität, in: Ch.Raedel (Hg), das Leben der Geschlechter, Berlin/Münster 2017,35-85; H.-B. Gerl-Falkowitz, Fragen an die feministische Göttin, in: ThBeitr Jg. 28/1997, 254-268; A. v. Harnack, Die Mission und Ausbreitung des Christentums in den ersten drei Jahrhunderten, Leipzig 1902 (hier 395-407); M. Hauke, Die Problematik um das Frauenpriestertum vor dem Hintergrund der Schöpfungs- und Erlösungsordnung, Paderborn 1982; H. Hempelmann, Gottes Ordnungen zum Leben, Liebenzell 1999; W. v. Humboldt, Über den Geschlechtsunterschied und dessen Einfluss auf die organische Natur (1795), in: ders., Ausgewählte Schriften, Berlin 1917, 89-119; M. Kranz/M. Heinz/F. Kuster, Art. Weiblich/männlich, in: HWP Bd. 12, 343-371; A. Krebs, Art. Sexismus/Feminismus, in: HWP Bd. 9, 721-725; H. Kuhlmann, Art. Frau IX sozialwissenschaftlich, in: RGG [4] Bd. 3, 274-276; P. Lasslop, Art. Männlich/weiblich, in: HWP Bd. 5, 740-749; Chr. Raedel, Gender. Vom Gender-Mainstreaming zur Akzeptanz sexueller Vielfalt, Gießen 2017; V. Sigusch, Sexualitäten, Frankfurt 2013; G. Stählin, Art. *chära*: ThWNT IX, 428-254.; B. Strassmann, Woher haben sie das?, in: DIE ZEIT, 28.6.2007, 29-30; U. Treusch, Mitarbeiter und Mitarbeiterinnen Gottes, in: Ch. Raedel (Hg.), Das Leben der Geschlechter, Berlin/Münster 2017, 87-118; P. Zimmerling, Evangelische Seelsorgerinnen. Biographische Skizzen, Texte und Programme, Göttingen 2005.

3.3.3 Das Verhältnis der Geschlechter zueinander in christlicher Sicht

Einerseits ist grundlegend für das christliche Verständnis des Verhältnisses von Mann und Frau zueinander ihre *Gleichheit im Menschsein*: Mann und Frau eignet die gleiche Personwürde als von Gott zu seinem Ebenbild geschaffenen Menschen (Gen 1,27; 5,2) und Christ und Christin als Kindern Gottes und Gliedern der Gemeinde Jesu Christi (Gal 3,27f). Diese Gleichheit im Menschsein schließt ihre Gleichwertigkeit ein, aus der auch die grundsätzliche Gleichberechtigung folgt. Es waren wesentlich Fremdeinflüsse, die diese Grundanschauung vom Verhältnis der Geschlechter in der Geschichte der Christenheit teilweise verdeckt und verzerrt haben, sodass sie sich gegen eine solche weithin auch in der Kirche traditionell gewordene Sicht vom geringeren Recht oder gar dem geringeren Wert der Frau neu durchsetzen musste. Darüber darf aber nicht vergessen werden, dass diese Entwicklung, von der Erklärung der Menschenrechte im 18. Jahrhundert bis zur heutigen Gleichberechtigung der Geschlechter, ohne das jüdisch-christliche „Konzept der freien Person, unabhängig von Geschlecht, Bildung, Rang und Würden, Volk und Rasse, Können, Nichtkönnen“ nicht zu denken ist (Gerl-Falkowitz 543).

Andererseits ist ebenso grundlegend das Festhalten an der *Unterschiedenheit der Geschlechter* in ihrem gemeinsamen Menschsein. Es gibt nicht abstrakt „den“ Menschen. „Der Mensch existiert nie und nirgends als Mensch an sich, sondern immer und überall als der menschliche Mann oder als die menschliche Frau“ (Barth 9).

Dies unterschiedliche Mann- und Frausein ist nicht erst, wie man einst in einer ideologisierten Emanzipationsbewegung dachte und auch heute noch teilweise in der sog. Gender-Forschung meint, nur Produkt sozialer Verhältnisse, das in einer Art „androgyner Revolution“ überwunden werden müsse (Badinter; vgl. Kranz 345f). Vielmehr kann aufgrund neuerer empirischer Untersuchungen vor allem in Biologie, Psychologie und Soziologie (vgl. oben unter 3.3.1) als wissenschaftlich gesichert gelten, dass die Unterschiede zwischen den Geschlechtern grundlegend von der Natur her vorgegeben sind und sich erst sekundär im Wechselspiel mit der sie umgebenden überlieferten Kultur auch zusätzlich weiter ausgestalten, z.T. sich verstärken, z.T. aber auch sich abschwächen. Dabei sind aber nicht nur die unmittelbar der Fortpflanzung dienenden Organe von Natur aus unterschiedlich (vgl. 3.3.1 a). Vielmehr betrifft die vorgegebene Unterschiedlichkeit den ganzen Menschen, also auch im seelisch-geistigen Bereich (vgl. 3.3.1 b-c).

Das unstreitige *Faktum* der natürlich vorgegebenen Unterschiede stellt nun aber vor die weitergehende Frage nach *Sinn und Funktion* dieser Unterschiede.

In der Bibel folgt unmittelbar auf den Bericht von der Erschaffung des Menschen in beiden Geschlechtern (Gen 1,27) die Aufforderung zur Zeugung von Nachkommenschaft: „Seid fruchtbar und mehrt euch" (V. 28). Die Geschlechtlichkeit zielt also von Anfang an auf die Elternschaft bzw. das Mannsein auf Vaterschaft, das Frausein auf Mutterschaft (die Frau ist „die Mutter aller, die da leben", Gen 3,20). Dabei gehen Vater- und Mutterschaft nicht auf in ihrer biologischen Funktion beim Prozess der Fortpflanzung. Dieser ist beim Menschen eben kein rein biologischer Vorgang, vielmehr ist er, entsprechend der Ganzheitlichkeit menschlicher Geschlechtlichkeit, eingebettet in vielfältige personale Beziehungen zwischen Mann und Frau (vgl. auch Gen 2,18) und Eltern und Kindern, bis hin zum Zusammenhang der Generationen. Dabei bleiben aber Vater- und Mutterschaft eine Grundstruktur des Geschlechtlichen.

So dienen auch die offenkundigsten Unterschiede zwischen den Geschlechtern, die sog. primären Geschlechtsmerkmale, unbestreitbar primär eben dem Zweck der Zeugung bzw. Empfängnis und Geburt. Aber auch andere Eigenarten beider Geschlechter, bis hin zu seelisch-geistigen (vgl. wieder oben 3.3.1), sind auf dies Ziel und die je eigene Funktion von Mann und Frau in diesem Zusammenhang bezogen. So eignet der mehr an persönlichen Beziehungen interessierten Frau in besonderer Weise Fürsorglichkeit, dem mehr sachlich orientierten Mann mehr eine Tatkraft, welche die Dinge ordnend in den Griff bekommen will.

Dabei gibt es nicht etwa (von den Zeugungsorganen abgesehen, aber selbst da gibt es ja gewisse Analogien, vgl. oben 3.2.2.2 b) spezifisch männliche oder weibliche Eigenschaften also solche, die jeweils nur bei einem Geschlecht zu finden wären. Vielmehr macht vor allem die Intensität, mit der bestimmte körperliche und seelisch-geistige Eigenheiten angelegt und ausgebildet sind, den Unterschied aus. So kann (und soll) selbstverständlich auch der Mann fürsorglich sein. Aber Fürsorglichkeit zeichnet doch in besonderer Weise die generell mehr an persönlichen Beziehungen interessierte Frau aus. Selbstverständlich können (und sollen) auch Frauen sachbezogen denken und argumentieren. Aber das generell mehr an Sachen orientierte Interesse des Mannes fördert eben doch vor allem sachliches Denken und Argumentieren.

In diesem Zusammenhang sind die biblischen Aussagen über das „Herrschen“ des Mannes über die Frau (Gen 3,16b) oder die „Unterordnung“ der Frau unter den Mann (1Kor 14,34 u.ö.) zu verstehen. Es kann dabei grundsätzlich *nicht* um eine prinzipielle Abwertung des einen Geschlechts gegenüber dem anderen gehen. Dem widersprechen eindeutig die grundlegenden biblischen Aussagen über die Gleichheit der Geschlechter in ihrer Gottebenbildlichkeit und (bei Christen) in ihrer Gotteskindschaft. Ebensowenig darf jenes „Herrschen“ des Mannes zum Selbstzweck werden als ein ihn begünstigendes Vorrecht. Vielmehr werden mit jenen Formeln bestimmte Funktionen angedeutet, also ein Dienst, in den die Geschlechter mit ihrer Eigenart aneinander gestellt sind. So ist es bezeichnend, dass auf die Aufforderung an die Frau, sich dem Mann unterzuordnen (Eph 5,22), nicht etwa die an den Mann folgt, über die Frau zu „herrschen“, sondern sie zu lieben, und zwar in einer solchen Selbstlosigkeit, dass die Liebe Jesu als Vorbild genannt werden kann (Eph 5,25.33). D.h. sofern und solange die Frau als Mutter ihr besonderes Wirkungsfeld in der Familie und damit im Haus hat, ist sie in der Regel angewiesen auf die nach außen gewandte, der Familie Sicherheit gebende Wirksamkeit des Mannes. Indem sie seinem Dienst an ihr und der Familie Raum gibt, nimmt sie selbst sich in dieser nach außen gewandten Verantwortung zurück und „ordnet“ sich so dem Mann „unter“.

Es geht also primär weder bei der Frau noch beim Mann um eine individualistisch verstandene Selbstverwirklichung, sondern um die Wahrnehmung einer von der Schöpfung her gestellten Aufgabe und um die mit ihr gegebene Verantwortung sowie eine dementsprechende Lebensführung. Dabei geht es „um Differenzierung, nicht Wertung“ (Deines 42). In dem Maße, in dem diese Aufgabe (etwa mit fortgeschrittenem Alter oder gar bei Ehelosigkeit) an Bedeutung verliert, verliert auch jene Zuordnung der Geschlechter an Bedeutung. Hier ist eine große Freiheit zu unterschiedlicher Gestaltung des gegenseitigen Verhältnisses gegeben. Wichtig bleibt dabei nur, dass der Mann wie die Frau, und zwar ohne von außen auferlegten gesetzlichen Zwang, sich nicht in fragwürdiger, ideologisierter Weise das andere Geschlecht zum Vorbild nehmen, sondern ihrer natürlichen Eigenart treu bleiben und sich darin gegenseitig ergänzen (vgl. W.Trillhaas 138f).

Literatur:

E. Badinter, Ich bin Du. Die neue Beziehung zwischen Mann und Frau oder die androgyne Revolution, München 1989; K. Barth, Mann und Frau, München 1964; R. Deines, Leiblichkeit und Sexualität im Neuen Testament, in: Ch. Raedel (Hg), das Leben der Geschlechter, Berlin/Münster 2017, 35-85; H.-B. Gerl-Falkowitz, Gang durch ein Minenfeld. Christinnen und Feminismus, in: Internationale katholische Zeitschrift Communio, Jg. 32/2003, 533-551; dies., Gender: Eine Theorie auf dem Prüfstand, in: IKZ 35. Jg./2006, 355-369; M. Kranz/M. Heinz/F. Kuster, Art. Weiblich/männlich, in: HWP, Bd. 12, 343-371; Salzburger Erklärung. Die heutige Bedrohung der menschlichen Geschöpflichkeit und ihre Überwindung, hg. von der Internationalen Konferenz Bekennender Gemeinschaften (IKBG), September 2015; W. Trillhaas, Die innere Welt. Religionspsychologie, München 1953.

Exkurs 2: Zur Berufstätigkeit der verheirateten Frau

Nach der traditionellen Rollenverteilung in der bürgerlichen Gesellschaft war Beruftätigkeit normalerweise dem Mann vorbehalten, während die Frau sich der Familie und dem Haushalt widmete. Dabei waren natürlich vor allem dort die Grenzen immer schon fließend, wo Betrieb und Haushalt eng verbunden waren wie etwa in der Landwirtschaft und z. T. im Handwerk. Aber auch im Arbeiterstand, wie er sich im 19. Jh. herausbildete, gab es, aus ökonomischen Zwängen heraus, schon früh Berufstätigkeit auch der verheirateten Frau, sei es in der Fabrik oder in fremden Haushalten. Anders war es in den sog. gehobeneren bürgerlichen Schichten. Hier bestand in der Regel eine klare Aufteilung der Bereiche: Der Mann sah sich selbstverständlich in der Pflicht, „Frau und Kinder zu ernähren“, während der Frau Berufstätigkeit generell nicht abverlangt bzw. ihr verwehrt wurde. Das galt selbst für die unverheiratete Frau, die kaum eine Chance zur beruflichen Ausbildung und Berufstätigkeit hatte. Diese „Marktlücke“ nutzte damals die evangelische Diakonissenbewegung, indem sie ledigen Frauen die Möglichkeit bot, vor allem im Bereich der Krankenpflege ihre Gaben einzusetzen. Sie leistete damit für die Gleichberechtigung der Frau einen weithin unterschätzten Pionierdienst.

Heute ist die Situation eine völlig andere. Es ist zur Regel geworden, dass junge Frauen gleiche Möglichkeiten der Schulbildung haben, einen Beruf erlernen, und zwar in völlig freier Berufswahl, mit (allerdings noch nicht überall verwirklichtem) gleichem Verdienst wie Männer in entsprechender Tätigkeit und grundsätzlich gleichen Karrierechancen. Mehr: Auch nach Gründung einer Familie versuchen Frauen in der Regel, nach Schwangerschaft und ersten Erziehungsjahren möglichst bald in ihren Beruf zurückzukehren. Damit tragen sie nicht nur in gleicher Weise wie der Mann zur Finanzierung ihres Haushalts bei, sondern bauen sich auch eine eigene Altersversicherung auf. Für die Betreuung der Kinder wird vom Staat die Einrichtung von Kindertagesstätten und Ganztagskindergärten erwartet. Auch Ganztagsschulen erleichtern natürlich die Berufstätigkeit beider Elternteile.

In der Praxis allerdings zeigen sich dabei schnell Probleme: Männer sind immer noch wenig bereit, mit der berufstätigen Ehefrau auch die Lasten des Haushalts zu teilen, was trotz aller Erleichterungen durch die moderne Haushaltstechnik für die Frau zu einer sie oft überfordernden Doppelbelastung führt. Das zeitweise Ausscheiden der Frau (oder auch des Mannes) aus dem Beruf beeinträchtigt in der Regel ihre Karrierechancen. Andererseits leidet unter der berufsbedingten Abwesenheit nicht nur des Vaters, sondern auch der Mutter die Entwicklung der Kinder („neurotische Verwahrlosung" als Gefahr, Meves, Maßlosigkeit 26f). All diese Probleme verleiten schließlich dazu, dass Eheleute ihre Kinderwünsche zurückstellen, reduzieren oder gar von vornherein aufgeben – mit allen heute vieldiskutierten und für das Sozialsystem verhängnisvollen demographischen Folgen (vgl. Birg). Aber auch die Verantwortung für die altgewordenen Eltern wird hier – notgedrungen – aus den Familien in entsprechende Institutionen ausgelagert.

Im einzelnen wird man sicher manche Wege suchen und finden können, die bei verheirateten Frauen eine Vereinbarkeit von Beruf und Familie erleichtern. So wird man z.B. versuchen können, die berufliche Weiterbildung auch in den Jahren zu fördern, in denen die Frau um der Erziehung der Kinder willen aus dem Beruf ausscheidet (Meves, Freiheit 123). Einen gewissen Kompromiss zwischen Berufstätigkeit und Familienarbeit stellt jetzt das 2007 in Deutschland eingeführte sog. Elterngeld dar, das nicht nur der Mutter, sondern wahlweise auch dem Vater ein zeitlich begrenztes Ausscheiden aus dem Beruf erleichtert.

Ein Grundproblem bleibt aber von solchen pragmatischen Lösungsversuchen unberührt: die mit der heutigen Hochschätzung der Berufstätigkeit der Frau verbundene verbreitete Geringschätzung ihrer Tätigkeit als Mutter und Hausfrau. Von den natürlichen Gegebenheiten der Frau als Mutter her ist hier nun einmal eine gewisse „Asymmetrie" der Geschlechter gegeben (Gerl-Falkowitz 534.550f). Das eigentliche Problem liegt dabei aber nicht in ihrer Tatsache, sondern in ihrer Bewertung. Während in der jüdisch-christlichen Tradition die Aufgabe der Frau als Mutter außerordentlich hoch gewertet wurde, ist sie heute, als Folge einer auf individueller Selbstentfaltung bedachten Emanzipation, einer weitgehenden Geringschätzung verfallen. Vielleicht spielt dabei nach wie vor auch der Missbrauch eine Rolle, den zur Zeit des „Dritten Reichs“ der Nationalsozialismus mit dem Mutterschaftsgedanken trieb. So gilt heute die einfachste Berufstätigkeit weithin mehr als die persönliche Opfer verlangende, menschlich anspruchsvolle wie auch gesellschaftlich höchst relevante Aufgabe des Gebärens und der Erziehung von Kindern (speziell im Blick auf christliche Erziehung durch Frauen kann gesagt werden: „Sie vollziehen am heranwachsenden Geschlecht den wirksamsten Teil der Evangelisation“, Schlatter 187). Hier ist um der Zukunft der Menschen in unseren Ländern willen ein grundlegendes Umdenken nötig – natürlich dann auch mit praktischen Konsequenzen wie z.B. angemessenen eigenen Rentenansprüchen der Mütter für die Zeiten, in denen sie zuungunsten ihrer Berufstätigkeit sich der Familie widmen. „Es geht darum, zu schaffen, was heutigentags nicht mehr im erforderlichen Maße existiert: eine über Universität und Schule verbreitete Hochschätzung des Mütterlichen“ (Spitz 832).

Literatur:

E. Beyreuther, Geschichte der Diakonie und Inneren Mission in der Neuzeit, Berlin 1962 (hier: 59-87); H. Birg, Was auf Deutschland zukommt – Die zwingende Logik der Demographie, in: J. Brunner (Hg.), Tel Aviver Jahrbuch für deutsche Geschichte XXXV, Göttingen 2007, 292-309; D. Bischof-Köhler, Von Natur anders, Stuttgart 2001 (hier: 387-399); S. Gaschke, Die Emanzipationsfalle. Erfolgreich, einsam, kinderlos, München 2005; H.-B. Gerl-Falkowitz, Gang durch ein Minenfeld, in: Internationale Katholische Zeitschrift Communio, Jg. 32/2003, 533-551; H. Greeven (Hg.), Die Frau im Beruf, Hamburg 1954; Chr. Meves, Manipulierte Maßlosigkeit, [22]1980; dies., Freiheit will gelernt sein, Freiburg [6]1977; M. Moers, Lebensgefühl und Daseinsproblematik der Frau in der heutigen Zeit, in: Universitas Jg.12/1957, 805-814; A. Schlatter, Die christliche Ethik, Stuttgart [5]1986. René Spitz, Die Krise der Mutter-Kind-Beziehung in der heutigen Gesellschaft, in: Universitas Jg. 10/1955, 829-832.

Exkurs 3: Zum gemeindeleitenden Dienst von Frauen

Einerseits haben Frauen in der Urchristenheit wie in der sog. alten Kirche, mehr noch als im alttestamentlichen Israel, eine auffallend große Bedeutung: Ihr Anteil am innergemeindlichen Leben und Zeugnis sowie, zumindest auf der Ebene der Hausgemeinde, auch in der Weitergabe des Evangeliums (Apg 18,26b), und zwar in gewisser Weise sogar in Leitungsfunktionen („Nympha und die Gemeinde in ihrem Hause“, Kol 4,15), ist beachtlich.

Andererseits ist, wie im Alten Testament das Priestertum, so im Neuen Testament das Apostolat (und daran anschließend wohl auch das Presbyterat) ausschließlich Männern vorbehalten (trotz Röm 16,7). Dieser Vorbehalt setzt sich später in der Kirche fort im konsequenten Ausschluss von Frauen vom (als in Kontinuität mit dem Apostolat stehend gesehenen) Amt des Priesters in katholischen und orthodoxen Kirchen und bis in neuere Zeit hinein vom Amt des Pastors oder Pfarrers auch in protestantischen Kirchen. Erst etwa seit der Mitte des 20. Jahrhunderts hat sich im Bereich der letzteren fast durchgehend eine Öffnung für die Übernahme dieses Amts auch durch Frauen durchgesetzt.

Als Gründe für den herkömmlichen Ausschluss werden vor allem zwei Argumente genannt:

1. Dies Amt entspricht, vor allem in der öffentlichen Verkündigung und Lehre wie auch (vor allem dadurch) der Leitung der Gemeinde, nicht der natürlichen Art der Frau. In diesem Zusammenhang werden vor allem die biblischen Aussagen über die Unterordnung der Frau unter den Mann (1Kor 11 und 14 und 1Tim 2) ins Feld geführt. Es handelt sich hier vor allem um eine schöpfungstheologische Argumentation.

2. Daneben wird auf das Faktum verwiesen, dass das alttestamentliche Priestertum wie das neutestamentliche Apostolat Männern vorbehalten ist. Eine explizite Begründung dafür findet sich in der Bibel nicht. Aber sofern der Priester in besonderer Weise Gott gegenüber dem Volk repräsentiert, liegt es nahe, den Grund für den Ausschluss der Frau vom Priesteramt im Gottesbild zu suchen. Gott ist einerseits erhaben über alles Menschliche und damit auch über die Geschlechtlichkeit, er ist weder männlich noch weiblich (anders als bei kanaanäischen Gottheiten stand JHWE „jenseits der Polarität des Geschlechtlichen … Es schied aus dem Kultus aus, weil es ein Element des Geschöpflichen war“, v. Rad 40f). Andererseits spiegelt sich das Wesen Gottes in seiner Offenbarung für den Menschen nun doch auch in Symbolen menschlicher Erfahrung. Hier aber steht in der Bibel, ganz besonders aber im Zeugnis Jesu, das Vatersymbol im Mittelpunkt. Es symbolisiert in unauswechselbarer Weise die Macht und Souveränität Gottes. Zwar kann die Bibel im Blick auf Gott gelegentlich auch das Muttersymbol verwenden („Ich will euch trösten, wie einen seine Mutter tröstet“, Jes 66,13; vgl. 49,14f). Aber dieses Symbol ist in der Bibel in das Vatersymbol integriert wie der Begriff der Güte oder Barmherzigkeit in den der Macht oder Gerechtigkeit (Hauke 214f). Das so auf den Vaternamen konzentrier-

te biblische Gottesbild ist also nicht Projektion patriarchalischer sozialer Verhältnisse, sondern umgekehrt anthropomorpher Ausdruck spezifisch biblischer Gottesoffenbarung. Es behält deshalb „seine Aussagekraft auch in einer Zeit des Verfalls patriarchalischer Lebensformen“ (Pannenberg 286). Diesem „männlich“ erscheinenden Grundzug im biblischen Gottesbild entspricht dann auch die definitive und unauswechselbare Offenbarung Gottes in der Inkarnation im Sohn. Dieser sendet und bevollmächtigt als seine Repräsentanten die Apostel. Diese heils- bzw. offenbarungsgeschichtliche Argumentationskette ist seit der Zeit der Alten Kirche das entscheidende Argument dafür, dass das führende geistliche Amt in der Kirche Männern vorbehalten ist (Hauke 434).

Jeder Kirche stellt sich in diesem Zusammenhang heute die Frage, was sie eigentlich unter dem leitenden geistlichen Amt versteht. Das traditionelle, auch reformatorische Verständnis geht aus vom Verständnis des leitenden geistlichen Amts als von Christus für die Gemeinde eingesetzt (Trillhaas 23: „Das Amt ist keine Funktion der Gemeinde“). Im neueren Protestantismus ist dagegen ein Verständnis weit verbreitet, nach dem alle Ämter in der Gemeinde nur Funktionen des allgemeinen Priestertums sind. Im letzteren Fall (sog. Delegationstheorie, Rupprecht 19) wird man in der Frage des Frauenpfarramts vor allem anthropologisch (und damit schöpfungstheologisch) argumentieren. Danach wird man sagen können, dass zwar im Regelfall das gemeindeleitende Amt mehr der Eigenart und Begabung des Mannes als der der Frau entspricht. Ausnahmen aber wird man gesetzlich nicht ausschließen können (sie sind ja auch in der Bibel bezeugt, vgl. Debora). Sonst müsste man ja konsequenterweise auch im weltlichen Bereich Frauen von leitenden Aufgaben ausschließen, was heute außerhalb jeder Diskussion stehen dürfte.

Zu einem anderen Ergebnis kommt man, wenn man, von der offenbarungsgeschichtlichen Linie ausgehend, das gemeindeleitende geistliche Amt von der Einsetzung durch Christus her und insofern als der Gemeinde gegenüberstehend versteht (sog. Institutionstheorie, Rupprecht 19). Dann legt es sich nahe, dass das gemeindeleitende geistliche Amt nach wie vor Männern vorzubehalten ist. Selbstverständlich heißt das nicht, dass damit die Frauen zur Passivität verurteilt wären – genausowenig wie die anderen Männer in der Gemeinde. Das gemeindeleitende Amt ist ja gerade nicht dazu da, die Gemeinde in die Passivität zu drängen, sondern ganz im Gegenteil sie zum Dienst zu ermutigen und anzuleiten. „Ein Amt, das die Gemeinde passiv macht, ist unchristlich“ (Schlatter 391). Hier eröffnet sich für die Frau ein weites Feld von Tätigkeiten in der Gemeinde, sei es ehrenamtlich oder auch beruflich, und zwar keineswegs nur im Bereich der helfenden Liebe, sondern auch im Wortzeugnis für das Evangelium, bis hin auch zur öffentlichen Verkündigung, aber immer so, dass es vom kontinuierlichen gemeindeleitenden Dienst unterschieden bleibt.

Literatur:

S. B. Clark, Man and Woman in Christ. An Examination of the Roles of Men and Women in Light of Scripture and the Social Science, Ann Arbor 1980 (bes. “Ordination of Women“, 654-658); M. Hauke, Die Problematik um das Frauenpriestertum vor dem Hintergrund der Schöpfungs- und Erlösungsordnung, Paderborn 1982; H. Hempelmann, Ordnungen des Lebens. Die Stellung der Frau in der Gemeinde, Bad Liebenzell 1997 (bes. 96-96); Kongregation für die Glaubenslehre, Erklärung „Inter insigniores“. Zur Frage der Zulassung der Frauen zum Priesteramt, Rom 1976 (dt. Bonn ²1994); Ch. Morgner, Stellung und Dienst der Frau in der Gemeinschaftsbewegung, in: Der Reichsgottesarbeiter, Jg. 90/1995, Heft 2, 4-26; W. Neuer, Mann und Frau in christlicher Sicht, Gießen ⁵1993 (bes. 161-167); W. Pannenberg, Systematische Theologie Bd. 1, Göttingen 1988; G. v. Rad, Theologie des Alten Testaments, München ⁴1962; W. Rupprecht, Der Dienst der Theologin – eine ungelöste Frage in der evangelischen Kirche, Stuttgart 1965; A. Schlatter, Das christliche Dogma, Stuttgart ³1977; W. Trillhaas, Der Dienst der Kirche am Menschen. Pastoraltheologie, München ²1958.

3.4 Die Geschlechtsgemeinschaft

3.4.1 Das Wesen der Ehe

Traditionell gilt die Verbindung der Geschlechter in der Ehe als die Mutter aller gesellschaftlichen Institutionen. Sie ist, sagt Augustin, „die Keimzelle des Staates“ (*seminarium est civitatis*, De Civ. Dei XV,16). Für W. Lütgert steht „die monogame Ehe … am Anfang der Kultur“ (Lütgert, Ethik der Ehe 156). Zugleich aber spricht er bereits 1916 „von einer Krisis der Ehe in unserer Zeit“, eine Feststellung, die sich heute sicher erst recht nahelegt. Indiz dafür sind nicht nur die dramatisch wachsenden Scheidungsziffern, sondern fast noch mehr das Entstehen und die weite Verbreitung freier, nichtehelicher geschlechtlicher Verbindungen. Die heutige Nichtselbstverständlichkeit der Ehe macht eine neue Besinnung auf Sinn und Recht dieser Institution unumgänglich.

3.4.1.1 Inhaltliche Kennzeichen der Ehe

Man kann von ihrer Zielbestimmung her zwei inhaltliche Kennzeichen der Ehe unterscheiden: die Erzeugung von Nachkommenschaft und die Bildung einer engen personalen Gemeinschaft zwischen Mann und Frau.

a. Die Erzeugung von Nachkommenschaft als Ziel der Ehe

Die Erhaltung der Art durch Erzeugung von Nachkommenschaft ist auch beim Tier das primäre Ziel der Sexualität, speziell der geschlechtlichen Vereinigung. Das Zusammenbleiben der Geschlechtspartner über den Akt der Zeugung und Empfängnis hinaus dient dabei – in unterschiedlichem Maße nötig – der gemeinsamen Aufzucht des Nachwuchses (Ernährung) und seiner Einführung in ein selbstständiges Leben.

Entsprechend gilt auch beim Menschen: Die Erschaffung des Menschen in der Zweiheit von Mann und Frau (Gen 1,27) zielt von vornherein auf die Erzeugung von Nachkommenschaft: „Seid fruchtbar und mehret euch" (Gen 1,28; vgl. 9,1.7). In seiner Nachkommenschaft erweist sich für die Bibel das Leben eines Menschen in besonderer Weise als gesegnet (Gen 22,17; Dt 7,13f; Ps 127,3; 128,3f; vgl. 1Tim 2,15; 5,10.14). Dieser Zweckbestimmung entspricht schon die physiologische Konstruktion der Geschlechtsunterschiede, die auf die Möglichkeit der Erzeugung von Nachwuchs hin konzipiert sind.

Insofern spricht H. Schelsky mit gewissem Recht davon, dass die Ehe primär keine sexuelle, d.h. von individuellen sexuell-erotischen Bedürfnissen des Menschen motivierte Institution sei. Deshalb stehe „zweifellos das spezifische Fürsorgeverhältnis, das beim Menschen zwischen Mutter und Kind gesetzt ist, also eher der ‚Brutpflegetrieb' als der Geschlechtstrieb, hier an erster Stelle" (Schelsky 27). Die Ehe sei deshalb eine „primär ökonomische Gemeinschaft" (29). Die heute verbreitete Reduktion des Sinns ehelicher Gemeinschaft auf die Befriedigung sexueller Bedürfnisse, die dabei dieser Institution eigentlich nicht gar nicht bedürfte, erfährt hier durch die Soziologie eine ernüchternde Korrektur. Aber abgesehen davon, dass neben der ökonomischen vor allem die pädagogische Funktion der Eltern nicht vergessen werden sollte, ist dabei auch nicht bedacht, dass nun doch unabhängig davon auch eine natürlich gegebene Bedürftigkeit von Mann und Frau nach geschlechtlicher Gemeinschaft zur Ehe führt.

b. Personale Gemeinschaft von Mann und Frau als Grundelement der Ehe

Das Motiv der Erzeugung von Nachkommenschaft und insofern Erhaltung der Art hat der Mensch mit dem Tier gemein. Wobei natürlich die Ausgestaltung dieses Motivs in der menschlichen Familie sich charakteristisch von der beim Tier unterscheidet.

Beim Menschen kommt aber zu diesem ersten Motiv noch ein zweites hinzu, das für die menschliche Sexualität und ihre Gestaltung charakteristisch ist: Die Entwicklung einer personalen Gemeinschaft von Mann und Frau, der engsten und tiefsten Gemeinschaft unter Menschen, die wir kennen (Sorg 32; vgl. schon der spätstoische Philosoph Musonius XIV: „Niemand aber dürfte wohl eine Gemeinschaft finden, die notwendiger und liebevoller wäre als die zwischen Mann und Frau"). Als spezifisch menschliches kann man dies Motiv auch das dominierende nennen, sofern die personale Gemeinschaft die sexuelle im engeren Sinn integriert, nicht umgekehrt.

Dem entspricht der biblische Bericht von der Erschaffung des Menschen in Genesis 2. Nachdem zunächst nur von der Erschaffung des Mannes berichtet wurde (Gen 2,5ff), folgt dann die Erzählung von der Erschaffung auch der Frau (Gen 2,18ff). Dabei ist bemerkenswert, dass auch dieser Bericht zwar auf die intime Vereinigung der Geschlechter zielt („… sie werden ein Fleisch sein", V. 24), dabei aber von Erzeugung von Nachkommenschaft auch nicht andeutungsweise die Rede ist. Der Bericht geht vielmehr von der Feststellung aus: „Es ist nicht gut, dass der Mensch allein sei" (V. 18). Wie wenig dabei Nachkommenschaft oder Sexualität im engeren Sinn im Blick ist, zeigt sich darin, dass als Lösung des Problems der Einsamkeit des Menschen zunächst die Tierwelt ins Blickfeld rückt – wobei doch der Gedanke der Sodomie mit Sicherheit völlig fern liegt. Vielmehr geht es offenbar primär um Einsamkeit als seelisches Problem (der Mangel einer „Hilfe, die um ihn sei"). Darauf führt Gott dem Menschen die Tiere zu (V. 19). Der redet sie an (nennt sie mit Namen) – aber erhält keine Antwort. Es entsteht keine wirkliche, dem personalen Wesen des Menschen entsprechende Gemeinschaft. „Für den Menschen wurde keine Hilfe gefunden, die um ihn wäre" (V. 20). Da erschafft Gott die Frau. Und sie ist nun wirklich „Bein von meinem Bein und Fleisch von meinem Fleisch" (V. 23). Sie ist ein Gegenüber, das personale Gemeinschaft ermöglicht: Gemeinschaft primär im seelisch-geistigen Bereich, aber das Leibliche mit einschließend (vgl. V. 25: „Sie waren beide nackt … und schämten sich nicht"). Gelegentlich spricht man im Blick auf das „ein Fleisch sein“ von „eine Person sein“ (Bovet 132). Aber das ist ein romantisches Missverständnis von personaler Gemeinschaft. Sie ist kein mystisches Verschmelzen, sondern ein enges Mit- und Füreinander zweier eigenständig bleibender Personen.

Diese Sicht vom Eigenwert der geschlechtlichen Gemeinschaft als Ausdruck ganzheitlicher personaler Zuwendung und Verbundenheit zieht sich durch das ganze biblische Zeugnis. Kennzeichnend dafür ist vor allem, dass das Verhältnis von Mann und Frau in der Ehe immer wieder als Liebesverhältnis dargestellt wird. Es ist auffallend, wie oft dies in der Bibel ausdrücklich zur Sprache gebracht wird: So in den Patriarchengeschichten vor allem im Verhältnis Isaaks zu Rebekka. Die Ehe wurde zwar vom Vater arrangiert, ohne dass die beiden sich kannten. Dann aber heißt es: „Da gewann Isaak sie lieb, sodass er über (den Verlust) seiner Mutter getröstet wurde“ (Gen 24,67). Jakob war bereit, sieben Jahre Dienst auf sich zu nehmen, um Rahel als Frau zu gewinnen, aber die Zeit verging ihm wie im Flug, denn „so lieb hatte er sie“ (Gen 29,20). Wie wenig es sich hier um Sonderfälle handelt, wird daran deutlich, dass der Gedanke der Liebesehe sogar in die Gesetzgebung Eingang findet. Von dem Fall, dass ein Israelit eine Kriegsgefangene zur Frau nehmen möchte, heißt es: „… und siehst unter den Gefangenen ein schönes Mädchen und gewinnst sie lieb …“ (Dt 21,11; vgl. 24,5 zur Befreiung vom Wehrdienst bei Jungverheirateten die Begründung, „… dass er fröhlich sei mit seiner Frau, die er genommen hat“). Angesichts der großen Bedeutung, die Kinder für die israelitische Ehe hatten, ist es eine ganz erstaunliche Aussage und Ausdruck eines sehr persönlichen Verhältnisses, wenn Elkana, der spätere Vater Samuels, seine zunächst lange kinderlose Frau Hanna mit den Worten tröstet: „Bin ich dir nicht mehr wert als zehn Söhne?“ (1Sam 1,8). Bewegend auch die Geschichte Michals zwischen David und Palti. Sie beginnt damit, dass berichtet wird: „Aber Michal, Sauls Tochter, gewann David lieb“ (1Sam 18,20, wobei dazu noch auffallend ist, dass die Initiative von der Frau ausgeht!). Später verhilft sie auf eigene Gefahr hin David zur Flucht vor den Nachstellungen Sauls (19,12). Dieser gibt nun Michal dem Palti (oder: Paltiel) zur Frau (25,44). Als David dann zur Macht kommt, fordert er – seinerseits wohl mehr nur aus politischen Motiven – seine Frau Michal wieder von Paltiel zurück. Der muss sich fügen, aber die Trennung von der Frau zerreißt ihm gleichsam das Herz: „Und ihr Mann ging mit ihr und weinte hinter ihr her bis Bahurim“ (2Sam 3,16). Ebenso spiegelt sich der Gedanke einer von liebevoller Zuneigung bestimmten ehelichen Beziehung auch in der biblischen Spruchweisheit: Im Zusammenhang mit der Warnung vor der Dirne heißt es: „Trinke Wasser aus deiner Zisterne und was quillt aus deinem Brunnen … Habe du sie allein und kein Fremder mit dir. Dein Born sei gesegnet und freue dich des Weibes deiner Jugend. Sie ist lieblich wie eine Gazelle und holdselig wie ein Reh. Mögen ihre Brüste dich allezeit berauschen; in ihrer Liebe magst du taumeln fort und fort“ (Spr 5,15-19). Vor allem natürlich das Hohelied ist ein einziger Hymnus auf die Liebe zwischen Mann und Frau: „Du hast mir das Herz genommen, meine Schwester, liebe Braut, du hast mir das Herz genommen mit einem einzigen Blick deiner Augen, mit einer einzigen Kette an deinem Hals. Wie schön ist deine Liebe, meine Schwester, liebe Braut! Deine Liebe ist lieblicher als Wein und der Geruch deiner Salben übertrifft alle Gewürze“ (Hld 4,9f).

Auch das Neue Testament teilt grundsätzlich diese Sicht der geschlechtlichen Liebe. Jesus greift im Gespräch über die Ehe ausdrücklich auf die Aussagen der Schöpfungsgeschichte vom „Ein-Fleisch-Werden“ (Gen 2,24) zurück und betont die Tiefe und die Unlöslichkeit dieser Verbindung (Mt 19,4-6). Auch Paulus bezieht sich auf die gleiche Aussage und interpretiert sie als Verhältnis der Liebe, das er mit der Liebe zwischen Christus und der Gemeinde vergleicht (Eph 5,31f). An anderer Stelle spielt er offensichtlich an die oben zitierte Aussage aus Sprüche 5,15 an: „… dass ein jeder sein Gefäß (d.h. seine Frau als der Brunnen, aus dem er trinkt) zu gewinnen suche in Heiligung und Ehrbarkeit“ (1Thess 4,4; vgl. Delitzsch 98 zu Spr 5,15). Für unsere Fragestellung besonders aufschlussreich aber sind die Ausführungen des Apostels zur Ehe im 1. Korintherbrief. Ausführlich geht er hier auf die Frage der Gestaltung der Geschlechtsgemeinschaft ein (1Kor 7,3-5.33f) und spricht sogar von einer gegenseitigen Verpflichtung der Partner zur geschlechtlichen Vereinigung (V. 3) – das alles aber ohne jede Andeutung des Aspekts der Kinderzeugung. Ausschließlich das Verhältnis der beiden Ehepartner zueinander ist im Blick.

In von der Bibel bestimmter christlicher Sicht schließt also einerseits eheliche Gemeinschaft grundsätzlich und ganz selbstverständlich den Willen zum Kind ein. Hier hat sich der gegenwärtige Trend zur Ehe ohne Kinder offensichtlich weit von den natürlichen wie auch von den ihnen entsprechenden christlichen Grundlagen entfernt.

Andererseits ist festzuhalten: Der Wille zum Kind bezieht sich auf die Ehe als ganze, nicht auf jeden einzelnen Vollzug ehelicher Gemeinschaft.

Neben dem Zweck der Erzeugung von Nachkommenschaft hat also die Ehe als liebevolle Zuwendung der Partner zueinander und Entwicklung einer dauerhaften Lebensgemeinschaft auch ihr eigenes Recht. Menschen heiraten „keineswegs nur oder auch erstlich, um Kinder zu zeugen, sondern weil sie sich lieben" (Splett 331). Der Zweck der Ehe liegt also durchaus auch in ihr selbst, in der gemeinsamen „Ausbildung der Persönlichkeit" (Lütgert, Ethik der Liebe 170). „Wenn durch die Ehe die Fortpflanzung des Geschlechts erreicht wird, so liegt in dieser Schöpfungsordnung die göttliche Bestätigung und Heiligung der natürlichen ehelichen Gemeinschaft, aber nicht ihr höchster Zweck und noch weniger das Motiv der Eheschließung" (Lütgert aaO). „Die Geschlechtlichkeit ist nicht nur Mittel der Fortpflanzung, sondern trägt innerhalb der Ehe ihre Freude unabhängig von dieser Zweckbestimmung in der Liebe zweier Menschen zueinander" (Bonhoeffer 168).

Der Gedanke der Liebesehe ist also keine Erfindung der Romantik. Er wurde in ihr höchstens nach der Zeit der Aufklärung wieder neu entdeckt. Zugleich kam es dabei allerdings auch leicht zu einer verhängnisvollen Verfälschung, sofern Liebe nur als Gefühl verstanden wurde. Auf wechselhaften Gefühlen kann allerdings keine stabile Verbindung gebaut werden. Wirkliche Liebe ist mehr als nur Gefühl. Sie ist ganzheitliches Ja-sagen zum andern und zur Gemeinschaft mit ihm und enthält so, wenn sie echt ist, wesentlich auch das Element der Treue.

Literatur:

Th. Bovet, Ehekunde II Spezieller Teil, Tübingen 1962; D. Bonhoeffer, Ethik, München [9]1981; H. Burkhardt, Ehe und Ehescheidung in christlicher Sicht, in: ThBeitr Jg. 26/1995, 35-49; F. Delitzsch, Salomonisches Spruchbuch, ND Gießen 1985; W. Lütgert, Ethik der Ehe, in: Reich Gottes und Weltgeschichte, Gütersloh 1928 (148-161); ders., Ethik der Liebe, Gütersloh 1938; Musonius Rufus, Lehrgespräche XIV: Ob die Ehe für Philosophen ein Hindernis ist, in: Epiktet. Teles. Musonius, gr./dt. hg. v. R. Nickel, Zürich 1994, 486-495; H. Schelsky, Soziologie der Sexualität, Hamburg [21]1977; Th. Sorg, Ehe und Familie. Biblische Perspektiven, Stuttgart 1981; J. Splett, Der Mensch – männlich und weiblich, in: IKZ Communio, 35. Jg./2006, 328-335.

Exkurs 4: Empfängnisregelung

Die praktische Frage der Empfängnisregelung ist eng verbunden mit der Frage der Zielbestimmung der Ehe, speziell der geschlechtlichen Vereinigung in der Ehe. Wo man letztere allein an das Ziel der Erzeugung von

Nachkommenschaft bindet, lehnt man logischerweise jede gezielte Empfängnisverhütung ab.

Tatsächlich wurde schon in hellenistischer Philosophie der Sinn der Ehe nur in der Erzeugung von Nachkommenschaft gesehen. Entsprechend hielt man die geschlechtliche Vereinigung in der Ehe nur für sittlich gerechtfertigt, wenn eben dies Ziel beabsichtigt war. Geschlechtsverkehr, der nicht dies zum Ziel hatte, sondern, meinte man, offenbar nur die mit dem Verkehr verbundenen Lust, galt als Ausdruck einer des Menschen unwürdigen Abhängigkeit von sinnlichen Empfindungen. So lehrte der spätstoische Philosoph Musonius: „Es dürfen aber die Menschen, die nicht wollüstig sind, nur den Liebesverkehr in der Ehe, der die Erzeugung von Kindern als Ziel hat, für sittlich erlaubt halten, weil er auch dem (Natur-) Gesetz gemäß ist" (Musonius, Lehrgespräche XII, vgl. Heinemann 266-268). Ähnlich schreibt der hellenistisch-jüdische Philosoph Philo von Alexandrien alternativ: „Wir (Juden) setzen uns das Ziel nicht der Wollust, sondern der Erzeugung legitimer Kinder" (Philo, Jos 43; vgl. Mos I, 28; det 102; spec leg III, 32-36; dazu Heinemann 262f).

Auch in katholischer Lehre gilt traditionell, dass der Vollzug der geschlechtlichen Vereinigung nur dann sittlich gut ist, wenn er sich offen hält für die Erzeugung von Nachkommenschaft. Zwar erkennt man neben diesem primären Zweck der Geschlechtsgemeinschaft auch einen sekundären an, nämlich die „gegenseitige Hilfe und die sittlich geordnete Befriedigung des geschlechtlichen Triebes" (*„mutuum adiutorium et remedium concupiscentiae*" CJC 1013 § 13, nach Mausbach III, 346; vgl. Ott 552). Nach dem „Katechismus der katholischen Kirche" verwirklicht sich durch die Vereinigung der Ehegatten „der doppelte Zweck der Ehe: das Wohl der Gatten selbst und die Weitergabe des Lebens" (KKK 2363). Dabei scheint in der Enzyklika *Humanae vitae* (HV) der personalen Gemeinschaft der Ehegatten insofern sogar noch besonderes Gewicht zuzukommen, als sie noch vor der Erzeugung von Nachwuchs genannt ist: „Darum streben Mann und Frau durch ihre gegenseitige Hingabe … nach jener personalen Gemeinschaft, in der sie … mit Gott zusammenwirken bei der Weckung und Erziehung neuen menschlichen Lebens" (HV 8). Die geschlechtliche Vereinigung wird deshalb selbst dann als sittlich erlaubt angesehen, wenn Unfruchtbarkeit (die aber nicht im Willen der Ehegatten liegt) vorauszusehen ist (HV 11). Trotzdem aber wird auch hier immer noch daran festgehalten, dass „jeder (!) eheliche Akt" auf die Erzeugung menschlichen Lebens hingeordnet bleiben muss (HV 11, im Anschluss an die Enzyklika *Casti Connubii* von 1930; vgl. KKK 2366).

Eben diese Konsequenz leuchtet allerdings nicht unbedingt ein. Das wird daran deutlich, dass solche strikte Hinordnung jeder einzelnen geschlechtlichen Vereinigung auf Zeugung menschlichen Lebens offensichtlich in Spannung steht zu der gleichzeitig ausgesprochenen Erlaubnis zur Berücksichtigung der unfruchtbaren Tage der Frau (HV 16).

Die Rede von einem doppelten Zweck der Ehe ist biblisch begründet, einerseits von Genesis 1,28, andererseits von Genesis 2,18 her (vgl. 1Kor 7,3-5). Dabei kann das Motiv der ganzheitlichen personalen Gemeinschaft nicht etwa darauf reduziert werden, Voraussetzung für den Vollzug des Gebots „Seid fruchtbar und mehret euch" zu sein, oder, in der liebenden Hingabe von Mann und Frau aneinander, nur Ausdruck seiner menschlichen Gestaltung. Vielmehr hat das Motiv der personalen Gemeinschaft von Mann und Frau offensichtlich auch sein eigenes Recht: eben in der ganzheitlichen Entwicklung dieser einzigartigen menschlichen Gemeinschaft. „Dass die Ehe in der Erzeugung des Kinds ihr Ziel hat, macht die Eltern nicht nur zum Mittel, durch das das Kind entstehen soll. Auch ihr Leben, das durch die Art, wie sie miteinander in die Gemeinschaft treten, aufs tiefste bestimmt wird, besitzt die Unverletzlichkeit eines Zwecks … (darum) achten wir bei der Ordnung der Ehe … auch auf den normalen Lebensstand der Eltern, und in diesen bringt sie die Ehe dann, wenn sie sie zur völligen Liebe führt" (Schlatter 395). „Um der Ganzheit der Ehe willen" ist „ein von dem Recht auf Fortpflanzung unterschiedenes, wenn auch wesenhaft mit ihm verbundenes, in der Liebe der Eheleute zueinander begründetes Recht auf volle Gemeinschaft anzuerkennen" (Bonhoeffer 191).

Daraus folgt für die Frage der Empfängnisregelung:

Grundsätzlich sollte geschlechtliche Gemeinschaft den Willen zum Kind einschließen. Geschlechtliche Vereinigung, die den Zweck der Zeugung von Nachkommenschaft für sich prinzipiell ablehnt, widerspricht dem von der Schöpfung her gegebenen Ziel der Geschlechtlichkeit und ist ethisch nicht verantwortbar.

Das bedeutet aber nicht notwendig, dass jeder einzelne Akt der geschlechtlichen Vereinigung diesem Ziel dienen muss. Er hat sein eigenes Recht als Ausdruck der liebenden Zuwendung der Ehepartner zueinander. Nur grundsätzlich, auf die Ehe als ganze bezogen, sind beide Ziele untrennbarer miteinander verbunden und dienen sich gegenseitig.

Daraus ist aber die praktische Folgerung zu ziehen: Empfängnisregelung ist grundsätzlich möglich. Nicht jede geschlechtliche Vereinigung muss die Zeugung eines Kindes zum Ziel haben. Sie kann im Einzelfall auch bewusst nicht gewollt sein. Die entscheidende praktische Frage, die sich, bei grundsätzlichem Ja zum Kind, stellt, ist: Wie ist geschlechtliche Vereinigung, bei der Zeugung eines Kindes nicht beabsichtigt ist, verantwortlich zu praktizieren?

Natürlich kann man die ganze Fragestellung damit für sich erledigen, dass man sagt: Weil wir derzeit aus guten Gründen kein weiteres Kind mehr wollen (sei es mit Rücksicht auf die gesundheitliche Situation insbesondere der Frau oder die wirtschaftliche der ganzen Familie), verzichten wir bis auf Weiteres auf den Vollzug der geschlechtlichen Vereinigung.

Diese Entscheidung gilt heute allgemein von vornherein als unrealistisch (Pfürtner 159). Der geschlechtliche Trieb sei in der Regel so stark, dass eine solche Entscheidung undurchführbar sei bzw. unvermeidlich den Bestand der Ehe gefährde.

Richtig ist dabei einerseits zweifellos, dass im Normalfall der Vollzug geschlechtlicher Vereinigung zu einer wirklich ganzheitlich geführte Ehe dazugehört. Die sog. Josephsehe („geistliche“ Ehe oder Syneisaktentum, also Ehe ohne jede geschlechtliche Gemeinschaft) wurde zwar in der frühen Christenheit gelegentlich befürwortet (Hermas, Ps.-Clementinen, vgl. Lohse 133.154), dann aber in der Alten Kirche generell als häretisch bekämpft (Lohse 181f). Tatsächlich ist sie keineswegs ein christliches Ideal. Ein Ausblenden der körperlichen Gemeinschaft kann den Zusammenhalt der ehelichen Gemeinschaft zumindest auf eine harte Probe stellen, wenn nicht gar gefährden (1Kor 7,5b).

Andererseits dürfen wir auch nicht einfach dem modernen Mythos von der Unausweichlichkeit sexueller Triebhaftigkeit des Menschen aufsitzen. Im Gegenteil: Es entspricht der Natur der menschlichen Sexualität, dass sie nicht zwanghaft ist, sondern dem Menschen auch einen gewissen Freiraum für verantwortliche Entscheidungen gibt. Grundsätzlich hat der Mensch (in individuell und zeitlich unterschiedlichem Maße) durchaus die Freiheit, zu seinen natürlichen Strebungen auch Nein zu sagen, ohne sich deshalb gleich neurotischen Entwicklungen auszuliefern. Wenn Paulus davon spricht, dass Ehepartner sich in gegenseitigem Einverständnis für eine gewisse Zeit des Geschlechtsverkehrs enthalten (1Kor 7,5a), so denkt er dabei zwar nur an eine eher kurze Zeit. Aber bei guten Gründen, die eine längere

Enthaltsamkeit nahelegen, sollte die Möglichkeit auch längerer Phasen der Enthaltsamkeit nicht von vornherein ausgeschlossen werden.

Trotzdem wird man in der Regel diese Radikallösung nicht wollen und wohl auch, eben um der Ganzheitlichkeit der Ehe willen, nicht wollen sollen.

Damit stellt sich noch einmal die Frage nach Möglichkeiten der Empfängnisregelung ohne Verzicht auf Geschlechtsgemeinschaft.

Hier unterscheidet man zwei Grundmöglichkeiten: 1. sog. natürliche, 2. sog. künstliche Methoden.

a. Natürliche Methoden der Empfängnisverhütung

1. Die wohl älteste und vermutlich auch heute sehr weit verbreitete Methode ist sicher die des sog. *Coitus interruptus*: Wenn es beim Mann zum Orgasmus kommt, zieht er den Penis so rechtzeitig aus der Scheide der Frau zurück, dass es erst außerhalb des Körpers der Frau zum Samenerguss kommt. Man kann insofern natürlich bezweifeln, ob es sich um eine wirklich im strengen Sinn „natürliche" Methode handelt, als dies Verhalten nicht dem natürlichen Gang der Dinge und ihrem Ziel entspricht. Tatsächlich kann dabei leicht die Grenze zu dem hin überschritten werden, was man auch „eheliche Onanie" genannt hat (so schon Ammon 238f; vgl. Dallmeyer 19; Haarbeck 88). Auch wird darauf hingewiesen, dass ein solches Verhalten, häufig geübt, für die Entwicklung der Sexualität der Partner nicht förderlich ist (der abrupte Abbruch des Geschlechtsverkehrs kann, heißt es, z.B. bei der Frau die Frigidität fördern, Wrage 74; vgl. schon March 74f). Schließlich ist realistischerweise zuzugeben, dass diese Methode relativ unsicher ist, weil schon vor dem eigentlichen Höhepunkt des Orgasmus' Samenflüssigkeit austreten und es so doch zur Befruchtung kommen kann. Immerhin, „natürlich" könnte diese Methode insofern genannt werden, als sie ohne jedes Hilfsmittel auskommt.

2. Ethisch nicht problematisch und auch im Ergebnis sicherer ist die Beachtung der unfruchtbaren Tage der Frau. Zwar könnte man auch hier einwenden: Dass ausgerechnet die unfruchtbaren Tage der Frau zum Geschlechtsverkehr genutzt werden, widerspricht eigentlich der natürlichen Anlage der Frau, nach der ja gerade ihre fruchtbaren Tage zur Erreichung des natürlichen Zwecks des Geschlechtsverkehrs geeignet sind (unabhängig von einer etwaigen Erhöhung der Libido in dieser Periode, die tatsächlich auch nicht festzustellen ist; vgl. Rötzer 373-376). Andererseits

vermeidet diese Methode das Hauptproblem des *Coitus interruptus*: Der Vollzug der geschlechtlichen Liebe in der körperlichen Vereinigung wird gerade nicht gestört, sondern eher gefördert durch die besondere Rücksicht und Aufmerksamkeit, die hier von beiden Partnern gefordert ist. Das gilt mehr als von der alten Knaus-Ogino-Methode noch von der modernen Sympto-Thermal-Methode (Beachtung des sog. Zervix-Schleims und der Basal-Temperaturveränderung bei der Frau in ihrem Zyklus, vgl. Rötzer und Trobisch). Außerdem gilt gerade die letztgenannte Berechnungsmethode als besonders sicher. Was allerdings viele an ihrer Anwendung hindert, ist vor allem die Unterwerfung des geschlechtlichen Verlangens unter Planung und der für die Planung nötige zeitliche Aufwand.

b. Künstliche Empfängnisverhütung

Hier sind vier verschiede Arten zu unterscheiden: 1. mechanische Verhütung, 2. chemische Verhütung, 3. hormonelle Verhütung, 4. operative Verhütung.

Zu 1: Das verbreitetste und im Zusammenhang mit der Aids-Bekämpfung oft auch regierungsamtlich propagierte Mittel ist das Kondom. Diese Methode ist leicht anwendbar und hat im Normalfall keine negativen gesundheitlichen Nebenwirkungen. Das Dazwischenschalten eines solchen Mediums kann als Beeinträchtigung des Erlebnisses empfunden werden. Auch ist die Wirkung keineswegs sicher (siehe die vergleichende Versagerliste bei Rötzer 372). Solches Versagen wirkt sich verhängnisvoll aus, wenn das Kondom als Mittel der Vermeidung der Weitergabe von Aids dienen soll. Eine Propaganda, die diese Möglichkeit verschweigt, ist deshalb verantwortungslos. Vorbildlich ist hier die Aids-Politik der ugandischen Regierung mit ihrem sog. „ABC-Programm“, das für Enthaltsamkeit und eheliche Treue wirbt und das Kondom nur als Notlösung empfiehlt (A = „abstain“, B = „be faithfull“, C = „condoms“). Innerhalb weniger Jahre sank daraufhin die Aids-Rate von 15–20 % auf nur noch 6 % (Horn 13f).

Anders verhält es sich bei allen anderen mechanischen Mitteln: Das Scheidenpessar verhindert die Befruchtung keineswegs sicher, deshalb wird es z.T. mit einem chemischen Wirkstoff verbunden, der wiederum gesundheitlich problematisch ist. Die Spirale verhindert außerdem nicht die Befruchtung, sondern die Einnistung des befruchteten Eies in die Gebärmutter. Sie ist also kein Mittel der Empfängnisverhütung, sondern der Frühabtreibung (Verch 139f; Leicht 35f; Ehmann 120f.137f). Außerdem ist diese Methode mit erheblichen gesundheitlichen Risiken (Entzündungen) verbunden (Ehmann, Verhütungsmittel 122ff). Beide erfordern ständige ärztliche Begleitung und sind mit entsprechendem Aufwand verbunden.

Zu 2: Die chemischen Mittel sollen die Spermien vor der Befruchtung abtöten. Aber sie wirken keineswegs sicher und haben allesamt problematische gesundheitliche Nebenwirkungen (Leicht 35; Ehmann, Verhütungsmittel 139f).

Zu 3: Neben dem Kondom ist die sog. Anti-Baby-Pille das verbreitetste Verhütungsmittel. Die in der Pille enthaltenen Hormone sollen den Eisprung verhindern. Dies Mittel erfreut sich großer Beliebtheit, weil es als das sicherste aller künstlichen Verhütungsmittel gilt und sehr leicht und ohne etwaige Beeinträchtigung des Erlebnisses anzuwenden ist. Allerdings weist die Medizin auf z.T. besonders problematische Nebenwirkungen hin (Gefahr von Kreislauferkrankungen, Erhöhung des Krebsrisikos u.a.m., Ehmann, Verhütungsmittel 157ff). Vor allem besteht die Möglichkeit frühabtreibender Wirkung der Pille: Nachdem wegen starker Nebenwirkungen der Pille in der Anfangszeit ihr Östrogengehalt herabgesetzt wurde, verminderte sich damit auch ihre ovulationshemmende Wirkung, sodass es u.U. doch zum Eisprung und damit zur Befruchtung kommen kann, aber, als Wirkung der Pille, nicht zur Nidation (Ehmann, Abortive Kontrazeption; vgl. kritisch dazu W. Furch und M. Grabe in: T. Schirrmacher 21-65).

Als Mittel der Empfängnisregelung völlig ungeeignet ist die sogen. „Pille danach" (RU 486). Sie hemmt nicht nur die Nidation, sondern stößt u.U. auch den bereits in die Gebärmutter eingenisteten Embryo ab, ist also in jedem Fall ein reines Abtreibungsmittel (Leicht 37).

Zu 4: Sterilisation, d.h. die Durchtrennung des Samenleiters beim Mann bzw. des Eileiters bei der Frau, ist eine radikale, dauerhaft wirksame Methode der Empfängnisverhütung. Sie ist beim Mann durch einen kleineren operativen Eingriff relativ einfach durchzuführen, schwieriger bei der Frau. Ganz sicher wirksam ist allerdings auch diese Methode nicht. Dazu ist der Eingriff nicht oder nur sehr schwer rückgängig zu machen. Eben darin aber liegt das entscheidende Problem. Ein solcher operativer Eingriff zerstört in der Regel definitiv die natürlich gegebene Zeugungs- bzw. Empfängnisfähigkeit, ohne Rücksicht auf mögliche Änderung der Situation, die einen solchen Verzicht auf Zeugung nahelegte, und verfügt so in einer vom Menschen aus nicht verantwortbaren Weise über das von Gott gegebene Leben, es sei denn, die Sterilisation ist aus ärztlicher Sicht um der Gesundheit willen unumgänglich (medizinische Indikation).

Als 1968 Papst Paul VI. als Reaktion auf die in den 60er Jahren weltweit in den Handel gebrachte sog. Anti-Baby-Pille in seiner Enzyklika „Humanae vitae“ jede künstliche Empfängnisverhütung verurteilte, entfachte er damit einen bis heute anhaltenden Sturm der Entrüstung weit über die Grenzen der katholischen Kirche hinaus (vgl. Pfürtner). Bezeichnend für die im Gegensatz zur offiziellen katholischen Lehre in der protestantischen Theologie vorherrschende Meinung ist die lapidare Feststellung in Meyers Großem Taschenlexikon, von letzterer werde die Frage der empfängnisverhütenden Methoden „als belanglos angesehen“ (Bd. 6, 136).

Nun, belanglos ist diese Frage keineswegs. Vielmehr ist im Blick auf die Anwendung empfängnisverhütender Methoden die Frage nach den *Kriterien ethischer Urteilsbildung* durchaus erwägenswert.

Eine Rückfrage nach dem biblischen Zeugnis zu dieser speziellen Frage hilft allerdings kaum weiter. Denn an der einzigen Stelle, an der eindeutig vom Gebrauch einer Verhütungsmethode die Rede ist (*Coitus interruptus* in Gen 38,8-10), trifft das Urteil nicht die Methode (das generelle Problem der Empfängnisverhütung ist als solches überhaupt nicht im Blick), sondern ihren Zweck, die Verweigerung der Leviratsehe (so auch Schirrmacher 143; anders Neuer 1053f und Grauer 54-57). Und die Deutung des Worts *pharmakeia* auf künstliche Abtreibungsmittel (Gal 5,20; Offb 9,12; 21,8; 22,15) ist zu unsicher, als dass daraus eine ethische Weisung abgeleitet werden könnte.

Grundsätzlich bleibt festzuhalten:

Die Erzeugung von Nachkommenschaft ist nicht der einzige Ehezweck. Die liebende Hingabe der Partner aneinander, bis hin zur leiblichen Vereinigung, hat als biologisch gesehen sekundärer Zweck unabhängig vom biologisch gesehen primären Ehezweck ihr eigenes Recht. Für wahrhaft menschliche Vereinigung der Geschlechter bezeichnend ist dabei, dass der natürliche Zweck der Zeugung von Nachkommenschaft in den der personalen Gemeinschaft integriert ist, nicht umgekehrt. Entsprechend sollte zwar die Zeugung von Nachkommenschaft nie von der liebenden Hingabe der Partner gelöst vollzogen werden. Ebenfalls sollte die liebende Hingabe nicht grundsätzlich vom natürlichen Ziel der Zeugung von Nachkommenschaft getrennt werden. Aber dies gilt primär von der ehelichen Verbindung als ganzer, nicht notwendig von jedem einzelnen praktischen Vollzug der Geschlechtsgemeinschaft (vgl. Piper 237).

Dies gesteht auch die geltende katholische Lehrauffassung zu im Blick auf sog. natürliche Empfängnisregelung durch Beachtung der unfruchtbaren Zeit der Frau. Davon unterschieden wird eine Empfängnisverhütung durch sog. künstliche Methoden, die man prinzipiell ablehnt. Es ist aber die Frage, wie tragfähig diese Unterscheidung ist. Denn was heißt hier „natürlich" bzw. „künstlich"? Wie natürlich ist eine möglicherweise gar prinzipielle Beschränkung des Geschlechtsverkehrs auf die unfruchtbaren Tage der Frau, die doch offensichtlich der Zeugung von Nachkommenschaft ganz aus dem Wege geht? Und inwiefern ist – bei aller Problematik – der *Coitus interruptus* wirklich „künstlich" zu nennen?

Demgegenüber führen andere *Kriterien der Urteilsbildung* m.E. weiter:

1. Grundvoraussetzung bei jeder Anwendung empfängnisverhütender Methoden muss, in Verantwortung vor Gott und für die Gesellschaft, in der wir leben, die grundsätzliche Bejahung des Mehrungsauftrags sein (Gen 1,28). Jede Praxis der Empfängnisverhütung, die diesen Grundsatz in Frage stellt, ist abzulehnen.

2. Abzulehnen ist weiter jede Form der Empfängnisverhütung, die im inneren Widerspruch zur gegenseitigen Liebe steht, also jede Methode, die dem jeweils anderen (meist vor allem der Frau) unverantwortbare gesundheitliche Gefährdungen zumutet.

3. Abzulehnen ist vor allem auch jede Form der Empfängnisverhütung, die das Leben eines bereits werdenden Embryos gefährdet oder gar tötet.

Man wird also die Anwendung empfängnisverhütender Methoden, auch sog. künstlicher, nicht generell als unethisch bewerten können. Bei verantwortlicher Prüfung anhand der genannten Kriterien werden allerdings nicht nur einige sich als ganz unannehmbar erweisen, sondern auch alle anderen gegenüber einer (zeitweisen) Enthaltsamkeit und sog. natürlichen Methoden der Empfängnisregelung bei weitem zurückstehen müssen.

Zu bedenken aber sind auf jeden Fall auch die *Wirkungen* gewisser Methoden und ihrer Propagierung *auf das Sexualverhalten überhaupt*. Was schon vom Kondom galt, trifft in noch viel höherem Maße auf Erfindung und Verbreitung der Pille zu: Die leichte Anwendbarkeit und relativ sichere Wirkung dieses Mittels hat die sexuelle Revolution im vergangenen Jahrhundert entscheidend vorangetrieben. In einem bis dahin unvorstellbaren

Umfang förderte sie durch die Möglichkeit eines Geschlechtsverkehrs ohne Folgen (= Kinder) neben- wie vor allem vor- bzw. nichtehelichen Verkehr.

Damit wurde nicht nur die Institution Ehe selbst zunehmend relativiert und in ihrem Bestand gefährdet. Sondern auch innerhalb der Ehe verführte diese Entwicklung leicht zu einer fragwürdigen Sexualisierung des Miteinanders bzw. überhöhten Erwartungen an das Geschlechtsverhalten des Partners. Hier wäre das Wort des Apostels Paulus in Erinnerung zu rufen, der nüchtern mahnt, „... dass ein jeder seine Frau (sein „Gefäß"; vgl. Spr 5,15) zu gewinnen suche in Heiligung und Ehrbarkeit" (1Thess 4,4), d.h. in Verantwortung vor Gott und gegenüber der menschlichen Würde des Partners.

Literatur:

C. R. v. Ammon, Handbuch der christlichen Sittenlehre, Bd. III,2, Leipzig 1829; D. Bonhoeffer, Ethik, München [9]1981; H. Dallmeyer, Die Behandlung der Ehefragen in der Evangelisation und Seelsorge, in: G. Füllkrug, Brennende Fragen der Evangelisation und des christlichen Volkslebens, Schwerin 1922, 15-24; R. Ehmann, Abortative Kontrazeption, in: R. Süßmuth (Hg.), Empfängnisverhütung, Holzgerlingen 2000, 53-108; ders., Verhütungsmittel – verhängnisvolle Nebenwirkungen, aaO 109-271; Enzyklika „Humanae Vitae". Über die rechte Ordnung der Weitergabe menschlichen Lebens, lt./dt., Trier [2]1868; I. Grauer, Empfängnisregelung aus biblischer Sicht, Hamburg 2004; Th. Haarbeck, Das christliche Leben nach der Schrift, Gießen 1921; I. Heinemann, Philons griechische und jüdische Bildung, ND Hildesheim 1973; M. Horn, Kondome – trügerische Sicherheit, in: Medizin und Ideologie, 29. Jg./2007, Heft 3,9-21; Katechismus der Katholischen Kirche, München 1993; E. Leicht, Der weibliche Zyklus und die Wirkweise der Antikonzeptiva, in: R. Süßmuth (Hg.), Empfängnisverhütung, Holzgerlingen 2000, 25-39; B. Lohse, Askese und Mönchtum in der Antike und in der alten Kirche, München 1969; A. March, Bausteine zu einer evangelischen Sexualerziehung und Seelsorge, Gütersloh 1933; J. Mausbach, Katholische Moraltheologie, Bd. III, Münster 1961; Musonius, Lehrgespräche, in: Epiktet.Teles.Musonius, gr./dt. ed. R. Nickel, Zürich 1994; W. Neuer, Die Enzyklika „Humanae Vitae" im Licht von Bibel und Tradition, in: R. Süßmuth (Hg.), Empfängnisverhütung, Holzgerlingen 2000, 1031-1071; ders., Sterilisation in der Sicht christlicher Ethik, in: aaO, 1073-1076; L. Ott, Grundriss der Dogmatik, Freiburg [6]1963; S. H. Pfürtner, Kirche und Sexualität, Hamburg 1972, 124-161; Philo, Über Joseph, in: Philo von Alexandrien. Die Werke in deutscher Übersetzung, ed. L. Cohn, Berlin [2]1962; O. A. Piper, Die Geschlechter, Hamburg 1954; J. Rötzer, Einzelfragen zur Natürlichen Empfängnisregelung, in: R. Süßmuth (Hg.), Empfängnisverhütung, Holzgerlingen 2000, 353-383; T. Schirrmacher (Hg.), Familienplanung – eine Option für Christen?, idea-Dokumentation 8/2006; A. Schlatter, Die christliche Ethik, Stuttgart [5]1986; I. Trobisch, Mit Freuden Frau sein, Wuppertal 1974; K. Verch, Der unbekannte Körper. Biologie der Fortpflanzung, Wuppertal [3]1966; K. H. Wrage, Verantwortung in der Ehe. Intimgemeinschaft und Empfängnisregelung, Gütersloh 1965.

Exkurs 5: Die christliche Ehe: Eheliche Gemeinschaft im Horizont des Reiches Gottes

Mit dem Stichwort der Verantwortung vor Gott ist neben Zeugung von Nachkommenschaft und personaler Gemeinschaft eigentlich noch ein drittes inhaltliches Kennzeichen vor allem der christlichen Ehe genannt.

In der katholischen Überlieferung (festgeschrieben durch das Tridentinum, Sess XXIV: *„matrimonium … merito inter novae Legis sarcamenta annumerandum“*) wird diesem Gesichtspunkt insofern ein besonderes Gewicht gegeben, als man hier die Ehe sogar als Sakrament versteht, also als eins der sieben wirksamen Zeichen des Heils. Nach diesem Verständnis gehört die christliche Ehe also nicht nur in die Schöpfungsordnung, sondern auch in die Erlösungsordnung. Dabei wird in der Trauung zwar in der Regel die Mitwirkung eines Priesters gefordert, welcher der Ehe den kirchlichen Segen erteilt. Das Ehesakrament aber spenden „die Brautleute selbst als Übermittler der Gnade Christi einander“ (KKK 1623). Als biblische Begründung für die Auffassung der christlichen Ehe als Sakrament wird (KKK 1616) vor allem auf Epheser 5 verwiesen: „So sollen auch die Männer ihre Frauen lieben wie ihren eigenen Leib … gleichwie auch Christus die Gemeinde. Denn wir sind Glieder eines Leibes … Deshalb wird ein Mensch Vater und Mutter verlassen und seinem Weibe anhangen und werden die zwei ein Fleisch sein. Dies Geheimnis (gr. *mystärion*; lt. *sacramentum*) ist groß; ich rede aber von Christus und der Gemeinde“ (Eph 5,28-32). Dabei ist aber zu bedenken: 1. Das gr. Wort *mystärion* ist hier nicht wie das lt. *sacramentum* ein technischer Terminus der Theologie, sondern meint allgemein ein Geheimnis. 2. Als solches Geheimnis wird von Paulus hier nur das Verhältnis zwischen Christus und der Gemeinde bezeichnet (bzw. die allegorische Deutung des Zitats Gen 2,24; vgl. Bornkamm 829). 3. Dieses aber wird, als von Liebe bestimmte Beziehung, für das Verhältnis zwischen Mann und Frau in der Ehe als Vorbild hingestellt, mehr nicht. Dass die christliche Ehe in sich ein „Zeichen“ für das Verhältnis zwischen Christus und der Gemeinde sei und an diesem Verhältnis wirksam Teil gebe, sagt der Text nicht.

Es ist also an der seit der Reformationszeit üblichen evangelischen Auffassung festzuhalten, dass die Ehe in die Schöpfungsordnung gehört. Es ist, sagt Luther im „Traubüchlein“ (1529), „Hochzeit und Ehestand ein weltlich Geschäft“ (BSLK 528,6f; vgl. dort Anm. 5 aus der Schrift „Von Ehesachen“ das Zitat: „Es kann ja niemand leugnen, dass die Ehe ein äußerlich, weltlich Ding ist wie Kleider und Speise, Haus und Hof, weltlicher Obrigkeit unterworfen", vgl. Honecker 161.165). Er rühmt zwar im Großen Katechismus den Ehestand als „einen göttlichen, seligen Stand ... vor allen andern" (BSLK 612,24f), aber doch nur als von Gott von der Schöpfung her gewollten weltlichen Stand. Die christliche Ehe ist nicht an sich, sondern nur insofern etwas Besonderes, sie von anderen Ehen Unterscheidendes, als sie Ehe von Christen ist. Deren Glaube und Gehorsam „heiligt" die Ehe (1Thess 4,4; vgl. 1Kor 7,14). Im Sinn einer in Verantwortung vor Gott geschlossenen menschlichen Verbindung wird die Ehe deshalb bereits im Alten Testament ein „Bund Gottes" (d.h. vor Gott) genannt (Spr 2,17; vgl. Mal 2,14). Aber auch die nichtchristliche Ehe ist in vollem Sinn Ehe.

Als eheliche Verbindung von Christen reicht die „christliche" Ehe nur insofern in den Bereich der Erlösung hinein, als beide sich miteinander von Gott in den Dienst nehmen lassen, Ehe und Familie Kernzellen der christlichen Gemeinde und ihrer Mission werden und so Anteil bekommen an Gottes heilschaffendem Wirken unter den Menschen („... dass man Leute ziehe, die der Welt dienen und helfen zu Gottes Erkenntnis, seligem Leben und allen Tugenden", BSLK 612,39-41). Nicht zuletzt deshalb hat Paulus auch solchen Wert auf die ethische Unterweisung der Familie gelegt und dafür die Form der „Haustafel" entwickelt (Eph 5; Kol 3). Denn hier – in der Ehe und dann auch in der Familie – war der Ort, an dem zuerst sich die sittliche Erneuerung der vom Evangelium erfassten Menschen zu bewähren hatte und zugleich zum Lebenszeugnis in einer entsittlichten Welt werden konnte. „Die kirchliche Trauung ... macht meist Gott zum Diener der Ehe ... Stattdessen sollte die Trauung ein Zeichen aufrichten dafür, dass über der innigsten Hingabe zweier Menschen aneinander die Hingabe an Gott nicht aus dem Zentrum rücken darf" (Haacker 24). Die Grundregel christlicher Existenz überhaupt findet auch in der Sexualehtik ihre Anwendung: „Ihr gehört nicht euch selbst. Macht Gott Ehre mit eurem Leibe" (Bockmühl 35).

Literatur:

K. Bockmühl, Grundlagen christlicher Sexualethik, in: ders., Leben nach dem Willen Gottes, BWA II,3, Gießen 2006, 34-50; G. Bornkamm, Art. *mystärion*, in: ThWNT IV, 809-834; Concilii Tridentini Canones et Decreta, Bielefeld/Krefeld 1843; K. Haacker, Sexualität. Biblische Leitlinien zu ihrer Wertung und Verwirklichung, porta 16 (1972/73), 13-24; Katholischer Erwachsenen-Katechismus, München 1993; M. Honecker, Grundriss der Sozialethik, Berlin 1995; M. Luther, Ein Traubüchlein für die einfältigen Pfarrherrn, BELK 528-534; ders., Großer Katechismus, BELK 543-733.

3.4.1.2 Formale Kennzeichen der Ehe

Die Ehe ist heute nicht mehr die einzige Form, in der Geschlechtsgemeinschaft gelebt wird. Vielmehr existieren neben ihr die verschiedensten alternativen Formen geschlechtlichen Zusammenlebens. Damit stellt sich neu die Frage, was eigentlich die Kennzeichen ehelicher Gemeinschaft sind, mithin, was wirklich Ehe genannt zu werden verdient, was nicht.

3.4.1.2.1 Die Einehe (Monogamie)

a. Monogamie und Polygamie in der Bibel

Kennzeichnend und grundlegend für die biblische Einstellung zur Frage Einehe/Vielehe ist wieder die Schöpfungsgeschichte (Gen 1 und 2): Die Gemeinschaft des einen Mannes Adam und der einen Frau Eva ist für die Bibel das Urbild von Ehe schlechthin.

Die Polygamie findet erstmals in der Geschichte der Kainiten Erwähnung, und zwar bei Kains Urenkel Lamech, der zwei Frauen hat und nicht zufällig als typischer Macho geschildert wird, wenn er sich vor seinen Frauen mit der von ihm geübten Blutrache brüstet (Gen 4,23f).

Noah dagegen, „ein frommer Mann und ohne Tadel", der „mit Gott wandelte" (Gen 6,9), hat ganz selbstverständlich nur eine Frau (6,18; 8,16.18), ebenso seine Söhne (7,13). Gleiches gilt grundsätzlich an sich auch von Abraham mit seiner Frau Sarah (Gen 11,29). Dass Abraham später, nur auf Drängen seiner eigenen, scheinbar unfruchtbaren Frau, mit einer Sklavin einen Sohn zeugt (Gen 16,1ff), ist alles andere als selbstverständlich. Vielmehr ist es Ausdruck des Unglaubens, dass Gott seine Verheißung von Nachkommenschaft durch Sarah noch erfüllen könnte. Isaaks Ehe mit Rebekka ist wieder eindeutig eine Einehe. Auch Jakob will an sich nur die eine Frau Rahel und wird nur, gegen seinen Willen, von seinem Schwiegervater zuerst zur Ehe mit Lea genötigt, um dann erst auch Rahel zu bekommen, und dann sind es seine Frauen, die ihn, ebenfalls gegen seinen Willen, zur Zeugung von Kindern mit Sklavinnen drängen (Gen 29-30).

In der mosaischen Gesetzgebung wird die Möglichkeit der Mehrehe zwar vorausgesetzt. Bezeichnenderweise ist von ihr aber nur im Zusammenhang mit der Regelung von durch sie entstehenden Problemen die Rede, vor allem im Blick auf das Erbrecht (Dt 21,15-17). Darauf, wie die Mehrehe bei den Königen David und vor allem Salomo ethisch beurteilt wird, fällt von der Warnung des Königsgesetzes her Licht, wo es heißt: „Er soll auch nicht viele Frauen haben, dass sein Herz nicht abgewandt werde“ (Dt 17,17; vgl. 1Kön 11,1-13: Von seinen heidnischen Frauen wird er zum Götzendienst verführt und leitete damit den Niedergang des Reiches ein).

Insgesamt kann man also sagen, dass die altisraelitische Ordnung grundsätzlich zur Einehe neigt, und zwar noch mehr als Liebesehe denn als Rechtsinstitut. Das macht gerade auch die Spruchweisheit deutlich (so Wolff 249).

Im Neuen Testament wird bereits die Einehe überall ganz selbstverständlich als einzig gültige Eheform vorausgesetzt. Dies zeigt grundlegend Jesu Wort von der Ehe, in der „zwei“ ein Fleisch werden (Mt 19, 6; im Anschluss an Gen 2,24). Paulus lehnt dann die Mehrehe ausdrücklich ab: Der Bischof wie der Diakon soll, als Vorbild für die Gemeindeglieder, Mann nur einer Frau sein (1Tim 3,2.12; ebenso die Ältesten, Tit 1,6).

In dieser Ablehnung der Vielehe kommt eine Würdigung der Ganzheitlichkeit der Sexualität zum Ausdruck. Nur in der Einehe kann es wirklich zu der personalen Ganzheit der Hingabe aneinander, zum unbedingten Vertrauen zueinander kommen, die menschlicher Sexualität entsprechen.

b. Einwände gegen die Monogamie und ihre Widerlegung

Die Ehe gerade auch als Einehe wird heute wie kaum je zuvor grundsätzlich in Frage gestellt. Wer trotzdem an ihr festhält, muss sich diesen Fragen stellen und versuchen, seine eigene Position ihnen gegenüber zu begründen oder doch wenigstens nachvollziehbar zu machen.

1. Einwand: Die Einehe ist unnatürlich.

Begründung: Gerade bei Naturvölkern, die noch frei sind von den verbildenden Einflüssen der europäischen Zivilisation, finden sich polygame Kulturen.

Gegenargument: Es gibt Monogamie auch in sog. Naturvölkern (Mead 156). Bekanntlich bleiben selbst bei bestimmten freilebenden Tierarten Paare lebenslang beieinander (z.B. Graugänse). Dies Verhalten kann nun wirklich nicht „unnatürlich“ genannt werden. Vielmehr folgen diese Tiere einem entsprechenden Instinkt.

Beim Menschen fehlt ein solcher Instinkt – nicht weil ein anderes Sexualverhalten ihm besonders angemessen (ihm „natürlich“) wäre, sondern weil er generell instinktarm ist. Das heißt aber nicht, dass sein Verhalten ganz beliebig sein könnte. Vielmehr ist er darauf angewiesen, dass er eine seiner menschlichen Sexualität entsprechende Gestaltung des Sexuallebens entwickelt und so die fehlende Instinktleitung ersetzt. Eben dies ist die Einehe. Denn allein sie entspricht der Personalität der menschlichen Geschlechtlichkeit. Gerade in der Geschlechtlichkeit ist der Mensch unauswechselbar er selbst. Das zeigt besonders das Phänomen der Scham, das die Intimsphäre des Menschen wahrt und damit dem Schutz seiner Individualität dient. Eine Öffnung dieses Schutzmantels setzt unbedingtes, auch zeitlich unbeschränktes Vertrauen voraus, wie es so nur in der Einehe geben ist.

2. Einwand: Die Einehe ist praktisch undurchführbar.

Begründung: Die Ganzheitlichkeit der Geschlechtlichkeit lässt für den Mann eine Begrenzung auf nur eine Frau nicht zu – es sei denn, man sperrt nicht nur sie in einen Harem ein, sondern auch der Mann kapselt sich von der Welt ab, in der man nun einmal unvermeidlich Menschen des anderen Geschlechts begegnet und in mehr oder weniger engen Kontakt mit ihnen kommt. Selbstverständlich kommt es dabei nicht mit jeder Frau, mit der ein Mann etwas näher zu tun hat, auch gleich zu intimer Geschlechtsgemeinschaft (obwohl man manchmal fast den Eindruck hat, als wollten gewisse Literatur oder entsprechende Filme dies dem Publikum suggerieren). Aber eine gewisse Nähe und Berührung und damit auch Gemeinschaft ist, scheint es, unvermeidlich. Damit aber stellt sich die Frage: Wenn man im geistigen, eventuell auch seelischen Bereich Gemeinschaft miteinander hat, warum eigentlich nicht auch im körperlichen Bereich? Auch geistig-seelische Gemeinschaft ist ja nicht a-sexuell. Deshalb kommt es heute zwar nicht zu der allerdings veralteten, nämlich einer patriarchalischen Gesellschaft verhafteten Form der Polygamie, wohl aber, wenn man denn überhaupt noch eine institutionelle Gestaltung der Geschlechtsgemeinschaft sucht, etwa zur sog. „offenen Ehe“ (O’ Neill).

Gegenargument: Es ist allerdings richtig, dass menschliche Geschlechtsgemeinschaft ganzheitlich ist. Trotzdem aber können wir innerhalb der Ganzheitlichkeit, mit der die Geschlechtlichkeit den Menschen erfasst, differenzieren. So kommt die Geschlechtlichkeit im abstrakt-geistigen Bereich, also etwa im Austausch über mathematische Formeln, am wenigsten zum Zuge. Eher schon im seelischen Bereich. Ebenso bin ich im geistigen Bereich am wenigsten ich selbst, mehr schon im seelischen Bereich mitteilbarer Gefühle. Am meisten aber bin ich im leiblichen Bereich unauswechselbar ich selbst – was sich auch im Glauben an die leibliche Auferstehung zeigt (1Kor 6,14).

Von daher aber sind nun doch gewisse Grenzen zwischen den Bereichen feststellbar. So kann im geistigen Bereich, in gewisser Weise auch im seelischen Bereich, eine gewisse Distanz gewahrt bleiben. Anders im leiblichen Bereich. „Wisst ihr nicht, dass, wer an der Dirne hängt, ist ein Leib mit ihr?“ (1Kor 6,16).

Die Grenzen sind zugegebenermaßen fließend. Aus einer seelischen Gemeinschaft kann nur allzu leicht auch eine erotische und aus dieser wieder ein sexuelle Anziehung im engeren Sinn werden. Trotzdem ist festzuhalten: Grundsätzlich ist die Grenzziehung gerade beim Leiblichen einsichtig und durchführbar. Die Aussparung leiblicher Intimität im außerehelichen Umgang der Geschlechter miteinander ist also keineswegs willkürlich, nur aus traditionellen (prüden) Vorurteilen ableitbar. Sicher sind hier keine Gesetze aufzustellen. Aber es ist doch davor zu warnen, sich in leichtsinniger Selbstüberschätzung („ich habe mich im Griff“) in eine versuchliche Situation zu begeben.

Literatur:

M. Mead, Mann und Weib. Das Verhältnis der Geschlechter in einer sich wandelnden Welt, Hamburg [12]1979; N. u. G. O’ Neill, Die offene Ehe. Konzept für einen neuen Typus der Monogamie, Hamburg [4]1979; H. W. Wolff, Anthropologie des Alten Testaments, München 1973.

3.4.1.2.2 Die Lebenslänglichkeit der Ehe

a. Zur Situation

In der Bibel ist die Lebenslänglichkeit der Ehe bereits in den grundlegenden Texten der Schöpfungsgeschichte angedeutet: Die zwei sollen „ein Fleisch“ werden (Gen 2,24). Wenn die Propheten die Ehe als Gleichnis für den Bund Gottes mit Israels verwenden, „so setzen sie für ihre Zeit bereits die monogame lebenslange Ehe voraus“ (Eibach, Lebensformen 326). Jesus greift auf die Aussage von Genesis 2,24 zurück und bringt ihre Intention sachgemäß zum Ausdruck, wenn er eindeutig feststellt: „Was Gott zusammengefügt hat, soll der Mensch nicht scheiden“ (Mt 19,6 = Mk 10,9; vgl. Paulus in Röm 7,2f; zum Problem der Ehescheidung s. unten 3.4.3).

Auch in der Humanwissenschaft wird darauf verwiesen, dass die Ehe generell in allen Kulturen als auf Dauer angelegt verstanden wird: „In den meisten Gesellschaften gilt die Voraussetzung, dass Heirat etwas Ständiges ist, gilt die Idee, dass die Ehe so lange wie das Leben dauern sollte" (Mead 154).

Nach heute in Deutschland nach wie vor gültigem Recht wird eine Ehe ohne zeitliche Begrenzung eingegangen, zumindest der Intention nach als lebenslängliche Verbindung (die Erklärungen der Partner vor dem Standesbeamten „können nicht unter ... Zeitbestimmung abgegeben werden", BGB 8 § 13,2). In der kirchlichen Trauungsliturgie heißt es üblicherweise nach wie vor: „... bis der Tod euch scheidet" (so z. B. in der VELKD-Agende Bd. 3, Studienausgabe Berlin 1963, 121f).

Das Empfinden und das dementsprechende Verhalten in unserer Gesellschaft weicht allerdings zunehmend von dieser Norm ab.

b. Einwände gegen die Lebenslänglichkeit der Ehe und ihre Widerlegung

1. Einwand: Der natürliche Hauptzweck der geschlechtlichen Vereinigung ist, könnte man argumentieren, die Zeugung von Nachkommenschaft. Die Ehe als darüber hinausgehende Lebensgemeinschaft ist zunächst nötig um der gemeinsamen Sorge für die Kinder willen. Aber mit deren Erwachsenwerden fällt dieser Grund der Ehe fort. Ein weiteres Aufrechterhalten der Beziehung ist nicht mehr nötig. So kommt man zum Konzept der sog. „Lebensabschnittsehe" (Eibach, Lebensformen 323).

Gegeneinwand: Demgegenüber ist daran zu erinnern, dass eine Reduzierung des Ehezwecks auf die Fortpflanzung der Ganzheitlichkeit der geschlechtlichen Gemeinschaft widerspricht. Eine von vornherein auf diesen Zweck beschränkte Ehe wäre von Anfang an fragwürdig.

2. Einwand: Das längerfristige Aufrechterhalten der ehelichen Beziehung ist grundsätzlich problematisch. Spätestens dann, wenn sich mit der Zeit zeigen sollte, dass die Partner für eine weitere Gemeinsamkeit zu unterschiedlich sind und sich in der Entfaltung ihrer je eigenen Persönlichkeit nur behindern, wenn also, mag man unter Bezug auf das Jesuswort (Mt 19,6) sagen, anscheinend doch nicht Gott es war, der sie beide zusammenführte.

Gegeneinwand: Dieser Argumentation gegenüber ist zunächst festzuhalten, dass die Berufung auf das Jesuswort auf einem Missverständnis gründet. Das „Zusammenführen“ der Partner durch Gott ist keineswegs im Sinne individueller Führung zu verstehen. Der Gedanke ist in diesem Zusammenhang ein Kind der Romantik: der Gedanke, dass je gerade diese zwei von Ewigkeit her füreinander bestimmt seien; ein Gedanke übrigens, der auch zu einem ganz anderen Ergebnis führen kann, indem er als angebliche Rechtfertigung der Trennung dient, wenn man meint, man habe sich geirrt und der neu ins Auge gefasste Partner sei der eigentlich von Gott vorbestimmte.

Gemeint ist in dem Jesuswort vielmehr: Gott hat es in der Schöpfung grundsätzlich so geordnet, „dass die geschlechtliche Gemeinschaft eine den ganzen Menschen erfassende und deshalb unauflösliche ist („ein Fleisch“), bis in den Intimbereich des Lebens hinein. Daraus aber entsteht eine so enge Verbundenheit, dass sie nicht ohne den Preis tiefer Verletzungen aufgelöst werden kann. Die Ganzheitlichkeit der Sexualität des Menschen führt mit innerer Notwendigkeit zur zeitlichen Ganzheit, also dazu, das ganze Leben auch in seiner zeitlichen Erstreckung als Einheit zu umfassen. Wo diese Ganzheitlichkeit von vornherein nicht gewollt ist (also in einer Ehe auf Zeit etwa entsprechend dem Wort „bis dass eure Gefühle erkalten“), da kann es von vornherein nicht zu echter, wahrhaft menschlicher Geschlechtsgemeinschaft kommen. Das Verhältnis wird von Anfang an schamlos und der Partner in seiner menschlichen Würde nicht ernst genommen. Untreue verletzt die eheliche Intimität und ist Prostitution im Ansatz. Die Lebenslänglichkeit ehelicher Gemeinschaft ist also die innere Konsequenz der ganzheitlich verstandenen Einehe.

Natürlich bedeutet eine solche definitive Festlegung auf den einen Partner eine Einschränkung an sich denkbarer Möglichkeiten auch im Blick auf die persönliche Entwicklung. Der einzelne kann sich nach dieser Festlegung nicht mehr einfach beliebig entfalten. Er hat *sich* auf diesen Partner eingelassen und hat sich deshalb eben auch wirklich auf *ihn* einzulassen. D.h. aus einer individuellen Existenz wird eine gemeinsame, in welcher der eine Partner das Lebensrecht des anderen in seiner Individualität zu achten hat. Es kommt notwendig zu einer Symbiose, in der beide sich durch gegenseitige Einwirkung aufeinander entwickeln, zu einer sog. „Koevolution“ (Willi 216ff). Der „ideale“ Partner ist dabei keineswegs der, der dem anderen insofern entspricht, als er gleichsam mit ihm, seinen Gaben und Interessen, identisch ist und so ganz mit der eigenen Selbstentfaltung harmoniert und sie bestätigt. Vielmehr ist die Bereitschaft, den anderen gerade in seinem Anderssein zu lieben oder doch zu respektieren, eine Grundvoraussetzung für eine gelingende Ehe. Selbstverständlich wird es nicht ratsam sein, sich ehelich zu verbinden, wenn man so völlig verschieden ist, dass keine gemeinsame Basis gegeben ist und auch nicht entstehen kann. Vielmehr sollten in der Regel so viele Konvergenzen möglich sein, dass im Miteinander etwas *gemeinsam Neues* entsteht, und zwar eben dies beides: neu *und* gemeinsam – wie bei den Kindern. Die Vorstellung von einem „idealen" Partner ist ein Trugbild, das die gemeinsame Entwicklung im Keim erstickt.

Negativ bedeutet diese Erkenntnis, dass um dieser Gemeinsamkeit willen tatsächlich jeder auf bestimmte mögliche Eigenentwicklungen verzichten muss, etwa auch auf die Realisierung bestimmter Träume. Aber solcher Verzicht ist kein unnatürlicher Zwang, sondern etwas zutiefst Menschliches. Als instinktarmes Wesen hat der Mensch nun einmal die Möglichkeit der Wahl, ja er steht geradezu in einer inneren Notwendigkeit der Wahl. Dies gilt in allen Lebensbereichen. Auch in der Berufswahl etwa kann man sich nicht ständig alle Möglichkeiten offenhalten. Wollte man das versuchen, würde man sein Leben sinnlos vergeuden. Der Playboy, der von einem sexuellen Abenteuer zum andern eilt, ist deshalb im Ausleben seiner Geschlechtlichkeit alles andere als ein bewundernswertes Vorbild an Männlichkeit, sondern ganz im Gegenteil ein bindungs- und verantwortungsunfähiger Versager.

Es stimmt: Auch einem an sich glücklich Verheirateten kann es u.U. geschehen, dass er sich von einer anderen Frau gleichsam magisch angezogen fühlt, vielleicht auch tatsächlich eine Gemeinsamkeit sich zeigt, die er im Verhältnis zur eigenen Frau vermisst. So fragt er sich u.U. spontan, warum er eigentlich dieser Regung nicht nachgeben soll. Wäre das nicht natürlich und insofern geradezu geboten? Es mag im ersten Moment so scheinen – und ist doch eher ein Zeichen der Unreife. Denn gerade der Verzicht auf beliebige Selbstentfaltung und das Sich-stellen zur einmal getroffenen Entscheidung und auch zur Verantwortung für das Leben des Ehepartners (und nicht zuletzt auch der Kinder) ist menschlich. In unserer von der Neigung zur Individualisierung der Lebensanschauung (Eibach, Liebe 19) gezeichneten Zeit ist die mangelnde Beziehungsfähigkeit des modernen Menschen eine seiner Hauptkrankheiten. „Der Wille zur Ehe … muss wie jeder Wille die volle Fähigkeit zum Verzicht in sich schließen" (Lütgert 168). Deshalb gilt auch: „Der Wille zur Lust ist nur dann Liebe, wenn er sich mit dem

Willen zum Leiden verbindet. Liebe ist Wille zum Leiden mit und für den anderen“ (Lütgert 169).

Die Bereitschaft zur Treue ist deshalb unabdingbare Voraussetzung geschlechtlicher Gemeinschaft. Eheliche Treue ist gerade nicht, wie gern behauptet wird, Ausdruck von Besitzdenken, sondern ganz im Gegenteil von ganzheitlicher liebender Zuwendung. Dazu gehört, dass Liebe „nur dann Liebe (ist), wenn sie zur Treue wird und eine Geduld in sich schließt, die zur Vergebung und Versöhnung bereit ist“ (Lütgert 169). Wirkliche Treue bedeutet Verlässlichkeit gerade auch dann, wenn es schwer wird, sie zu halten. E. Brunner bezeichnet deshalb mit Recht die Treue als das „Rückgrat der Ehe“. „Aus der geistigen, personhaften Verbundenheit (der Treue) heraus wird die natürliche Liebe, die an sich unbeständig ist, zu etwas Beständigem; das, nicht der seltene Ausnahmefall einer natürlich dauernden, unerschöpflichen Liebeskraft, ist das Geheimnis einer glücklichen Ehe“ (Brunner 344).

Angesichts der heute gegenüber früher drastisch erhöhten längeren Lebenserwartung stellt sich im Zusammenhang mit der auf Lebensdauer angelegten Ehe natürlich die Frage, welche Bedeutung im fortgeschrittenen Alter, speziell nach Aufhören der Fruchtbarkeit der Frau, also nach dem Klimakterium, in der Ehe die Sexualität im engeren Sinn noch hat. Rein medizinisch ist festzuhalten, dass das geschlechtliche Verlangen und die sexuelle Erlebnisfähigkeit in diesem Lebensalter nicht aufhören (Trobisch 127; Cyran 3). Trotzdem ist es grundsätzlich doch „natürlich, dass die sexuelle Aktivität im Alter allmählich geringer wird“ (Cyran 36). Dieser Prozess ist aber kein Anlass zur Resignation. Vielmehr liegt in ihm die Aufforderung, mit dem gemeinsamen Altern auch die Liebe zueinander neu zu erfahren und mit neuen Akzenten neu zu gestalten. Diesen Prozess durch Medikamente künstlich korrigieren zu wollen, ist eher Ausdruck einer das Sexuelle überbetonenden Unreife als von jugendlicher Vitalität.

Literatur:

E. Brunner, Das Gebot und die Ordnungen, Tübingen 1932; W. Cyran/M. J. Halhuber, Erotik und Sexualität im Alter, Stuttgart 1992; U. Eibach, Liebe, Glück und Partnerschaft. Sexualität und Familie im Wertewandel, Wuppertal 1996; ders., Lebensformen der Geschlechter und der Wertewandel, in: ThBeitr 28/1997, 318-342; W. Lütgert, Ethik der Liebe, Gütersloh 1938; M. Mead, Mann und Weib. Das Verhältnis der Geschlechter in einer sich wandelnden Welt, Hamburg [12]1979; I. Trobisch, Mit Freuden Frau sein, Wuppertal 1974; J. Willi, Was hält Paare zusammen? Der Prozess des Zusammenlebens in psycho-ökologischer Sicht, Hamburg 1991.

3.4.1.2.3 Die Institutionalität der Ehe

Soweit unser historisches Wissen reicht, hat es menschliche Geschlechtsgemeinschaft nie ohne eine gewisse Institutionalisierung in der Ehe als rechtlich verbindlichem Rahmen gegeben. Es gibt keine Kultur der Erde ohne sie. Sie ist Ausdruck der Sozialität des Menschen und damit auch seiner Sexualität.

Auch in der Bibel ist sie ganz selbstverständlich immer vorausgesetzt. Schon in der Schöpfungsgeschichte ist das „ein Fleisch werden“ (Gen 2,24b) auch in diesem Sinn zu verstehen. „Ein Fleisch werden“ impliziert die Entstehung einer neuen Verwandtschaftsbeziehung (Wolff 53; Lindner 31; Wenham 101f), die Priorität hat vor der bisherigen Eltern-Kind-Beziehung („Darum wird ein Mann Vater und Mutter verlassen und seinem Weibe anhangen“, V. 24a). Die Frau ist jetzt für jedermann nicht mehr irgendeine Frau, sondern die Frau dieses einen Mannes. Wobei das sog. „besitzanzeigende“ Fürwort „sein“ bzw. „mein“ natürlich nicht im Sinne eines Besitzverhältnisses zu verstehen ist, wie es bei Dingen möglich ist. Auch bei der parallelen Formulierung „mein“ Vater bezeichnet das „mein“ eine persönliche Beziehung, kein Verfügungsrecht (Lindner 29).

Diese neue Verwandtschaftsbeziehung kann in der Bibel auch mit dem Bild des „Bundes“ beschrieben werden, eine beide Partner auf Dauer füreinander verpflichtende Beziehung (Spr 2,17; Mal 2,14). Sie beginnt mit dem Verlöbnis und wird in der „Heimführung“ der Braut in den Haushalt des Bräutigams festlich vollzogen (Klaiber 223).

Die Ehe als Rechtsordnung bewahrt die Intimität der Geschlechtlichkeit vor entpersönlichendem Zugriff anderer und gibt so die nötige *äußere* Geborgenheit und Sicherheit (biblische Beispiele: Abraham und Pharao in Gen 12,10ff; Abraham und Abimelech in 20,1ff; Isaak und Abimelech in 26,1ff).

Im für die biblische Sexualethik grundlegenden Gebot: „Du sollst nicht ehebrechen“ (Ex 20,14), wird die Ehe zugleich auch gegen ihre Gefährdung von *innen* geschützt: Es soll die Ehepartner vor einem kurzschlüssigen Ausbrechen aus der ehelichen Treueverpflichtung bewahren (vgl. auch Dt 5,21a: „Du sollst nicht begehren deines Nächsten Weib“).

Die Ehe ist also die von Gott gewollte, dem Wesen menschlicher Geschlechtsgemeinschaft entsprechende Form dieses Zusammenlebens. Die Formen der Eheschließung mögen im einzelnen dem geschichtlichen Wandel der Sitte unterworfen sein. Die Grundform der Ehe als zwar frei eingegangene, aber zugleich rechtsgültige und deshalb öffentliche Selbstverpflichtung der Ehepartner zu ehelicher Treue ist sowenig von der Ehe ablösbar, wie auch sonst Form und Inhalt nicht beliebig voneinander lösbar sind. In ihr findet die Sozialität menschlicher Sexualität ihren sachgemäßen Ausdruck. Die Heirat hilft zur sozialen Integration des Paares (Willi 73f). „Die Ehe ist … kein ‚Egoismus' zu zweit, sondern eine Lebensform, durch die der einzelne Mensch eingebettet ist in den Zusammenhang gesellschaftlichen Lebens und in den Generationenzusammenhang" (Eibach 321). „Die Ehe ist nicht nur eine Privatangelegenheit. Die Bestätigung durch die tragende Gemeinschaft gehört mit dazu" (Trobisch 61).

Dabei ist die eheliche Treue gerade nicht, wie man in neuerer Zeit gern behauptete, Ausdruck misstrauischen Besitzdenkens, sodass der Verzicht auf die Legitimation der Ehe das personale Sich-Einbringen der Partner förderte, während die Absicherung durch die Legitimation sie eher hinderte. Vielmehr kommt gerade in der ehelichen Treue die ganzheitliche personale Zuwendung zueinander zum Ausdruck. Der angebliche Gegensatz von Personalität und Institutionalität ist eine lebensfremde, romantische Konstruktion (Lindner 117; vgl. Ringeling 302.307f).

Immerhin kann in der Endgültigkeit der ehelichen Bindung auch eine gewisse Gefahr liegen: Sie verleitet leicht dazu, das Gewohnte allzu selbstverständlich hinzunehmen. „Die Folge ist dann eine nicht abreißende Kette von Nichtachtungen, Kränkungen, Gedankenlosigkeiten, welche den Charakter der Verbindung entwerten … Der Andere wird als verbriefter Besitz genommen … Für viele Konflikte in der Ehe würde die Lösung in dem Rat liegen, sich so zu verhalten, als ob es gälte, einander neu zu gewinnen; nichts für selbstverständlich, vielmehr alles als freie Gabe zu verstehen, um die geworben werden muss" (Guardini 901). Aber solche Gefahr des Missbrauchs der ehelichen Bindung kann nicht ihr grundsätzliches Recht in Frage stellen.

Zu fragen ist daher nicht: Warum gehört Geschlechtgemeinschaft nur in die Ehe?, sondern umgekehrt: Warum soll sie eigentlich nicht nur in die Ehe gehören? Alle denkbaren Antworten auf diese letzte Frage entlarven sich sehr schnell als echter menschlicher Geschlechtsgemeinschaft feindlich. In der Regel scheut man die lebenslange Verbindlichkeit aus sehr egoistischen Motiven. Oft sind sie schlicht Ausdruck von pubertärer Unreife und Bindungsunfähigkeit. Tatsächlich haben nichteheliche Lebensgemeinschaften meist nur eine geringe Zeitdauer. Auch sind sie deutlich kinderärmer als Ehepaare (Willi 69).

Neuere Versuche, das uneheliche geschlechtliche Zusammenleben (Konkubinat, populär auch „Ehe ohne Trauschein" genannt, Ringeling 298) nun doch wenigstens teilweise rechtlich abzusichern, sind in sich widersprüchlich. Sie widerlegen sich selbst, indem sie nun doch eine gewisse Institutionalisierung suchen, die sie eigentlich grundsätzlich ablehnen (Willi 71: „Ein guter Konkubinatsvertrag unterscheidet sich … wenig von den vertraglichen Aspekten einer Ehe"). Damit beweisen sie ungewollt die Unumgänglichkeit der Institutionalisierung der Geschlechtsgemeinschaft, bzw. dass wahrhaft menschliche Geschlechtsgemeinschaft mit innerer Logik zur Institution Ehe führt.

Literatur:

U. Eibach, Lebensformen der Geschlechter und der Wertewandel, in: ThBeitr 28/1997, 318-342; R. Guardini, Ethik, Mainz/Paderborn 1993; W. Klaiber, Wann beginnt die Ehe und was begründet sie?, in: ThBeitr 12/1981, 221-231; H. Lindner, Spricht Gen 2,24 von der Ehe?, in: ders., Biblisch … Gesammelte Aufsätze, Gießen 2006, 111-120; Mit Spannungen leben, EKD-Text 57; H. Ringeling, Die nichteheliche Geschlechtsgemeinschaft, in: Handbuch der christlichen Ethik Bd. 3: Wege ethischer Praxis, Freiburg/Gütersloh 1982, 298-316; W. Trobisch, Ich liebte ein Mädchen. Ein Briefwechsel, Göttingen [11]1977; G. J. Wenham/ W. E. Heth, Jesus and Divorce, Carlisle 2002; J. Willi, Was hält Paare zusammen?, Hamburg 1991; H. W. Wolff, Anthropologie des Alten Testaments, München1973.

Exkurs 6: Das Alterskonkubinat

Daran, dass junge Leute ohne Heirat zusammenziehen, hat man sich in unserer Gesellschaft längst gewöhnt. Manchmal hat man fast den Eindruck, dass es bei Prominenten in Film und Fernsehen, Sport und Politik schon fast die Regel geworden ist. Inzwischen findet man aber immer häufiger, dass Menschen auch im Rentenalter das Gleiche tun. Meist geschieht es, nachdem der langjährige Ehepartner gestorben ist: Eine bisher nur lose Bekanntschaft vertieft sich oder eine neue entsteht. Man ist dankbar, der Einsamkeit des Witwer- bzw. Witwenstandes entgehen zu können. Einer möglichen neuen Eheschließung würde eigentlich nichts im Wege stehen – wenn da nicht das Problem der Rente wäre. Denn nach wie vor ist es ja in der älteren Generation überwiegend so, dass Witwen von der Witwenrente leben, die sich aus dem Arbeitsleben ihres verstorbenen Mannes ergibt. Verheiratet sie sich wieder, verliert sie diesen Rentenanspruch. Man empfindet das als ungerecht – in gewisser Hinsicht sogar mit gutem Grund. Denn die langjährige Tätigkeit als Hausfrau (und in der Regel auch als Mutter) hatte ja einen wesentlichen

Anteil zum gemeinsamen Lebensunterhalt beigetragen. Nun aber wird sie so behandelt, als hätte sie nie im Leben einen Finger gekrümmt. Also lebt sie jetzt, um die Witwenrente nicht zu verlieren, ohne Heirat mit ihrem neuen Partner zusammen. In christlichen Gemeinden wird vermehrt die Frage gestellt, ob man solche Paare, die auf standesamtliche Trauung verzichten, nicht wenigstens kirchlich trauen oder doch segnen sollte. Dies ist menschlich verständlich – und doch Unrecht, und zwar aus zwei Gründen:

1. Das Konkubinat ist, wie gezeigt, eine *sexualethisch* nicht verantwortbare Lebensform. Zumal bei älteren Menschen muss sie als negatives Vorbild auf Jüngere wirken. Das Gewicht dieses Arguments wiegt in jedem Fall schwerer als der Gesichtspunkt möglicher finanzieller Vor- oder Nachteile.

2. Die gegenwärtige Rechtslage ist allerdings problematisch. Das ändert aber nichts daran, dass sie für jedermann verpflichtend ist. Wer sich nicht an sie hält, handelt insofern *sozialethisch* unverantwortlich, als sein Verhalten ihm einen ungerechtfertigten Vorteil gegenüber anderen bringt, die sich an die Gesetze halten. Zu bedenken ist dabei allerdings, dass schon nach geltendem Recht der Hinterbliebenenanspruch nach dem Tod des zweiten Ehemannes wiederauflebt, es sei denn, man hätte sich den Anspruch vor der zweiten Heirat auszahlen lassen (Wilhelm 60, Anm. 37). Ganz ausgeschlossen ist selbstverständlich, dass bei Vermeidung standesamtlicher Eheschließung noch der kirchliche Segen erteilt wird.

Konsequenzen:

1. Das sog. Alterskonkubinat ist keine ethisch verantwortbare Möglichkeit. Die Betroffenen sollten es bei guter Freundschaft belassen, aber auf wirkliche Lebensgemeinschaft verzichten – oder eben doch heiraten, dabei aber etwaige wirtschaftliche Nachteile in Kauf nehmen.
2. Man sollte politisch auf eine gesetzlich legitimierte Besserstellung von Witwen, die wieder heiraten, hinarbeiten, etwa in dem Sinn, dass die Zeit der Hausarbeit als bleibender Bestandteil der Witwenrente angerechnet wird.
3. In Zukunft dürfte sich das Problem immer weniger stellen, da verheiratete Frauen zunehmend einen eigenen Rentenanspruch haben werden, den sie als Witwe auch im Falle einer Wiederverheiratung nicht verlieren.

Literatur:

L. Wilhelm, Das Problem eheähnlicher Lebensgemeinschaften, in: Theol. Gespräch Jg. 30/2006, 47-66.

3.4.2 Negative Konsequenzen aus dem Verständnis der Ehe als lebenslanger Einehe

Dass allein die lebenslange Einehe die menschlicher Sexualität angemessene Gestaltung der Geschlechtsgemeinschaft ist, bedeutet negativ den Ausschluss 1. der nebenehelichen und 2. der vorehelichen Geschlechtsgemeinschaft.

3.4.2.1 Der Ausschluss nebenehelicher Geschlechtsgemeinschaft (Ehebruch)

Die maßgebende biblische Aussage zur Frage der nebenehelichen Geschlechtsgemeinschaft ist das Verbot des Ehebruchs im Dekalog: „Du sollst nicht ehebrechen" (Ex 20,14 = Dt 5,18; vgl. Lev 20,10; Dt 22,22). Gemeint ist mit „ehebrechen" *(*hebr. *naaph,* gr. *moicheuo)* der nebeneheliche Geschlechtsverkehr von Verheirateten bzw. mit Verheirateten, d.h. der Bruch der ehelichen Treue.

Dabei ist die Gültigkeit dieser Weisung nicht an den Bund Gottes mit Israel gebunden. Schon in der Geschichte der Patriarchen gilt Ehebruch als Versündigung gegen Gott (so Josephs Begründung seiner Weigerung, der Verführung durch Potiphars Frau nachzugeben, Gen 39,9). Aber auch bei Heiden wird das Wissen um die Unantastbarkeit der Ehe vorausgesetzt (beim Pharao Gen 12,14ff; beim Philisterkönig Abimelech Gen 20,3ff; vgl. 26,10). Bekannt ist vor allem die Bewertung des Ehebruchs in der Geschichte von David und Bathseba (2Sam 11-12). Auch die biblische Spruchweisheit schärft immer wieder die Warnung vor dem Ehebruch ein (Spr 2,16-19; 6,20-35; 7,5ff; 30,20) und mahnt zur ehelichen Treue („Trinke Wasser aus deiner Zisterne und was quillt aus deinem Brunnen … freue dich des Weibes deiner Jugend", Spr 5,15.18b).

In der Bibelwissenschaft begegnet immer wieder die Behauptung, dies Gebot habe ursprünglich nur den Sinn gehabt, das Besitzrecht des Mannes über seine Frau zu wahren, weshalb geschlechtlicher Verkehr des verheirateten Mannes mit einer Unverheirateten als sittlich unbedenklich angesehen worden sei (Hauck 738; van Oyen 123; Haag/Elliger 128; vgl. referierend Schmidt 114). Aber diese Annahme ist nicht haltbar. Zwar gibt es tatsächlich eine gewisse ungleiche Behandlung von Mann und Frau in dieser Frage. So muss etwa die des Ehebruchs verdächtigte Frau sich einem durch den Priester vollzogenen Gottesurteil, einem sog. Eifersuchts-Ordal, unterziehen (Num 5,11-31), während vom untreuen Mann Entsprechendes nicht verlangt wird. Auch konnte ein Mann mehr als eine Frau haben, eine Frau nur einen Mann. Aber es kann keine Rede davon sein, dass der Mann nicht die eigene Ehe, sondern „nur die ... eines anderen Mannes brechen" konnte und unbedingte eheliche Treue nur der Frau oblag (Hauck 738,19-22). Es gibt im Alten Testament zwar keine Bestimmung, die Geschlechtsverkehr des unverheirateten Mannes mit einer unverheirateten Frau ausdrücklich unter Strafe stellte. Eindeutig ist aber auf jeden Fall, dass solcher Verkehr des Mannes im Alten Testament durchgehend als unsittlich („Unzucht") abgelehnt wurde (gegen die Behauptung von Hauck/Schulz 585,7-9: „Außerehelicher Verkehr des Mannes fällt nicht unter diesen Begriff und war ihm nicht verwehrt, sofern er sich nicht an der Ehefrau eines Volksgenossen vergriff"). Das zeigt schon die Geschichte von Juda und Thamar: Juda müsste, falls bekannt würde, dass er sich auf eine Dirne eingelassen hatte, fürchten, „in Verruf (zu) geraten" (Gen 38,23). So ist auch in den Sprüchen die *ischah sarah* nicht die „Frau des anderen (Mannes)" (so LÜ), sondern die fremde Frau (*ischa sarah*, von *sar* = fremd, Spr 2,16; vgl. Delitzsch z. St. 64 „das Nicht-Eheweib"; ebenso 5,3.20; 22,14). Besonders eindeutig ist eine Aussage bei Jeremia, wo der Gang des (offensichtlich verheirateten) Mannes ins „Hurenhaus" *(beth sonah)* ausdrücklich als Ehebruch *(naaph)* bezeichnet wird (Jer 5,7). Deshalb liegt der eigentliche Grund für das Verbot des Ehebruchs auch nicht in besitzrechtlichen Fragen, sondern im Wesen der Geschlechtsgemeinschaft und im „Wissen um die Empfindlichkeit und Sensibilität des engsten menschlichen Lebensbereichs" (Schmidt 117).

Im Neuen Testament ist das Verbot des Ehebruchs von Jesus in der Bergpredigt nachdrücklich aufgenommen und bis hin zu begehrlichen inneren Regungen gegenüber der fremden Frau vertieft (Mt 5,27-30). Auch ist es in gleicher Weise für Mann und Frau verpflichtend (Mk 10,12). Wenn Jesus die vor ihn gebrachte ehebrecherische Frau vor der Steinigung bewahrt, die für sie nach dem mosaischen Gesetz vorgesehen war (Lev 20,10; Dt 22, 22-24), so weist er damit nur die Heuchelei und Härte der Ankläger zurück, signalisiert aber keineswegs Toleranz gegenüber dem Ehebruch, wie in seinem abschließenden Wort an die Frau deutlich wird: „Gehe hin und sündige hinfort nicht mehr" (Joh 8,11). Auch die apostolische Unterweisung hält ganz selbstverständlich am Verbot des Ehebruchs fest (vgl. Röm 2,22a;

1Kor 6,9; Hebr 13,4). „Das Neue Testament ist gekennzeichnet durch die unbedingte Ablehnung jedes außerehelichen ... Geschlechtsverkehrs" (Hauck/Schulz 590, 5f; vgl. Schelkle 263f; Schrage 98f).

Damit wird von der biblischen Negation her bestätigt, was oben vom Wesen der Geschlechtlichkeit her positiv über die Ausschließlichkeit und Verbindlichkeit der Geschlechtsgemeinschaft gesagt wurde.

Literatur:

F . Delitzsch, Salomonisches Spruchbuch, ND Gießen 1985; F. Hauck, Art. *moicheuo*, in: ThWNT IV, 737-743; ders. /S. Schulz, Art. *pornä*, in: ThWNT VI, 579-595; H. van Oyen, Ethik des Alten Testaments, Gütersloh 1967; W. H. Schmidt, Die Zehn Gebote im Rahmen alttestamentlicher Ethik, Darmstadt 1993; K. H. Schelkle, Theologie des Neuen Testaments 3: Ethos, Düsseldorf 1970; W. Schrage, Ethik des Neuen Testaments, Göttingen 1982.

Exkurs 7: Prostitution

Prostitution ist käuflicher Geschlechtsverkehr (im vom Verb *pernämi* = verkaufen abgeleiteten gr. *porneia* ist die Assoziation an die Käuflichkeit besonders deutlich gegeben, vgl. Hauck/Schulz 580,7). Sie ist seit ältester Zeit in nahezu allen Kulturen der dunkle Schatten der Institution Ehe (vgl. Haag/Elliger 124). Überall ist sie mehr oder weniger geduldet, aber kaum irgendwo sittlich wirklich anerkannt (Schelsky 41), auch nicht im Fall der sog. Hetären im alten Griechenland („gebildete Halbweltdamen", Volkmann 1122). Bezeichnend für die Einstellung zur Prostitution in Israel ist etwa die Geschichte von Juda und Thamar: Nach dem Verkehr mit seiner als Hure verkleideten (und deshalb von ihm nicht erkannten) Schwiegertochter fürchtet Juda, „in Verruf" zu geraten, wenn bekannt würde, dass er zu einer Hure einging (Gen 38,23). Besonders scharf ist im Alten Testament natürlich das Urteil über die mit dem kanaanäischen Astarte-Kult verbundene kultische Prostitution (Haag/Elliger 129f), aber nicht nur, weil die Beteiligung am fremden Kult als Götzendienst und damit als Abfall vom Gott Israels angesehen wurde, sondern auch wegen der unter dem Deckmantel der Religion geübten sexuellen Zuchtlosigkeit (Dt. 23,18f; Hos 4,12-18).

Davon, dass Jesus der Prostitution gegenüber eine „tolerantere Haltung" eingenommen habe (Haag/Elliger 131), kann selbstverständlich keine Rede sein. Wenn Jesus tatsächlich den persönlichen Kontakt mit Huren nicht scheut, ihnen vielmehr in großer Unbefangenheit und Freundlichkeit begegnet (vgl. Lk 7,36ff), ja sogar sagen kann, dass Huren, die umkehren, eher am Himmelreich Anteil haben als zur Umkehr nicht bereite Fromme (Mt 21,31f), so hat diese Haltung ihren Grund in Jesu Unterscheidung zwischen der Person und ihrem Tun, nicht in Toleranz gegenüber dem unrechten Tun (vgl. Joh 8,11: „Gehe hin und sündige hinfort nicht mehr!"). Auf genau der gleichen Linie liegt es, wenn Paulus davon spricht, dass es in der Gemeinde Männer gibt, die früher sich auf Huren eingelassen hatten, also „Hurer" *(pornoi)* gewesen waren, sich als Christen aber von diesem Lebenswandel völlig gelöst hatten (1Kor 6,9-11). Offenbar hatten andere aber gemeint, was sie als Geistmenschen mit ihrem Leib täten, berühre ihr Verhältnis zu Gott gar nicht. Dem hält Paulus mit Nachdruck entgegen, dass Leib und Geist nicht getrennt gesehen werden dürfen, dass gerade auch der Leib Christus gehört und der Gang zur Dirne damit unvereinbar ist (1Kor 6,12-20; dazu auch Gal 5,19; Eph 5,5; 1Tim 1,10; vgl. Stoll 1242). Dabei „verfemt" Paulus nirgends die Frau, die sich in dieser Weise hingibt (wie Haag/Elliger 132 behaupten), sondern spricht bezeichnenderweise durchgehend den Mann als für diese Unsitte eigentlich Verantwortlichen an.

Gerade eine solche vom Verständnis der Ganzheitlichkeit der Sexualität bestimmte Einschätzung der Prostitution zeigt in hilfreicher Weise ihre ethische Problematik auf: Eine so praktizierte Sexualität hat mit „Liebe" nichts zu tun, sie entwürdigt ganz im Gegenteil den Menschen (beiderseits!) und erniedrigt insbesondere die betroffene Frau zum bloßen (käuflichen) Gegenstand einer auf das Leibliche reduzierten, a-personalen Sexualität.

Die monogame Ehe mit ihrem moralischen Anspruch auf zuchtvollen Umgang mit der eigenen Sexualität baut einerseits kulturell sehr fruchtbare, andererseits aber anscheinend auch manchen überfordernde persönliche und soziale Spannungen auf (Schelsky 41f). Man spricht in der Soziologie deshalb geradezu von der Prostitution als „Ventilsitte" (Schelsky 42). Solche dem Verständnis des Phänomens dienende Beobachtungen ändern aber nichts an der ethischen Verwerflichkeit der Prostitution. Dass von staatlicher Seite seit jeher die Prostitution geduldet wird und für sie gewisse Rahmenordnungen geschaffen werden, bedeutet deshalb noch keine sittliche Anerkennung der Prostitution, sondern dient nur als Notmaßnahme zum Schutz der Jugend und der Gesundheit der Betroffenen. Die im Dezember 2002 durch den Dt. Bundestag erfolgte rechtliche Anerkennung der Prostitution als bürgerlicher Beruf sollte die soziale Situation der Prostituierten verbessern. Dabei wurde aber nicht wirklich bedacht, dass die Praxis der Prostitution in sich eine ethisch nicht verantwortbare Verletzung der Menschenwürde der betroffenen Frauen darstellt, gleich ob sie von Seiten der Frau aus freiem Entschluss geschieht (was nach aller Erfahrung eher nicht der Fall ist) oder gegen ihren Willen durch äußere Nötigung. Wichtiger wären Maßnahmen, die Frauen vorbeugend davor bewahren, in das Umfeld der Prostitution zu geraten, bzw. ihnen helfen, sich wieder aus ihm zu lösen (Honecker 221; Huber 97ff). Von evangelischer Seite sind hier traditionell vor allem freie Organisationen wie Weißes Kreuz und Mitternachtsmission tätig.

Literatur:

H. Haag/K. Elliger, Stört die Liebe nicht, Olten/Freiburg 1986; F. Hauck/S. Schulz, Art. *pornä*, in: ThWNT VI, 597-595; M. Honecker, Grundriss der Sozialethik, Berlin 1995; K. R. Huber, Von Beruf Prostituierte? Ethische Überlegungen zur geforderten rechtlichen Anerkennung der Prostitution als Beruf auf dem Hintergrund eines christlichen Menschenbildes, Regensburg 2000; H. Schelsky, Soziologie der Sexualität, Hamburg [21]1977; C. D. Stoll, Art. Prostitution, in: GBL 1241f); H. Volkmann, Art. Hetairai, in: KP 2, 1122f.

3.4.2.2 Der Ausschluss vorehelicher Geschlechtsgemeinschaft

Geschlechtsgemeinschaft unter Nichtverheirateten ist heute nicht nur als nichteheliche Partnerschaft (s.o. zum Konkubinat), sondern vor allem auch als vorehelicher Verkehr gesellschaftlich weithin akzeptiert. Nach einer Umfrage unter deutschen Studenten bereits in den 60er Jahren billigten „bei einer Liebesbeziehung" 90 % der Befragten voreheliche Sexualität (Pfürtner, Kirche 227). In Schweden ergab damals eine Befragung, dass „68 % der männlichen und 62 % der weiblichen Probanden bis zu ihrem 18. Lebensjahr koitale Erfahrungen hatten" (Pfürtner, Moral 14). Eine Umfrage der Bundeszentrale für gesundheitliche Aufklärung im Jahr 1998 ergab, dass 38 % der Mädchen zwischen 14 und 17 Jahren bereits Geschlechtsverkehr hatten, während es bei den Jungen 29 % waren (Mockler 20). Im internationalen Vergleich schnitt 1999 Irland mit „nur" 74,9 % vorehelichen Beziehungen am besten ab, Schweden mit 92,6 % am schlechtesten, Deutschland lag mit 86,7 % im Mittelfeld (1999 ideagrafik). Wo dies ganz ohne die Absicht künftiger Ehe geschieht, wird es noch eher als problematisch angesehen. Anders scheint bei Paaren, die vorhaben zu heiraten, intime Geschlechtsgemeinschaft eher verständlich zu sein. So wird sie heute auch von evangelischer Ehe-Ethik ausdrücklich bejaht (Thilo 212: Wir können „heute davon ausgehen, dass mit wenigen Ausnahmen der sexuelle

Intimverkehr bereits vor Abschluss der Ehe eingegangen worden ist. Wir halten das für gut, ja für notwendig, wenn sich beide Partner darüber klar sind, welche Verantwortung sie füreinander damit eingehen“).

Aber auch hier lehrt das biblische Ethos anderes. Die mosaische Gesetzgebung erörtert einige einschlägige Fälle:

Verführt ein Mann eine Jungfrau *(bethula),* so soll er sie heiraten (Ex 22,15). Nötigt ein Mann eine Jungfrau zum Geschlechtsverkehr, wird ihm eine Geldstrafe auferlegt und er muss sie heiraten, ohne sich je von ihr scheiden zu dürfen (Dt 22,28). Erweist sich, dass eine Frau vor ihrer Heirat mit einem anderen Mann Geschlechtsverkehr hatte (also nicht mehr Jungfrau ist), droht ihr die Todesstrafe (Dt 22,20f). Davon, dass zu dieser Frage „die Gesetze schweigen“ (Haag/Elliger), kann also keine Rede sein.

Dass Geschlechtsverkehr vor der Ehe nicht sein soll, zeigt besonders eindrücklich die Geschichte von Amnon und Thamar. Als Amnon seine Stiefschwester verführen will, antwortet sie: „Nicht doch, mein Bruder, schände mich nicht; denn so tut man nicht in Israel. Tu nicht eine solche Schandtat! Wo soll ich mit meiner Schande hin? Und du wirst in Israel sein wie ein Ruchloser“ (2Sam 13,12.13a). Dass es dabei ausschließlich um das Problem des vorehelichen Verkehrs geht und nicht um einen verbotenen nahen Verwandtschaftsgrad (vgl. Lev 18,9.11), ist daran erkennbar, dass Thamar dem Amnon vorschlägt, dass er bei David, dem gemeinsamen Vater, um ihre Hand anhalten soll.

Im Hohelied finden sich zwar einige Stellen, die den Gedanken an voreheliche Geschlechtsgemeinschaft zumindest nahelegen (1,16: „Unser Lager ist grün“; 3,1.4: „Des Nachts auf meinem Lager suchte ich … Ich hielt ihn und ließ ihn nicht los, bis ich ihn brachte in meiner Mutter Haus, in die Kammer derer, die mich gebar“; 7,12f: „Komm, mein Freund, lass uns aufs Feld hinausgehen und unter Zyperblumen die Nacht verbringen … da will ich dir meine Liebe schenken“). Aber es wäre doch etwas gewagt, aus den Andeutungen dieser Liebeslieder und im offensichtlichen Widerspruch zu anderen biblischen Aussagen ein ethisches Ja zu vorehelicher Geschlechtsgemeinschaft abzuleiten. Auf jeden Fall aber geht die Behauptung, dass nichts erkennen lasse, „dass sie überhaupt daran denken, eine Ehe zu schließen“ (Haag/Elliger 88), am Text vorbei, in dem doch die Geliebte wiederholt „meine Braut“ genannt wird (fünfmal in 4,8-12; vgl. 5,1).

Im Judentum der neutestamentlichen Zeit wird vorehelicher Geschlechtsverkehr ausdrücklich abgelehnt: „Vor der gesetzlichen ehelichen

Vereinigung kennen wir den Umgang mit einem Weib nicht, sondern rein kommen wir bei Abschluss der Ehe zu reinen Jungfrauen“ (*hagnais parthenois*, Philo, Joseph 43).

Das Neue Testament geht zwar auf diese Problematik nicht direkt ein. Auf jeden Fall aber ist die in ihm vorausgesetzte Haltung eindeutig: Nach Lukas hat Maria, obgleich mit Joseph bereits verlobt, ganz selbstverständlich noch keine Geschlechtsgemeinschaft mit ihm gehabt (Lk 1,34; vgl. auch Mt 1,18f: Joseph musste annehmen, dass Maria von einem anderen Mann schwanger war, er selbst jedenfalls hatte noch keine Geschlechtsgemeinschaft mit ihr gehabt). Diese Haltung ist auch vorausgesetzt, wenn Paulus, wo er für die Gemeinde das Bild der Braut Christi gebraucht, von ihr als der „reinen Jungfrau“ spricht (*parthenon hagnän*, 2Kor 11,2). Auch die an sich im Kontext einer anderen Problematik stehende Weisung des Paulus: „Wenn sie sich nicht enthalten können, sollen sie doch heiraten“ (1Kor 7,9), kann auf die Frage nach vorehelichem Verkehr angewendet werden.

Dass heute die voreheliche Geschlechtsgemeinschaft weithin als ethisch kaum noch anstößig gilt und deshalb so weit verbreitet zu sein scheint, dürfte einen Grund nicht zuletzt in einer Sexualerziehung haben, die einseitig die Erfüllung des natürlichen sexuellen Verlangens im Blick hat und die Anleitung zu einem verantwortlichen Umgang mit der Sexualität aus den Augen verliert.

Gegen voreheliche Geschlechtsgemeinschaft sprechen vor allem zwei Gründe:

1. Das natürliche Schamgefühl zeigt an, dass die geschlechtliche Intimsphäre des Menschen besonderen Schutzes bedarf, weil er hier in seinen Gefühlen besonders verletzlich ist. Eine Öffnung dieser Intimsphäre gegenüber einem Partner erfordert deshalb Vertrauen in die Geborgenheit vermittelnde Verlässlichkeit des anderen, nicht nur nach momentanem Gefühl, sondern auch im Blick auf das ganze Leben. Eine solche Verlässlichkeit ist nur in der verbindlichen Gemeinschaft der Ehe gegeben. Oder anders gesagt: Die Verweigerung der Ehe ist hier zugleich die letztlich lieblose Verweigerung solcher Geborgenheit.

2. Sexualität ist zunächst sicher Privatsache – aber eben nicht *nur* Privatsache. Sie dient der Bildung einer Familie und damit einem wesentlichen Element gesellschaftlichen Lebens. Von daher hat die Gesellschaft ein vita-

les Interesse am Schutz der Ehe. Denn als Grundlage und Kern der Familie schafft sie den Raum für das Heranwachsen der nächsten Generation in der dafür nötigen menschlichen Geborgenheit.

Mögliche Gründe für eine Vorwegnahme der intimen geschlechtlichen Gemeinschaft vor der Ehe – wie etwa noch nicht vorhandene finanzielle Selbstständigkeit – fallen demgegenüber nicht ins Gewicht. Warum eigentlich nicht heiraten, wenn man meint, nicht mehr warten zu können? Voreheliche Geschlechtsgemeinschaft ist jedenfalls nicht nur Ausdruck mangelnder Selbstbeherrschung, sondern vor allem lieblos gegenüber dem Partner und verantwortungslos gegenüber der Gesellschaft.

Von daher führt auch die Überlegung in die Irre, solchen Paaren, die zwar die standesamtliche Eheschließung (noch) scheuen, wenigstens eine entsprechende kirchliche Handlung oder gar Trauung anzubieten, um so die Verbindlichkeit der nichtehelichen Beziehung zu stärken. Dabei ist zunächst zu bedenken, dass die Ehe keine spezifisch christliche, sondern eine allgemeine natürliche Ordnung ist, die deshalb grundsätzlich nicht in die Zuständigkeit der Kirche, sondern des Staates fällt. Wenn in früherer Zeit die Eheschließung in der Hand der Kirche lag, so ist dies nur auf dem Hintergrund des früheren engen Verhältnisses zwischen Staat und Kirche zu verstehen. Die Kirche handelte hier nicht in eigener Vollmacht, sondern im Auftrag des Staates. Dieser Auftrag wurde ihr mit der Schaffung der Zivilehe wieder entzogen. Eine kirchliche Trauung vor und ohne staatliche Eheschließung wäre ein völliges Novum. Sie wäre nach gegenwärtiger Rechtslage allerdings nicht nur eine Ordnungswidrigkeit (aber das könnte man natürlich ändern), sondern letztlich doch eine Infragestellung der Ehe als gesellschaftlicher Institution und würde ihre weitere Auflösung fördern.

Alle diese Überlegungen zur vorehelichen Geschlechtsgemeinschaft gelten im Bezug auf ihren ganzen Vollzug bis hin zum Koitus. Eine mit dem grundsätzlichen Nein zu solcher Vereinigung noch nicht geklärte Frage ist allerdings, ob auch das sog. *Petting* unter die gleiche Beurteilung fällt.

Grundsätzlich ist es ganz natürlich und ethisch als gut anzusehen, dass die geschlechtliche Liebe die leibliche Nähe des geliebten Partners sucht und dabei Formen entwickelt und praktiziert, in denen die gegenseitige Zuneigung auch leiblich erfahrbar wird. Die Frage, wie weit man gehen kann, wird kasuistisch nicht zu beantworten sein. Aber in der persönlichen Wegfindung kann doch die Beachtung einiger Grundregeln hilfreich sein:

Grundsätzlich ist zu bedenken, dass das Verhältnis ein noch vorläufiges ist. Deshalb sollte möglichst alles vermieden werden, was so aneinander bindet, dass es daran hindert, wieder auseinanderzugehen (Köhler 35f). Weiter ist zu bedenken, dass das Petting, also das gegenseitige Berühren der sekundären und primären Geschlechtsmerkmale (vgl. biblisch: Hes 23, 3.8.21) an sich ja seinen Ort in der Vorbereitung der vollen geschlechtlichen Vereinigung hat. Es führt als sog. „Vorspiel" mit innerer Konsequenz zu einer geschlechtlichen Erregung, die auf ihre Erfüllung in der Vereinigung und im Orgasmus zielt. Will man dies aber nicht, bleibt nur ein, je nachdem, wie weit man gegangen ist, gewaltsamer Abbruch der geschlechtlichen Erregung, der wiederum für die gesunde Entwicklung des geschlechtlichen Empfindens problematische Folgen haben kann (Wrage 70f; Thilo 214). Zu fragen ist auch, wieweit Petting wirklich Ausdruck der gegenseitigen Liebe ist oder nur eine Art „Selbstbefriedigung zu zweit" (Trobisch, Gefühl 37; ders., Mit unerfüllten Wünschen 119).

Eine Grenze dürfte dort gegeben sein, wo das Schamgefühl jede Öffentlichkeit ausschließt. Und selbstverständliches eisernes Gesetz sollte die Rücksicht auf das sittliche Empfinden des Partners sein, sodass man ihn nicht zu etwas überredet oder drängt, was der andere eigentlich nicht will. „Wer von beiden Partnern das empfindlichere Gewissen hat, muss hier der Helfer des andern sein" (Trobisch, Gefühl 32; vgl. ders., Mit unerfüllten Wünschen 107; vgl. auch Härle 318f.).

Literatur:

H. Haag/K. Elliger, Stört die Liebe nicht. Die Diskriminierung der Sexualität – ein Verrat an der Bibel, Olten 1986; W. Härle, Ethik, [2]2018. W. Köhler, Intim vor der Ehe?, Gießen 1978; M. Mockler, Keuschheit ist in den USA wieder gefragt, in: ideaSpektrum 42/1998, 20; S. Pfürtner, Kirche und Sexualität, Hamburg 1972; ders., Moral – Was gilt heute noch? Erwägungen am Beispiel der Sexualmoral, Zürich/Einsiedeln 1972; H. J. Thilo, Ehe ohne Normen? Eine evangelische Ehe-Ethik in Theorie und Praxis, Göttingen 1978; W. Trobisch, Liebe ist ein Gefühl, das man lernen muss, Wuppertal 1973; ders., Mit unerfüllten Wünschen leben, Kehl 1978; K. H. Wrage, Verantwortung in der Ehe. Intimgemeinschaft und Empfängnisregelung, Gütersloh 1965.

3.4.3 Ehescheidung und Wiederheirat

3.4.3.1 Zur gegenwärtigen Situation

Jede Ehe ist der Aufbau eines neuen, dualen Lebenssystems. Beide Partner bringen sich in dies Lebenssystem ein mit allen ihren eigenen Gaben und ihren individuellen und familiären Prägungen. Was beide einbringen, muss natürlich nicht bis zur Identität zusammenpassen – im Gegenteil: Da entstünde nichts wirklich Neues. Das Miteinander wäre u. U. nur eine langweilige Verdoppelung der eigenen Existenz. Die unterschiedlichen Charaktere mit ihrer je eigenen Prägung sollen sich vielmehr gerade dank ihrer Unterschiedenheit ergänzen. Sie können, ja sie sollen verschieden sein. Aber sie müssen doch kompatibel bleiben, damit die Partner sich wirklich eine gemeinsame duale Welt aufbauen können.

Wo diese Voraussetzungen nicht gegeben sind, kommt es unweigerlich zu Konflikten. Dazu können ungünstige Umstände, belastende Beziehungen und individuelles Versagen erschwerend hinzukommen, nicht zuletzt auch die Weigerung, sich zusammen mit dem anderen selbst weiterzuentwickeln.

Wenn diese Konflikte sich vertiefen und verfestigen, kommt es bald zum Wunsch nach Auflösung der anscheinend verfehlten Ehe.

Zu diesen immer schon bekannten ehesprengenden Faktoren kommt in der Gegenwart eine allgemein in der modernen Gesellschaft zu beobachtende individualisierende Tendenz. Dieser Individualismus erhebt das Glücksverlangen des Einzelnen zum Kriterium gelingenden Lebens und damit auch einer geglückten Ehe (vgl. Rendtorff 55: „Es gibt eine Bedrängnis der Ehewirklichkeit durch allgemeine Glückserwartungen, an denen sich die Eheleute orientieren und an denen sie in ihrer eigenen Ehe die Kluft zwischen Erwartung und Realität festzustellen geneigt sein können. Diese Differenz kann lebensgefährliche Folgen haben“). Kein Wunder, dass die an diesem Kriterium gemessene Ehe, sobald Probleme im Miteinander auftauchen, solcher Belastung nicht standhält. „Die gegenwärtige Individualisierung von Lebensläufen steht der Stabilität von Lebensgemeinschaften entgegen“ (Willi 348; vgl. Eibach 320ff). Entsprechend hat die Zahl der Ehescheidungen in den letzten Jahrzehnten kontinuierlich zugenommen. Nach Angaben des statistischen Bundesamts von 2005 gab es in den vergangenen Jahren in Deutschland seit 1992 einen kontinuierlichen Anstieg der Scheidungsziffern von damals etwa 135000 auf nunmehr 214000 Ehescheidungen im Jahr 2004 (bei damals 454000 Eheschließungen und 2004 nur noch 396000). Grob gerechnet kamen also 1992 auf eine Ehescheidung noch 3 Eheschließungen, 2004 auf eine Ehescheidung nur noch zwei Eheschließungen. Man könnte also sagen, das derzeit jede zweite Ehe wieder geschieden wird (zum Vergleich: Nach den bei Höffner 95 wiedergegebenen Daten wurde 1964 in Westdeutschland „nur" etwa jede 10. Ehe geschieden, 1973 schon jede 4.).

Ein wichtiger Schritt in dieser gesellschaftliche Entwicklung war, dass, um den Scheidungsprozess zu erleichtern, die Scheidungsgesetze liberalisiert wurden, insbesondere durch den Wechsel vom Schuldprinzip zum Zerrüttungsprinzip. Es wurde in Deutschland erstmals 1938 unter den Nationalsozialisten eingeführt (Schreiner 56f; Höffner 96), 1969 in einer Denkschrift der EKD erneut gefordert und 1976 vom Gesetzgeber als ausreichender Scheidungsgrund wiedereingeführt (Honecker 171; Thilo 265f). Die früher grundsätzlich auf lebenslange Dauer hin angelegte Ehe wurde damit im Ansatz zur Ehe auf Zeit.

Diese Veränderung des Eheverständnisses wird dann gern auch für alle Beteiligten positiv gedeutet. Man behauptet: Das neue Eheverständnis bietet den Partnern größere Möglichkeiten der individuellen Lebensverwirklichung. Die etwa vorhandenen Kinder aus geschiedenen Ehen reifen, hört man gelegentlich, durch dies Erleben früher zur Selbstständigkeit heran.

Neuere Forschungen stellen allerdings gerade solche Behauptungen in Frage. Man weist darauf hin, dass die Scheidung die vorhandenen individuellen Probleme der Partner keineswegs löst. Vielmehr wird Scheidung für die Partner geradezu als schweres psychosoziales Gesundheitsrisiko bezeichnet (Willi 17ff). Erst recht zeigt die Erfahrung, dass Kinder sich in der Regel leidenschaftlich gegen die Scheidung ihrer Eltern wehren. Ihre Entwicklung, die das Vertrauen in die Geborgenheit bei den Eltern voraussetzt, wird tiefgreifend und mit oft bleibenden psychosozialen Folgen gestört.

Literatur:

U. Eibach, Lebensformen der Geschlechter und der Wertewandel. Eine Gegenposition zum Diskussionspapier der EKiR „Sexualität und Lebensformen", in: ThBeitr 28/1997, 318-342; J. Höffner, Christliche Gesellschaftslehre, Kevelaer [6]1975; M. Honecker, Grundriss der Sozialethik, Berlin 1995; T. Rendtorff, Ethik, Bd. 2, Stuttgart 1981; H. Schreiner, Ethos und Dämonie der Liebe, Gütersloh 1950; Statistisches Bundesamt Wiesbaden 2005; H. J. Thilo, Ehe ohne Norm? Eine evangelische Ehe-Ethik in Theorie und Praxis, Göttingen 1978; J. Willi, Was hält Paare zusammen? Der Prozess des Zusammenlebens in psycho-ökologischer Sicht, Hamburg 1991.

3.4.3.2 Traditionelle Grundpositionen zu Ehescheidung und Wiederheirat

a. Das bis heute in der *katholischen Kirche* offiziell gültige Eheverständnis ist, ausgehend von der bei Markus, Lukas und Paulus überlieferten Weisung Jesu, streng auf die Unauflöslichkeit der einmal geschlossenen Ehe festgelegt. Nur Ehen, die nachweislich von vornherein eigentlich nicht gültig waren (z.B. wegen zu naher Verwandtschaft der Partner) können aufgelöst, genauer: offiziell für ungültig erklärt werden. Wer nach staatlichem Recht geschieden ist, gilt für das katholische Eherecht als nur in Trennung lebend. Wiederheirat ist deshalb Ehebruch und, sofern die geschiedene Ehe als immer noch bestehend gedacht ist, eigentlich auch als Bigamie („Der Ehepartner, der sich wieder verheiratet, befindet sich dann in einem dauernden, öffentlichen Ehebruch" KKK 2384). Sie unterliegt deshalb der Kirchenzucht (Ausschluss vom Abendmahl, KKK 1650).

b. Im *Protestantismus* wird, ausgehend von der bei Matthäus überlieferten sog. Unzuchtsklausel und unter Berufung auf ein Zugeständnis des Paulus an menschliche Schwäche („wenn sie sich nicht enthalten können", 1Kor 7,9), Scheidung und auch Wiederheirat seit der Reformationszeit als ethisch verantwortbare Möglichkeit angesehen; anfangs unter bestimmten Bedingungen (Wiederheirat nur des sog. unschuldigen Teils, Honecker 170) und z.T. mit gewissen Auflagen (Verzicht auf kirchliche Trauung, Bockmühl 54), heute weithin ganz selbstverständlich und ohne Vorbehalt.

Literatur:

K. Bockmühl, Die Wiedertrauung Geschiedener nach evangelischem Verständnis, in: ders., Leben nach dem Willen Gottes, BWA II,3, Gießen 2006, 51-59; M. Honecker, Grundriss der Sozialethik, Berlin 1995; Katechismus der Katholischen Kirche (KKK), München 1993.

3.4.3.3 Die Stellung der Bibel zu Ehescheidung und Wiederheirat

Im *Alten Testament* ist vorausgesetzt, dass es in Israel die Möglichkeit von Ehescheidung und Wiederheirat gibt. Der Mann, der seine Frau entlässt, ist dabei verpflichtet, ihr einen „Scheidebrief" auszuhändigen, der rechtsgültig bestätigt, dass sie wieder ledig und damit frei zu einer erneuten Heirat ist (Dt 24,1-2). Sollte allerdings auch diese Ehe scheitern und sie wieder zu ihrem ersten Mann zurückkehren wollen, darf dieser sie nicht wieder zur Ehe nehmen, denn sie ist jetzt für ihn tabu („unrein“) und eine solche erneute Ehe wäre ein „Greuel vor dem HERRN“ (V. 4).

In der Auslegung ist dabei umstritten, warum eigentlich nach einer weiteren Ehe die Wiederherstellung der ersten nicht erlaubt ist. Die Annahme, dass auf diese Weise der Mann vor leichtsinniger Scheidung gewarnt werden sollte, klingt eher etwas psychologisch-modernisierend. Vom Text her näher liegt die Deutung, dass jeder Verkehr eines Partners mit einem dritten ihn für den ersten Partner vor Gott „unrein“ macht, selbst wenn er (wie bei einer zweiten Ehe) gesellschaftlich gesehen legitim ist. Deshalb ist die Wiederherstellung der ersten Ehe ein „Greuel vor dem HERRN“ (vgl. M. Bockmuehl 293).

Weiter gibt es in der Auslegung keine Einigkeit in der Frage, worin denn eigentlich das „Schändliche“ bestand, das als Scheidungsgrund genannt ist (V. 1). In der Diskussion der jüdischen Schriftgelehrsamkeit der Zeit Jesu gab es zwei Hauptmeinungen:

In der liberaleren Schule der Hilleliten (nach Rabbi Hillel, um 20 v.Chr.) ging man so weit, dass ein Mann schon darin einen zureichenden Scheidungsgrund sehen konnte, wenn sich seine Neigung einer anderen Frau zugewandt hatte (Billerbeck 315). Von dieser Haltung her, welche die Scheidung geradezu ins Belieben des Mannes legt, ist vermutlich die Frage der Pharisäer an Jesus zu verstehen, ob es zulässig sei, dass ein Mann um „irgendeiner“ Ursache willen sich von seiner Frau scheide (Mt 19,3).

Nach der strengeren Lehrmeinung der Schammaiten (nach Rabbi Schammai, um 30 v.Chr.) bestand das „Schändliche“ dagegen in Unzucht. In diese Richtung scheint schon in alttestamentlicher Zeit ein Prophetenwort zu weisen, nach dem Gott Israel gleichsam einen Scheidebrief gibt, weil es abtrünnig war und (gegenüber Gott) Ehebruch (Jer 3,8a) bzw. Hurerei (V. 6.8b) getrieben hatte (vgl. Jes 50,1). Zwar stand auf Ehebruch eigentlich die Todesstrafe (Lev 20,10; vgl. Joh 8,5). Aber dies Gesetz scheint schon früh nicht mehr streng gehandhabt worden zu sein (van Oyen 124). Als Joseph meinte, bei Maria auf Ehebruch schließen zu müssen, handelte er „gerecht“, indem er sie nicht anzeigen, sondern heimlich verlassen wollte (Mt 1,19).

Auf dem Hintergrund der schriftgelehrten Diskussion und der in ihr bezeugten Praxis der Ehescheidung im zeitgenössischen Judentum musste *Jesu* Wort zur Ehescheidung geradezu umwälzend neu wirken: „Wer seine Frau entlässt und eine andere heiratet, begeht Ehebruch und wenn die von ihrem Mann Entlassene einen anderen heiratet, begeht sie Ehebruch" (Mk 10,11f; vgl. Lk 16,18). Das bedeutet: Scheidung ist nicht nur etwas, was nicht sein *sollte* (vgl. das Gotteswort Mal 2,16: „Ich hasse Scheidung" und Jesu Aussage Mk 10,9: „Was Gott zusammengefügt hat, *soll* der Mensch nicht scheiden"). Vielmehr *kann* nach Jesu Auffassung eine Ehe gar nicht gelöst werden. Denn wenn er bei Geschiedenen von Ehebruch spricht, so kann dass nur bedeuten: Obgleich die Ehe durch die Aushändigung des Scheidebriefs nach menschlichem Recht gültig geschieden ist, besteht sie vor Gott immer noch; denn nur eine noch bestehende Ehe kann gebrochen werden (Klostermann 191: „Jesus lehrt, dass selbst eine geschiedene Ehe in Wahrheit fortbesteht"; so auch Schaller 122, Anm. 75, anders Schrage 98). Das „ein Fleisch werden" der beiden (V. 8 mit Berufung auf Gen 2,24) schafft eine Tatsache, die nicht mehr rückgängig zu machen ist. Nur auf diesem Hintergrund ist auch die bei Matthäus überlieferte erschrockene Reaktion der Jünger zu verstehen: „Steht die Sache eines Mannes mit seiner Frau so, dann ist es nicht gut zu heiraten" (Mt 19,10), und ebenso in Jesu Antwort der Verweis auf die Möglichkeit des Eheverzichts (V. 11f).

Auch *Paulus* hat diese Auffassung Jesu gekannt, da er, unter ausdrücklicher Berufung auf den Kyrios, Verheiratete in der Gemeinde anweist, sich nicht zu scheiden. Sollten sie sich aber doch, aus welchem Grund auch immer, trennen, so sollen sie unverheiratet bleiben, um die Möglichkeit der Versöhnung und damit der Wiederherstellung der Ehe offenzuhalten (1Kor 7,10f). Diese Weisung dürfte auch für den anschließend erörterten Fall gelten (Paulus deutet jedenfalls durch nichts an, dass er hier anders entscheidet), dass von einem nichtchristlichen Partner die Scheidung gewünscht wird (V. 15a). Die Aussage, dass dann der christliche Partner „nicht gebunden" sei (V. 15b), bedeutet nicht, dass er nun völlig frei wäre, ggf. also auch zur Wiederheirat, sondern nur, dass er zur Einwilligung in die Trennung frei ist (frei also von der vorhergehenden Weisung, sich von einem nichtchristlichen Partner um des unterschiedlichen Glaubens willen nicht zu trennen, V. 13f; wobei das anschließende Wort V. 15c: „Zum Frieden aber hat euch Gott berufen", noch einmal betont, dass an sich ein Zusammenbleiben „im Frieden" die Priorität hat, denn das gr. *de* ist nicht begründend, sondern adversativ zu verstehen, vgl. Schrage 111; Schnabel 379).

Im Vergleich zum Scheidungsrecht seiner Umgebung war Jesu prinzipieller und konsequent durchdachter Ausschluss wirklicher Scheidung revolutionär und einzigartig. „Mit dieser Lehre tritt Jesus in schärfsten Gegensatz zum

Rabbinat und zum jüdischen Recht“ (Schelkle 247), aber nicht zum alttestamentlichen Zeugnis. Er wollte damit vielmehr nur das von Gott in der Schöpfung Gewollte wieder zur Geltung bringen, während er in der bisherigen, auf das mosaische Gesetz zurückgehenden Praxis eine Anpassung an menschliche Schwäche sah. „Um eures Herzens Härte willen hat er (Mose) euch dies Gebot (also Dt 24,1) geschrieben; aber von Anbeginn der Schöpfung hat Gott sie geschaffen als Mann und Frau. Darum wird ein Mensch seinen Vater und seine Mutter verlassen und die zwei werden ein Fleisch sein. Was aber Gott zusammengefügt hat, soll der Mensch nicht scheiden“ (Mk 10,5-9).

In eigenartiger Spannung zu dieser rigorosen Entscheidung bei Markus und Lukas (und Paulus) scheint nun aber die Fassung zu stehen, in der Matthäus die Worte Jesu überliefert. Schon die von den pharisäischen Gesprächspartnern Jesu gestellte Ausgangsfrage ist hier eine andere. Sie fragen nicht, wie bei Markus, nach der Legitimität von Ehescheidung überhaupt (Mk 10,2), sondern gleich nach Gründen, die zur Scheidung berechtigen (Mt 19,3: „Ist es recht, dass sich ein Mann scheide von seiner Frau um irgendeiner Ursache willen?“). Darauf formuliert Jesus, ohne von sich aus auf Deuteronomium 24 und die sich daran anschließende Diskussion einzugehen, gleich, unter Bezugnahme auf Genesis 2, sein grundsätzliches Nein zur Ehescheidung (V. 4-6). Erst als die Pharisäer dann nachhaken: „Warum hat dann Mose geboten, einen Scheidebrief zu geben, wenn man sich scheidet?“, erklärt er die mosaische Regelung als Zugeständnis an menschliche Schwäche und setzt ihr sein „Ich aber sage euch“ entgegen: „Wer sich von seiner Frau scheidet … und eine andere freit, bricht die Ehe“ (V. 9) – nun aber mit jenem Zusatz, der bis heute endlose Diskussionen auslöst, „es sei denn wegen Unzucht“ (vgl. Mt 5,32). Normalerweise wird dieser Zusatz gedeutet als eine die Härte des ursprünglichen Jesus-Wortes abmildernde Ausnahmeregel, die bei schuldhaftem Verhalten eines Partners („Unzucht“) Scheidung im vollen Sinn erlaubt, unter Einschluss also der Erlaubnis zur Wiederheirat zumindest des „unschuldigen“ Teils (so schon Melanchthon im Traktat „De potestate papae“ 78: „So ist dies auch unrecht, dass, wo zwei geschieden werden, der unschuldig Teil nit wiederumb heiraten soll“).

Die vorliegende Überlieferung der Jesusworte stellt dem Bemühen um Verständnis zwei Fragen. Einmal: Wie ist es zu der sog. „Unzuchtsklausel“ gekommen? Zum andern: Wie ist sie zu verstehen?

Gelegentlich wird die, auf der Annahme der Priorität des Matthäusevangeliums aufbauende These vertreten, die matthäische Überlieferung sei die ursprüngliche (Stoll 49). Zwar ist sicher richtig, dass die kürzere Fassung (hier Mk/Lk) nicht als solche notwendig die ältere sein muss. Hier aber ist die Entstehung der radikalen kürzeren nach der differenzierenden oder gar vermittelnden längeren doch eher unwahrscheinlich. Sollte die matthäische Fassung wirklich, wie sie meist verstanden wird, als Ausnahmeregelung zu interpretieren sein, die auch die Wiederheirat einschließt, so würde Jesus sich ganz im Rahmen der schriftgelehrten Diskussion bewegen und sich nur gegen die liberalere hillelitische auf die Seite der strengeren schammaitischen stellen. Woher aber käme dann die rigorose Absage gegen Scheidung und Wiederheirat, wie sie sonst im Neuen Testament und der alten Kirche so einhellig überliefert ist?

Nach anderer Auffassung ist die matthäische Überlieferung eine gegenüber Markus/Lukas sekundäre kasuistische Rejudaisierung der ursprünglichen Botschaft Jesu (Stauffer 78; vgl. Schaller 115; Schrage 97). Dabei wird z.T. versucht, die ethischen Konsequenzen der als Ausnahmeregelung verstandenen „Unzuchtsklausel" dadurch auf ein Mindestmaß zu reduzieren, dass man den Begriff der Unzucht und damit die zugestandene Ausnahme auf den seltenen Fall der nach Levitikus 18 verbotenen nahen Verwandtschaftsgrade (Inzest) beschränkt (K. Bockmühl, Wiedertrauung 55; Mueller 254ff). Nun wird zwar in 1 Korinther 5 unter dem Stichwort „Unzucht" *(porneia)* tatsächlich ein Fall von Inzest verhandelt. Dass ein solcher gemeint ist, geht hier allerdings nicht schon aus dem Begriff, sondern erst aus dem Kontext hervor. Eher könnte vielleicht der Gebrauch von *porneia* im Aposteldekret (Apg 15,20.29) auf eine engere Bedeutung im Sinne des Inzests hinweisen (Haenchen 390; Stählin 205). Dagegen spricht aber Offenbarung 2,14, wo in einer ganz ähnlichen Formel neben dem Essen von Götzenopferfleisch ebenfalls *porneia* als heidnische Sünde verworfen wird. Hier aber kann *porneia* eindeutig nicht Inzest meinen, weil Israel in der Geschichte, auf die hier angespielt wird (Num 25), gerade nicht zum Inzest, sondern zum Verkehr mit volksfremden Frauen und dadurch zum Götzendienst verführt wurde.

Allerdings ist doch die Frage, ob man wirklich genötigt ist, sich zwischen beiden Überlieferungen zu entscheiden. Das hängt wesentlich ab von der Interpretation der „Unzuchtsklausel" selbst.

Zunächst: Gerade (und nur) Matthäus spricht von dem Erschrecken der Jünger über die Worte Jesu: „Steht die Sache eines Mannes mit seiner Frau so, dann ist es nicht gut zu heiraten“ (Mt 19,10). Warum eigentlich dies Erschrecken, wenn Scheidung und Wiederheirat doch immerhin bei Unzucht möglich war? Die Reaktion der Jünger ist bei einem Verständnis der Worte Jesu im Sinne der Ausnahmeregelung des Schammai ganz unwahrscheinlich (so auch Luz I/3 99 mit der Folgerung: „So ist die ‚Entlassung‘ der Frau im Fall von Ehebruch faktisch nur eine ‚Trennung‘“).

Weiter: Die Stellung der „Unzuchtsklausel“ mitten im Satz ist auffallend. Hätte wirklich gesagt werden sollen, dass in diesem Fall Scheidung im vollen Sinn, also Trennung und Wiederheirat möglich sei, hätte man eigentlich erwarten müssen, das die „Unzuchtsklausel“ am Ende des ganzen Satzes steht. Das ist aber nicht der Fall. Dies weckt die Frage, ob hier also möglicherweise zwischen Trennung (ohne Wiederheirat) und Scheidung (mit Wiederheirat) zu unterscheiden und nur das Erste gemeint ist? Das entspräche genau der Weisung des Paulus, die Trennung als Möglichkeit bejaht, aber Wiederheirat ausdrücklich ausschließt (1Kor 7,11).

Schließlich: Im alttestamentlich-jüdischen Kontext, der ja gerade bei Matthäus sehr bewusst gegeben ist, ist die Hinzufügung der Unzuchtsklausel unvermeidlich, wenn man ein hier sehr naheliegendes, aber unakzeptables Missverständnis vermeiden will: Das kategorische Nein Jesu zur Ehescheidung könnte nämlich den Eindruck erwecken, selbst bei Unzucht eines Partners müsse die eheliche Gemeinschaft fortgesetzt werden. Dies wäre aber nicht nur (wie sonst in der Botschaft Jesu) eine Verschärfung der Tora, sondern stünde im Widerspruch zu ihr (vgl. oben zu Dt 24). Das aber wiederum wäre nicht im Sinne Jesu (vgl. Mt 5,17). Da jede Form von Unzucht (neben dem außerehelichen Verkehr auch z.B. der inzestuöse) die eheliche Beziehung verunreinigt, *darf* hier nicht nur die eheliche Gemeinschaft beendet werden, sondern *muss* es jüdischem Verständnis nach sogar (M. Bockmuehl 295; vgl. auch Hermas Mand IV 4-6). Darum wird mit der Ausnahmeklausel klargestellt: Jesu Weisung gegen die Ehescheidung im Sinne einer gänzlichen Aufhebung der Ehe (inkl. Wiederheirat) schließt eine Trennung (ohne Wiederheirat) nicht aus. Um diese Differenzierung deutlich zu machen, ist die Unzuchtsklausel in der matthäischen Überlieferung nicht am Schluss, sondern in der Mitte des Satzes in das Jesuswort eingefügt, bezieht sich deshalb nur auf die Trennung, nicht auch auf die Wiederheirat (vgl. Wenham/Heth 113ff). Ihr Sinn also ist nicht etwa, wie meist angenommen wird, eine liberalisierende Abmilderung des Scheidungsverbots Jesu, sondern nur die Abwehr eines möglichen Missverständnisses, nicht eigenmächtige Veränderung, sondern sachgemäße Interpretation (ähnlich Luz I/3 99).

In gleicher Richtung gibt dann auch Paulus eine Erklärung des Jesuswortes, die ein anderes mögliches Missverständnis verhindern soll: Die Wiederherstellung der ersten, durch Unzucht eines Partners verletzten Ehe, ist nicht mehr, wie man im zeitgenössischen Judentum (von Dt 24,4 her) annahm, ausgeschlossen, sondern sie ist jetzt vom Evangelium her möglich, wenn es nämlich zur Umkehr und zur Versöhnung kommt (1Kor 7,11; vgl. Hermas Mand IV 7-8, vgl. dazu Luz 102: „... die von Hermas geforderte Rückkehrmöglichkeit von Frauen und Männern ... atmet den jesuanischen Geist des unbegrenzten Verzeihens"). Wiederheirat dagegen mit einem anderen Partner als dem ersten wird auch hier ausdrücklich abgelehnt.

Literatur:

P. Billerbeck, Kommentar zum NT aus Talmud und Midrasch, München 1923; K. Bockmühl, Die Wiedertrauung Geschiedener nach evangelischem Verständnis, in: ders., Leben nach dem Willen Gottes, BWA II,3, 51-59; M. Bockmuehl, Matthew 5.32; 19.9 in the Light of Pre-rabbinic Halakha, in: NTS 35/1989, 291-295; E. Haenchen, Apostelgeschichte, Göttingen 1961; E. Klostermann, Matthäus, HbzNT I, Tübingen 1909; U. Luz, Das Evangelium des Matthäus, EKK I/3 (Mt 18-25), Neukirchen 1997; Ph. Melanchthon, De potestate et primatu papae tractatus, 1539, in: BELK, Göttingen [5]1963; J. R. Mueller, The Tempel Scroll and the Gospel Divorce Texts, in: RQ 10/1980, 247-256; : B. Schaller, Die Sprüche über Ehescheidung und Wiederheirat in der synoptischen Überlieferung, in: ders., Fundamenta Judaica. Studien zum antiken Judentum und zum Neuen Testament, Göttingen 2001, 104-124; K. H. Schelkle, Theologie des Neuen Testaments, Bd. III Ethos, Düsseldorf 1970; E. Schnabel, Der 1. Brief des Paulus an die Korinther, Witten 2007; W. Schrage, Ethik des Neuen Testaments, Göttingen 1982; ders., Der 1. Korintherbrief, Bd. 2, Neukirchen 1995; G. Stählin, Apostelgeschichte, Göttingen 1970; E. Stauffer, Die Botschaft Jesu damals und heute, Bern/München 1959; C.-D. Stoll, Ehe und Ehescheidung. Die Weisungen Jesu, Gießen 1983; G. J. Wenham/W. E. Heth, Jesus and Divorce, Carlisle [2]1997.

3.4.3.4 Ehescheidung und Wiederheirat in christlicher Sicht

Von den Wesenszügen der Ehe nach christlichem Verständnis „ist in der modernen Welt die Unauflöslichkeit wohl der umstrittenste" (Trillhaas, Ethik 266). Diese Feststellung hat heute angesichts seitdem drastisch gestiegener Scheidungsziffern sicher erst recht Gültigkeit. Selbst in den sonst eher theologisch konservativen Kreisen evangelikaler Christen wird heute zunehmend die Zulassung von Ehescheidung und auch Wiederheirat gebieterisch gefordert. Ihre Verweigerung gilt als Ausdruck „unbarmherziger

Theologie“ (Hosier 91). Scheidung und Wiederheirat nicht zu akzeptieren, heißt, die Vergebung verweigern und so „die Gnade in Abrede stellen“ (Hosier 101). Man beruft sich dabei auf das Vorbild Jesu. Aber war es nicht gerade Jesus, der die Unauflöslichkeit der Ehe lehrte? Dabei kann man nicht mit liberaler Exegese sagen, er sei darin eben doch ein Kind seiner Zeit und Umwelt gewesen. Ganz im Gegenteil: Er hat sich mit seinem Nein zur Scheidung in bewussten Gegensatz gegen das geltende Recht gestellt, und zwar in einer Klarheit der Begründung und Zuspitzung der Konsequenz, wie vor ihm niemand anders. Ebensowenig wird man sagen können, dass sein Wort nur seelsorgerlich gemeint sei, um Erkenntnis der Sünde und das Bewusstsein der Abhängigkeit von Gottes Gnade zu wecken oder auch nur ein – selbstverständlich unerreichbares – Ideal vor Augen zu stellen (Haag/Elliger 222 „ethischer Appell“; vgl. dagegen Luz 361 „apodiktischer Rechtssatz“). Denn Jesus will offensichtlich, dass die Jünger wirklich seiner Weisung entsprechend leben – und so hat die frühe Christenheit sie auch aufgenommen und praktiziert. Und keine seither eingetretene Änderung der Zeitumstände (auch nicht die Verlängerung der Lebenserwartung und damit auch der Dauer der Ehe um das Doppelte, vgl. Luz I/3 101) ist so tiefgreifend, dass wir deshalb heute anders urteilen müssten.

Worum aber geht es Jesus eigentlich dabei? Noch einmal: Es geht ihm sicher nicht darum, den Menschen, wie er selbst es den pharisäischen Schriftgelehrten vorwirft, untragbare Lasten aufzuerlegen (Lk 11,46). Vielmehr macht der Rückgriff auf das, was Gott „von Anfang“ gegeben hat (Mt 19,4), deutlich: Es geht um den Schutz der guten natürlichen Ordnung der Ehe und damit den Schutz derer, die in ihr leben – gerade angesichts ihrer Gefährdung durch die Sünde in einer ungeordneten, von unsteten Gefühlen abhängigen Sexualität. Es ist gut für den Menschen, seine Geschlechtlichkeit in einer unlöslichen, Geborgenheit vermittelnden Verbindlichkeit zu leben. Es ist gut, dass Gott es so gefügt hat – und deshalb soll der Mensch diese Verbindlichkeit nicht auflösen wollen (V. 6).

Aber nun zeigt die Erfahrung uns doch immer wieder ein ganz anderes Bild: Das Zusammenleben in der Ehe ist nicht der erwartete „Himmel auf Erden“, sondern entwickelt sich ganz im Gegenteil geradezu zur „Hölle auf Erden“: Unverständnis, Missverständnis, Misstrauen und Streit bis hin zur Feindseligkeit bestimmen zunehmend den Alltag einer Ehe. Was soll an diesem Miteinander noch gut sein? Sollte es nicht besser beendet werden? Und sollte es dann, da es nun einmal „nicht gut ist, dass der Mensch allein sei“ (Gen 2,18), nach angemessener Zeit nicht durch ein neues Verhältnis ersetzt werden? Und auch das andere erleben wir immer wieder: offensichtlich gelingende, glückliche Zweitehen Geschiedener.

Gegenüber solcher Erfahrung ist zunächst die nüchterne Erkenntnis Jesu festzuhalten: Indem nun einmal zwei „ein Fleisch“ geworden sind (Mk 10,8 = Mt 19,5f; vgl. Gen 2,24), ist jeweils eine so tiefe Verbundenheit entstanden, dass sie gar nicht mehr rückgängig gemacht werden kann. Sie kann zwar enden – aber nur im Tod (Röm 7,2f).

Zum andern ist es merkwürdig zu sehen, wie schnell man heute in der Rechtfertigung der Ehescheidung meint, elementare Regeln menschlichen Miteinanders außer Kraft setzen zu dürfen. Zu Liebe im Sinne des Eros zwar kann man sich nicht zwingen. Sie ist spontan einfach da, vor allem sofern sie durch die äußere Erscheinung des anderen geweckt wird. Sie kann auch langsam wachsen – und hier können dann vor allem auch innere Werte anziehende Kraft ausüben. Aber „machen“ kann man da tatsächlich nichts. Wo sich die Ehe einseitig nur auf solche spontane Zuneigung zum anderen stützt, wo romantisch überhöhte Vorstellungen vom ehelichen Miteinander und entsprechend individuelle Glückserwartungen gehegt werden, da ist allerdings der Keim für die Instabilität der Ehe gelegt (so schon Lütgert 160; vgl. Eibach 209f).

Anders bei der Liebe im Sinne des biblischen Liebesgebots. Sie ist nicht in gleicher Weise abhängig von dem, was der andere mir entgegenbringt. Wenn also ein Ehepartner im anderen wirklich einmal nicht mehr den einst begehrten, geliebten Partner sehen kann, so ist nicht einzusehen, warum er in ihm dann nicht doch wenigstens einen Menschen sehen können soll, den als solchen zu behandeln er ihm auf jeden Fall schuldig ist? Selbstverständlich weiß man, dass man seinen Nächsten lieben soll – aber den anscheinend schlechthin nicht mehr liebenswerten Partner nicht mehr? Ist denn ständiger Streit und Entfremdung dann wirklich unausweichlich? Ist man dann dem anderen wirklich so selbstverständlich weniger an Freundlichkeit, Hilfsbereitschaft und Verlässlichkeit schuldig als jedem x-beliebigen anderen?

Sicher erschwert beim Nachlassen der spontanen erotischen Zuneigung zum anderen die in der Ehe nun einmal gegebene äußere Nähe das Beieinanderbleiben. Das Leben in solcher Nähe erfordert zumindest ein gewisses Grundvertrauen in den anderen. Hier mag dann, wenn dies Vertrauen beeinträchtigt ist, u. U. ein gewisser Rückzug des einen Partners vom anderen unvermeidbar sein, ohne doch den anderen deshalb schon aufzugeben und definitiv zu resignieren. Auf jeden Fall ist es problematisch, ein solches Verhalten gleich als Aufrechterhalten nur des äußeren Scheins zu diffamieren. Vielmehr kommt darin trotz aller Resignation doch auch das Stehen zur einmal getroffenen Lebensentscheidung zum Ausdruck und eben nicht nur um der etwa vorhandenen Kinder willen (was an sich natürlich schon ein triftiger Grund wäre), sondern eben vor allem um der Ehe selbst willen und in der inneren Bereitschaft zur Versöhnung und Erneuerung der Beziehung.

Aber nun kommt es eben doch immer wieder dazu, dass das Aufrechterhalten der Ehe als unerträglich empfunden und deshalb die Scheidung der Ehe gewünscht wird. Was bedeuten angesichts solcher Situation die biblischen Weisungen praktisch?

Zunächst ist hier theologisch zu bedenken, für wen die biblischen Weisungen gedacht sind. Das mosaische Scheidungsrecht macht Zugeständnisse an die Situation des Menschen nach dem Sündenfall („um eures Herzens Härtigkeit willen“, Mk 10,5 = Mt 19,8). Demgegenüber verweist Jesus zurück auf die ursprüngliche Ordnung in der Schöpfung (Mk 10,6 = Mt 19,4.8b). Die daraus abgeleitete Weisung Jesu aber gilt – wie die ganze Bergpredigt – vor allem denen, die bereit sind, seinem Wort zu folgen, den Jüngern (bei Markus findet sich nicht zufällig die Weisung Jesu erst in einem anschließenden Jüngergespräch Mk 10,10-12, vgl. Haag/Elliger 218f). Denn bei ihnen kann Jesus eine neue Existenz voraussetzen, in die sie durch Umkehr und Glauben getreten sind.

Entsprechend ist beim Umgang mit dem Problem der Ehescheidung grundsätzlich zu differenzieren zwischen der für jedermann auch außerhalb der Gemeinde Jesu verbindlichen Regelung und dem Verhalten, das von Christen zu erwarten ist.

Dem *Staat* wird man also nicht verwehren können, die rechtliche Möglichkeit von Ehescheidung und auch Wiederheirat vorzusehen. Weisungen, die speziell für Christen verpflichtend sind, können nicht allgemein verbindlich gemacht werden (vgl. Bd. I 104.167f). Es ist allerdings nur zu bedauern, dass unsere heutige Ehegesetzgebung noch unter das Niveau des an sich jedermann Zumutbaren gegangen ist, indem man vom Schuldprinzip zum Zerrüttungsprinzip wechselte. Sicher ist die gerichtliche Feststellung der Schuld bei einem Gegenstand, wie es die ehelichen Beziehungen sind, schwierig und für alle Beteiligten belastend (aber welche Prozessgegenstände sind das nicht grundsätzlich auch?). Aber der Schuldgedanke hielt wenigstens noch im Grundsatz an der Lebenslänglichkeit der Ehe fest. Das Zerrüttungsprinzip dagegen subjektiviert den Scheidungsgrund, stellt damit die Auflösung der Ehe letztlich ins Belieben der Partner und macht damit die Ehe grundsätzlich zu einem Vertrag auf Zeit (Thielicke § 2542 spricht von einer „willkürliche(n) Manipulierbarkeit der Ehe mit unabsehbaren Folgen"; anders Thilo 266f). Damit erleichtert es nicht nur die einzelne Ehescheidung, sondern fördert vor allem die Auflösung der Institution Ehe selbst.

Anders stellt sich das Problem der Ehescheidung für Christen und damit innerhalb der christlichen *Gemeinde* dar. Bei Christen kann, vom Glauben an das Evangelium her und im Blick auf die innere Kraft zum Tun des Guten, die das Evangelium vermittelt, grundsätzlich eine innere Bereitschaft vorausgesetzt werden, die guten Ordnungen Gottes einzuhalten. Es geht dabei „um die einfachen christlichen Dinge: Demütig werden durch die Erkenntnis der eigenen Sünde, lernen, wie man wieder Frieden machen kann" (Bockmühl 58).

Sollte es zu einem schuldhaftem Verhalten eines Partners kommen, das die eheliche Beziehung grundsätzlich in Frage stellt, also zu beharrlich festgehaltener ehelicher Untreue, so kann zwar Trennung sogar geboten sein (vgl. die bei Hermas bezeugte Praxis der Alten Kirche bei Ehebruch, vgl. oben S. 102) oder doch, bei objektiv unerträglichem Verhalten wie etwa physischer Bedrohung, Trennung zumindest geraten sein. Dann kann auch in eine Scheidung nach bürgerlichem Gesetz eingewilligt werden. Aber selbst dann sollte der Christ die Bereitschaft zur Versöhnung und Wiederherstellung der Ehe grundsätzlich wahren, also keine Wiederheirat anstreben, welche die Scheidung ja definitiv machen und damit der Weisung Jesu direkt zuwiderlaufen würde.

Wie aber soll der Geschiedene sich verhalten, wenn er meint, seine Ehelosigkeit nicht durchhalten zu können (vgl. 1Kor 7,2.9)? Vielleicht ist ja auch die Wiederherstellung der früheren Ehe durch inzwischen erfolgte Wiederheirat eines Partners ausgeschlossen und damit Versöhnung als Ziel des Ledigbleibens (1Kor 7,11) sowieso hinfällig?

Zur Beantwortung dieser Frage ist noch einmal daran zu erinnern, dass Jesus mit seinem Nein zur Ehescheidung nicht ein Gesetz auferlegen will, das um seiner selbst willen einzuhalten ist. Vielmehr geht es ihm um den Schutz der Ehe und der in ihr lebenden Menschen; zunächst natürlich um den Schutz der einzelnen konkreten Ehe, um ihretwillen aber auch um den Schutz der Institution Ehe selbst, auch da, wo eine einzelne Ehe nicht mehr zu retten ist.

Das bedeutet: Sollte das Ledigbleiben dem Geschiedenen nicht mehr erträglich erscheinen (was man versuchen sollte, in sorgfältigem seelsorgerlichen Gespräch abzuklären) und auch das Ziel der Wiederherstellung der ersten Ehe, aus welchem Grund auch immer, nicht möglich sein oder doch erscheinen, werden auch Christen eine Wiederheirat in Erwägung ziehen können. Aber dann sollten sie auf jeden Fall versuchen, alles in ihrer Kraft Stehende zu tun, um zu verhindern, dass dadurch die Institution Ehe (und ihre prinzipielle Unauflösbarkeit) selbst beschädigt wird. Dabei dürften gewisse Auflagen für den Fall der Wiederheirat hilfreich sein:

1. So ist zu bedenken, dass bei einer Wiederheirat vor allem die *kirchliche Trauung* in der christlichen Gemeinde unvermeidlich Signalwirkung hat. Die gottesdienstliche Segnung der Ehe erweckt notwendig den Eindruck, eine solche Ehe sei Ehe „nach christlicher Regel und im christlichen Sinne" (Trillhaas, Ethik 269; vgl. ders., Dienst 163f). „Wahrscheinlich haben wir als Kirche durch eine weitherzig geübte Praxis der Wiedertrauung Geschiedener schon erhebliche Mitschuld an der derzeitigen Entwicklung in unserem Volk (also der Zunahme der Scheidungen, H. B.) auf uns geladen" (Lindner 130). Auch eine Trauliturgie, welche die Problematik der Wiederheirat offen anspricht, kann kaum die Wirkung der Macht des Faktischen (der kirchlichen Segnung) hindern. Es stellt sich daher die Frage, ob Wiederheiratende nicht zumindest auf Wiedertrauung verzichten sollten (Trillhaas 269). Seit der Einführung der Zivilehe 1874/76 ist eine solche Trennung von bürgerlicher Eheschließung und kirchlicher Trauung ja möglich (Wilken 223). Die Trauung ist zwar eine grundsätzlich wünschenswerte gute kirchliche Sitte, aber für das Bestehen einer Ehe aus evangelischer Sicht nicht konstitutiv, sodass ein Verzicht auf sie durchaus zumutbar ist. Dabei ist noch einmal mit allem Nachdruck festzuhalten, dass es hier nicht, wie immer wieder behauptet wird (Hosier 69 u.ö.), um eine Strafmaßnahme geht oder darum, den Geschiedenen „weitere Lasten aufzubürden" (Bräumer 169), sondern ausschließlich um einen Akt der Solidarität der Wiederheiratenden mit der guten Ordnung der Ehe und um ihren Schutz. Dabei dürfte es eher als Hilfe empfunden werden, wenn ein solcher Verzicht in der Kirche zur Regel gemacht wird, die auch als solche bekannt ist, sodass die Wiederheiratenden von vornherein wissen, dass dieser Verzicht von ihnen erwartet wird.

2. Zu erwägen ist weiter, ob man von leitenden Verantwortlichen in der Gemeinde, also vor allem von Pfarrern oder Predigern, ggfs. aber auch von Ältesten, erwarten sollte, dass sie, wenn sie nach einer Scheidung wieder heiraten, ihr Amt aufgeben (so auch Thielicke § 2567; differenziert Hempelmann 152-156). Denn auch das Wiederverheiratetsein eines Amtsträgers hat in der Gemeinde unvermeidlich Signalwirkung im Sinne einer Relativierung der Unauflöslichkeit der Ehe.

Vor allem im landeskirchlichen, teilweise auch schon im freikirchlichen Raum sind heute Wiederheirat und Wiedertrauung so selbstverständlich geworden, dass der Vorschlag solcher Auflagen vermutlich wenig Aussicht auf Erfolg haben dürfte – es sei denn, dass es zu einem grundlegenden Umdenken im Sinne einer Rückbesinnung auf das biblische Eheverständnis käme. Nur unter solcher Voraussetzung wird man verhindern können, dass jene Auflagen für den Fall der Wiederheirat gesetzlich missverstanden werden. Dabei könnte vor allem ein auf die Ehe vorbereitender kirchlicher Eheunterricht eine wichtige Aufgabe erfüllen (Bockmühl 58; vgl. Braun 61f).

Literatur:

H. Bräumer, Das Tor zur Freiheit. Die Zehn Gebote – für heute ausgelegt, Holzgerlingen 2000; R. Braun, Brauchen wir ein Scheidungsritual?, in: ThBeitr 32/2001, 57-62; K. Bockmühl, Die Wiedertrauung Geschiedener nach evangelischem Verständnis, in: ders., Leben nach dem Willen Gottes, BWA II,3, 51-59; H. Burkhardt, Ehe und Ehescheidung in christlicher Sicht, in: ThBeitr 26/1995, 35-49; ders., Art. Wiederheirat, in: ELThG 2168f; U. Eibach, Liebe, Glück und Partnerschaft. Sexualität und Familie im Wertewandel, Wuppertal 1996; H. Haag/K. Elliger, Stört die Liebe nicht, Olten 1986; H. Hempelmann, Ehe, Ehescheidung und Wiederheirat. Eine biblisch-exegetische und praktisch-seelsorgerliche Orientierung, Liebenzell 2003; H. K. Hosier, Kein Pardon für Geschiedene und Wiederverheiratete?, Kehl 1990; H. Lindner, Soll die Kirche Geschiedene trauen?, in: ders., Biblisch … Gesammelte Aufsätze, Gießen 2006, 125-132; W. Lütgert, Ethik der Ehe, in: ders., Reich Gottes und Weltgeschichte, Gütersloh 1928; U. Luz, Das Evangelium des Matthäus, EKK I/1 (Mt 1-7), Neukirchen ^{5}2002; ders., Das Evangelium des Matthäus, EKK I/3, Neukirchen 1997; H. Thielicke, Theologische Ethik III, Tübingen ^{2}1968; H. J. Thilo, Ehe ohne Normen? Eine evangelische Ehe-Ethik in Theorie und Praxis, Göttingen 1978; W. Trillhaas, Ethik, Berlin 1959; ders., Der Dienst der Kirche am Menschen. Pastoraltheologie, München ^{2}1950; E. Wilken, Zur kirchlichen Trauung Geschiedener, in: Ehe und Ehescheidung. Ein Symposion, Hamburg 1963, 223-248.

3.4.4 Ehelosigkeit

Grundsätzlich gilt: Der Mensch ist in Zweigeschlechtlichkeit und damit zur Geschlechtsgemeinschaft geschaffen (Gen 2,18.24). Durch die Zweigeschlechtlichkeit ist der Mensch von Natur zur Gemeinschaft von Mann und Frau in der Ehe bestimmt und findet in ihr und in den in ihr entstehenden Kindern die Erfüllung dieser Bestimmung.

Aber nun gibt es immer auch Menschen, die den Weg in die Ehe nicht finden und ehelos bleiben. Bleibt ihnen deshalb Lebenserfüllung verwehrt? Verfehlen sie ihre Bestimmung? Ist Ehelosigkeit überhaupt lebbar, ohne im Umgang mit der eigenen Sexualität auf Abwege zu geraten?

3.4.4.1. Ehelosigkeit als natürliche Möglichkeit

Tatsächlich hatten Ehelose immer schon mit den verschiedensten Vorurteilen zu leben. Zur Zeit des Alten Testaments etwa galt Ehelosigkeit geradezu als Schande (Wolff 256f). Gerade heute, zur Zeit einer durch die Tiefenpsychologie Freuds verbreiteten Überbewertung der Bedeutung der Libido für das menschliche Verhalten, kann der Eindruck entstehen, Ehelosigkeit (und damit Verzicht auf Ausleben des Geschlechtstriebes) sei eigentlich psychisch-physisch gar nicht möglich. Entweder sei es Zeichen von Unnormalität (zu schwacher Libido, Bisexualität). Oder es bleibe den Betreffenden nichts anderes übrig, als den Geschlechtstrieb nichtehelich zu befriedigen, sei es durch außerehelichen Geschlechtsverkehr oder durch Selbstbefriedigung. Oder aber man werde eben neurotisch.

Tatsächlich weiß auch die Bibel um die Stärke des geschlechtlichen Verlangens und wie schwer der Mensch, wenn er ihm nicht nachgehen kann, seiner Herr wird (1Kor 7,5b.9). Trotzdem ist die heute weitverbreitete Auffassung, dass der Mensch seiner Libido hilflos ausgeliefert ist und ihr, wie auch immer, nachgeben muss, ein psychologisches Märchen. Vielmehr ist der Mensch im Regelfall durchaus frei, dem geschlechtlichen Verlangen nachzugeben – oder auch nicht. Das zeigt sich auch darin, dass der Mann keinem der Brunft beim Tier vergleichbaren geschlechtlichen Rhythmus unterliegt – und auch der Monatszyklus der Frau hat mit dem tierischen Phänomen der Brunft nichts zu tun (Oraison 20f).

Aus biblischer Sicht des Menschen, der auch eine besonnene Psychologie ihre Zustimmung nicht verwehrt, ist zwar der Mensch *ganz* von seiner

Geschlechtlichkeit geprägt, geht aber doch nicht in ihr auf. Gott schuf den Menschen als Mann und als Frau. Aber er schuf eben nicht Mann und Frau, sondern den *Menschen* als Mann und als Frau. Menschsein ist mehr als Mannsein oder Frausein und schon gar mehr als Vollzug der Geschlechtlichkeit im leiblichen Bereich.

Daraus folgt: Gerade weil die Geschlechtlichkeit den *ganzen* Menschen prägt, nicht nur in dem Bereich, der auf die Ehe beschränkt ist, im körperlichen Einswerden, haben Mann und Frau auch außerhalb der geschlechtlichen Vereinigung je für sich die Möglichkeit, ihre geschlechtliche Art auszuleben. Auch die ledige Frau kann in der Gestaltung ihres Lebens wirklich Frau, der ledige Mann in der Gestaltung seines Lebens wirklich Mann sein – und beide können darin durchaus Erfüllung ihres Lebens finden, u.U. mehr als in mancher Ehe. In der Psychologie spricht man in diesem Zusammenhang auch von sog. Sublimation. Damit ist die Erfahrung gemeint, dass der geschlechtliche Trieb beim Verzicht auf sein leibliches Ausleben nicht nur verdrängt werden kann (was dann zu Neurosen führt), sondern auch die Möglichkeit besteht, ihn zu sublimieren, das heißt seine Antriebskraft auf andere Gebiete umzuleiten (Hofstätter 215: „Überführung primitiver Triebregungen in sozial hoch bewertete Tätigkeiten“). Solche Sublimation ist geradezu eine typisch menschliche und insofern natürliche, der Freiheit menschlichen Verhaltens entsprechende Möglichkeit der „Befriedigung“ des Geschlechtstriebs. Dies ist jedenfalls grundsätzlich festzuhalten unbeschadet der Tatsache, dass diese Möglichkeit individuell unterschiedlich gegeben sein mag, dass also die Libido den Menschen nicht nur im Regelfall dazu bewegt, die Erfüllung seines Geschlechtstriebs selbst auch zu wollen, sondern dass er u.U. auch gegen seinen Willen sich seiner nicht zu erwehren weiß (1Kor 7,2.9). Das ändert aber nichts daran, dass der Mensch grundsätzlich auch in seiner Geschlechtlichkeit nicht einfach nur Zwängen unterliegt, sondern verantwortlich Handelnder ist und für ihn als solchen eben auch die Möglichkeit besteht, ehelos bzw. geschlechtlich enthaltsam zu leben.

Die gegenwärtige Situation unserer Gesellschaft ist dadurch gekennzeichnet, dass die Zahl der sog. Singles, also der ledig Lebenden, ständig zunimmt (derzeit lebt etwa ein Drittel aller Männer zwischen 33 und 52 Jahren partner- und kinderlos, Kaufmann 8; vgl. M. Allmaier, mit weiteren Literaturhinweisen). Dies ist eine Entwicklung, die sowohl vom Wesen der menschlichen Geschlechtlichkeit als auch aus bevölkerungspolitischer Sicht sicher nicht zu begrüßen ist. Dabei ist zu bedenken, dass diese Lebensform mit der größeren

Unabhängigkeit des Einzelnen nicht nur die Möglichkeit einer größeren individuellen Selbstverwirklichung mit sich bringt (damit allerdings auch die Gefahr einseitig egoistischer Motivation solcher Lebensführung, vgl. Eibach 67.92), sondern zugleich auch das Problem der Einsamkeit und, spätestens im fortgeschrittenen Alter, das Problem der Abhängigkeit von fremder Hilfe.

Auf jeden Fall aber ist es völlig ungerechtfertigt, mit dem modernen Pansexualismus allen ehelos Lebenden von vornherein mangelnde Libido oder auch ihren Missbrauch zu unterstellen. Sicher ist angesichts der heutigen sexuellen Freizügigkeit damit zu rechnen, dass ein beträchtlicher Teil derer, die offiziell als unverheiratet lebend registriert sind, entweder in einer längerfristigen eheähnlichen Beziehung oder auch mit wechselnden sexuellen Kontakten lebt. Generell aber sollte man nach wie vor davon ausgehen, dass Ledige ihre Ehelosigkeit bewusst und d.h. unter Verzicht auf das Praktizieren ihrer Geschlechtlichkeit im engeren Sinn leben. Dabei wird es wichtig für sie sein, dass sie versuchen, alternative freundschaftliche Kontakte aufzubauen und auch ihre größere Unabhängigkeit sozial für andere nutzbar zu machen (vgl. Lum 33ff). Gerade in der christlichen Gemeinde sollte man bewusst einer Isolation der Ledigen in ihrer Mitte entgegenwirken und ihnen Möglichkeiten der sozialen Integration und auch Betätigung bieten.

Literatur:

M. Allmaier, Das geheime Leben der Singles, in: DIE ZEIT, Nr. 48/2007, 21-25; H. Dietzfelbinger, Vom Dienst der Frau in der Kirche, in: ders., CHRISTUS PRAESENS. Vorträge, Aufsätze, Predigten, München 1968, 156-175; U. Eibach, Liebe, Glück und Partnerschaft, Wuppertal 1996; P. R. Hofstätter, Art. Neurose, in: ders., Psychologie, Das Fischer Lexikon Bd. 6, Frankfurt [10]1965, 211-217; F.-X. Kaufmann, Wie Familien zu helfen wäre, in: FAZ Nr. 80/2006; A. Lum, Ledig – na und? Möglichkeiten und Aufgaben des Ledigseins, Gießen 1978; M. Oraison, Psychologie des ehelosen Lebens, Mainz 1969; H. W. Wolff, Anthropoligie des Alten Testaments, München 1973.

3.4.4.2 Christlich motivierte Ehelosigkeit

Ehelosigkeit muss allerdings nicht nur ein den natürlichen Wünschen zuwiderlaufendes und deshalb mehr oder weniger widerwillig getragenes Schicksal sein. Ihr kann auch ein um einer bestimmten Aufgabe willen bewusst vollzogener Verzicht zugrunde liegen. Das gilt besonders von christlich motivierter Ehelosigkeit, wie wir sie in der Geschichte der Christenheit vor allem in der Tradition des Mönchtums finden.

Der Verzicht auf Ehe und individuellen Besitz und die damit gegebene Verfügbarkeit für die Pflege und Verbreitung des Evangeliums war eine wesentliche Voraussetzung dafür, dass das Mönchtum das ganze Mittelalter hindurch eine das kirchliche Leben der Christenheit entscheidend prägende und ihre Ausbreitung missionarisch vorantreibende Kraft wurde, darüber hinaus aber auch wichtigster Träger der Kultur überhaupt. Erst mit der Reformation brach diese Tradition in den von ihr dominierten Ländern ab. Die Klöster wurden weithin aufgehoben und die Mönche und Nonnen ins normale bürgerliche Leben integriert. Hintergrund für diese Abschaffung des Mönchtums im Protestantismus war einerseits eine gewisse im späteren Mittelalter verbreitete Verweltlichung des klösterlichen Lebens, die im offenkundigen Widerspruch zu seinen Ursprüngen stand und diese Lebensform unglaubwürdig gemacht hatte. Der Hauptgrund lag andererseits aber darin, dass diese Lebensform im Laufe der Zeit sich mit unchristlichen theologischen Motiven verbunden hatte: mit dem Gedanken ihrer Verdienstlichkeit und, vor allem im Blick auf die Ehelosigkeit, mit einer Geringschätzung der geschöpflichen Gabe der Geschlechtlichkeit. Im Protestantismus wurde deshalb als Gegenreaktion das christliche Ethos ganz auf den Rahmen des bürgerlichen Lebens in Ehe und Familie beschränkt (vgl. klassisch F. Schleiermacher, 47: „... müssen wir darauf beharren, dass es das Prinzip unserer evangelischen Kirche ist, dass niemand darf außer der Ehe bleiben wollen“).

Hatten die Reformatoren in dieser Frage teilweise noch differenziert geurteilt und den Verzicht auf die Ehe zugunsten eines klösterlichen Lebens noch als eine (selten) mögliche Ausnahme anerkannt (Bockmühl 174.277), so wurde er später generell als der Natur widersprechend und als „katholische“ Werkgerechtigkeit diffamiert.

Tatsächlich wird in der Bibel die Geschlechtlichkeit und damit das Leben in Ehe und Familie als Bestandteil der guten Schöpfung Gottes bejaht. Entsprechend gibt es im Alten Testament auch, anders als in der griechisch- römischen Antike (Lohse 17-78), nirgends eine religiös begründete Ehelosigkeit (Lohse 83ff). Singuläre Ausnahme ist die Ehelosigkeit des Propheten Jeremia. Aber sie ist nur eine Zeichenhandlung, die ihm von Gott als Hinweis auf das Gericht auferlegt ist, das er Israel anzukündigen hat (Jer 16,2-4). Auch das Neue Testament teilt grundsätzlich diese positive

Einstellung des Alten Testaments zur Ehe. Jesus verstärkt sie sogar noch dadurch, dass er ihre Unauflöslichkeit lehrt.

Aber nun findet sich bei ihm doch, und zwar gleichsam im selben Atemzug, auch eine über die Schöpfungsordnung hinausführende Aussage: Das Wort von den „Eunuchen um des Himmelreichs willen" (Mt 19,12). Die Jünger hatten erschrocken reagiert, als Jesus Wiederheirat Ehebruch nannte, und hatten gemeint, dass es dann wohl am besten wäre, erst gar nicht zu heiraten. Man hätte von Jesu positiver Grundhaltung zur Ehe her erwarten müssen, dass er diesem voreiligen Schluss widerspräche. Überraschenderweise tut er es nicht, sondern nimmt die Aussage der Jünger positiv auf, gibt ihr aber eine völlig andere Bedeutung und Richtung: Ja, es gibt solche, die sich der Ehe enthalten, aber sie tun es nicht aus Angst davor, die Verbindlichkeit der Ehe nicht durchhalten zu können, sondern „um des Himmelreichs willen". Mit dieser Zielangabe ist sicher nicht gemeint, dass der Ehelose sich so selber den Himmel verdienen solle. Vielmehr bedeutet sie, im Sinne der ersten Vaterunserbitten: Indem der Jünger sich mit seinem ganzen Leben in Dienst nehmen lässt, trägt er dazu bei, dass sich jetzt schon darin Gottes Herrschaft realisiert. Das Wort an den „reichen Jüngling" ist also nicht, wie oft angenommen wird, ein sozusagen seelsorgerlicher Rat speziell nur für diesen einen Fall. Jesus spricht ja von „etlichen" („es sind solche, die …"). Aber dies Wort ist genausowenig ein Gebot oder Ideal für jedermann. Es sind eben nur „etliche", die sich um der Himmelsherrschaft willen zu „Eunuchen" machen, d.h. die entschlossen auf Geschlechtsgemeinschaft verzichten. Jesus sagt ausdrücklich: Nicht jeder kann dies Wort für sich annehmen, nur die, „denen es gegeben ist" (V. 11). Am ehesten sind dies die Mitglieder seines engeren Jüngerkreises, die, wie es wiederholt heißt, mit dem Schritt in die Nachfolge zugleich „alles verließen", also auch die Familie (vgl. Mt 19,27-29 = Mk 10,29; eigenartigerweise wird hier jeweils die Frau nicht erwähnt, wohl aber in der Parallele Lk 18,29). Dies geschah, wie sich dann später zeigte, z.T. nur zeitweise: Petrus z.B. wurde später auf seinen apostolischen Reisen von seiner Frau begleitet (vgl. 1Kor 9,5). Das Beispiel des Paulus dagegen zeigt auch den völligen Verzicht auf die Ehe, und zwar, wie er sagt, um ganz frei zu sein für die Verkündigung des Evangeliums (1Kor 9,12), bzw. „dass ich auf alle Weise etliche rette" (V. 22). Das gleiche Motiv kommt auch in Kapitel 7 zur Sprache: Dort rät er zunächst allen Ledigen in der Gemeinde, ledig zu bleiben wie er selbst

(7,7.26.40), und zwar zunächst um der kommenden endzeitlichen Bedrängnis willen, in die die Gläubigen hineinkommen werden (7,26.28.32; vgl. Schrage 130f). Mit diesem Motiv ist dann aber auch der Zielgedanke verbunden, als Unverheirateter ungehindert und ohne Rücksicht auf familiäre Verpflichtungen Gott dienen zu können (V. 32-35). Paulus spricht von einem „Charisma“ (V. 7). Allerdings bezieht er den Begriff in gleicher Weise auf Ehe und Ehelosigkeit, gebraucht ihn also wohl nicht im Sinne einer besonderen eschatologischen Gabe, vergleichbar den Gnadengaben, von denen sonst in diesem Brief die Rede ist (Kap.12). Eher wird man von unterschiedlicher Berufung (V. 20: *kläsis*) sprechen können, einer persönlichen Lebensführung mit dem Ziel je unterschiedlicher Verfügbarkeit für den Dienst für Gott („im Herrn“ V. 39).

Dass sich jetzt im Neuen Bund die Möglichkeit zu dieser besonderen neuen Lebensform eröffnet, hat auf jeden Fall nichts mit Verachtung der Schöpfung und ihrer Ordnung zu tun. Vielmehr ist sie begründet im Kommen Jesu und dem damit gegebenen Anbruch der Gottesherrschaft (Riesner 26). Sie ist also heilsgeschichtlich zu verstehen, und zwar in doppeltem Sinn: 1. Die Nähe des Gottesreiches erfordert einen besonderen Einsatz für seine Verkündigung und die individuelle Neuschöpfung des Einzelnen in der Umkehr ermöglicht ihn. „Die mit dem Kommen Jesu wirksam gewordene Basileia hat sie so erfasst, dass sie ihre ganze Kraft und Zeit in den Dienst Gottes … stellen“ (Wenzelmann 89). 2. Zugleich ist der Verzicht auf die Ehe auch zu verstehen als zeugnishafter Hinweis auf die künftige Welt Gottes, in der es kein Heiraten mehr geben wird (Mt 22,30). Jesus wertet also die Schöpfung und damit das Geschlechtliche nicht negativ, aber er relativiert es von der größeren Wirklichkeit der kommenden Neuschöpfung her. „Die Ehelosigkeit ist … ein Zeichen der Auferstehung und des herannahenden Reiches Gottes“ (Thurian 114).

Seit der Zeit der Urchristenheit ist diese neue Lebensform immer wieder gelebt worden, zunächst von einzelnen, dann im großen Strom der monastischen Bewegung (vgl. Lohse 133ff; Thurian 45ff). Dass die reformatorischen Kirchen sich dieser Möglichkeit verschlossen, bedeutete für ihr geistliches Leben einen großen Verlust. Erst in der Diakonissen-Bewegung des 19. Jahrhunderts wurde hier verlorenes Gebiet wieder zurückgewonnen – allerdings z.T. eher gegen die eigentliche Absicht der Gründerväter. Die Ehelosigkeit der Diakonissen war zunächst einfach nur soziale Gegebenheit. In der Gesellschaft des 19. Jahrhunderts hatte eine ledige Frau zumindest der bürgerlichen Schicht keine Berufs- und damit auch keine selbstständigen Lebensmöglichkeiten. Ihr von christlichen Initiativen organisierter Einsatz in Krankenpflege und Sozialfürsorge bot ihr diese Möglichkeit. Vor allem das Vorbild karitativer katholischer Orden wie der „Barmherzigen Schwestern“ (Vincentinerinnen) trug erst sekundär dazu bei, dass sich auch bei den evangelischen Diakonissen die sog. „evangelischen Räte“ (vgl. Joest) und damit auch die Ehelosigkeit einbürgerten, und zwar merkwürdigerweise ohne jede eigene theologische Begründung. Erst die in der Mitte des 20. Jahrhunderts entstehende Bewegung evangelischer Kommunitäten griff bewusst wieder auf die monastische Tradition zurück (Biot 99ff). Diese aber ist trotz aller Fremdeinflüsse, die sie im Laufe der Geschichte zeitweise auch aufgenommen hat (Leibfeindlichkeit, Verdienstlichkeit), ursprünglich durchaus biblisch, genauer neutestamentlich und damit spezifisch christlich begründet. Als Antwort auf die Liebe Gottes in Christus ist sie in ihrer vorbehaltlosen Hingabe sichtbares Zeichen der Liebe zu Gott. „In einer Welt ohne Gott, in der die Herzen verhärtet und die Ohren verschlossen sind, in einer Welt, die sichtbare und aufsehenerregende Zeichen braucht, wird die Ehelosigkeit zum Gleichnis … Sie zeigt der Welt, dass der Christ um Christi und des Evangeliums willen auf alles verzichten kann“ (R. Schütz im Geleitwort zu Thurian 5f).

Literatur:

F. Biot, Evangelische Ordensgemeinschaften, Mainz 1962; K. Bockmühl, Gesetz und Geist. Eine kritische Würdigung des Erbes protestantischer Ethik, Gießen 1987; F. Ch. Joest, Art. Räte, evangelische, in: ELThG 1651; B. Lohse, Askese und Mönchtum in der Antike und in der alten Kirche, München 1969; R. Riesner, Formen gemeinsamen Lebens im Neuen Testament und heute, TuD 11, Gießen 1977; F. Schleiermacher, Christliche Sittenlehre. Vorlesungen hg. von L. Jonas, II. Teil, Gotha 1891. W. Schrage, Die Stellung der Welt bei Paulus, Epiktet und in der Apokalyptik, in: ZThK 61. Jg./1964, 125-154; M. Thurian, Ehe und Ehelosigkeit. Zwei Dienstordnungen christlichen Lebens, Gelnhausen/Berlin o. J.; G. Wenzelmann, Nachfolge und Gemeinschaft. Eine theologische Grundlegung des kommunitären Lebens, Stuttgart 1994.

3.5 Irrwege menschlicher Sexualität

3.5.1 Homosexualität

3.5.1.1 Zur Situation

Wir gingen bei der Behandlung des Themas der Geschlechtlichkeit aus von der Tatsache, dass die Menschheit grundsätzlich in das Nebeneinander bzw. Gegenüber von Mann und Frau differenziert ist. Weiter davon, dass jeder Mann und jede Frau für sich je ganzheitlich von dieser Differenz geprägt sind. Schließlich davon, dass diese Differenz grundsätzlich auf die geschlechtliche Vereinigung von Mann und Frau zielt, und zwar so, dass diese geschlechtliche Vereinigung ausschließlich heterosexuell ist. Die ganze Physiologie der Geschlechter bis in den Bau der Geschlechtsorgane hinein ist daraufhin angelegt.

Nun wird Sexualität allerdings seit Menschengedenken auch in anderer Weise gelebt. Eine in der Gegenwart besonders diskutierte Form ist die Homosexualität. Dabei findet diese Diskussion in der Gegenwart eine so niegekannte Zuspitzung darin, dass der Vorrang der Heterosexualität prinzipiell in Frage gestellt und sie nur noch als eine unter anderen möglichen, prinzipiell gleichberechtigten Formen der Sexualität angesehen wird wie Homosexualität, Bisexualität, Transsexualität, Intersexualität u.a.m. (Vonholdt 1). Die Zweigeschlechtlichkeit soll letztlich aufgesprengt werden zur Vielgeschlechtlichkeit oder auch zur Ablösung des Geschlechtsbegriffs durch den Begriff selbstbestimmter Lebensform („Gender“, vgl. D. L. Mundy).

Seit im Zuge der deutschen Strafrechtsreform 1969 die Strafbarkeit homosexuellen Verhaltens aufgehoben, bzw. der frühere § 175 StGB auf eine Jugendschutzvorschrift reduziert wurde (Braun 3), kam es zu ständig zunehmender gesellschaftlicher Akzeptanz der Homosexualität. Bezeichnend ist, dass seit den 90er Jahren in Deutschland selbst führende Politiker, ohne dadurch irgendwelchen Schaden zu erleiden, sich als praktizierende Homosexuelle „outen“ konnten. Sog. „eingetragene Partnerschaften“ Homosexueller wurden 2000 in Deutschland im sog. Lebenspartnerschaftsgesetz der Ehe rechtlich weitgehend gleichgestellt (Braun 4). Auch im kirchlichen Raum hat die Homosexualität zunehmend Billigung und ethische Rechtfertigung erfahren, bis hin zur Duldung homosexuell lebender Pfarrer und Pfarrerinnen und zur Segnung oder gar Trauung homosexueller Paare in fast allen evangelischen Kirchen. Ein Pionier solcher Anerkennung der Homosexualität, von ihm bevorzugt Homophilie genannt, war Anfang der 60er Jahre der Schweizer Eheberater Th. Bovet. Er konnte sagen, dass Gott die homosexuelle Anlage „zu Seiner Ehre und zum Aufbau Seines Reiches brauchen wird“ (Bovet 150). Ähnlich urteilte H. Thielicke, dass homosexuell Veranlagte, sofern sie geschlechtlich nicht enthaltsam leben können, vor der Aufgabe stünden, „die mann-männliche Verbundenheit *ethisch* verbindlich zu gestalten“ (Thielicke Bd. 3, 2929; vgl. Körtner, 247f.; zur Entwicklung der Einstellung zur Homosexualität in der evangelischen Ethik vgl. Bockmühl 1-12).

Literatur:

K. Bockmühl, Die Diskussion über Homosexualität in theologischer Sicht, in: Leben nach dem Willen Gottes, BWA II,3, Gießen 2006, 1-33; Th. Bovet, Ehekunde, II. Spezieller Teil, Tübingen [2]1962; J. Braun, Andersartig, aber nicht gleichwertig. Zum Vorrang der Ehe gegenüber der gleichgeschlechtlichen Lebenspartnerschaft, in: Kirche und Gesellschaft Nr. 290, Köln 2002; U. Körtner, Evangelische Sozialethik, Göttingen 1999; D. L. Mundy, Die Auflösung von Geschlecht und die Dekonstruktion von Weiblichkeit und Männlichkeit, in: Bulletin. Nachrichten aus dem Deutschen Institut für Jugend und Gesellschaft Nr. 4, 2004, 18-45; H. Thielicke, Theologische Ethik, 3. Bd: Entfaltung, Tübingen [2]1968; C. R. Vonholdt, Die Dekonstruktion von Ehe und Familie, Suppl. zu Bulletin 2002.

3.5.1.2 Homosexualität in der Bibel

In der Umwelt der Bibel war Homosexualität, vor allem in der Form der Knabenliebe (Päderastie), weit verbreitet und gesellschaftlich geduldet oder sogar als Mittel der Erziehung positiv gewertet, insbesondere im antiken Griechenland, aber unter griechischem Einfluss auch im antiken Rom (Krenkel 1583). Es gab allerdings immer auch kritische Stimmen gegen praktizierte gleichgeschlechtliche Liebe (vgl. Egelkraut 8f). Auch Plato, auf den sich Befürworter der Homosexualität gern berufen, lässt zwar im Dialog *Symposion* einen Gesprächsteilnehmer für die Knabenliebe eintreten (Symposion 181-185). Er selbst aber verurteilt in seiner staatstheoretischen Schrift „Nomoi“ praktizierte Homosexualität nachdrücklich. Der naturgemäßen *(kata physin)* geschlechtlichen Vereinigung zur Erzeugung von Nachkommenschaft stellt er als ihre Verderbnis *(diaphtheiro)* die naturwidrige *(para physin)* und deshalb „schamlose Vereinigung“ von Männern mit Männern und Frauen mit Frauen gegenüber (Nomoi 636 b/c; vgl. auch 836c *mä physei touto einai*).

In der Bibel selbst wie auch im nachbiblischen Judentum wird Homosexualität einhellig strikt verworfen:

a. Das gilt zunächst von der *mosaischen Gesetzgebung*. Im Zusammenhang eines Abschnitts über Vergehen im Bereich des geschlechtlichen Lebens finden sich (betont im Gegensatz zur „Weise des Landes Ägypten“ und „des Landes Kanaan“, Lev 18,3, vgl. V. 24ff) Bestimmungen gegen Geschlechtsverkehr in nahen Verwandtschaftsgraden (Inzest, V. 6-18), gegen Geschlechtsverkehr mit Menstruierenden (V. 19), mit der Frau des Nächsten (V. 20), eines Mannes mit einem Mann (V. 22: „Du sollst nicht bei einem Mann liegen wie bei einer Frau; es ist ein Greuel“) und mit einem Tier (Sodomie, V. 23). Das den Zusammenhang inhaltlich sprengende Wort gegen Kindesopfer an Moloch (V. 21) könnte durch das Stichwort „Same“ in diesen Zusammenhang gelangt sein (Noth 117).

In Levitikus 20 wird dann das Verbot der Homosexualität wiederholt: Das Kapitel beginnt mit einem ausführlicheren Wort gegen das Kindesopfer an Moloch (V. 1-5), es folgen das Verbot der Befragung von Geisterbeschwörern und Zeichendeutern (V. 6-8) und eine Warnung, Vater oder Mutter zu fluchen (V. 9). An diese inhaltlich dem 1. und 5. Gebot entsprechenden Worte schließt sich eine Reihe sexualethischer Weisungen an: Gegen Ehebruch (V. 10), gegen Geschlechtsverkehr mit der Frau des Vaters und der Schwiegertochter (V. 11-12), gegen Homosexualität (V. 13: „Wenn jemand bei einem Manne liegt wie bei einer Frau, so haben sie getan, was ein Greuel ist“), gegen Geschlechtsverkehr mit der Schwiegermutter (V. 14), mit Tieren (V. 15f), mit seiner Halbschwester (V. 17), mit einer Menstruierenden (V. 18), mit einer Tante (V. 19f), mit einer Schwägerin (V. 21). Auch diese Gebotsreihe mündet in den warnenden Hinweis auf die Lebensweise der Völker Kanaans (V. 23) und die Aufforderung zur Absonderung von ihrer Unreinheit (V. 25). Schließlich gehört in unseren Zusammenhang wohl auch das eindringliche Verbot des Transvestitismus, also des sich Kleidens in Kleider des je anderen Geschlechts (Dt 22,5). „Es könnte damit die Neigung der Homosexuellen gemeint sein, das Gehaben des anderen Geschlechts zu imitieren“ (Haag/Elliger 144).

b. In der *alttestamentlichen Geschichtsüberlieferung* wird das Thema Homosexualität an zwei Stellen angesprochen, und zwar jeweils offensichtlich mit negativer Wertung. Als zwei Boten Gottes bei Lot in Sodom einkehren, kommen die Männer des Ortes und fordern Lot auf, ihnen seine Gäste zum Geschlechtsverkehr herauszugeben (Gen 19,4-11). Eine ähnliche Geschichte erzählt das Richterbuch: Als ein Levit aus Ephraim mit seiner Nebenfrau bei einem Mann in Gibea einkehrt, kommen „ruchlose Männer" des Ortes und fordern den Gast zum Geschlechtsverkehr für sich (Ri 19,22; vgl. Hos 9,9; 10,9).

Anders als in den bisher angeführten Stellen kann bei dem engen freundschaftlichen Verhältnis zwischen David und Jonathan von einer homosexuellen Beziehung keine Rede sein (1Sam 18,1-4; 19,1-7; 20,1-21,1; 2Sam 1,26). Es handelt sich vielmehr schlicht um „die schönste Schilderung einer Freundschaft, von der die Bibel berichtet" (Hertzberg 123). Es ist exegetisch unverantwortlich, in Bezug auf diese Geschichte davon zu sprechen, im Alten Testament lasse sich neben den genannten negativen Wertungen auch „eine gewisse Sympathie für gleichgeschlechtliche Liebe feststellen" (Gerstenberger 130).

c. Das *frühe Judentum* führt die alttestamentliche Haltung konsequent weiter, besonders streng im Judentum der hellenistischen Diaspora (Philo: Der Knabenschänder geht „widernatürlicher Lust nach", spec III, 39; vgl. Abr 135-137, wo sowohl vom Verkehr von Männern mit Männern: *andres ontes arresin epibainontes*, wie von Männern mit Knaben: *paidosporountes* die Rede ist; vita cont 59; Alexander 49; vgl. Becker 39ff).

d. Die wichtigste Stelle im *Neuen Testament* zu diesem Thema ist zweifellos Römer 1: Auf die Weigerung der Menschheit hin, Gott als Gott zu ehren, gibt Gott die Menschen hin „in ihrer Herzen Gelüste" (1,18-25). Als erstes und einziges ausgeführtes Beispiel nennt Paulus das homosexuelle Verhalten zunächst der Frau (V. 26) und dann des Mannes (V. 27). Homosexuelles Verhalten ist dabei, im Verleich zu den im Lasterkatalog V. 28-31, aufgezählten Sünden, nicht als „Tiefpunkt des Dahingegebenseins durch Gott" herausgehoben, „sondern als Ausdruck dafür, wie sehr die Abkehr vom Schöpfer selbst die elementarsten menschlichen Vollzüge – nämlich das Miteinander von Mann und Frau – verunklart" (Deines 75f). Die ethische Bewertung solchen Verhaltens liegt vor allem darin, dass es als „unnatürlich" (*para physin* = gegen die Natur) gekennzeichnet wird (V. 26). Diese Terminologie entspricht der in hellenistischer Philosophie damals üblichen Naturrechtsterminologie, die Paulus hier offensichtlich übernimmt und in sein biblisches Schöpfungsverständnis integriert (Burkhardt 90ff). Gelegentlich wird die Auffassung vertreten, in V. 26 sei noch nicht von Homosexualität die Rede, sondern, wie in Levitikus 18,23b, von Sodomie (Geschlechtverkehr mit einem Tier, Haacker 53f). Dagegen spricht vor allem die sprachliche Überleitung zu V. 27 (*homoioos* = „ebenso") für die Annahme, dass auch in V. 26 homosexuelles Verhalten gemeint ist (hier also sog. „lesbisches" Verhalten).

Weiter erwähnt Paulus Homosexualität in sog. Lasterkatalogen: Im 1. Korintherbrief nennt er nach „Unzüchtigen, Götzendienern und Ehebrechern" auch „Weichlinge" (*malakoi*, nach Bauer 966: Männer und Jünglinge, „die sich missbrauchen ließen") und „Homosexuelle" (wörtlich: *arsenokoitai* = die Beischlaf mit einem Mann vollziehen), danach Diebe, Geizige, Trinker, Lästerer und Räuber (1Kor 6,9f). Mit den „Weichlingen" könnten solche Homosexuelle gemeint sein, die in der homosexuellen Partnerschaft eher die weibliche Rolle übernehmen (vgl. Egelkraut 20). Alle Genannten sind „Ungerechte" (V. 9), die „das Reich Gottes nicht erben" (V. 10b). Bemerkenswert aber ist, dass Paulus hinzufügt: „Solches sind etliche von euch *gewesen*, aber ihr seid abgewaschen, geheiligt, gerecht geworden durch den Namen des Herrn Jesus Christus" (V. 11). Paulus rechnet also mit der Veränderbarkeit solcher Lebensweise.

Ähnlich sind in einem inhaltlich deutlich am Dekalog orientierten Lasterkatalog des 1. Timotheusbriefes als „Ungerechte und Ungehorsame" (1,9) nach Gottlosen, Sündern, Unheiligen, Ungeistlichen, Vatermördern, Muttermördern und Totschlägern auch Unzüchtige und „Homosexuelle" *(arsenokoitai)* genannt, danach Menschenhändler, Lügner und Meineidige, alles der „gesunden Lehre" des Evangeliums zuwiderlaufende Handlungsweisen (V. 10b.11).

Literatur:

W. Bauer, Wörterbuch zum Neuen Testament, Berlin 1963; J. Becker, Zum Problem der Homosexualität in der Bibel, in: ZEE Jg. 31/1987, 36-59; H. Burkhardt, Der Naturrechtsgedanke im hellenistischen Judentum und im Neuen Testament, in: ders. (Hg.), Begründung ethischer Normen, Wuppertal/Gießen 1988, 81-98; H. Egelkraut, Homosexualität und Schöpfungsordnung, Kassel 1982; R. Deines, Leiblichkeit und Sexualität im Neuen Testament. Christliches Ethos zwischen Schöpfungs- und Offenbarungswort, in: Ch. Raedel (Hg),Das Leben der Geschlechter, Ethik im theologischen Diskurs Bd. 24, Berlin/Münster 2017; E. S. Gerstenberger, Homosexualität im Alten Testament – Geschichte und Bewertungen, in: Schwule, Lesben … – Kirche, Homosexualität und kirchliches Handeln, EKHN-Dokumentation Bd. 2, Frankfurt 1996, 97-121; H. Haag/K.

Elliger, Stört die Liebe nicht. Die Diskriminierung der Sexualität – ein Verrat an der Bibel, Olten 1986 (136-156); H. W. Hertzberg, Die Samuelbücher, ATD 10, Göttingen 1965; W. Krenkel, Art. Paederastie, in: KP 4, 1583f; M. Noth, Das dritte Buch Mose, ATD 6, Göttingen 1962.

3.5.1.3 Moderne Umdeutungsversuche

Immer wieder wird versucht, der Berufung auf die genannten biblischen Aussagen dadurch den Boden zu entziehen, dass man sagt, sie seien anders zu verstehen, als es bei der traditionellen pauschalen Verwerfung der Homosexualität geschah (vgl. dazu Bockmühl 19-21). Man unterscheidet zwischen einer schlechten Homosexualität (nur von der spreche die Bibel) und einer guten (von der die Bibel nirgends spreche). Merkwürdigerweise ist ethisch verpflichtend danach also nicht, was die Bibel (mit beachtlicher Konsequenz) zum Thema sagt, sondern was sie nicht sagt (so treffend Hempelmann 298 zur Hermeneutik der EKD-Denkschrift „Mit Spannungen leben"). Aber solche Unterscheidung ist exegetisch nicht haltbar:

a. Ein Argument ist: In der Bibel werde nirgends die Homosexualität selbst verurteilt, sondern nur eine bestimmte Art ihrer Ausübung, eine *gewalttätige, demütigende Homosexualität*: So gehe es in Sodom wie in Gibea vor allem um das doppelte Unrecht der Verletzung des Gastrechts und eine Ausübung von Gewalt. Nur die in diesem Zusammenhang geübte Homosexualität werde verurteilt. Eine den Partner in seiner Freiheit achtende und auf gegenseitige Zuneigung gegründete Homosexualität sei hier gar nicht im Blick. Ähnlich werden auch die gesetzlichen Aussagen interpretiert: Bei einem Manne liegen, „wie einer bei einer Frau liegt" (Lev 18,23b; 20,13b), bedeute auf dem Hintergrund eines vorauszusetzenden frauenverachtenden Patriarchalismus nur ein über den Partner verfügendes, ihn demütigendes sexuelles Verhalten (dazu Lindner 148f).

Dagegen ist zu bedenken: Eindeutig ist auf jeden Fall, dass es in Sodom und Gibea nicht *nur* um Verletzung des Gastrechts oder um Gewaltanwendung geht. Das an beiden Stellen gebrauchte hebr. Wort *jada* (= erkennen) weist nach biblischem Sprachgebrauch (vgl. Gen 4,1 u.ö.) eindeutig auf Geschlechtsverkehr (Gen 19,5; vgl. V. 7f; Ri 19,22; vgl. V. 24ff). Aber wenn man dies zugibt, genügt es auch nicht zu sagen, dass das Fragwürdige in diesem geschlechtlichen Verhalten eigentlich nur die gewaltsame Verletzung des Gastrechts sei. Vielmehr kommen die „schweren Sünden" der Leute von Sodom und Gomorra (Gen 18,20), die Gottes Gericht über die beiden Städte heraufbeschwören, in besonders drastischer Weise darin zum Ausdruck, dass sie den Gästen homosexuelle Gewalt antun wollen. In gleiche Richtung weist die Kennzeichnung der Leute von Gibea, die voll Abscheu „Kinder der Bosheit“ genannt werden (Ri 19,22: *bne belijaal*), und was sie dem Gast antun wollen, ist eine „Schandtat“ (V. 23: *nebalah*).

Ganz willkürlich ist die antipatriarchalische Kritik der Gesetzestexte. Sie setzt voraus, dass heterosexuelle Geschlechtsgemeinschaft in Israel („wie bei einer Frau“) immer frauenverachtend gewesen wäre – eine ganz abwegige Unterstellung. Vielmehr geht es um das homosexuelle Verhalten selbst als ein „Greuel“ vor Gott (Lev 18,22b), das einer Blutschuld gleichkommt (Lev 20,13b). Entsprechend willkürlich ist Behauptung, Paulus verurteile nicht jede Homosexualität, sondern nur eine „patriarchale Sicht der Homosexualität“ (so das Arbeitspapier der Rheinischen Synode von 1992, 43; dazu Lindner 148).

b. Weiter wird immer wieder angenommen, dass es bei der *Verurteilung* der Homosexualität in der Bibel nicht um diese selbst gehe, sondern nur um die Abwehr *heidnischer Kulte*, speziell von Fruchtbarkeitskulten, in denen auch Homosexualität eine gewisse Rolle gespielt habe. Aber auch diese Behauptung ist nicht haltbar. Denn homosexuelle Kultprostitution ist im Alten Orient nirgends nachweisbar. Das kann auch nicht überraschen: Homosexualität ausgerechnet in Fruchtbarkeitskulten wäre ein absurder Selbstwiderspruch, wie selbst prominente Befürworter der Homosexualität zugeben müssen (so D. S. Bailey, nach Egelkraut 7). Vor allem ist festzuhalten, dass es im Kontext von Levitikus 18 und 20 nicht speziell um Fragen des Kultus geht, sondern um Weisungen für das Alltagsleben, speziell in sexualethischen Fragen. Es geht um die Heiligung des ganzen Lebens des Israeliten und die hier verurteilte homosexuelle Verhaltensweise ist ein „Greuel“, weil sie „mit dem Wesen des Gottes Israels und dem Leben der von ihm geprägten Gemeinde unvereinbar ist“ (Lindner 108). Bezeichnend ist, dass der Begriff „Greuel“ auch in ganz unkultischen Zusammenhängen vorkommen kann (wie in Spr 6,16-19 und 11,1; Lindner 144). Nach Römer 1 wurzelt Homosexualität zwar, wie alle andere Sünde, in einem gestörten Verhältnis zu Gott, das sich primär im heidnischen Götzendienst äußert (Röm 1,22f). Von daher erfasst die Sünde aber das ganze menschliche Leben und in diesem Zusammenhang ist dann, an erster Stelle, von homosexueller Lebensweise die Rede (V. 26f.29-31). Dabei geht es nach den Worten des Paulus ausdrücklich nicht um ein auch bei heterosexuellem Verkehr mögliches, nur missbräuchliches, z.B. liebloses Verhalten (vgl. Härle 338: ... muss man immer fragen, ob das, was durch sie infrage gestellt wird, nicht ebenso auf heterosexuelle wie auf homosexuelle Beziehungen zutreffen kann“ eine Frage, die nicht eigentlich in die Sexualethik, sondern eher die Lebensethik gehört, vgl. Bd. II/1, dort unter 1.1.2 zum Thema Gewalt), sondern eindeutig um ein für Homosexualität spezifisches: den Verkehr nicht zwischen Mann und Frau, sondern Mann mit Mann bzw. Frau mit Frau (vgl. oben S. 119).

c. Ein drittes Hauptargument geht von Annahme aus, dass *die Bibel Homosexualität* nur als freie Entscheidung einzelner Menschen, aber *nicht als natürliche Anlage kenne*. „Von einer biologischen oder kulturellen Prägung der Person … hatte man keine Kenntnis“ (Gerstenberger 126). Diese sei deshalb auch von dem biblischen Urteil über homosexuelles Verhalten nicht betroffen (Haag/Elliger 145).

So selbstverständlich biblisch ist die Annahme einer unbeeinträchtigten Willensfreiheit des Menschen zwar keineswegs. So spricht Paulus eben in diesem Zusammenhang davon, dass Gott die Menschen in ihr Verhalten „dahingegeben“ habe (Röm 1,24.26) – womit für das Verhalten des Einzelnen eine gewisse Vorentscheidung schon getroffen ist (vgl. auch Eph 2,3). Am nächsten kommt dem Gedanken biologischer Bestimmtheit des Verhaltens die stoische Lehre von der Determiniertheit allen Geschehens, auch des menschlichen Handelns (Forschner 110f). Trotzdem mag den biblischen Autoren, auch dem mit stoischer Philosophie vertrauten Paulus, bei ihrem Urteil über die Homosexualität der moderne Gedanke einer Differenzierung zwischen Handeln aus freier Entscheidung und in natürlicher Abhängigkeit wirklich fremd gewesen sein. Nur ist damit nicht gesagt, dass die biblischen Urteile für einen solchen Fall nichts austrügen. Sie haben zwar vor allem das konkrete Verhalten im Blick – aber nun eben doch *jedes* homosexuelle Verhalten, ohne Rücksicht auf mögliche Motivation. Dabei befreit das „Hingegebensein“ der Menschen an die verschiedenen Erscheinungsweisen der Sünde sie nicht davon, dass sie doch für ihr Treiben zur Verantwortung gezogen werden (Röm 2,1).

Literatur:

K. Bockmühl, Die Diskussion über Homosexualität in theologischer Sicht, in: ders., Leben nach dem Willen Gottes, BWA II,3: Schriften zur Materialethik, Gießen 2006,1-33; H. Egelkraut, Homosexualität und Schöpfungsordnung, Kassel 1982; M. Forschner, Die stoische Ethik, Darmstadt [2]1995; E. S. Gerstenberger, Homosexualität im alten Testament – Geschichte und Bewertungen, in: Schwule, Lesben ... Kirche, EKHN-Dokumentation Bd. 2, Frankfurt 1996, 124-158; H. Haag/K. Elliger, Stört die Liebe nicht. Die Diskriminierung der Sexualität – ein Verrat an der Bibel, Olten 1986; W. Härle, Ethik [2]2018; H. Hempelmann, Ohne Spannungen leben! Das eindeutige Ja der Orientierungshilfe der EKD zur ethischen und theologischen Legitimität homosexueller Praxis, in: ThBeitr Jg. 28/1997, 296-304; H. Lindner, Homosexualität im Urteil der Bibel – Bemerkungen zum Proponendum der Rheinischen Kirche, in: ders., Biblisch .... Gesammelte Aufsätze, Gießen 2006, 133-152.

3.5.1.4 Homosexualität in humanwissenschaftlicher Sicht

Zur Rechtfertigung homosexueller Lebensweise wird heute von ihren Befürwortern durchgehend behauptet, sie sei in einer natürlichen Anlage begründet und als solche der Entscheidung des Einzelnen entzogen. Man werde bereits als Homosexueller geboren. Der Homosexuelle habe deshalb auch das natürliche Recht, seine Homosexualität zu leben, weil sie zu seiner persönlichen Identität gehöre. Von daher verbiete es sich auch, von einer Anomalität oder Krankheit zu sprechen. Etwa – möglicherweise erst durch Diskriminierung verursacht – nötige therapeutische Hilfe dürfe deshalb auch nur das Ziel haben, dass der Homosexuelle sich zu einem „normalen Homophilen“ entwickle (Bovet 150). Teilweise geht man noch einen Schritt weiter und rühmt die Homosexualität gar als eine der heterosexuellen überlegene Lebensweise: Hier gehe es wirklich um personale Zuwendung, frei vom biologischen Zweck der Fortpflanzung. So sei es auch bezeichnend, dass die der Homosexualität freundliche Zeit der griechischen Klassik eine Höchstblütezeit menschlicher Kultur gewesen sei. Theologisch wird die angenommene Erbanlage als mit der heterosexuellen gleichwertige sog. „Schöpfungsvariante“ gedeutet (Bovet 150; dazu Bockmühl 3). Neuerdings spricht man in amerikanischen Kirchen sogar von „schwuler Spiritualität“ (Nicolosi, Drei Modelle 44-46; vgl. auch das Buch von V. Hinck: „Streitfall Liebe – Biblische Plädoyers wider die Ausgrenzung homosexueller Menschen“).

Zur Frage nach den Ursachen homosexueller Orientierung ist zu bedenken:

a. Die Annahme, dass es neben der Heterosexualität auch eine in der *biologischen Anlage* begründete Homosexualität gebe, ist bis heute eine wissenschaftlich unbewiesene Hypothese (Bockmühl 13-16.22f; vgl. den Forschungsbericht bei C. R. Vonholdt, Naturwissenschaftliche Erkenntnisse 141ff; vgl. den Hinweis auf neuere Forschungsergebnisse bei Thiede 210, Anm. 6.). Insbesondere die in den 90er Jahren verbreitete Behauptung, man habe ein sog. „Schwulen-Gen" entdeckt, hat sich schnell als Fehlmeldung herausgestellt (Vonholdt 145f). Andere Forscher äußerten sich differenzierter. Sie hielten es für möglich, dass zwar nicht ein bestimmtes „Schwulen-Gen" unausweichlich homosexuelle Orientierung verursache, wohl aber verschiedene Gene zumindest eine Unsicherheit in der Ausbildung der geschlechtlichen Identität hervorrufen könnten, die, im Zusammenspiel mit bestimmten Umwelteinflüssen, die Entwicklung einer homosexuellen Orientierung begünstigten (so die Amerikaner B. Mustanski und M. Du Pree, nach Müller-Jung). Auch die Ergebnisse der Zwillingsforschung sind nicht eindeutig. Untersuchungen, nach denen bei eineiigen Zwillingen bis zu 50 % beide eine homosexuelle Orientierung entwickeln, wird durch andere Studien widersprochen, die zu wesentlich geringeren Zahlen kommen (Vonholdt 148). Solange wir aber statt eindeutige Beweise zu haben, nur auf Vermutungen angewiesen sind, ist es unzulässig, von einer Anlagebedingtheit der homosexuellen Orientierung wie von einer Tatsache auszugehen und entsprechende gesellschaftliche Konsequenzen zu ziehen.

Schließlich spricht auch eine schlichte logische Überlegung gegen die These von der Homosexualität als angeborener Erbanlage: Homosexuelle pflanzen sich normalerweise nicht fort – es sei denn, sie seien mit einer Frau verheiratet (aber wie anlagebedingt und damit zwingend ist dann solche Homosexualität eigentlich?). Wenn aber Homosexualität nur durch Vererbung weitergegeben würde, müsste sie da nicht schon längst ausgestorben sein? Erst künstliche Befruchtung durch heterologe Insemination könnte heute echte homosexuelle Fortpflanzung möglich machen – mit höchstproblematischen Folgen für die seelische Entwicklung des Kindes (G. Amendt 14f).

b. Im Unterschied zur nach wie vor nicht nachgewiesenen und deshalb umstrittenen Theorie einer erblich bedingten Homosexualität ist die alternative Annahme einer *erworbenen* homosexuellen *Orientierung* durch vielfältige psychotherapeutische Erfahrung bestätigt (Bockmühl 24-27).

Danach geht homosexuelle Orientierung auf eine frühkindliche neurotische Entwicklungsstörung zurück, die ihrerseits ihren Grund in nicht geglückten sozialen Beziehungen hat, z.B. bei einer (dominanten) Mutter und einem (schwachem bzw. sich entziehendem oder durch Arroganz demütigenden) Vater. Dabei können sich als Folge traumatischer seelischer Verletzungen Minderwertigkeitsgefühle und Neigung zu Selbstmitleid entwickeln, verbunden einerseits mit Distanz zur eigenen Männlichkeit, andererseits mit der Suche nach idealisierter Männlichkeit in anderen Männern (Nicolosi, Identität 32f; vgl. van den Aardweg). Obgleich diese homoerotische Fixierung so stark sein kann, dass sie nicht einfach durch Willensentschluss abgelegt werden kann, ist sie als erworbene Fixierung doch grundsätzlich veränderbar. Der Versuch solcher Veränderung der sexuellen Orientierung darf allerdings niemandem gegen seinen Willen aufgedrängt werden, sondern muss seinem freien Wunsch entsprechen und selbstverständlich ohne jeden Druck und Zwang durchgeführt werden (vgl. zum am 7.5.2020 im Bundestag verabschiedeten „Gesetz zum Schutz vor Konversionsbehandlungen“ die von der DEA herausgegebene „Handreichung für christliche Gemeinden“). Anthropologische Voraussetzung dafür, dass Homosexualität sich entwickeln kann, ist die Plastizität der menschlichen Sexualität (vgl. oben 3.2.3).

Literatur:

G. van den Aardweg, Die Wissenschaft sagt nein, Lage 2019; G. Amendt, Kultur, Kindeswohl und homosexuelle Fortpflanzung, in: idea-Dokumentation 2/2003, 11-19; K. Bockmühl, Die Diskussion über Homosexualität in theologischer Sicht, in: ders., Leben nach dem Willen Gottes, BWA II,3, Gießen 2006, 1-33; Th. Bovet, Ehekunde, II. Spezieller Teil, Tübingen [2]1962; DEA, „Gesetz zum Schutz vor Konversionsbehandlungen“. Eine Handreichung für christliche Gemeinden, Bad Blankenburg 2020; V. Hinck, Streitfall Liebe – Biblische Plädoyers wider die Ausgrenzung homosexueller Menschen, München 2003; J. Müller-Jung, Das rosarote Gen, in: FAZ vom 8. 2. 2005; J. Nicolosi, Identität und Sexualität. Ursachenforschung und Therapieerfahrung bei homosexuellen Männern, in: Homosexualität und christliche Seelsorge, Reichelsheim/Wuppertal 1995, 31-42; ders., Drei Modelle der Beratung für homosexuelle Menschen, ebda 43-48; W. Thiede, Die Ehe – göttliches Mandat oder gesellschaftliches Konstrukt ?, in: Biblisch erneuerte Theologie, Bd. 2/2018, 209-223; Ch. R. Vonholdt, Naturwissenschaftliche Erkenntnisse zur Homosexualität, ebda, 141-150; dies., Homosexualität verstehen, in: IKZ Communio, 35. Jg./2006, 370-386.

3.5.1.5 Homosexualität in christlicher Sicht

Durch die notvolle Geschichte des Umgangs mit der Homosexualität bzw. mit den von ihr betroffenen Menschen ist die Diskussion des Problems verständlicherweise in hohem Maße emotional belastet. Dies darf aber nicht dazu führen, dass schlechtes Gewissen und Mitgefühl den Blick für die Realität verstellen.

3.5.1.5.1 Zum Verständnis und zur Beurteilung des Phänomens der Homosexualität

Um das Phänomen der Homosexualität zu verstehen und zu beurteilen, ist zunächst das Problem ihrer Ursache zu klären: Ist Homosexualität *angeboren* oder *erworben*? Nach dem heutigen Stand der Erkenntnis ist festzuhalten: Trotz unentwegter gegenteiliger Behauptungen der Befürworter der Homosexualität und entsprechender Lebensweise gibt es nach wie vor keinen humanwissenschaftlich stichhaltigen Beweis dafür, dass die homosexuelle Orientierung angeboren ist. Dagegen gibt es von Seiten der Psychologie und therapeutischer Praxis vielfältige Erfahrungen, die dafür sprechen, dass homosexuelle Neigung auf eine Störung in der Entwicklung bereits des jungen Menschen zurückgeht und also erst im Laufe des Lebens erworben wird. Entsprechend ist auch eine Therapie homosexueller Neigung möglich (vgl. dazu den Hinweis auf die Ergebnisse der Studie von R. Spitzer bei Vonholdt 384).

Trotzdem: Gesetzt einmal den Fall, Homosexualität wäre doch *angeboren* – welche ethischen Folgerungen ergäben sich daraus? Zunächst wäre dann davon auszugehen, dass eine angeborene Disposition zur Homosexualität kaum veränderbar wäre – sowenig wie andere genetisch bedingte Eigenheiten eines Menschen. Dann aber legt sich die Frage nahe: Wenn denn Homosexualität angeboren wäre – wäre sie dann nicht etwas Natürliches, das einfach zur Identität dieses Menschen dazugehört? Wäre es dann aber nicht geradezu sein natürliches Menschenrecht, diese seine Eigenheit auch auszuleben? Könnte man dann nicht tatsächlich – theologisch – sozusagen von einer „Schöpfungsvariante“ sprechen? Daraus würde folgen, dass Lesben, Schwule und Bisexuelle nicht nur das Recht, sondern auch „die Pflicht haben, im Namen des Evangeliums (!) für die Befreiung aus Unterdrückung zu kämpfen“. „Ziel eines echten Befreiungsprozesses ist es …, die lesbische, schwule und bisexuelle Orientierung als Gabe Gottes anzunehmen und dankbar zu leben“ (Rauchfleisch 232 und 230).

Solche Konsequenzen scheinen im ersten Moment unausweichlich zu sein – und doch beruhen sie auf einem Fehlschluss. Denn es ist bekannt, dass nicht alles, was Einzelnen angeboren ist, deshalb auch gut ist. Schließlich gibt es die verschiedensten genetisch bedingten Krankheiten, vom Herzklappenfehler bis zur angeborenen Anfälligkeit für Allergien. Kein Mensch aber denkt daran, diese Erscheinungen „gut“ zu nennen und sich einfach mit ihnen abzufinden. Vielmehr versucht ärztliche Kunst selbstverständlich alles in ihren Möglichkeiten Stehende zu unternehmen, um diese Krankheiten zu korrigieren. Wenn also homosexuelle Neigung wirklich angeboren wäre, würde diese Tatsache sie keineswegs zu etwas Gutem oder auch einer eigenen „sexuellen Identität“ machen, sondern es wäre in ihr eine krankhafte Veränderung der normalen gesunden Psyche zu sehen. Sie würde damit zum Gegenstand ärztlicher Bemühung mit dem Ziel, dass der von ihr Betroffene so weit wie möglich diese Veränderung überwindet. Theologisch wäre also nicht von einer Schöpfungsvariante zu sprechen, sondern von etwas, das, wie Krankheit und Tod, im weitesten Sinn Ausdruck des Gefallenseins der Schöpfung ist (Eichrodt 18). Wohlgemerkt: „im weitesten Sinn“. Mit individueller Schuldzuweisung hätte dies Urteil selbstverständlich nichts zu tun. Das bedeutet aber: An der negativen ethischen Bewertung der Homosexualität und entsprechender Lebensführung würde sich durch die Erkenntnis der Erblichkeit von Homosexualität nichts ändern.

Nun ist es aber doch so, dass nichts wirklich für genetische Bedingtheit der Homosexualität spricht, viel aber dafür, dass sie *erworben* ist. Dies geschieht allerdings in der Regel nicht in freier Entscheidung eines erwachsenen Menschen, sondern, ohne solche Entscheidung, aufgrund äußerer zwischenmenschlicher Einwirkungen bereits in der Kindheit, und zwar als psychische Fixierung, hervorgerufen durch misslingende Beziehungen insbesondere zu den Eltern. Subjektiv wird diese Fixierung also meist als ebenso unausweichlich empfunden, wie es eine angeborene wäre. Der Betroffene kann seine homosexuelle Neigung in der Regel nicht einfach aufgrund eines Willensentschlusses ablegen. Vielmehr ist dies, wenn überhaupt, nur in oft langwieriger psychotherapeutischer Behandlung möglich, in Aufarbeitung der Konflikte, die einst zu jener Fixierung führten.

3.5.1.5.2 Konsequenzen für den betroffenen Menschen und den Umgang mit ihm

Traditionell ging man davon aus, dass Homosexualität etwas ist, was weder sein soll noch sein muss. Daher war sie gesellschaftlich geächtet und homosexuelles Verhalten lange Zeit auch unter Strafe gestellt. Aber diese Konsequenzen waren nicht nur lieblos, sondern vor allem auch kurzschlüssig. Man überging dabei die grundlegend wichtige Differenz zwischen homosexuellem *Empfinden* (als seelisch fixierte „Orientierung“) und homosexueller Lebenspraxis. Ersteres ist, wie gesagt, im Betroffenen schon früh angelegt und er kann darüber nicht beliebig verfügen. Es kann ihm deshalb auch nicht als Schuld angerechnet werden. Für das dem Empfinden entsprechende *Praktizieren* homosexuellen Verkehrs dagegen ist der Betroffene grundsätzlich verantwortlich. Es mag ihm schwerfallen, sich dessen zu enthalten, grundsätzlich aber ist es möglich. Die weithin übliche pauschale Rede von „Homosexuellen“ verdeckt diese Differenz und suggeriert eine sog. „homosexuelle Identität“, dass nämlich Homosexualität einen Menschen wesentlich und unveränderlich charakterisiert: Er *ist* homosexuell – und soll es auch *bleiben* und *entsprechend sein Leben gestalten* (Körtner 245). Stattdessen sollte man präziser von homosexuell Empfindenden und homosexuell Lebenden bzw. sich homosexuell Verhaltenden sprechen.

Praktisch bedeutet dies: Dem homosexuell Empfindenden ist grundsätzlich, wie jedem Mitmenschen, ohne jede Verurteilung mit Respekt und unbefangener Zuneigung zu begegnen. Ihm ist Hilfe zum Umgang mit seiner Orientierung und wenn möglich Hilfe zur Heilung anzubieten und, wenn er es will, zu gewähren.

Aber auch der Homosexualität Praktizierende hat in unserer freien Gesellschaft grundsätzlich Anspruch auf Tolerierung seiner persönlichen Lebensweise in dem Sinn, dass ihm die Freiheit zuzugestehen ist, sie privat zu leben, soweit er nicht anderen gegen ihren Willen schadet. Letzteres wäre der Fall insbesondere bei Pädophilie (homosexueller Umgang mit Minderjährigen). Entsprechend darf, wer Homosexualität in seinem Privatleben übt, gesellschaftlich und beruflich nicht diskriminiert werden.

Umgekehrt ist aber auch vom homosexuell Empfindenden und vor allem vom Befürworter der homosexuellen Lebensweise Toleranz zu erwarten. Er muss bereit sein, auch öffentliche Kritik an solcher Lebensweise zuzulassen. Sofern Antidiskriminierungsgesetze eine solche Kritik rechtlich unterbinden und unter Strafe stellen wollen, sind sie deshalb als Anschlag auf die in einem demokratischen Rechtswesen garantierte Meinungsfreiheit abzulehnen.

Das sachliche Recht zu solcher Kritik liegt darin, dass die Unnatürlichkeit einer solchen Lebensweise offen zutage liegt. Nur ein der Natur und ihrem Leben völlig entfremdetes Denken kann dies bestreiten. Eine solche Entfremdung ist allerdings in unserer technisierten, dem Machbarkeitswahn verfallenen Welt heute weit verbreitet und von daher vielleicht die Anfälligkeit unserer modernen Gesellschaft für die Parolen der sog. Schwulenbewegung verständlich.

Speziell für Christen, die von homosexuellem Empfinden betroffen sind, gilt selbstverständlich, dass sie sich der biblischen Erkenntnis öffnen und sich ihren ethischen Konsequenzen verpflichtet wissen. Ein Christ kann deshalb nicht Homosexualität Praktizierender sein bzw. bleiben. Für ihn ist homosexuelle Lebensweise mit seinem an die biblische Wahrheit gebundenen Glauben nicht vereinbar. Hält er bewusst an ihr fest, schließt er sich damit selbst aus der christlichen Gemeinschaft aus (1Kor 6,9).

Für einen homosexuell empfindenden Christen ist es deshalb selbstverständlich, dass er darum bemüht ist, von diesem unnatürlichen Empfinden frei zu werden und entsprechende Hilfe in Therapie und Seelsorge in Anspruch zu nehmen (Bockmühl 29-31).

Literatur:

K. Bockmühl, Die Diskussion über Homosexualität in theologischer Sicht, in: ders., Leben nach dem Willen Gottes, BWA II,3, 1-33; W. Eichrodt, Homosexualität – Andersartigkeit oder Perversion?, in: K. Bockmühl (Hg.), Homosexualität in evangelischer Sicht, Wuppertal 1965, 7-25; U. Körtner, Evangelische Sozialethik, Göttingen 1999; Homosexualität und christliche Seelsorge. Dokumentation eines ökumenischen Symposiums, Reichelsheim/Wuppertal 1995; Th. Pola, „Und bei einem Manne sollst du nicht liegen, wie man bei einer Frau liegt: Ein Greuel ist es. Der literarische und sozialgeschichtliche Zusammenhang von Lev 18,22 und 20,13, in: ThBeitr. Jg. 46/2015, 218-203; U. Rauchfleisch, Schwule. Lesben. Bisexuelle, Göttingen 1994; Ch. R. Vonholdt, Homosexualität verstehen, in IKZ Communio Jg. 35/2006, 371-386; R. Werner, Homosexualität und die Vollmacht der christlichen Gemeinde, in: ThBeitr Jg. 25/1994, 223-240.

3.5.1.5.3 Homosexuelle Partnerschaft und Ehe

An sich besteht in unserer Gesellschaft seit der sog. sexuellen Revolution in der Mitte des vergangenen Jahrhunderts der Trend zu einer zunehmenden Unverbindlichkeit des Sexuallebens, also einer Relativierung bis Auflösung der Institution Ehe.

Umso überraschender ist die Tatsache, dass die an sich von dieser Welle mitgetragene sog. Schwulenbewegung in der letzten Zeit ihren Kampf in besonderer Weise ausgerechnet auf die Anerkennung der gleichgeschlechtlichen Partnerschaft als der heterosexuellen Ehe möglichst gleichberechtigte Institution konzentriert hat. Sekundiert wurde dieser Kampf innerkirchlich mit der Forderung von Segnung oder gar Trauung homosexueller Partnerschaften (z.B. Körtner 247; vgl. jetzt auch M. Grabe). Dieser Kampf war inzwischen erfolgreich. Am 20.7.2017 wurde fast handstreichartig (unmittelbar vor der Sommerpause) im Bundestag eine Änderung von Art. 1353, Absatz 1 BGB beschlossen: „Die Ehe wird von zwei Personen verschiedenen oder gleichen Geschlechts auf Lebenszeit geschlossen." Innerhalb der EKD wurde nun durch Synodalbeschluss in fast allen Landeskirchen nicht nur, wie weithin vorher schon, Segnung, sondern nun auch kirchliche Trauung gleichgeschlechtlicher Partnr eingeführt.

Dazu ist ethisch festzustellen: *Kirchliche Segnung* dessen, was für an dem biblischen Zeugnis orientierte christliche Ethik Sünde ist, ist selbstverständlich nicht möglich. Synoden, die anders entscheiden, lösen sich damit von dem Grund, auf dem sie zu stehen vorgeben, dem biblischen Wort.

Aber auch die Bestrebungen einer *gesellschaftlichen Gleichstellung* homosexueller Partnerschaften sind rechtsphilosophisch unzulässig. Hier wird gleichgestellt, was nun einmal nicht gleich ist. Denn Ehe und Familie sind vom Grundgesetz aus gutem Grund privilegiert (GG 6,1: „Ehe und Familie stehen unter dem besonderen Schutz der staatlichen Ordnung"), weil die Gesellschaft ein elementares Eigeninteresse an ihrem Schutz hat. Es besteht ein vitales „Bedürfnis der Gesellschaft nach einer rechtlichen Rahmenordnung für die Erzeugung und Erziehung von Kindern", deshalb ist die Ehe „mehr als private Zweisamkeit; als Daseinsgrundlage der Gesellschaft hat sie auch eine eminente öffentliche Funktion" (Braun 60, These 2). Ganz anders bei der gleichgeschlechtlichen Partnerschaft. Hier geht es nur „um die Organisation des gemeinsamen Zusammenlebens erwachsener Personen, also um Verhältnisse, die den Staat grundsätzlich nichts angehen" (Braun 60, These 3). Wenn durch das Lebenspartnerschaftsgesetz eine weitgehende Gleichstellung trotzdem durchgesetzt wurde, so wurde damit nur der Gedanke einer Gleichstellung fordernden Gerechtigkeit instrumentalisiert, um generell die gesellschaftliche Anerkennung der Homosexualität als der Heterosexualität gleichberechtigte Lebensweise durchzusetzen – ein in sich unwahrhaftiges, widersprüchliches Verfahren. Denn selbst Befürworter der sog. Schwulenbewegung geben zu, dass Homosexualität an sich gerade nicht die feste Bindung sucht, sondern zur Promiskuität neigt, also zum ständigen Wechsel des Partners (Ringeling 165; Rauchfleisch 36f; vgl. dazu auch Vonholdt, Homosexualität, 63). Dies ist ein Phänomen, das noch einmal die Fragwürdigkeit der Homosexualität zeigt, weil es in einer so gelebten Sexualität offensichtlich in der Regel nicht mehr um eine ganzheitliche personale Beziehung geht, sondern vor allem um das auf „Sex" reduzierte Erlebnis. Es geht in der Gleichstellung der gleichgeschlechtlichen Partnerschaft mit der heterosexuellen Ehe also nicht um eine Forderung der Gerechtigkeit, sondern eine eher ideologisch motivierte kulturrevolutionäre Veränderung der Gesellschaft im Sinne eines radikalen Individualismus (Thieke 54) und einen „Angriff auf die bürgerliche Ehe" (Braun, Andersartig 10).

Nicht nur der einzelne Betroffene also braucht individuelle therapeutisch-seelsorgerliche Hilfe. Auch die Gesellschaft als ganze braucht den öffentlichen Widerspruch gegen die Ideologie der sog. Schwulenbewegung. Denn diese greift nicht nur ihre lebensnotwendigen Institutionen an, sondern sucht ganz generell das Bewusstsein der Menschen in ihrem Sinn zu verändern. Dadurch wird schließlich auch alle Freundschaft von Männern und ebenso Frauen untereinander in die Nähe homosexueller Beziehungen gerückt und auf diese Weise das unbefangene Miteinander innerhalb der Geschlechter sexualisiert.

Literatur:

J. Braun, Zehn juristische Thesen zum Lebenspartnerschaftsgesetz, in: idea-Dokumentation 2/2003, 60-62; ders., Andersartig, aber nicht gleichwertig. Zum Vorrang der Ehe gegenüber der gleichgeschlechtlichen Partnerschaft, in: Kirche und Gesellschaft Nr. 290, Köln 2002; Homosexualität und christliche Seelsorge, Dokumentation eines ökumenischen Symposiums, Reichelsheim/Wuppertal 1995; M. Grabe, Homosexualität und christlicher Glaube, Marburg 2020; U. Körtner, Evangelische Sozialethik, Göttingen 1999 (hier: 244-249); U. Rauchfleisch, Schwule. Lesben. Bisexuelle, Göttingen1994; H. Ringeling, Homosexualität als Frage kirchlichen Handelns, in: ZEE Jg. 38/1994, 163-167; R. A. Thieke, Der gewollte Kulturbruch – Ideologie und Strategie der Schwulenbewegung, in: idea-Dokumentation 2/2003, 53-59; Ch. R. Vonholdt, Homosexualität, eine Form von erotischem Hass, oder: Wenn Sex zur Sucht wird, in: Homosexualität und christliche Seelsorge, 62-69; dies., Naturwissenschaftliche Erkenntnisse zur Homosexualität, in: Homosexualität und christliche Seelsorge, Reichelsheim/Wuppertal 1995, 141-150.

3.5.2 Masturbation

3.5.2.1 Zur Begrifflichkeit

Unter *„Masturbation"* versteht man das manipulative Erzeugen sexueller Erregung an sich selbst bis hin zum Orgasmus. Allerdings schließt der Begriff auch die gegenseitige geschlechtliche Reizung ein. In diesem Sinn spielt Masturbation eine große Rolle im gleichgeschlechtlichen Verkehr. Die Herkunft des Begriffs Masturbation ist nicht klar. Verschiedene Ableitungen aus dem Lateinischen werden erwogen: von *manu stuprare* (= mit der Hand schänden), von *manu turbare* (= mit der Hand verwirren) und von *mas turbatio* (Verwirrung in der männlichen Geschlechtlichkeit) (Haag/Elliger 233, Anm. 109). Rein sprachlich ist wohl die letztgenannte Ableitung am ehesten denkbar.

Neben Masturbation sind auch die Begriffe Selbstbefriedigung und Onanie gebräuchlich. Der Begriff *Selbstbefriedigung* trifft einerseits den Sachverhalt gut, andererseits würde der Wortteil „Selbst" gegenseitige Masturbation nicht einschließen. Vor allem könnte sich die Selbstbefriedigung bestenfalls auf die momentane Befriedigung des Sexualtriebs beziehen, nicht wirklich ganzheitliche „Befriedigung". Sofern Letzteres doch leicht assoziiert wird, wäre der Begriff irreführend.

Der früher bevorzugte Begriff *Onanie* leitet sich aus dem Missverständnis einer biblischen Erzählung ab: Onan, der Sohn Judas, verweigert die Leviratsehe mit der Frau seines verstorbenen Bruders durch *coitus interruptus* (Gen 38,9). Von Masturbation ist keine Rede.

3.5.2.2 Zur Geschichte des Verständnisses der Masturbation

Auch sonst findet Masturbation in der Bibel nirgends ausdrücklich Erwähnung. Auf dem Hintergrund rabbinischer Warnungen vor Masturbation (Haag/Elliger 233, Anm. 110f) wäre immerhin denkbar, dass bei dem Hinweis auf die Gefahr der „Unenthaltsamkeit" *(akrasia)* bei übertriebener ehelicher Askese (1Kor 7,5) zumindest auch an Masturbation gedacht ist.

Die katholische Morallehre hat seit dem Mittelalter Masturbation streng verurteilt als widernatürlichen Gebrauch der Geschlechtsorgane (Haag/Elliger 114; vgl. Mausbach/Ermecke 383f). Im Protestantismus wurde dies Urteil lange Zeit übernommen. Vor allem in der Jugendarbeit wurde der Masturbation gern besondere Aufmerksamkeit gewidmet in der wohlmeinenden Absicht, nicht nur den Jugendlichen vor ihr zu warnen, sondern zugleich zur Weckung von Sündenbewusstsein als willkommenem existentiellen Anknüpfungspunkt für die Verkündigung des Evangeliums.

Heute sieht man in der Masturbation weithin eine normale Ausdrucksweise der Sexualität beider Geschlechter, und zwar in allen Altersstufen. Es gehe dabei darum, „den eigenen Körper mit allen seinen Funktionen lustvoll zu erleben und in einem umfassenden Sinn sich der eigenen Person liebevoll zuzuwenden" (Rauchfleisch 55). Besonders beim vorpubertierenden Jugendlichen gilt Masturbation geradezu als notwendiges Übergangsstadium in der Entwicklung seiner Sexualität, als „Bedingung für die völlige Reifung der Sexualfunktion" (Haag/Elliger 117f).

3.5.2.3 Masturbation in christlicher Sicht

Auch wenn in der Bibel keine direkte Aussage zum Thema zu finden ist, so ist der Berufung der katholischen Lehre auf die paulinische Verwerfung widernatürlichen Gebrauchs der Geschlechtlichkeit (Röm 1,26f) in der Anwendung auch auf die Masturbation grundsätzlich Recht zu geben: Es ist offensichtlich, dass die Geschlechtsorgane (insbesondere Penis bzw. Vagina) zur heterosexuellen Geschlechtgemeinschaft geschaffen sind, nicht zum davon isolierten Gebrauch. Insofern ist dieser eben doch unnatürlich. Damit dürfte auch das mit der Masturbation sich regelmäßig einstellende Schuldgefühl zusammenhängen, und zwar unbeeinflusst durch fremde Moralvorstellungen auch in einem sozialen Kontext, in dem Masturbation geradezu als normal und gut empfohlen wird (Trobisch, Gefühl 24.33).

Hinzu kommt, dass der Masturbierende seine Sexualität auf das eigene Lustgefühl konzentriert, was zumindest bei häufiger, regelmäßiger Masturbation zu einer egoistischen Fixierung der Sexualität führen kann. „Sie stärkt … im Menschen die Neigung, sein Leben für sich selbst zu leben" (Piper 274). In katholischer Moraltheologie kann von Masturbation deshalb auch als von *Ipsation* gesprochen werden (von lat. *ipse* = selbst; vgl. Haag/Elliger 119). Die beliebige Verfügbarkeit des eigenen Leibes führt nur zu leicht zu Maßlosigkeit und Überbetonung einer auf das Leibliche reduzierten Sexualität (Piper 273; vgl. Thielicke III, 2830). Schließlich kann regelmäßiges Masturbieren als sexuelles Handeln an sich selbst und damit am gleichen Geschlecht u. U. auch den Übergang zur Homosexualität vorbereiten (vgl. Trobisch, Mit unerfüllten Wünschen 94f.98).

Sicher war früheres Angstmachen vor allen möglichen schlimmen Folgen der Masturbation, bis hin zu angeblich drohender Verblödung, nicht nur medizinisch gesehen Unsinn, sondern davon abgesehen auch ethisch fragwürdig. Die heutige Verharmlosung oder gar Empfehlung der Masturbation ist allerdings nicht weniger problematisch. Es ist vielmehr daran festzuhalten, dass Masturbation nicht gut ist, weder in sich noch für den betroffenen Menschen selbst und die Entwicklung seiner Sexualität (March 48: „Ausdruck einer seelischen Entwicklungsstörung"). Der Christ wird deshalb auf Masturbation verzichten bzw., wenn er einmal mit ihr begonnen hat (etwa wegen einer medizinisch-diagnostisch erforderlichen Gewinnung von Spermaflüssigkeit), sich von ihr wieder zu lösen versuchen.

Literatur:

H. Haag/K. Elliger, Stört die Liebe nicht, Olten/Freiburg 1986; J. Mausbach/G. Ermecke, Katholische Moraltheologie, 3. Bd.: Die spezielle Moral, Münster 1961; A. March, Bausteine zu einer evangelischen Sexualerziehung und Seelsorge, Gütersloh 1933 (bes. 38-41 „Beitrag zur Frage der Onaniefolgen" und 42-61 „Weitere psychologisch-seelsorgerliche Gesichtspunkte zur Onaniefrage"); O. A. Piper, Die Geschlechter. Ihr Sinn und ihr Geheimnis in biblischer Sicht, Hamburg 1954; U. Rauchfleisch, Schwule. Leben. Bisexuelle, Göttingen 1994; H. Thielicke, Theologische Ethik Bd. 3, Tübingen [2]1968; W. und I. Trobisch, Mein schönes Gefühl. Briefwechsel mit Ilona D., Baden-Baden o. J.; ders., Mit unerfüllten Wünschen leben. Briefwechsel, Kehl 1978.

IV. Naturethik

0. Vorbemerkung

Zur Begründung der Dreigliederung der vorliegenden allgemeinen Ethik in Religionsethik, Humanethik und Naturethik ist bereits in der Einleitung zur Humanethik das Nötigste gesagt (Bd. II,1, S. 92). Ergänzend sei darauf hingewiesen, dass dieser Dreigliederung die bereits in der Grundlegung der Ethik getroffene Unterscheidung von den drei Dimensionen der Humanität entspricht, nämlich den Dimensionen Mensch – Gott, Mensch – Mitmensch und Mensch – Kreatur (Bd. I, S. 95-99).

Der Begriff „Natur“ (von lat. *nasci* = wachsen, entsprechend dem gleichbedeutenden gr. *physis* von *phyein*) bezog sich in seinem Ursprung „alltagssprachlich zunächst nur auf die Pflanzenwelt“ und auf ihr Werden und Wachsen, meinte später dann aber die Gesamtheit des (sichtbar) Wirklichen (Hafner 1399). Von der sprachlichen Wurzel her und entsprechend dem im griechischen Denken vorherrschenden Weltverständnis ist dem Wort der Gedanke der Schöpfung zunächst fremd. Trotzdem wird der Begriff Natur von der Bibel (vgl. Paulus in Röm 1-2 und 1Kor 11,14) aufgenommen, um nun das von Gott Geschaffene in seiner Gesamtheit zu bezeichnen.

Dabei ist der Mensch einerseits Bestandteil der Natur, steht andererseits aber in seiner Besonderheit als Gottes Ebendbild zugleich auch der nichtmenschlichen Natur gegenüber als für sie und seinen Umgang mit ihr vor Gott verantwortlich („Die Welt ist das zum Menschen unlöslich gehörende Gegenüber“, er erfährt sie „als Gegenstand seines Handelns … als Aufgabe neuer Gestaltung“, Trillhaas 159). Die Wahrnehmung dieser Verantwortung ist Thema der Naturethik.

Literatur:

H. Hafner, Art. Natur, in: ELThG Bd. 2, 1399-1401; W. Trillhaas, Ethik, Göttingen 1959 (bes. 160-172).

1. Wirtschaftsethik

1.1 Was ist Wirtschaft?

Auch in der Naturethik geht es um menschliches Leben und um die Verantwortung für seinen Erhalt und seine Entfaltung – aber nun doch nicht in der gleichen Unmittelbarkeit wie in der Humanethik. Unmittelbarer Gegenstand speziell der Wirtschaftsethik ist vielmehr die Natur, und zwar als physische Grundlage menschlichen Lebens. Die materiellen „menschlichen Bedürfnisse sind die Ausgangstatsache wirtschaftlichen Handelns“ (Lachmann 9). Elementar geht es dabei um die Bedürfnisse der Nahrung, der Kleidung und der Unterkunft. „Wirtschaften“ heißt danach, die nötigen materiellen Voraussetzungen für den Bestand menschlichen Lebens zu beschaffen. In dem Maße nun, in dem die materiellen Voraussetzungen (auch Ressourcen genannt) nur begrenzt vorhanden sind, ist rationaler oder eben wirtschaftender, „ökonomischer“ Umgang mit ihnen nötig. Das Wort „Wirtschaft“ geht im Deutschen auf seine sprachliche Wurzel *„wirt“* zurück, die ursprünglich so viel bedeutet wie „sieden, kochen“, also eine Mahlzeit bereiten (Kluge 865). Das bei uns übliche Fremdwort für Wirtschaft, Ökonomie (von gr. *oikonomia*), bedeutet ursprünglich die Verwaltung eines Haushalts (Menge 482). Dabei enthält die zweite Wurzel des Wortes *(-nomia)* das Moment des Rationalen.

Wäre ein Mensch allein auf der Welt und diese würde ihm von sich aus alles zur Verfügung stellen, dessen er zum Leben bedarf, könnte er sozusagen einfach „von der Hand in den Mund“ leben. Aber er ist nun einmal nicht allein und die Welt ist nun einmal kein Schlaraffenland. Er muss sich deshalb darum bemühen, das Lebensnotwendige auch wirklich zur Verfügung zu haben: Er muss durch Bebauen der Erde Pflanzen zur Nahrung kultivieren; das Tier, das er zur Nahrung nutzen will, muss er jagen bzw. domestizieren; er muss Materialien, die er in der Natur findet, bearbeiten, um Kleidung und Wohnung herzustellen – neben Aneignung und Verbrauch tritt also die *Arbeit*. Da der Mensch nicht allein auf der Welt ist und die von ihm benötigten Ressourcen nur begrenzt vorhanden sind, muss geklärt werden, wer die natürlichen Ressourcen in welchem Umfang nutzen darf, d.h. es muss zu Abgrenzungen zwischen Mein und Dein kommen, mithin zu *Eigentum*. Die Entdeckung der Möglichkeit der Arbeitsteilung erhöht nicht nur die Möglichkeit einer Nutzung der Ressourcen, sondern intensiviert zugleich auch den Austausch an Gütern untereinander: Der Einzelne arbeitet nicht nur für sich, sondern auch für andere. Umgekehrt wird aber auch er selbst in gewisser Weise von der Arbeit anderer abhängig. Damit aber entstehen weitere Fragen, wie dies ökonomische Miteinander zu regeln ist. D.h. es ist zu klären, „wer, was, wann, wo, wie, womit produziert" (Lachmann 12). Regeln Produktion und Austausch sich von selbst durch Angebot und Nachfrage – oder müsste der ganze Prozess nicht vernünftigerweise zentral geregelt werden, um den Bedarf zu sichern und unnötige Produktion zu verhindern? Damit ist die Frage nach der *Wirtschaftsordnung* gestellt.

Diesen beiden Fragen ist im Folgenden näher nachzugehen: Einerseits der Frage nach dem Verständnis der beiden Grundfaktoren des Wirtschaftens, Eigentum und Arbeit, und ihrer Bedeutung für den Menschen, andererseits der Frage nach der rechten Wirtschaftsordnung.

Literatur:

F. Kluge, Etymologisches Wörterbuch der deutschen Sprache, Berlin [17]1957; W. Lachmann, Volkswirtschaftslehre 1, Grundlagen, Berlin [5]2006; H. Menge, Enzyklopädisches Wörterbuch der griechischen und deutschen Sprache, Berlin, [12]1954. H. Sautter, Verantwortlich wirtschaften, Marburg 2017.

1.2 Grundfaktoren der Wirtschaft

1.2.1 Das Eigentum

1.2.1.1 Zum biblischen Verständnis des Eigentums

a. Eigentum im Alten Testament

1. Schutz des Eigentumsrechts

Die Bibel bietet uns keine explizite Theorie des Eigentums, auch nicht in der Gestalt eines einheitlichen Eigentumsbegriffs (Ebach 404f). Sie zeigt uns vielmehr ihr Eigentumsverständnis im lebendigen Vollzug, indem sie in verschiedenen Zusammenhängen und mit unterschiedlicher Begrifflichkeit bestimmten Personen als Verfügungsberechtigten bestimmte Sachen bleibend zuordnet. Dabei steht der Eigentumsgedanke nicht nur am Rande des biblischen Zeugnisses, vielmehr kommt nach dem Dekalog in ihm der heilige Wille Gottes zum Ausdruck. Das Gebot: „Du sollst nicht stehlen" (Ex 20,15 = Dt 5,19; vgl. Lev 19,11a; vgl. auch das Gebot: „Du sollst nicht begehren deines Nächsten Haus … und alles, was sein ist", Ex 20,17 = Dt 5,21b), bedeutet, dass nach Gottes Willen einem Menschen das ihm rechtmäßig bleibend zugeordnete Eigentum nicht willkürlich genommen werden darf. Wenn dabei für „stehlen" das hebr. *ganab* gebraucht wird, das sich ursprünglich möglicherweise auf Menschenraub bezieht (Schmidt 123), so wird darin ein enger Zusammenhang zwischen der Person und ihrem Eigentum vorausgesetzt: Diebstahl ist Antasten der persönlichen Freiheit des Eigentümers.

Das Verbot des Stehlens im Dekalog wird dann in der kasuistischen Gesetzgebung weiter entfaltet: Der Dieb soll das Gestohlene zweifach erstatten (Ex 22,1-14). In die Nähe des Diebstahls wird auch das Zurückhalten des Lohnes gerückt (Lev 19,13b; Dt 24,14f; Jer 22,13; vgl. Sir 34,22 und Jak 5,4; van Oyen 82). Die biblische Spruchweisheit versucht, das Gebot von der Erfahrung her argumentativ nahezubringen (Spr 20,17: „Das gestohlene Brot schmeckt dem Manne gut; aber am Ende hat er den Mund voll Kieselsteine"; 29,24: „Wer mit dem Dieb gemeinsame Sache macht, hasst sein Leben"). Vor ungerecht erworbenem Gewinn wird gewarnt: „Unrechtes Gut (*ozar* = Vorrat) hilft nicht" (10,2a). Zu rechtem Gewinn kommt es durch fleißige Arbeit (10,4: „Lässige Hand macht arm, aber der Fleißigen Hand macht reich").

Besonders kennzeichnend für den Gedanken des Eigentums ist dessen Vererbbarkeit: Das Eigentumsrecht gilt hier sozusagen über den Tod des Eigentümers hinaus. Der Erbe kommt zu rechtmäßigem Eigentums aufgrund des persönlich-familiären Zusammenhangs mit dem bisherigen Eigentümer. Gott spricht das Land Abraham zu: „… dir und deinen Nachkommen für alle Zeit" (Gen 13,15). Naboth ist nicht bereit, seiner „Väter Erbe" *(nachalat abothai)* an König Ahab zu geben (1Kön 21,3). Dabei ist auffallend, wie es hier zu einem Konflikt zwischen dem zu einem absolutistischen Regime neigenden König und dem Eigentumsrecht des einzelnen Volksgenossen kommt. Bedrohung der Freiheit und des Eigentums berühren sich (auch wenn Ahab den Schein des Rechts wahrt). Das kommt bereits in Samuels Warnung vor der Einführung des Königtums zum Ausdruck: Den König wird seine herausgehobene Stellung zum Zugriff auf das Eigentum der Volksgenossen verleiten (1Sam 8,14ff).

2. Grenzen des Eigentumsrechts

So sehr in Israel das persönliche Eigentum des Einzelnen geschützt wird, so ist das Eigentumsrecht doch kein absolutes. Vielmehr ist es zu Gott hin relativ und dem Nächsten verpflichtet:

Ersteres gilt vor allem vom Grundbesitz. Gott ist und bleibt der eigentliche Eigentümer des Landes. Er hat es Israel gegeben (Gen 13,15.17; Jos 21,43), aber nur als Lehen: „… denn das Land ist mein und ihr seid Fremdlinge und Beisassen bei mir", Lev 25,23). Dies Eigentumsverhältnis kommt besonders in den Institutionen des Jobel- und Sabbatjahres zum Ausdruck: Alle 50 Jahre (Jobeljahr) soll das inzwischen von einem Eigentümer u.U. veräußerte *Land* wieder, und zwar ohne Ersatz, an die Sippe zurückgegeben werden, der es ursprünglich zugeteilt worden war (Lev 25,8-24). Jedermann soll wieder „zu seinem Eigenen (*achusah*, von *achas* = ergreifen) kommen" (V. 13). Wenn man in Israel also Land verkauft, wird deshalb der Preis umso niedriger, je näher das Jobeljahr heranrückt. Im Grunde wird also nicht das Land selbst verkauft (zum Eigentum im strengen Sinn, „für immer", V. 23a), sondern nur sein vorübergehender Besitz im Sinne des Nutzungsrechts, wobei vorzeitiger Rückkauf möglich ist (V. 26ff).

Solche Einschränkung der Verfügbarkeit des Eigentums bezieht aber auch *bewegliche Habe* ein: Alle sieben Jahre (Sabbatjahr) findet ein Schuldenerlass statt (Dt 15,1ff) und eine bedingungslose Freigabe hebräischer Sklaven (Dt 15,12ff). Solche Regelungen „sind dem ernsten Willen entsprungen, zu betonen, dass Jahwe der Herr über das Land ist und soziale Gerechtigkeit das Grundprinzip israelitischen Lebens sein soll" (van Oyen 8; vgl. Michel 9-11).

Der Sinn solcher Regelungen ist ein dreifacher: Er ist grundlegend 1. ein *theologischer*: „Denn mein ist das Silber, mein ist das Gold" (Hag 2,8). Im Verbot des Stehlens achtet das Alte Testament „die Heiligkeit des Gebers und die Heiligkeit seiner Gaben, die heilig sind, weil sie *ihm* gehören" (Michel 10).

Dieser theologische Vorbehalt schließt 2. aber auch die den zwischenmenschlichen Bereich betreffenden *sozialen* Auswirkungen ein: Landrückgabe und Schuldenerlass sollen die Bildung von Eigentum in den Händen weniger und die Verarmung der vielen anderen verhindern: „Es soll kein Armer unter euch sein" (Dt 15,4). Der Arme ist nicht nur auf willkürliche Barmherzigkeit der Besitzenden angewiesen (Dt 15,11: Almosen), sondern

Armut soll institutionell verhindert bzw. bekämpft werden. Eigentumsansprüche dürfen nicht rücksichtslos gegen das Lebensrecht des anderen durchgesetzt werden (Dt 24,6: „Du sollst nicht zum Pfand nehmen den unteren und oberen Mühlstein; denn damit hättest du das Leben zum Pfand genommen"; vgl. V. 10-13). Eigentum ist sozialpflichtig.

Aber noch ein 3. Bereich der Verantwortung des Eigentümers ist in der Bibel zumindest angedeutet, der gegenüber der nichtmenschlichen *Umwelt*: Danach gilt die Regel, dass in jedem Sabbathjahr auch der Boden ruhen und sich erholen soll (Lev 25,2-7; vgl. 26,34f). Der Eigentümer hat also auch gegenüber der Habe selbst eine Verpflichtung und kann keineswegs beliebig mit ihr umgehen (vgl. auch Gen 2,15: „... dass er ihn ... bewahre").

Mit Recht sagt deshalb H. Cremer: „Israel war das einzige Volk des Altertums, bei dem die Eigentumsbildung und Eigentumsverfügung ganz bedeutenden Schranken unterlag" (Cremer 30). Wieweit diese Regeln in Israel auch eingehalten wurden, steht auf einem anderen Blatt. Dass es oft nicht geschah, ist Gegenstand der prophetischen Bußpredigt (Am 2,6ff; 4,1; Jes 5,8ff; Jer 34,8ff). Dabei gründet dies Verständnis des Eigentums nicht nur in dem durch Erwählung begründeten besonderen Verhältnis Gottes zu Israel (als Volk von Brüdern, Dt 17,20; vgl. Michel 17-21: „das bruderschaftliche Volk"), sondern – und darin hat es Bedeutung auch über Israel hinaus – im biblischen Verständnis des Menschen überhaupt als Gottes Ebenbild in seiner Doppelpoligkeit von Individualität und Sozialität. Das Privateigentum ist danach Ausdruck der *Individualität* des Menschen: Es ermöglicht ihm, sein je unverwechselbar eigenes Leben zu leben. Die Abwehr des Zugriffs von außen auf sein Eigentum ist ein Akt der Verteidigung seiner Freiheit und Menschenwürde.

Die Vererbbarkeit des Eigentums ist zunächst ebenfalls Ausdruck der Individualität: Meine Zugehörigkeit zu einer bestimmten Familientradition identifiziert mich im Unterschied zu anderen. Gleichzeitig zeigt sich in ihr aber auch die Öffnung der Person zur *Sozialität* hin: Meine Individualität ist eingebettet in den Zusammenhang der natürlichen Gemeinschaft der Familie.

Unmittelbar aber schlägt sich die Sozialpflichtigkeit des Eigentums vor allem nieder in der Mitverantwortung für das Wohlergehen des Mitmenschen und (auf dem Weg über Abgaben) allgemein für Kultus und Staat.

b. Eigentum im Neuen Testament
Der Schutz der Institution des Privateigentums wird im Neuen Testament ganz selbstverständlich fortgeführt in der Aufnahme des Dekalogs in die ethische Unterweisung der Gemeinde (Mt 19,18; Röm 13,9; vgl. Eph 4,28). Bezeichnend für die Haltung Jesu ist etwa, dass unter seinen Anhängern offenbar auch wohlhabende Frauen waren, die ihn mit ihrer Habe unterstützten (Lk 8,2: *ek toon hyparchontoon autoon;* vgl. Bornhäuser 35; Hengel 35). Der Zöllner Zachäus gab zwar nach seiner Begegnung mit Jesus seinen unrechtmäßig erworbenen Gewinn zurück und die Hälfte des restlichen Vermögens dazu *(hä hämisä mou toon hyparchontoon)* den Armen (Lk 19,8) – aber eben nur die Hälfte, und im übrigen blieb er in seinem, auch wenn nun ehrlich ausgeübt, doch auch so lukrativen Beruf (Bornhäuser 43; Hengel 35).

Nachdrücklicher aber noch als schon im Alten Testament wird im Neuen Testament im Blick auf den Erwerb von Eigentum und dem Umgang mit ihm vor Habsucht *(pleonexia)* gewarnt, also vor dem unbegrenzten Streben nach immer mehr Besitz (Mk 7,22; Lk 12,15; Röm 1,29; 1Kor 6,10f; Eph 4,19; 5,3; 1Thess 2,5; 2Petr 2,14; vgl. Rosner 77f).

Zur Begründung solcher Warnung wird darauf verwiesen, dass

1. irdischer Besitz vergänglich ist (Lk 8,14; 12,16ff; Mt 6,19; Jak 5,2; vgl. Spr. 23,4f),
2. hartherzig gegen den Nächsten macht (Lk 16,19ff; Jak 2,15f; vgl. Spr 18,23; 28,27),
3. zu unrechtem Gewinn verleitet (1Tim 6,10: Habsucht *(= philargyria)* „ist die Wurzel allen Übels“; vgl. Spr 16,8),
4. Habsucht in seinem unbeherrschten Verlangen nach immer Mehr Götzendienst ist (Mt 6,24; Kol 3,5; Eph 5,5; Hi 31,24f; vgl. Band II,1, 58f).

Das positive Gegenstück zur Habsucht ist die vom Neuen Testament bezeugte innere Freiheit des Christen vom Besitz (1Kor 7,29-31: „… als die diese Welt gebrauchen, als gebrauchten sie sie nicht“ und Phil 4,12f: „Ich kann beides: satt sein und hungern; beides: übrig haben und Mangel leiden; ich vermag alles durch den, der mich mächtig macht, Christus …“). Solche „innere Distanz“ (Schrage 220) ermöglicht einerseits persönliche Genügsamkeit mit dem zum Leben Nötigen (Mt 6,32; 1Tim 6,6; Hebr 13,5), andererseits eben dadurch auch praktische Hilfsbereitschaft für den Nächsten und Opferbereitschaft im Einsatz für das Reich Gottes (Eph 4,28: „... arbeite und schaffe mit seinen Händen Gutes, damit er habe zu geben dem Bedürftigen"; 1Tim 6,17f: „Den Reichen gebiete, dass sie reich werden an guten Werken, gern geben, behilflich seien"; vgl. 2Kor 8,2ff die paulinische Sammlung für die Gemeinde in Jerusalem und Phil 4,10.14 die Unterstützung der Missionsarbeit des Apostels durch die Gemeinde in Philippi).

Am weitesten in der Lösung vom Eigentum geht Jesus, wenn er den Ruf in seine Nachfolge mit der Aufforderung zur völligen Aufgabe des Besitzes verbindet (Mt 19,21: „Willst du vollkommen sein, so gehe hin, verkaufe, was du hast, und gib es den Armen ... und komm und folge mir nach"; vgl. Mt 10,9f; Mk 1,18; Lk 5,11; 12,33; 14,33). Diese zusammen mit Jesus gelebte persönliche Besitzlosigkeit der Jünger nahm dann in der Urgemeinde in Jerusalem die Form des gemeinsamen Besitzes an: Sie hatten „alles gemeinsam" (Apg 2,44f; vgl. 4,32: „Auch nicht einer sagte von seiner Habe, dass sie sein eigen sei"). Dabei wird man allerdings festhalten müssen: Weder bei Jesus noch in der Urgemeinde handelte es sich hier um ein für alle verbindliches Gesetz, sondern, als Frucht des Evangeliums, um einen freien Ausdruck der Liebe untereinander (vgl. 1Kor 13,2.5; 10,24.33) und der Bereitschaft, das Reich Gottes in allem an die erste Stelle zu setzen (Mt 6,33). Daneben wird man nicht vergessen dürfen, dass es zwischen einem verantwortlichen Bewahren des Eigenen und dem völligen Verzicht auf Eigentum eine Fülle von Möglichkeiten gibt, in denen christliche Bruder- und Nächstenliebe in voller Freiheit des Maßes anderen am Eigenen teilhaben lässt, wie etwa in der Gastfreiheit (Röm 12,13; 1Petr 4,9; Hebr 13,2) oder der Hilfe für Bedürftige (Röm 12,8b; Eph 4,28; Hebr 13,16 u.ö.).

Literatur:

K. Bornhäuser, Der Christ und seine Habe nach dem Neuen Testament. Eine soziologische Studie, Gütersloh 1936; H. Cremer, Arbeit und Eigentum in christlicher Sicht, Gießen 1984; J. Ebach, Art. Eigentum I. Altes Testament, in: TRE 9, 404-409; M. Hengel, Eigentum und Reichtum in der frühen Kirche, Stuttgart 1973; K.-H. Michel, Zeichenhaft leben. Biblische Richtlinien zu Arbeit und Besitz, Wuppertal 1980; H. van Oyen, Ethik des Alten Testaments, Gütersloh 1967; B. S. Rosner, Habsucht – eine vergessene Sünde?, in: ThBeitr Jg. 31/2000, 75-81; W. H. Schmidt, Die Zehn Gebote im Rahmen alttestamentlicher Ethik, Darmstadt 1993; W. Schrage, Ethik des Neuen Testaments, Göttingen 1982.

1.2.1.2 Zur nachbiblischen Geschichte des Eigentumsverständnisses

Nach einer in der Antike weitverbreiteten Vorstellung stand am Anfang der Wirtschaftsgeschichte die Gütergemeinschaft. Von Natur sei alles allen gemeinsam gewesen (*natura fuerant communia* = „von Natur waren die Dinge gemeinsam"). Erst sekundär sei das private Eigentum entstanden, und zwar durch einen Akt der Okkupation, der Inbesitznahme (*privata nulla natura, sed ... vetere occupatione* = „von Natur gab es kein Privateigentum, sondern es entstand in alter Zeit durch Inbesitznahme", Cicero, De Officiis I,21; vgl. Brocker 30f).

War diese historische Theorie zunächst noch nicht mit einer Wertung verbunden, so wurde in der Alten Kirche die Entstehung des Eigentums als Abfall vom ursprünglichen Zustand infolge des Sündenfalls erklärt (Hengel 11; Osborn 415; Brocker 35ff). Der Urzustand wird, als Ausdruck göttlichen Schöpferwillens, normativ als Ideal verstanden. Die Erde ist Gottes und er hat sie den Menschen zur gemeinsamen Nutzung anvertraut. Habsucht aber führt Menschen dazu, privates Eigentum zu bilden, dies so der gemeinsamen Nutzung zu entziehen und darin gleichsam Diebstahl zu begehen an dem, was eigentlich allen zur Nutzung offenstehen sollte (Brocker 39; Farner 64.73). Positiv rückte damit die Sozialpflichtigkeit allen Eigentums in den Blick (Brocker 38) und führte gelegentlich zu geradezu revolutionären sozialreformerischen Ideen, z.B. bei Johannes Chrysostomos (354–407; vgl. Farner 78-80). An eine gesetzliche Aufhebung des Eigentumsrechts dürfte allerdings nirgends gedacht gewesen sein. Der Sinn des Hinweises auf die ursprüngliche Ordnung ist vielmehr die Aufforderung zur rechten Verwendung des Eigentums im Sinne christlicher Liebestätigkeit. Das Eigentum wird nicht grundsätzlich in Frage gestellt, sondern sollte sich auf das zum Leben Nötige beschränken. Was darüber hinausgeht, sollte den Bedürftigen zur Verfügung gestellt werden (Troeltsch 114f; Uhlhorn 294f). Wirklich institutionell in die Tat umgesetzt wurde der Verzicht auf das Eigentum nur im Mönchtum (s.u. 1.2.1.5 Freiwilliger Verzicht auf Eigentum).

Zu einer differenzierteren Konzeption im Eigentumsverständnis kam (z.T. im Anschluss an Aristoteles, Politik II,5) in der Zeit der Hochscholastik Thomas von Aquin. Er knüpft zwar auch an die These der Kirchenväter vom ursprünglichen Gemeinbesitz an allem an. Auch er sieht, dass der Sündenfall eine veränderte Situation unter den Menschen geschaffen hat: Die Habsucht führt in der Nutzung der Natur unvermeidlich zum Streit unter den Menschen. Das Eigentumsrecht wird aber nun nicht direkt aus der Sünde abgeleitet, sondern dient dazu, das allgemeine Nutzungsrecht des Menschen an der Natur gegen Willkür Einzelner zu schützen. Als vom Menschen erfundene vernünftige Regel ist es zwar kein direktes, wohl aber indirektes Naturrecht (Thomas STh II/II q 57 a 3). Dem Menschen ist die durch das Eigentumsrecht geregelte Verfügung über die Dinge der Welt gegeben *(potestas dispensandi),* aber er darf dies Recht nicht egoistisch missbrauchen (im *usus ipsarum* STh II/II q 66 a 1-2; Brocker 41-45; Honecker 480).

In der Auseinandersetzung mit Tendenzen im sog. linken Flügel der Reformation, in dem man sich auf das Ideal des Gemeinbesitzes berief (vgl. Goertz 424f), griffen die Reformatoren auf den Dekalog als Sanktionierung des Privateigentums als „göttliche Ordnung“ zurück (Melanchthon, Loci VI: *ordinatio Dei*; vgl. Brocker 57f). Nur den Hutterischen Brüdern gelang es, unter sich eine feste Form der Gütergemeinschaft auf Dauer zu installieren (Goertz 425; vgl. Geldbach 34-37).

Einen neuen Ansatz im Verständnis des Eigentums entwarf der englische Philosoph John Locke (1632–1704). Er verzichtete auf die Konstruktion eines Urzustandes und setzte stattdessen anthropologisch bei der Natur des Menschen an. Als freies Vernunftwesen sei er sozusagen Eigentümer seiner selbst. Als solchem sei ihm die Aufgabe gegeben, die Welt zu beherrschen und sich dienstbar zu machen, d.h. sie sich durch Bearbeitung anzueignen (Locke 22; vgl. Brocker 177). Locke ersetzt so die bisher bekannte Okkupationstheorie durch die Arbeitstheorie.

Mit diesem Ansatz beim einzelnen Menschen und seinem Verfügungsrecht über sich selbst *(selfownership)* ist der Ansatz zu einer individualistischen, liberalen Wirtschaftsordnung gegeben, deren Grundelement das vorbehaltlos positiv verstandene, uneingeschränkte Eigentumsrecht war. Als Ordnung, die aus dem Wesen des Menschen als freiem Vernunftwesen abgeleitet ist, wird sie als naturrechtlich begründet verstanden (während in der Okkupationstheorie das private Eigentum nur eine sekundäre historische Ordnung darstellte). Da der Eigentümer sich sein Eigentum durch eigene Arbeit nicht nur angeeignet, sondern in gewisser Weise auch geschaffen hat (Brocker 179.191) und daher über das von ihm Geschaffene frei verfügen kann, verbindet sich diese Begründung des Eigentums leicht mit dem vom römischen Recht her überlieferten Verständnis des Eigentums als absoluter Verfügungsgewalt. In diesem

Sinn legte der napoleonische Code Civil von 1804 fest: Das Eigentumsrecht ist „le droit de jouir et disposer des choses de la manière la plus absolue" (Goertz 434). Entsprechend heißt es bis heute im deutschen Bürgerlichen Gesetzbuch: „Der Eigentümer einer Sache kann ... mit der Sache nach Belieben verfahren und andere von jeder Einwirkung ausschließen", BGB 903; vgl. Wünsch 672; Cremer 31; Bockmühl, Eigentum 209; ders. Umweltschutz 98). Ein auf diese Weise rein individualistisch begründetes Eigentumsrecht ist deshalb auch grundsätzlich frei von jeder Sozialpflichtigkeit.

Angesichts der unmenschlichen Zustände, zu denen ein solches individualistisches Eigentumsverständnis in der sich im 19. Jh. herausbildenden Industriegesellschaft in der Arbeiterschaft führte, kam es zu radikaler Kritik des Eigentumsgedankens. J.-P. Proudhon (1809–1865) nannte alles nicht durch Arbeit erworbene Eigentum Diebstahl (Goertz 438). Für K. Marx (1818–1883) ist „die Eigentumsfrage ... die Grundfrage der (kommunistischen) Bewegung" (Marx/Engels 86) Die Abschaffung des Privateigentums an Produktionsmitteln ist eine erste, praktische Stufe der Entwicklung zum Endzustand des Kommunismus, in dem das Privateigentum in jeder Gestalt verschwinden wird (Goertz 439).

Das Grundgesetz der Bundesrepublik schützt zwar das Eigentum grundsätzlich (GG Art. 14,1: „Das Eigentum und das Erbrecht werden gewährleistet"), betont aber nachdrücklich die Sozialpflichtigkeit des Eigentums („Eigentum verpflichtet. Sein Gebrauch soll zugleich dem Wohle der Allgemeinheit dienen", GG Art.14,2).

Literatur:

K. Bockmühl, Art. Eigentum, in: ders., Leben nach dem Willen Gottes, BWA II,3, Gießen 2006, 206-209; ders., Umweltschutz – Lebenserhaltung, in: ders., Leben nach dem Willen Gottes, Gießen 2006, 74-114 (hier S. 98-100 „Der neuzeitliche Konflikt zwischen dem römisch-rechtlichen Eigentumsbegriff und der christlichen Sicht des Besitzes"); M. Brocker, Arbeit und Eigentum. Der Paradigmenwechsel in der neuzeitlichen Eigentumstheorie, Darmstadt 1992; H. Burkhardt, Das biblische Verständnis von Eigentum und Arbeit und seine wirtschaftsethischen Konsequenzen, in: ders., Wirtschaft ohne Ethik? Biblische Beiträge zu Grundfragen des Wirtschaftslebens, Gießen 2000, 43-60; H. Cremer, Arbeit und Eigentum in christlicher Sicht, Gießen 1984; K. Farner, Christentum und Eigentum bis Thomas von Aquin, Bern 1947; E. Geldbach, Einfach-alternativer Lebensstil – historische Modelle, in: H. Burkhardt (Hg.), Einfacher Lebensstil – ein neuer Maßstab?, Wuppertal 1981, 31-42; H. J. Goertz, Art. Eigentum V-IX, TRE 9, 417-456; M. Hengel, Eigentum und Reichtum in der frühen Kirche, Stuttgart 1973; J. Locke, Über die Regierung, Stuttgart 1992; M. Honecker, Grundriss der Sozialethik, Berlin 1995; K. Marx/F. Engels,

Manifest der kommunistischen Partei, in: dies., Studienausgabe, hg. von I. Fetscher, Bd. III, Frankfurt 1966; E. Osborn, Art. Eigentum IV Alte Kirche, in: TRE 9, 414-417; E. Troeltsch, Die Soziallehren der christlichen Kirchen und Gruppen, Tübingen 1912; G. Uhlhorn, Die christliche Liebestätigkeit, Bd. 1, Stuttgart 1882; G. Wünsch, Evangelische Wirtschaftsethik, Tübingen 1927.

1.2.1.3 Zum christlichen Verständnis des Eigentums

Die Geschichte des Eigentumsgedankens ist geprägt von einem Wechsel entweder mehr individualistischen oder mehr kollektivistischen Eigentumsverständnisses. Beide gehen von einem je einseitigen Verständnis des Menschen aus und führen auf inhumane Fehlwege:

Ein einseitig *individualistisches* Eigentumsverständnis führte praktisch einerseits zur Akkumulation von Kapital in der Schicht der Besitzenden, andererseits zur zunehmenden Verelendung der Masse der wenig bis nichts Besitzenden, die einer Ausbeutung dessen, was ihnen noch blieb, ihrer Arbeitskraft, schutzlos ausgeliefert waren.

Ein einseitig *kollektivistisches* Eigentumsverständnis versprach zwar gleichen Wohlstand für alle, aber auf Kosten der individuellen Freiheit. Gerade deshalb aber vermochte es sein Versprechen bestenfalls nur auf niedrigstem Niveau einzulösen, weil dem verwalteten Einzelnen eine wesentliche natürliche Motivation zur Mitarbeit am Gemeinwohl genommen war: die Strebung des Selbstseins.

Das biblische Verständnis des Menschen als Gottes Ebenbild vermeidet diese Einseitigkeiten. Er ist zwar Individuum, je einmalige Person. Als Person aber lebt er nicht isoliert für sich, sondern immer zugleich in Beziehungen: zur Umwelt, zum Mitmenschen und zu Gott.

Für das Verständnis des Eigentums bedeutet dies:

a. Das Recht des Einzelnen auf Bildung und Bewahrung von Privateigentum

Menschsein heißt nicht nur vorhanden und im biologischen Sinn lebendig sein. Der Mensch findet sich als je unauswechselbar Einzelner vor und weiß darum. Im Wissen um sich selbst und die Verantwortung für sein eigenes Leben erlebt er seine Freiheit. Um diese Freiheit im konkreten Leben zu bewähren, bedarf er als Ausdruck seiner Freiheit der freien Verfügung auch über Gegenstände, die seinem Lebensunterhalt dienen, und damit eines Raumes der freien Entfaltung seines Selbstseins. Aus dem Wissen des Menschen um sich selbst als Ur- und Grundform des Eigentums sind folglich alle anderen Formen abzuleiten. „Es ist Aufgabe des Menschen“, schreibt H. Cremer, dass „sein Leben von ihm selbst abhängig sein und durch seine Selbstbestimmung und Selbstbetätigung behauptet und erhalten werden soll“ (Cremer 18). Eigentum ist „Erweiterung der Persönlichkeit, die Zugehörigkeit von Sachen zu einer Person“ (Lütgert 204). „Die Eigentumsordnung hat … der Entfaltung der menschlichen Persönlichkeit zu dienen“ (Wünsch 662). „Der Verzicht auf das Eigentum ergäbe, wenn er bis zur Vollständigkeit durchgeführt würde, die vollständige Abhängigkeit von anderen“ (Schlatter 423), wäre also ein Verzicht auf die dem Menschen als Individuum eigene und aufgegebene Freiheit (vgl. die EKD-Denkschrift „Eigentumsbildung in sozialer Verantwortung“ von 1962, 26: „Der Mensch soll ‚mein‘ sagen können, um frei zu sein“). Der Raub privaten Eigentums berührt „das innerste Personleben, zu dem offenbar ein gewisses Minimum von Privatbesitz gehört“ (Künneth 33). Eigentum ist also nicht, wie antike Philosophien und altkirchliche Theologie annahmen, Ergebnis einer negativen Entwicklung des Menschen, theologisch also Folge des Sündenfalls, sondern positiv von der Schöpfung her im Eigentumsbedürfnis des Menschen angelegt. „Da es ohne Eigentum keine Freiheit gibt, ist … das Eigentum … ein Schöpfungsrecht“ (Brunner 175). Entsprechend stellt die Bibel im Gebot des Dekalogs „Du sollst nicht stehlen“ das Eigentum unter den Schutz des Gottesrechts.

Andererseits dient das Eigentum doch auch nicht nur dem Eigentümer, sondern stellt ihn zugleich in eine dreifache Verpflichtung: gegenüber der Schöpfung, dem Mitmenschen und Gott.

b. Die Ökologiepflichtigkeit des Eigentums

Diese Sanktionierung des Eigentums ist allerdings keine absolute, jede Einschränkung ausschließende. Denn der Mensch ist nicht absolut frei und nur für sich da, sondern findet sich als *Naturwesen* immer auch in natürlichen Zusammenhängen und als von ihnen abhängig vor. Dem Menschen ist einerseits die Verfügung über die Natur gegeben („Füllt die Erde und macht sie euch untertan“, Gen 1,28), sodass er sich aus ihr heraus Eigentum gewinnen kann. Andererseits muss dies aber verantwortlich geschehen, als ein bewahrendes Kultivieren (Gen 2,15). A. Rich spricht deshalb (in Anlehnung an H. Ch. Binswanger) vom Eigentum als „Bestands- und Bewahrungseigentum“ (Rich 313).

c. Die Sozialpflichtigkeit des Eigentums

Der Mensch lebt immer schon, von Zeugung und Geburt an, in zwischenmenschlichen Zusammenhängen. Er ist als Individuum zugleich auch *Sozialwesen.* Als solches ist er darauf angelegt, die Gemeinschaft mit anderen Menschen zu suchen und in Gemeinschaft mit ihnen zu leben. Das ist aber nur möglich, wenn der Einzelne das Recht der anderen auf je ihr eigenes Leben und ihre *Freiheit* respektiert. Das Streben nach Eigentum und das Recht auf seine Bewahrung haben deshalb ihre *Grenze* im gleichen Recht des anderen und damit in der Forderung nach Gerechtigkeit in der Verteilung des Eigentums. Das private Eigentum hat in bestimmter Hinsicht aber im anderen auch seinen *Grund.* Denn Eigentum, selbst das Eigentum an mir selbst, entsteht keineswegs, wie die Arbeitstheorie suggeriert, nur aus dem, was ich mir erarbeite, oder, wie die Okkupationstheorie meint, nur aus dem, was ich an mich reiße, sondern auch aus unverdient Empfangenem, aus Zeugung und Geburt, oder auch dem geistigen und materiellen elterlichen Erbe („Vor unserem Wirken steht unser Empfangen", Schlatter 424). Es erwächst auch aus dem, was die größere Gemeinschaft der Familie und des Volkes, in die ich hineingeboren bin und/oder hineinwachse, mir gibt. Der Sozialität des Menschen entspricht es schließlich auch, dass sein Streben nach Eigentum auch sein *Ziel* nicht nur im eigenen Wohlergehen, sondern auch in dem des anderen hat. Das zeigt sich elementar darin, dass Eigentum Bedingung des Familienlebens ist. „Die Aufhebung des Privateigentums würde … die Grundlage aller Gemeinschaft, die ursprüngliche einfachste Gemeinschaft, die Zelle alles Volkslebens zerstören und damit alle Gemeinschaft aufheben" (Lütgert 207). Positiv bedeutet dies: „Das Eigentum hat mithin seinen letzten Grund nicht in der Selbstsucht, sondern in der Liebe" (Lütgert 207). Es hat schließlich über das individuelle und familiäre Eigeninteresse hinaus sein Ziel im Wohlergehen der größeren Gemeinschaft, in welcher der Mensch lebt. „Eigentum verpflichtet. Sein Gebrauch soll zugleich dem Wohle der Allgemeinheit dienen" (Art. 14,2 GG).

Neben die Ökologiepflichtigkeit des Eigentums an Naturgütern tritt also die Sozialpflichtigkeit des Eigentums (vgl. Rich 314). Dabei muss auch den größeren Gemeinschaften, insbesondere dem Staat, zur Erfüllung ihrer sozialen Aufgaben Eigentum zur Verfügung gestellt werden (Staatseigentum, Steuern). Insofern kann man von „doppelter Form" von Eigentum sprechen, sozialem und individuellem Eigentum (Schlatter 425). Die Sozialpflichtigkeit des Eigentums darf aber individuelle Freiheit nicht aufheben. Individualität und Sozialität stehen nicht im Gegensatz, sondern in fruchtbarer Spannung zueinander.

d. Haushalterschaft in der Verantwortung vor Gott

Letzten Grund und Ziel und damit auch seine Grenze hat menschliches Eigentum in Gott. Als der Schöpfer von allem ist und bleibt er der eigentliche Eigner von allem. Der Mensch ist von Gott her gesehen nur Verwalter seines ihm von Gott anvertrauten Vermögens (Schlatter 423). Ihm ist er letzte Rechenschaft schuldig für das, was er mit dem anvertrauten Gut macht (Mt 25,14-30). Dies Wissen hilft, der Versuchung zur Habsucht, zur maßlosen Vermehrung des Eigentums, nicht zu verfallen, in der es in unserem Leben die Stelle Gottes einnimmt (Mt 6,24; vgl. Kol 3,5; Eph 5,3). Der Glaube ermöglicht eine innere Distanz zu den Dingen, über die man verfügt („… die da kaufen, als besäßen sie es nicht“, 1Kor 7,30). Positiv vertieft dies Wissen um die Relativität des Eigentums zu Gott hin die ökologische und soziale Verantwortung, in der wir stehen (Mt 24,42-51). Zugleich weist die Verantwortung vor Gott über die Aufgabe der Bewahrung von Natur und Mensch hinaus und macht den Menschen mit seinem Eigentum verfügbar im Dienst der geistlichen Erneuerung durch Förderung von Diakonie und Mission (Bockmühl, Überlegungen 275f; vgl. ders., Umweltschutz 93f).

Exkurs 8: Schuldzinsen

Seit dem Konzil von Nicäa (325) war allen Klerikern das Zinsnehmen untersagt. In karolingischer Zeit wurde dies Zinsverbot auch auf Laien ausgedehnt (Lachmann, Zinsverbot 2211). Nur Juden waren von ihm ausgenommen – eine merkwürdige Inkonsequenz, wenn man bedenkt, dass die Begründung im alttestamentlichen Gesetz für den Juden eigentlich nicht weniger verpflichtend war. Anscheinend sah man die wirtschaftliche Unvermeidbarkeit des Kapitalzinses, wollte sich selbst aber nicht die Hände mit ihm schmutzig machen und überließ dies deshalb den Juden – womit der latente Antijudaismus des christlichen Mittelalters zusätzlich Nahrung erhielt.

Verständlich war das kirchliche Verbot des Zinses als Bekämpfung des Wuchers, d.h. der Ausnutzung einer finanziellen Notlage zur Selbstbereicherung. Eben darum ging es jedenfalls in den Aussagen des alttestamentlichen Gesetzes, auf die man sich berief (Ex 22,24: „Wenn du Geld verleihst … an einen Armen (sic!) neben dir“; vgl. Lev 25,35-37; Dt. 15,7f; Ps

15,5a; Hes 18,8; dazu Volz 503; Segbers 192-203). Es ging also ausschließlich um Konsumkredite, nicht, wie in heutiger Wirtschaft vor allem, um Investitionskredite (Lachmann, Geld 77; vgl. Segbers 391). Investitionskredite setzen die Erkenntnis voraus, dass Produktivität nur durch Einsatz von Kapital möglich ist, das Zurverfügungstellen von Kapital also Produktivität ermöglicht und damit die Wirtschaft fördert. Weil der Besitzer des Kapitals auf Konsum verzichtet, um der Produktion Kapital zur Verfügung zu stellen, hat er ein Anrecht darauf, am Produktionsgewinn angemessen beteiligt zu werden (Lachmann, Zinsverbot 2211). Entsprechendes gilt auch von Mietzins und Pacht. Moralisch problematisch ist also nicht der Zinsverkehr selbst, sondern nur sein Missbrauch in Ausnutzung einer individuellen Notlage und zu überhöhten Zinsen (Wucher). Ebenso ist allerdings auch, im Unterschied zur Inanspruchnahme von wirtschaftlich produktiven Investitionskrediten, die Inanspruchnahme eines Konsumkredits, von wirklichen Notfällen abgesehen, ethisch grundsätzlich problematisch. Gleiches gilt von Negativzinsen. Sie sind, näher betrachtet, eine Form von Enteignung.

Literatur:

K. Bockmühl, Umweltschutz – Lebenserhaltung, in: Leben nach dem Willen Gottes, BWA II,3, 76-114; ders., Überlegungen zum Thema „Einfacher Lebensstil“, in: ders., Leben nach dem Willen Gottes. Schriften zur Materialethik, BWA II,3, Gießen 2006, 265-285; E. Brunner, Gerechtigkeit, Zürich 1943; H. Cremer, Arbeit und Eigentum in christlicher Sicht, hg. von H. Burkhardt, Gießen 1984; Die Denkschriften der EKD. Texte und Kommentar von K.-A. Odin, Neukirche 1966; W. Künneth, Moderne Wirtschaft und christliche Existenz, München 1959; W. Lachmann, Geld – und wie man damit umgeht, Gießen 1989; ders., Art. Zinsverbot, kanonisches, in: ELThG Bd. 3, 2211; W. Lütgert, Ethik der Liebe, Gütersloh 1938; A. Rich, Wirtschaftsethik II, Gütersloh 1990; A. Schlatter, Die christliche Ethik, Stuttgart [5]1986; ders., Die christliche Ethik, Stuttgart [5]1986; F. Segbers, Die Hausordnung der Tora, Luzern [3]2002; P. Volz, Die biblischen Altertümer, Stuttgart 1925; G. Wünsch, Evangelische Wirtschaftsethik, Tübingen 1927.

1.2.1.4 Reichtum und Armut

Als Grenzfälle in der Verteilung von Eigentum stellen Reichtum und Armut vor ein besonderes ethisches Problem. Dies gilt gegenwärtig in besonderer Weise im weltweiten Horizont im Blick auf das Wohlstands-Armutsgefälle Gefälle zwischen erster und dritter Welt (vgl. Sautter 9-20). Aber auch innerhalb der ersten Welt, gerade auch in Deutschland, spricht man neuerdings von einem wachsenden Auseinanderdriften der Schere von Arm und Reich.

1.2.1.4.1 Reichtum und Armut in der Bibel

Es ist auffallend, wie sehr in den *Vätergeschichten* des ersten Buchs der Bibel der Reichtum der Patriarchen hervorgehoben wird. So heißt es von Abraham, er sei „sehr reich“ (wörtlich: *kabed meod* = sehr gewichtig) an Vieh, Silber und Gold gewesen (Gen 13,2). Gleiches wird von Isaak (Gen 26,13) und Jakob (Gen 30,43) erzählt. Dabei wird dieser Reichtum ausdrücklich als Segen Gottes bezeichnet (Gen 26,12; 33,11; vgl. schon Gen 12,3).

Ähnlich betont ist später dann vom Reichtum *(ʿosär)* der *Könige in Israel* die Rede, und zwar ebenfalls als Gabe Gottes. So wird Salomo, gerade weil er statt um Reichtum um Weisheit zur Regierung bittet, außer dieser zusätzlich auch Reichtum verheißen und gegeben (1Kön 3,13; 10,23; vgl. 2Chr. 1,12; ebenso bei den frommen Königen Josaphat und Hiskia, 2Chr. 17,5; 18,1 und 32,27).

Armut scheint in der Frühzeit Israels noch kein ernsthaftes soziales Problem gewesen zu sein (Hauck 321). Dies kündigt sich dann aber in der mosaischen *Gesetzgebung* als solches an: Durch das Erlassjahr soll mit der Rückgabe des Landes an seinen ursprünglichen Besitzer die Entstehung einer armen Unterschicht in Israel verhindert werden: „Es soll überhaupt kein Armer unter euch sein“ (Dt 15,4). Zwar kann dadurch nicht ausgeschlossen werden, dass es immer wieder doch einzelne Arme gibt, aber, heißt es dazu: „Darum gebiete ich dir und sage, dass du deine Hand auftust deinem Bruder, der bedrängt und arm ist im Lande“ (V. 11). Zu den Schutzmaßnahmen gegen die Armut gehört auch das alttestamentliche Zinsverbot (vgl. oben Exkurs 8).

Auch in der biblischen *Spruchweisheit* wird Reichtum grundsätzlich durchaus positiv verstanden. Er ist Ausdruck des Segens Gottes („Der Segen des HERRN allein macht reich“, Spr 10,22; vgl. 22,4) und zugleich Ergebnis menschlichen Fleißes („Lässige Hand macht arm, aber des Fleißigen Hand macht reich“, 10,4; vgl. 11,16; 12,27; 14,23).

Daneben wird aber auch die Relativität materiellen Besitzes betont: Weisheit und Gerechtigkeit sind besser als Reichtum ohne sie („Wohl dem Menschen, der Weisheit erlangt .... Denn es ist ihm besser, sie zu erwerben als Silber, und ihr Ertrag ist besser als Gold“ (3,13f; 16,16). Das Streben nach Reichtum lohnt sich nicht, weil er sich schnell verflüchtigen kann („Bemühe dich nicht reich zu werden, da spare deine Klugheit; du richtest deine Augen auf den Reichtum – und er ist nicht mehr da“, 23,4f). Er verdient deshalb auch kein Vertrauen („Wer sich auf seinen Reichtum verlässt, wird untergehen“, 11,28). Er zieht den Räuber herbei („Mit Reichtum muss mancher sein Leben erkaufen; aber ein Armer bekommt keine Drohung zu hören“, 13,8).

Die eigentliche Gefahr aber, die vom Reichtum ausgehen kann, ist weniger eine äußere als eine innere: Der Wunsch nach Reichtum kann leicht zur Anwendung unrechter Mittel verführen („Besser wenig mit Gerechtigkeit als viel Einkommen mit Unrecht“, 16,8; „Wer aber eilt, reich zu werden, wird nicht ohne Schuld bleiben“, 28,20), also etwa zu Wucher (11,26; 22,7; 28,8) und Bestechung (15,27; 17,8). Reichtum kann hart machen („Ein Armer redet mit Flehen, aber ein Reicher antwortet hart“, 18,23). Er kann schließlich zum Götzen werden („Hab ich das Gold zu meiner Zuversicht gemacht und zum Feingold gesagt: Mein Trost?“, Hi 31,24f).

Armut (im Sinne materiellen Mangels vor allem *resch*; *dal* ist der Schwache; *`ani* vor allem der sozial Abhängige; *äbjon* der Bedürftige; Bammel 888f) ist zunächst eine strukturelle Gegebenheit: Vor allem Witwen und Waisen sind generell von Armut bedroht und ihr Schutz bzw. die Fürsorge für sie wird immer wieder besonders eingeschärft (Ex 22,21 u.ö.; vgl. Stählin 433f). Daneben aber gibt es die aktuelle, durch bestimmte Entwicklungen herbeigeführte Armut, einerseits schuldhaft verursacht durch Faulheit („Ja, schlafe noch ein wenig, schlummere ein wenig, schlage die Hände ineinander ein wenig, dass du schlafest, so wird dich die Armut übereilen wie ein Räuber und der Mangel wie ein gewappneter Mann“, Spr 6,10f; vgl. 10,4; 11,16b;12,11; 19,24; 20,13). Andererseits wird Armut auch durch die Ungerechtigkeit und Habgier der Reichen hervorgerufen. So kann auch von unschuldigen Armen gesprochen werden, die besser sind als Verkehrtes redende Reiche (19,1; vgl. V. 22). Armut selbst aber ist grundsätzlich ein Übel. Sie isoliert vom Mitmenschen („Reichtum macht viele Freunde, aber der Arme wird von seinen Freunden verlassen“, 19,4; vgl. 14,20). So kommt der Weise zum Schluss, Gott darum zu bitten, ihm weder Armut noch Reichtum zu geben (30,8f; vgl. Ps 49,17ff).

Eine ernsthafte soziale Frage entstand erst im Laufe der Königszeit beim Wechsel von mehr kleinbäuerlich-fratriarchalischer Gesellschaftsstruktur zu mehr städtischer Kultur und Großgrundbesitz (Bright 200). Diese geschichtliche Situation bildet den Hintergrund der scharfen Sozialkritik der *Propheten*. Die Armen kommen hier vor allem als die von den Reichen aus Gewinn- und Genusssucht unterdrückten Gerechten in den Blick. Gegen die in Juda Herrschenden sagt Amos: „So spricht der HERR: Um drei, ja um vier Frevel willen will ich sie nicht schonen, weil sie die Gerechten für Geld und die Armen *(äbjonim)* für ein Paar Schuhe verkaufen. Sie treten den Kopf der Armen *(dalim)* in den Staub und drängen die Elenden *(anawim)* vom Wege" (Am 2,6-7a; vgl. 5,11f; 8,4-6; Mi 6,9-12; Jes 3,14f; 5,8; Jer 5,26-28). Indem Gott nach dem Wort der Propheten die ungerechten Reichen richtet, tritt er als Beschützer der unterdrückten Armen auf („... sondern wird mit Gerechtigkeit richten die Armen und rechtes Urteil sprechen den Elenden im Lande", Jes 11,4; „Denn du bist der Geringen Schutz gewesen, der Armen Schutz in der Trübsal", 25,4; vgl. Ps 9,10.13.19; 35,10 u.ö.; Hi 5,15f).

Zwar gilt Reichtum im *Neuen Testament* nicht als grundsätzlich unvereinbar mit einem Leben in der Nachfolge Jesu. Offensichtlich zumindest wohlhabende Frauen unterstützten Jesus und die Jünger mit ihrem Vermögen (Lk 8,2f; vgl. Hengel 35; Schelkle 297). Der bekehrte Zöllner schenkte die Hälfte seines Vermögens den Armen, verzichtete aber weder auf seinen gesamten Besitz noch auf seinen sehr einträglichen Beruf (Lk 19,8f). Die Christen der neutestamentlichen Gemeinden stammten zum größten Teil aus dem Kleinbürgertum. Es gab unter ihnen aber durchaus auch Wohlhabende, wie das Ehepaar Aquila und Prisca, die einen Gewerbebetrieb mit Filialen besessen zu haben scheinen, die Purpurhändlerin Lydia, oder gar zur Oberschicht gehörende Persönlichkeiten wie der Statthalter Sergius Paulus und der Stadtkämmerer von Korinth Erastos (Hengel 45f).

Trotzdem wird im Neuen Testament, noch schärfer als im Alten Testament, die im Reichtum und im Streben nach ihm liegende Gefahr der Verführung zu Gottlosigkeit und zu Unmenschlichkeit herausgestellt: Da ist der Kornbauer, der auf seinen Reichtum vertraut anstatt auf Gott (Lk 12,16ff), oder der Reiche, der den armen Lazarus vor seiner Tür übersieht (Lk 16,19ff). Im Gleichnis vom vierfachen Acker erstickt der „Betrug des Reichtums" (Mk 4,19 = Mt 13,22; vgl. Lk 8,14) die aufkeimende Saat des Wortes Gottes. So kann Reichtum nach dem Urteil Jesu gleichsam zu einem Götzen, zum „ungerechten Mammon" werden (Lk 16,9.11.13; vgl. Mt 6,24). Nach dem Gespräch mit dem reichen jungen Mann zieht Jesus den Schluss: „Es ist leichter, dass ein Kamel durch ein Nadelöhr geht als ein Reicher in das Reich Gottes" (Mk 10,25/Mt 19,24/Lk 18,25). Deshalb preist Jesus nach der Überlieferung des Lukasevangeliums die Armen selig und spricht sein Wehe über die Reichen (Lk 6,20.24; vgl. Riesner 237).

Jakobus nimmt in seinem Brief dies „Wehe" in noch verschärfter Form auf: „Wohlan nun, ihr Reichen, weint und heult über das Elend, das über euch kommen wird! Euer Reichtum ist verfault, eure Kleider sind von Motten zerfressen. Euer Gold und Silber ist verrostet und ihr Rost wird gegen euch Zeugnis geben und euer Fleisch fressen wie Feuer. Ihr habt euch Schätze gesammelt am Ende der Tage! Siehe, der Arbeiter Lohn, die euer Land abgeerntet haben, der von euch vorenthalten ist, der schreit und das Rufen der Schnitter ist gekommen vor die Ohren des Herrn Zebaoth. Ihr habt wohlgelebt auf Erden und eure Lust gehabt und eure Herzen geweidet am Schlachttag! Ihr habt den Gerechten verurteilt und getötet und er hat euch nicht widerstanden" (Jak 5,1-6).

Solche Aussagen sind aber nicht zu verstehen als prinzipielle sozialpolitische Kampfansagen gegen „die" Reichen, sondern als „prophetische Gerichtsrede" (Maier 34), die zur Umkehr ruft. So trifft auch das Gericht, das Jesus den Reichen ankündigt, sie nicht wegen ihres Reichtums, sondern wegen der Wirkung des Reichtums auf ihr Verhältnis zu Gott und zum Mitmenschen. Und das Evangelium, das Jesus den Armen verkündet (Lk 4,18), spricht er ihnen nicht um ihrer Armut willen zu, sondern als Zusage der unverdienten Gnade Gottes (V. 19), als Zuspruch der Vergebung ihrer Sünden (Lk 1,77; 24,47).

Literatur:

E. Bammel, Art. *ptoochos*, in ThWNT VI, 888-915; J. Bright, Geschichte Israels. Von den Anfängen bis zur Schwelle des Neuen Bundes, Düsseldorf 1966; H. Burkhardt, Armut und Reichtum in biblischer Sicht, in: ders., Wirtschaft ohne Ethik? Biblische Beiträge zu Grundfragen des Wirtschaftslebens, Gießen 2000, 27-42; M. Fender, Zur Sozialkritik des Amos, in: EvTheol Jg. 33/1973, 32-53; F. Hauck, Art. *ploutos*, in: ThWNT VI, 316-330; M. Hengel, Eigentum und Reichtum in der frühen Kirche, Stuttgart 1973; G. Maier, Reich und arm. Der Beitrag des Jakobusbriefes, Gießen 1980; H. van Oyen, Ethik des Alten Testaments, Gütersloh 1967; R. Riesner, Prägung und Herkunft der lukanischen Sonderüberlieferung, in: ThBeitr Jg. 24/1993, 228-248; H. Sautter, Armut und Reichtum auf Weltebene, Wuppertal 1983; K. H. Schelkle, Theologie des Neuen Testaments Bd. 3 Ethos, Düsseldorf 1970; G. Stählin, Art. *chära*, in: ThWNT IX, 428-454.

1.2.1.4.2 Reichtum und Armut in christlicher Sicht

Grundsätzlich entspricht die Bildung von Eigentum einem natürlichen Recht des Menschen. Die Frage aber stellt sich, wie die offensichtlich bestehenden großen Unterschiede ethisch zu bewerten sind.

An sich ist gleicher Besitz kein sinnvolles Ideal in der Verteilung des Eigentums. Die Menschen sind nun einmal unterschiedlich geschaffen.

Sie haben deshalb von Natur unterschiedliche Möglichkeiten, ihr Leben zu entfalten und zu gestalten, und entsprechend auch unterschiedliche Bedürfnisse. Freiheit zur Bildung von individuellem Eigentum bedeutet grundsätzlich Freiheit zu unterschiedlicher Vermögensbildung. Die Forderung gleichen Besitzes für alle würde diese Freiheit aufheben und eben darin ungerecht sein. Denn Gerechtigkeit für alle ist zwar ein zentraler ethischer Wert. Aber Gerechtigkeit heißt nicht, dass alle Lebensläufe gleich sein müssen, sondern nur, dass jedem Glied der Gesellschaft gleichermaßen die Chance zur Entfaltung und Gestaltung je seines Lebens gegeben wird (Cicero Resp III,10: *suum cuique* = „Jedem das Seine").

a. Die Begriffe *Reichtum* und *Armut*

Sehr allgemein kann man sagen: Reichtum heißt, mehr haben, als man für sich selbst sinnvoll nutzen kann. Armut heißt, weniger haben, als man zum Unterhalt und zur Entfaltung des eigenen Lebens braucht. Über diese allgemeine Beschreibung hinaus aber erweisen beide Begriffe sich in der Konkretion als recht relativ. Wer in unserer, aufs ganze immer noch von Wohlstand geprägten Gesellschaft als arm gilt, könnte, dank der ihm von der Gesellschaft ohne Gegenleistung in der Regel gewährten Grundversorgung, in einem armen Land geradezu als reich angesehen werden. Beide Begriffe sind also relativ zum allgemeinen Wohlstand und zu den individuellen Bedürfnissen. Wer etwa es sich nicht leisten kann, seine Kinder ihrer Begabung entsprechend zu fördern, z.B. durch teuren Musikunterricht, leidet unter diesem Mangel, empfindet ihn als Armut, während andere ein solches Bedürfnis gar nicht haben oder jedenfalls subjektiv nicht spüren.

b. Die allgemeine Bewertung von Reichtum und Armut

In den sozialen Spannungen, zu denen der Unterschied von Reich und Arm führen kann, kommt es leicht dazu, dass Reichtum schlechthin als unsittlich verworfen und verächtlich von „den" Reichen gesprochen wird. Umgekehrt kann Armut zum Ideal glorifiziert und „die" Armen als die besseren Menschen zum Hoffnungspotential der Menschheit erklärt werden. Aber beides ist falsch. Weder ist und macht Reichtum notwendig schlecht noch Armut gut.

Reichtum ist gut, sofern er Ausdruck des Reichtums der guten Schöpfung Gottes ist und freie Entfaltung und Gestaltung des Lebens ermöglicht.

Armut ist schlecht, sofern sie solche Entfaltung des Lebens verunmöglicht oder gar die Existenz selbst gefährdet. Darin ist sie Ausdruck der Not der gefallenen Welt.

c. Die Entstehung von und der Umgang mit Reichtum und Armut

Die entscheidende ethische Frage im Zusammenhang mit Reichtum und Armut ist, wie sie entstehen und wie wir mit ihnen umgehen.

Im Blick auf den *Erwerb* von Reichtum stellt sich die Frage: Ist er rechtmäßig erworben, also durch verantwortlich verwaltetes Erbe und/oder eigene Leistung? Oder entsteht er unrechtmäßig und also auf Kosten des Lebensrechts anderer?

Im Blick auf die *Verwendung* des Reichtums ist zu fragen: Wird er in Luxus sinnlos verschleudert oder auch grenzenlos maximiert und so zum Selbstwert und zu einem das Leben beherrschenden Götzen gemacht? (Vgl. Rosner 36ff).

Oder verwaltet der Reiche seinen Reichtum so, dass er ihn sinnvoll für sich und andere verwendet – sei es in Investitionen, welche die Wirtschaft voranbringen, oder in Förderung sozialer und kultureller Arbeit, die vielen zugute kommt? So ermöglichten etwa die Reichen der Feudalzeit, also Fürsten und Adel, als Mäzene die Entstehung von kulturellen Schätzen in Architektur und bildender Kunst, Literatur und Musik, die einerseits zwar der Repräsentation und Darstellung der eigenen Macht und Stellung dienten, zugleich aber doch auch der Gesellschaft, sodass wir sie bis heute dankbar nutzen. Für wohlhabende bzw. reiche Christen bieten sich darüber hinaus auch besondere Möglichkeiten der Förderung des kirchlichen Lebens, der Diakonie und der Mission. Die Bibel stellt uns in allem den Gedanken der Haushalterschaft zur Verfügung: Was wir haben, gehört letztlich nicht uns selbst, sondern Gott. Wir sind Verwalter anvertrauten Guts, das wir entsprechend im Sinne Gottes nutzbar zu machen haben: in der Erhaltung der Schöpfung, der Sorge für den Menschen und der Hinführung zur Furcht Gottes (Bockmühl: Umweltschutz 93f; Überlegungen 277-283).

Bei der Armut stellt sich die Frage, ob sie durch eigenes Versagen in Trägheit oder Leichtsinn entstanden ist oder auch, ohne eigene Schuld, durch schlechte Bedingungen und Umstände sowie fremde Schuld.

Beim Armen stellt sich im Blick auf den Umgang mit seiner Armut die Frage, ob sie zum Anlass wird zu Neid, fruchtloser Klage und glaubensloser Sorge – oder ob sie zur Bescheidenheit und zum Versuch führt, soweit möglich durch eigene Anstrengung wieder aus ihr herauszukommen.

d. Die Verantwortung der Gesellschaft für die Armen

Angesichts der Armut fordert die Solidarität mit den Armen von der Gesellschaft und ihren Verantwortungsträgern gezielte Hilfen, um trotz der Armut doch ein menschenwürdiges Leben führen zu können. Dafür aber muss sie Rahmenbedingungen schaffen, sodass Arme eine faire Chance haben, aus eigener Kraft aus ihrer Armut wieder herauszukommen, insbesondere durch Bildung für alle (Honecker 486). Almosen können bestenfalls kurzfristige Nothilfe sein. Wirklich überwunden wird Armut nur, „wenn die Hilfe ihren Empfänger zum eigenen Erwerb der Lebensmittel führt“ (Schlatter 434).

Dazu ist es nötig, dass die Reichen in angemessener Weise durch Steuern dazu herangezogen werden, dem Staat solche Hilfe zu ermöglichen (zum weltweiten Armutsproblem vgl. unten zum Thema Globalisierung). Zu den Steuern, die gewisse Ungerechtigkeit bei den Startchancen des Einzelnen verhindern sollen, gehört insbesondere die Erbschaftssteuer. Prinzipiell allerdings ist das Erbrecht und damit die Weitergabe dessen, was man erwirtschaftet hat, an die eigenen Angehörigen in der nachwachsenden Generation unbedingt schützenswert. Solche die Generationen verbindende Kontinuität ist Ausdruck der Geschichtlichkeit menschlicher Gesellschaft.

Aber auch die christliche Gemeinde weiß sich seit jeher dazu verpflichtet, in Not geratenen Armen diakonisch zu helfen, insbesondere dort, wo eine gesetzlich geregelte und bürokratisch organisierte staatliche Fürsorge nicht greift, sowohl innerhalb der Gemeinde wie über ihre Grenzen hinaus, und so ihrerseits zu sozialer Gerechtigkeit beizutragen.

Literatur:

K. Bockmühl, Umweltschutz – Lebenserhaltung, in: ders., Leben nach dem Willen Gottes, BWA II,3, Gießen 2006, 76-114; ders., Überlegungen zum Thema „Einfacher Lebensstil“, in: ders., Leben nach dem Willen Gottes, BWA II,3, Gießen 2006, 264-285; H.-H. Deichmann, Ich bin reich, um mich für das Reich Gottes einzusetzen, Interview in: ideaSpektrum 5/2008, 18f; M. Honecker, Grundriss der Sozialethik, Berlin 1995; B. Rosner, Warum die wahren Reichen wenig Geld brauchen, Gießen 2007 (engl.: Beyond Greed, Kingsford/ Australien 2004); A. Schlatter, Die christliche Ethik, Stuttgart [5]1986.

1.2.1.5 Freiwilliger Verzicht auf Eigentum

Neben dem grundsätzlichen und generellen Ja christlicher Ethik zum Eigentum finden sich in der Christenheit von Anfang an nicht nur kritische Hinweise auf Gefahren des Eigentums, sondern, in positiver Weiterführung solcher Kritik, auch die Zumutung des Verzichts auf Eigentum, und zwar bereits in der Verkündigung Jesu. Der Gedanke des Eigentumsverzichts ist in der Antike allerdings nicht völlig neu.

a. Eigentumsverzicht in der Antike

In seinem Entwurf eines idealen Staatswesens forderte Plato, dass die herrschende Klasse der sog. Wächter des Staates kein Privateigentum haben solle, damit „die Tüchtigkeit in ihrem Beruf nicht darunter leidet und sie nicht verleitet werden, sich an den Bürgern zu vergreifen" (Plato Politeia 416c/d).

Eine radikale Form der individuellen Bedürfnislosigkeit als Ausdruck der Unabhängigkeit des Geistes von äußeren Gütern lebte und lehrte der kynische Philosoph Diogenes aus Sinope (4. Jh v.Chr., vgl. Dörrie 48f).

Ein Beispiel praktischer Durchführung des Verzichts auf individuellen Besitz als Ausdruck der Verfügbarkeit für Gottes Herrschaft findet sich im antiken Judentum der Zeit Jesu: In der Lebensregel der Essener in Qumran wird von allen, die in den Orden eintreten, verlangt, ihren Besitz an die Gemeinde abzugeben: „Alle, die sich willig erweisen für seine (= Gottes) Wahrheit, sollen all ihr Wissen und ihre Kraft und ihren Besitz in die Gemeinschaft Gottes einbringen" (1 QS I,11f; vgl. Lohse 88ff; Hengel 17). Philo von Alexandrien schreibt über die Essener: „Sie sind fast die einzigen Menschen, die nicht aus Mangel an Glücksgütern, sondern vielmehr mit Absicht weder Geld noch Land besitzen" (prob 77). Sie verabscheuen „alles, was Anlass zur Habsucht geben kann" (prob 78). „Niemand besitzt ein Haus so zu eigen, dass es nicht auch allen gemeinsam gehörte ... sodann haben sie alle nur eine Vorratskammer und allen gemeinsam gehörendes Geld zum Ausgeben; allen gemeinsam gehören auch die Kleider sowie die Speisen, wenn sie gemeinschaftliche Mahlzeiten veranstalten. Die Gemeinsamkeit von Haus, Lebensweise oder Tisch findet man wohl bei keiner anderen Gemeinschaft in höherem Maße durch die Tat bekräftigt ... Was sie als Lohn für ihre tägliche Arbeit erhalten, das bewahren sie nicht als ihr persönliches Eigentum, sondern stellen es der Gemeinschaft zur Verfügung und lassen den daraus sich ergebenden Nutzen allen zukommen, die von ihm Gebrauch machen wollen" (prob 85f; vgl. auch Philo über die jüdische Gemeinschaft der sog. Therapeuten in Ägypten: cont 13-20; über das Gemeineigentum der Essener vgl. auch Josephus, Ant XVIII,20 und Bell II,122f). Möglicherweise spielte beim Gedanken solchen gemeinsamen Eigentums das radikalisierte priesterliche Selbstverständnis der Essener eine

Rolle. Auch Levi hatte unter den Stämmen Israels als einziger Stamm kein Landeigentum: „Du sollst in ihrem Land kein Erbgut besitzen … denn ich bin dein Anteil und dein Erbgut inmitten der Kinder Israel" (Num 18,20; Hes 44,28; vgl. Michel in: Josephus, Bell. Jud. Bd. 1, 432, Anm. 36).

b. Eigentumsverzicht im Neuen Testament

Jesus preist die Armen nicht um ihrer Armut willen selig, sondern trotz ihrer Armut und als solche, die in ihrer Armut ihre Hoffnung ganz auf Gott setzen (Lk 6,20; vgl. Mt 5,3). Umgekehrt warnt Jesus die Reichen nicht wegen ihres Reichtums vor Gottes Gericht, sondern weil sie in ihrer Habsucht ohne Gott leben (Gleichnis vom reichen Kornbauern, Lk 12,13-21; Vom reichen Mann und armen Lazarus, Lk 16,19-31). Das von ihm angesagte Kommen der Gottesherrschaft bedeutet zugleich das Ende der Habsucht in den Herzen der Menschen, die sich auf diese Botschaft einlassen.

Auf diesem Hintergrund dürften die Worte Jesu zu verstehen sein, in denen er seine Jünger oder solche, die es werden wollen, zum völligen Verzicht auf ihren Besitz auffordert.

So antwortet er im Gespräch mit dem sog. reichen Jüngling auf dessen Frage nach ewigem Leben mit den Worten: „Willst du vollkommen sein (= ganz und vorbehaltlos Gott zur Verfügung stehen), so gehe hin, verkaufe, was du hast, und gib es den Armen, so wirst du einen Schatz im Himmel haben; komm und folge mir nach" (Mt 19,21; vgl. zu 1Kor 13,3 Riesner 31). Gelegentlich wird dies Wort so gedeutet, als handele es sich um einen einmaligen Fall, in dem Jesus nur seelsorgerlich auf die spezielle Situation dieses Mannes mit seine „vielen Gütern" eingehe (V. 22). Aber auch sonst heißt es im Evangelium von Jüngern Jesu: „Sie verließen alles und folgten ihm nach" (Lk 5,11; vgl. 12,33; Riesner 23f). Entsprechend kann Jesus sagen: „Wer nicht allem, was er hat, absagt, kann nicht mein Jünger sein" (Lk 14,33), und Nachfolgewillige auf seine eigene Armut verweisen: „Des Menschen Sohn hat nicht, wo er sein Haupt hinlege" (Mt 8,20; vgl. 2Kor 8,9). Hier geht es offensichtlich nicht mehr nur um eine innere Lösung vom Eigenen, sondern um konkreten Verzicht auf Eigentum. Damit aber will Jesus nicht eine jedermann verpflichtende neue Gesellschaftsordnung ohne Eigentum installieren, wie es später der Kommunismus als gesellschaftliches Ideal anstrebte. Es geht in der praktischen Besitzlosigkeit der Jünger nicht um eine allgemeingültige neue Regel, sondern um ein sichtbares Zeichen dessen, dass mit Jesu Kommen die Realisierung des Reiches Gottes ganz konkret begonnen hat und damit das Ende der Herrschaft der Sünde eben gerade auch in der Gestalt der Habsucht eingeläutet ist. Durch ihr gelebtes Gegenteil, die zeichenhafte Selbstlosigkeit im Blick auf den Besitz, wird einerseits die Habsucht durch die Tat als etwas gebrandmarkt, was nicht sein soll, und zugleich eine andeutende Anschauung davon gegeben, wie es aussehen kann, wenn Gott regiert.

Von dem her, was Jesus in diesem Sinn sagt und mit seinen Jüngern lebt, ist auch zu verstehen, dass nach Pfingsten in der sich nun bildenden christlichen Gemeinde in Jerusalem auch im Blick auf den Umgang mit Eigentum spontan ein neues Leben beginnt: „Alle aber, die gläubig geworden waren, waren beieinander und hatten alle Dinge gemeinsam. Auch verkauften sie Güter und Habe und teilten sie aus unter alle, je nachdem einer in Not war" (Apg 2,44f). „Die Menge aber der Gläubigen war ein Herz und eine Seele, auch sagte nicht einer von seinen Gütern, dass sie sein wären, sondern es war ihnen alles gemeinsam" (Apg 4,32). „Es war auch keiner unter ihnen, der Mangel hatte; denn wie viele ihrer waren, die Äcker oder Häuser hatten, die verkauften sie und brachten das Geld zu der Apostel Füßen; und man gab einem jeden, je nachdem einer in Not war" (V. 34f). Anders als in Qumran handelte es sich bei dem Besitzverzicht der ersten Christen allerdings nicht um eine gesetzliche Regel, sondern um eine jeweils freie Entscheidung des Einzelnen (Hengel 40; Riesner 39). Das Vergehen von Ananias und Saphira lag nicht darin, dass sie etwas von ihrem Gut für sich behielten, sondern dass sie den Eindruck erweckten, alles gegeben zu haben (Apg 5,4). „Ein Herz und eine Seele" (4,32) – diese Gestimmtheit zeigt die innere Veränderung in den Christen an. Das Interesse des andern wurde auch das eigene. Keiner dachte nur an sich, sondern zuerst an und für den anderen – und handelte entsprechend. Solche Selbstlosigkeit kam aber nicht aus natürlichen Kräften heraus zustande, sondern war eine durch den Geist Gottes gegebene Möglichkeit, die Ordnung des Himmelreiches zeichenhaft im Voraus darzustellen. Entsprechend hat auch der Apostel Paulus sein Leben gestaltet, indem er generell auf Unterhalt durch die Gemeinden verzichtete, um von vornherein dem in der griechischen Welt naheliegenden Verdacht zu begegnen, er wolle, wie die heidnischen popularphilosophischen Wanderprediger damals, mit seiner Lehrtätigkeit Geld machen. Seine Lebensweise macht vielmehr deutlich, dass er mit der Verkündigung des Evangeliums den Gemeinden in selbstloser Liebe dient (1Kor 9,15-18; 2Kor 11,7ff).

c. Eigentumsverzicht in der Geschichte der christlichen Kirche

Die Bereitschaft zu solchem Eigentumsverzicht brach sich in der Geschichte immer wieder Bahn, im bewussten Widerspruch zu allen Neigungen zur Einebnung christlichen Lebens ins allgemein Übliche.

Dies geschah seit dem 3. Jh. n.Chr. vor allem in der Bewegung des Mönchtums. Dabei ging gerade von den Worten Jesu, wie etwa in der Berufungsgeschichte des Mönchsvaters Antonius (251–354) zeigt, immer wieder entscheidende Inspiration aus (vgl. die Antonius-Biographie des Athanasius 227). Ihre klassische Formulierung fanden die Prinzipien der monastischen Bewegung vor allem in der Regel des Benedikt von Nursia (ca. 480–547). Im Kapitel „Ob die Mönche Eigentum haben dürfen" heißt es: „Vor allem dieses Laster muss im Kloster mit der Wurzel ausgerottet werden. Keiner darf sich herausnehmen … etwas als sein Eigentum zu betrachten, durchaus nichts; sie haben ja nicht einmal das Recht, über ihren eigenen Leib zu verfügen. Alles Notwendige dürfen sie vom Vater des Klosters erwarten und es ist ihnen nicht erlaubt, etwas zu besitzen, was der Abt nicht gegeben oder gestattet hat. Alles sei allen gemeinsam, wie es in der Schrift heißt, sodass keiner etwas sein Eigentum nennt oder als solches beansprucht" (Regel 33,1-6; vgl. Kap 55,18). Wenn jemand, der in den Orden eintritt, Vermögen hat, „soll er es vorher an die Armen verteilen oder es in einer feierlichen Schenkung dem Kloster vermachen, ohne irgendetwas zurückzuhalten. Er weiß ja, dass er von diesem Tag an nicht einmal mehr über seinen eigenen Leib verfügen kann" (Kap. 58,24f). Zum Unterhalt ihres Lebens und des klösterlichen Betriebs müssen die Mönche selbst arbeiten. Aber die Arbeit dar nicht auf Gewinn aus sein, auch nicht im Interesse des Klosters. Wenn eine im Kloster hergestellte Ware verkauft wird, darf sich bei der Festsetzung des Preises „nicht das Laster der Habsucht einschleichen". Deshalb soll man „im Gegenteil immer etwas billiger verkaufen, als es Weltleute tun können, damit in allem Gott verherrlicht werde" (Kap 57,7f; vgl. O. Rousseau 77).

Trotzdem wurden Klöster vor allem durch Schenkungen z.T. sehr reich. Darin lag natürlich eine große Verführung dazu, den klösterlichen Lebensstil entsprechend zu ändern. Auf solche Entwicklungen hin kam es immer wieder auch zu gegenläufigen Reformbewegungen wie der zisterziensischen unter Bernhard von Clairveaux (1090–1153), oder, besonders radikal im anfangs sogar kollektiven Besitzverzicht, bei den sog. Bettelorden, insbesondere in dem von Franz von Assisi (1182–1228) begründeten Minoritenorden.

In der Reformation kam in diese Geschichte freiwilliger Armut ein tiefer Bruch. Für die Reformatoren war die durch das damalige Mönchtum repräsentierte Lebensform doppelt diskreditiert: Einmal dadurch, dass viele Klöster unter dem Deckmantel individuellen Besitzverzichts kollektiv doch zum Teil sehr reich geworden waren, wenig evangeliumsgemäße Herrschaft über Menschen ausübten und mancherorts ausschweifenden Lebenswandel ermöglichten. Zum anderen, und das war das Hauptargument, verführte die Lebensweise des Mönches nach den sogenannten „Evangelischen Räten" (Gehorsam, Ehelosigkeit und eben vor allem auch Armut) gerade dann, wenn man sie noch ernst nahm, leicht zu selbstgerechter, gesetzlicher und damit dem Evangelium ebenfalls entgegengesetzter Frömmigkeit. So kam es im Wirkungsbereich der lutherischen und reformierten Kirchen weithin zur völlig Auflösung des Klosterwesens. Christliche Ethik wurde weithin ganz auf das bürgerlich anständige Leben nach den Zehn Geboten reduziert (Bockmühl 276-291). Nur am sog. „linken Flügel" der reformatorischen Bewegung, bei der Gemeinschaft der Hutterer, bildete sich, in unmittelbarem Rückgriff auf Apostelgeschichte 2 und 4, eine neue Form von Gemeineigentum, blieb aber, massiv verfolgt durch die katholische Kirche und in die Emigration nach Russland und später Amerika abgedrängt, eine wenig beachtete Randerscheinung (Geldbach 32-37).

Erst im 19. Jahrhundert bekam der Gedanke des aus dem Glauben begründeten freiwilligen Eigentumsverzichts auch im Protestantismus wieder Auftrieb, und zwar zunächst in der Bewegung der Diakonissenhäuser. Unter dem Einfluss der traditionellen protestantischen Vorbehalte gegenüber dem Mönchtum war man zwar zunächst auch hier noch sehr zurückhaltend gegenüber den „Evangelischen Räten". Die ersten Diakonissen der von Th. Fliedner (1800–1864) begründeten Diakonissenanstalt in Kaiserswerth erhielten z.B. zunächst noch ein für damalige Verhältnisse ganz ordentliches Gehalt (etwa dem – für heutige Begriffe allerdings sehr bescheidenen – eines damaligen Volkschullehrers entsprechend, Beyreuther 66). Und unverheiratet waren sie nicht aus Glaubensgründen, sondern sie kamen wegen der damals im Bürgertum verbreiteten Vorbehalte gegenüber der Berufstätigkeit von Frauen für diesen besonderen Berufsweg überhaupt nur in Frage, weil sie, aus welchen Gründen auch immer, nun einmal nicht verheiratet waren und sich als solche in die familiäre Gemeinschaft des Diakonissenhauses einzufügen bereit waren. Aber durch das schon bei der

Entstehung der Bewegung mitwirkende Vorbild des katholischen diakonischen Ordens der Barmherzigen Schwestern (Vinzentinerinnen) wurden die drei Evangelischen Räte mit der Zeit doch ganz bewusst aufgenommen und wichtiger Bestandteil der Lebensordnung der Mutterhäuser nicht nur des Kaiserswerther Verbandes, sondern später auch denen der Gemeinschaftsbewegung und der evangelischen Freikirchen. Damit wurde, weithin ohne dass man sich darüber theologisch Rechenschaft ablegte, ein wesentliches Element neutestamentlicher Ethik wiederaufgegriffen und zeugnishaft gelebt. Das Ansehen, das die Kirchen bisher in der Gesellschaft immer noch genießen, verdanken sie nicht zuletzt dem selbstlosen Einsatz tausender Diakonissen und ihrer diakonischen Einrichtungen. Eben dieser Einsatz aber wäre nicht denkbar gewesen ohne die Evangelischen Räte. Nur so konnten die Diakonissen, frei von familiären Verpflichtungen und unter Verzicht auf persönliches Einkommen, ihren Dienst tun. Auch der Gewinn, den Diakonissenhäuser erwirtschafteten, floss ja wieder in deren diakonisch-missionarische Einrichtungen.

In den evangelischen Kommunitäten, die seit der Mitte des 20. Jahrhunderts entstanden, knüpfte man von Anfang an bewusst an die altkirchliche monastische Bewegung mit ihren Evangelischen Räten an, damit auch, wenn auch in unterschiedlicher Weise, an die freiwillige Armut, insbesondere indem man zugunsten der Gemeinschaft und ihrer Arbeit auf das eigene Einkommen verzichtet (Biot 103).

d. Zur Bedeutung des freiwilligen Eigentumsverzichts

Gerade in unserer Zeit, die vorherrschend von wirtschaftlichen Fragen und oft ungebremstem Gewinnstreben bestimmt ist, kommt dem freiwilligen Eigentumsverzicht, wie er in solchen christlichen Gemeinschaften gelebt wird, eine besondere Bedeutung zu. Er kann nicht zum allgemeinen Prinzip gemacht werden. Das würde seine Freiwilligkeit aufheben und damit, wie im Kommunismus, Freiheit überhaupt durch gesellschaftlichen Zwang ersetzen. Anders als etwa in der Philosophie des Diogenes ist solcher Besitzverzicht aber auch nicht aus einer negativen Haltung zur Welt motiviert, sondern positiv aus der Liebe zu Gott und den Menschen. „Jede Entsagung, die durch eine entschlossene, starke Liebe um Gottes und der Brüder willen das auf das Eigentum gerichtete Begehren abstößt, stärkt nicht nur den, der dies Opfer bringt, sondern besitzt auch für die Gesamtheit den höchsten Wert“ (Schlatter 429). Darin ist christlich motivierter Eigentumsverzicht ein sichtbares Zeichen der im Glauben an Jesus Christus bereits gegenwärtig wirksamen, gesellschaftsrelevant lebensverändernden Gottesherrschaft.

Literatur:

Athanasius, Leben des Heiligen Antonius, in: Ausgewählte Schriften des Hl. Athanasius Bd. 2, BKV Kempten 1875, 218-330; Die Benediktus-Regel, lat./dt. hg. von B. Steidle OSB, Beuron 1975; E. Beyreuther, Geschichte der Diakonie und inneren Mission in der Neuzeit, Berlin 1962; F. Biot, Evangelische Ordensgemeinschaften, Mainz 1962; K. Bockmühl, Gesetz und Geist. Eine kritische Würdigung des Erbes protestantischer Ethik, Gießen 1987; H. Burkhardt, Freiwillige Armut, in: akzente 101. Jg./2006, 61-72; H. Dörrie, Art. Diogenes, in: KP Bd. 2, 47f; E. Geldbach, Einfach-alternativer Lebensstil – historische Modelle, in: H. Burkhardt (Hg.), Einfacher Lebensstil – ein neuer Maßstab?, Wuppertal 1981, 31-42 (vgl. E. Geldbach, Ein Modell radikaler Jesus-Nachfolge, in: ThBeitr Jg. 17/1986, 306-313); M. Hengel, Eigentum und Reichtum in der frühen Kirche, Stuttgart 1973; Flavius Josephus, Jewish Antiquities, gr./lat. hg. von L. H., Bd. IX, Cambridge Mass. 1965; ders., De Bello Judaico, gr./dt. hg. von O. Michel und O. Bauernfeind, Bd. I, München ²1962; B. Lohse, Askese und Mönchtum in der Antike und in der alten Kirche, München/Wien 1969; Philo von Alexandria, Die Werke in deutscher Übersetzung, hg. von L. Cohn u.a., Bd. VII, Berlin 1964; Die Texte aus Qumran, hebr./dt. hg. von E. Lohse, Darmstadt, 1971; R. Riesner, Formen gemeinsamen Lebens im Neuen Testament und heute, Gießen 1977; O. Rousseau, Armut in der Regel des Benedikt, in: J. Zürcher (Hg.), Die Gelübde im Ordensleben, Bd. II: Die Armut, Einsiedeln 1958,73-91; A. Schlatter, Die christliche Ethik, Stuttgart ⁵1986.

1.2.2 Arbeit

Neben dem Eigentum ist die Arbeit der andere grundlegende Wirtschaftsfaktor. Wie beim Eigentum so war auch bei der Arbeit die Einschätzung ihrer Bedeutung für den Menschen selbst und sein Wirtschaften im Laufe der Zeit vielfältigem Wandel unterworfen. Sie schwankte immer wieder zwischen Hochschätzung einerseits und Geringschätzung andererseits.

1.2.2.1 Arbeit in der griechisch-römischen Antike

In der griechischen wie in der lateinischen Sprache finden wird für die Arbeit zwar neben neutralen Begriffen wie gr. *ergon* und lat. *opus* auch solche, die von der mit der Arbeit verbundenen Mühe sprechen: gr. *ponos* (von *penomai* = sich anstrengen, abmühen) und *mochthos* (von *mochtheo* = sich abmühen, plagen); lat. *labor* (verwandt mit labare = Wanken unter einer Last; v. Albrecht 490; vgl. Hengel 175). Trotzdem begegnet uns in der griechisch-römischen Antike zunächst generell eine hohe Wertschätzung der Arbeit, gerade auch der Handarbeit. Athene ist die Schutzgöttin der Handwerker, Hephaistos der Gott speziell der Schmiede; Demeter ist die Herrin der Landarbeit (v. Albrecht 490f). „Die Adelsgesellschaft, die sich in den homerischen Epen spiegelt, verachtet grundsätzlich keine handwerkliche Tätigkeit …: handwerkliche Tüchtigkeit gereicht sogar Königen zur Ehre" (v. Albrecht 491). In seinem Lehrgedicht „Erga" schildert Hesiod (um 700 v.Chr.) „ohne Beschönigung" (v. Albrecht 491) die harte Arbeit des Landmanns durch die Jahreszeiten hindurch (383-617). Auch der Reiche „rührt emsig sich beim Pflügen" (22). Deshalb ermahnt Hesiod seinen Bruder Perses, sich für Arbeit nicht für zu schade zu halten: „Wer zufasst beim Werk, den Unersterblichen ist er viel lieber. Arbeit, die ist nicht Schande, das Nichtstun jedoch, das ist Schande" (309-311). Hinter solchen Aussagen wird nun allerdings auch eine andere (von Hesiod bekämpfte) mögliche Auffassung erkennbar: Eben dass Arbeit eines Vornehmen eigentlich unwürdig sein könnte. Diese Auffassung fand später weite Verbreitung. So fordert Aristoteles (384–322), dass keiner, der auf Erwerbsarbeit angewiesen ist, Bürgerrecht im Staat haben solle, weil die Arbeit ihn hindere, die bürgerlichen Tugenden zu entwickeln und zu betätigen (Politik III,5, 1278a), wobei vermutlich weniger an Arbeit überhaupt als vielmehr die lohnabhängige Arbeit gedacht ist, die man als eines freien Bürgers unwürdig ansieht (Weinstock 9; vgl. v. Albrecht 492).

Eine ähnliche Entwicklung zeigt sich in Rom: „In der ‚Bauernstadt' Rom leisten auch im 4. Jh. v. Chr. die Adligen noch schwere Landarbeit" (v. Albrecht 493). Noch bei Vergil (70–19 v.Chr.) in seinem Gedicht über das Landleben („Georgica") spiegelt sich diese hohe Wertschätzung der Arbeit, und zwar keineswegs „romantisch-idealisierend" (Hengel 176), sondern im realistischen Wissen auch um die Härten dieses Lebens (vgl. Georgica 128ff). Mit der Zunahme des durch Sklaven bewirtschafteten Großgrundbesitzes allerdings veränderte sich diese positive Einstellung zur Arbeit. Schon Cicero (106–43 v.Chr.) meint: „Eines Freien nicht würdig und schmutzig ist der Erwerb aller Tagelöhner, deren Arbeitsleistung, nicht Fertigkeiten gekauft werden … Und alle Handwerker betätigen sich in einer schmutzigen Kunst. Denn eine Werkstatt kann nichts Freies haben" (De officiis I,150). Sie sind deshalb von Staatsämtern ausgeschlossen (Hengel 177). Wenn Cicero dagegen im Landbau eine standesgemäße Einnahmequelle sieht (De officiis I,151), dürfte er wohl nur an die im Landbau nicht mehr selbst körperlich arbeitenden Großgrundbesitzer denken (v. Albrecht 493). Der spätstoische Philosoph Musonius (1. Jh. n.Chr.) dagegen in seiner Schrift „Wo der Philosoph seinen Lebensunterhalt erwerben sollte" betont wieder, dass gerade die schwere körperliche Arbeit des Bauern eines freien Mannes, und also auch eines Philosophen, durchaus würdig sei – allerdings unter der Voraussetzung, dass sie „den Körper nicht übermäßig anstrengt" und so von der Philosophie ablenkt (Musonius XI, 471; vgl. auch 475: „... dass man sich abmühen und lieber mit körperlicher Arbeit quälen muss, statt einen anderen Menschen zu beanspruchen, der einen ernährt").

Literatur:

M. v. Albrecht, Art. Arbeit, in: PK 1, 490-494; Aristoteles, Politik, übers. von E. Rolfes, Leipzig [3]1943; Cicero, Vom rechten Handelns (De officiis) lt./dt. hg. u. übers. von K. Büchner, Zürich 1994; Musonius, in: Epiktet.Teles.Musonius, Ausgewählte Schriften, gr./dt. hg. u. übers. von R. Nickel, Zürich 1994; M. Hengel, Die Arbeit im frühen Christentum, in: ThBeitr Jg. 17/1986, 174-212; Hesiod, Sämtliche Gedichte, übers. u. erl. von W. Marg, Darmstadt [2]1984; Vergil, Landleben, lt./dt., hg. von J. Götte, München [3]1958; H. Weinstock, Arbeit und Bildung, Heidelberg 1954.

1.2.2.2 Arbeit in der Bibel

Im *Alten Testament* verbindet die Erzählung von der Erschaffung des Menschen diese sofort mit einem Auftrag an ihn: „Lasst uns Menschen machen, ein Bild, das uns gleich sei, die da herrschen über die Fische ..." (Gen 1,26; vgl. V. 28: „... macht euch die Erde untertan"). Was dies „herrschen" konkret bedeutet, wird hier nur durch den Hinweis angedeutet, dass der Mensch die Pflanzen zur Nahrung nutzen solle (V. 29f; erst nach der Sintflut auch die Tiere, Gen 9,26). Von Arbeit als produktiver Tätigkeit ist zunächst ausdrücklich keine Rede. Das ändert sich aber in dem den ersten Schöpfungsbericht interpretierenden zweiten Bericht. Er beginnt mit der Aussage: „Es war zu der Zeit, da Gott der HERR die Erde und den Himmel machte. Und alle die Sträucher auf dem Felde waren noch nicht da ... und kein Mensch war da, das Land zu bebauen" (Gen 2,5). Damit wird die Existenz des Menschen zugleich mit einer Zielbestimmung verbunden: den Erdboden zu bearbeiten *(le`abod ät haadamah)*. Nach der Erschaffung des Menschen wird der Auftrag an ihn noch einmal ausdrücklich formuliert: Gott führt den Menschen in den Garten Eden, „dass er ihn bearbeite und bewahre" (V. 15). „Bearbeiten" *(`abad)* ist dabei offensichtlich mehr als nur ein Hinnehmen des Vorhandenen, vielmehr ein Weiterentwickeln. „Durch die Arbeit des Bauern wird die Einöde zum Kulturland“ (Hengel 179). Der Mensch tritt in das Werk Gottes ein und führt es in seiner Arbeit fort. Die menschliche Arbeit dient also nicht nur seinem Selbsterhalt, sondern der Herrschaftsauftrag wird zum Kulturauftrag (gegen Preuß 616, der darin zu Unrecht eine Überinterpretation des Textes sieht). Gott macht „den Menschen zu seinem Gehilfen und Mitarbeiter“ (Hengel 180). In diesem Sinn ist Arbeit verstanden „als die göttliche Bestimmung des Menschen, nicht als Fluch“ (Eichrodt II,65).

Dabei ist bemerkenswert, dass auch das schöpferische Handeln Gottes selbst in gewisser Weise als Arbeit verstanden ist: Im Hebr. ist mit *bara* zwar ein eigenes, nur dem schöpferischen Handeln Gottes vorbehaltenes Wort gebraucht. Dies kennzeichnet aber wohl mehr nur die Souveränität voraussetzungslosen göttlichen Schaffens, nicht aber, wie oft angenommen (v. Rad 37: „vollendete Mühelosigkeit“), auch die Mühelosigkeit seines Tuns im Unterschied zu mühseliger menschlicher Arbeit. Vielmehr, wenn es von Gott heißt, er „ruhte von all seinen Werken (*malachot* von *laach* = einen Dienst verrichten)“ (Gen 2,2f), so ist damit offensichtlich die Vorstellung von Mühe verbunden, die ein Ausruhen von ihr nötig macht (vgl. auch Ex 20,11).

Die menschliche Arbeit hat also in biblischer Sicht eine einzigartige Würde: Sie ist Fortführung der schöpferischen Arbeit Gottes. Der Mensch tritt gleichsam mitschöpferisch ein in die Mitarbeit am schöpferischen Werk Gottes. Aus an sich schon Vorhandenem entsteht dadurch etwas, das so eben noch nicht da war: der bebaute, „kultivierte“ Erdboden als Grundelement aller Kultur überhaupt. Dieser Zusammenhang menschlicher Arbeit mit der Gottes ist damit ein Ausdruck der Ebenbildlichkeit Gottes. Der Bericht der biblischen Urgeschichte zeigt dann weiter, dass solche Arbeit des Menschen zur Spezialisierung in Arbeitsteilung führt: Neben Ackerbau und Viehzucht (Gen 4,2.20) entstehen das Handwerk (Gen 4,22: Erzgewinnung und Schmiedekunst) und auch schöne Künste (Gen 4,21: Zither- und Flötenspieler).

Diese außerordentlich positive Sicht menschlicher Arbeit wird allerdings getrübt durch das tief in die menschliche Geschichte eingreifende Ereignis des Sündenfalls: Der Mensch begnügt sich nicht mit seiner „Herrschaft“ im Sinne der Haushalterschaft im Auftrag Gottes. Er greift nach der Selbstherrschaft, will „sein wie Gott“ (Gen 3,5). Daraufhin weist das richtende Wort Gottes ihn in seine Schranken. Das Gerichtswort Gottes richtet sich zunächst an die Frau („Unter Mühen sollst du Kinder gebären“, V. 16), dann an den Mann („Verflucht sei der Acker um deinetwillen, mit Mühe sollst du dich nähren dein Leben lang“, V. 17).

Zwar gilt der Fluch Gottes nur dem Erdboden, nicht dem Menschen selbst oder seiner Arbeit. Aber der Fluch wirkt doch auf den Menschen und seine Arbeit zurück. Dornen und Disteln (V. 18) machen das Bebauen des Erdbodens mühsam. Das für die Mühsal gebrauchte hebr. Wort *azbon* bedeutet Schmerz und kennzeichnet auch die Geburtswehen der Frau (V. 16). Die Schwere des Bodens und die Arbeit in der Hitze des Tages führen zur Arbeit „im Schweiße des Angesichts“ (V. 19). Weder die Arbeit an sich noch dass sie ermüdet, ist also neu. Wohl aber wird dieser Effekt jetzt, als Folge des Sündenfalls, verschärft. Die Arbeit wird zur Last – ein Gedanke, der von hier an das biblische Reden von der Arbeit ständig begleitet.

Dieser Aspekt, dass die Arbeit das Leben des Menschen belastet, kommt besonders in der biblischen Weisheit zum Ausdruck, wie etwa in dem bekannten Psalmwort: „Die Zeit unseres Lebens währt siebzig Jahre, wenn es hochkommt achtzig und ihr Stolz ist Arbeit (*amal* = sich abmühen) und Mühe (*awon* = Nichtigkeit)“ (Ps 90,10), vor allem aber im Buch des Predigers (Kohelet). Für die Arbeit steht hier 26-mal das Wort *amal* und 6-mal das Wort *injan* (= leidiges Geschäft). Die so empfundene Arbeit wird in der skeptischen Sicht des Predigers zum Symbol der Hinfälligkeit und Fruchtlosigkeit menschlichen Lebens.

Trotz alledem bleibt die Arbeit im Alten Testament nicht einseitig von dieser kritischen Sicht bestimmt. Es finden sich durchgehend auch positive Aussagen, die vom Segen Gottes sprechen, der auf menschlicher Arbeit ruhen kann und von dem sie abhängig ist. So schließt gerade der Psalm 90 mit der Aussage: „Der Herr, unser Gott, sei uns freundlich und fördere (*kun* = stärken) das Werk unserer Hände“ (V. 17a; vgl. Dt 2,7b u.ö.; vgl. Preuß 615,43ff; Burkhardt 66-69). Arbeit zeichnet den Menschen vor dem Tier aus (Ps 104,20-23; vgl. Burkhardt 67).

Die Würdigung der Arbeit und des Arbeiters kommt auch darin zum Ausdruck, dass, wer fremde Arbeit für sich in Anspruch nimmt, dem Arbeitenden einen angemessenen Lohn schuldig ist (Dt 24,14; Mal 3,5) und seine baldige Auszahlung nachdrücklich eingeschärft wird (Lev 19,13; Dt 24,15; Jer 22,13; vgl. Sir 34,22: „Blut vergießt, wer dem Arbeiter den Lohn vorenthält“, und Jak 5,4; Hengel 185).

Wie das Alte Testament, ja eher noch einseitiger, wertet das *Neue Testament* die Arbeit und den arbeitenden Menschen positiv. Jesus selbst ist in der Familie eines Zimmermanns aufgewachsen (Mt 13,55) und hat vermutlich auch selbst dies Handwerk gelernt und ausgeübt (Mk 6,3; vgl. Riesner 217f). Jesu erste Jünger waren Fischer. Auf seine Aufforderung hin, noch einmal zum Fischfang hinauszufahren, antworten sie: „Wir haben die ganze Nacht gearbeitet (*kopiasantes* von *kopiao* = sich abmühen, abplagen) und nichts gefangen" (Lk 5,4f). Jesus sieht, dass die Notwendigkeit, für den Lebensunterhalt zu arbeiten, auch zu einer glaubenslosen Sorge führen kann, die daran hindert, Gottes Wort zu hören (Mt 6,25: „Sorget nicht"; Lk 10,41f: „Du hast viel Sorge und Mühe. Eins aber ist not"). Andererseits erwartet er von seinen Jüngern aber auch keine selbstzerstörerische rastlose Tätigkeit (Mk 6,31: „Ruhet ein wenig").

Eine auffallend große Rolle spielt das Thema Arbeit in der ethischen Unterweisung und auch eigenen Lebensführung des Apostels Paulus. Wie es bei den jüdischen Schriftgelehrten allgemein üblich war, so hat auch Paulus ein Handwerk erlernt, das des Zeltmachers (Apg 18,3; vgl. Hengel 196). Sehr nüchtern beschreibt er seine Arbeit als *kopoo kai mochthoo* (= in Mühe und Plage) geschehend. An sich hätte er zwar ein Anrecht auf Unterhalt durch die Gemeinden gehabt (1Kor 9,14), verzichtet aber auf dies Vorrecht (V. 15). Er tut dies, um so einerseits von vornherein dem möglichen Verdacht vorzubeugen, dass es ihm, wie etwa heidnischen Wanderpredigern, in seiner Verkündigung nur darum gehe, Geschäfte zu machen (2Kor 2,17; Apg 20,33-35), andererseits um durch sein eigenes Vorbild die Christen in seinen Gemeinden zu einem entsprechenden Verhalten anzuleiten, nämlich niemand anderem zur Last zu fallen, sondern sich selbst seinen Lebensunterhalt zu verdienen (1Thess 2,9; 4,11; 2Thess 3,7-9). Arbeit ist zum Erhalt des eigenen Lebens natürlicherweise nötig. Damit ist sie zugleich für jedermann sittliche Pflicht: „Wer nicht arbeiten will, soll auch nicht essen" (2Thess 3,10). Dem Christen geht es dabei nicht nur um den eigenen Lebensunterhalt, sondern darüber hinaus auch darum, sich die Möglichkeit zu verschaffen, anderen zu helfen: „... damit er habe, zu geben dem Bedürftigen" (Eph 4,28; vgl. Apg 20,35 und später Hermas Sim 9,24). Man kann so von der „Sozialpflichtigkeit der eigenen Arbeit" sprechen (Hengel 202). Schließlich ist, sofern jeder Christ sich als Diener Christi weiß, die Bewährung in jeder Arbeit, auch der des Sklaven, nicht nur für Menschen, sondern für den himmlischen Herrn getan (Eph 6,5-8). Die antike Institution der Sklaverei wird dabei von Paulus noch nicht direkt bekämpft, wohl aber von innen heraus überwunden, wie besonders eindrücklich das Verhalten beweist, das er von dem christlichen Herrn Philemon gegenüber seinem entlaufenen und in der Seelsorge des Paulus gläubig geworden Sklaven Onesimus erwartet (Phlm 10-20; vgl. Schrage 225f).

Neben solche praktische Arbeit „mit den eigenen Händen“ tritt im Neuen Testament aber noch eine andere Art Arbeit: die der Verkündigung und Lehre (Hengel 193f). Als Jesus seine ersten Jünger beruft, überträgt er ihre Berufstätigkeit als Bild auf ihre neue Tätigkeit in der Verkündigung des anbrechenden Reiches Gottes: „Von nun an werdet ihr Menschen fangen“ (Lk 5,10). In anderen Worten verwendet er Bilder aus der Landwirtschaft: „Die Arbeit ist groß, aber wenige sind der Arbeiter. Darum bittet den Herrn der Ernte, dass er Arbeiter in seine Ernte sende“ (Mt 9,37). „Das Feld ist weiß zur Ernte … andere haben gearbeitet und ihr seid in ihre Arbeit *(kopos)* gekommen“ (Joh 4,35.38). Solche Arbeit hat eine besondere Dringlichkeit nicht zuletzt angesichts dessen, dass „die Zeit kommt, da niemand mehr wirken *(ergazesthai)* kann“ (Joh 9,4). Dabei gilt auch von solcher Arbeit grundsätzlich das Gesetz des Lohnes: „Der Arbeiter ist seines Lohnes wert“ (Lk 10,7/Mt 10,10; vgl. die Berufung auf dies Jesuswort in 1Kor 9,14). So versteht auch der Apostel Paulus seine missionarische und gemeindegründende Tätigkeit als Arbeit (*kopian* 1Kor 15,10; Gal 4,11; Phil 2,16). Seine Gemeinden fordert er auf, den gemeindeleitenden Dienst derer anzuerkennen, „die unter euch arbeiten“ (1Thess 5,12 *kopioontes*; vgl. Kol 4,13 *ponos*). Sie sind „Gottes Mitarbeiter“ (*theou synergoi* 1Kor 3,9). Solche Arbeit hat nicht mehr nur vergänglichen, sondern „im HERRN“ bleibenden Wert (1Kor 15,58; Egelkraut 62).

Literatur:

H. Burkhardt, Arbeit – Segen oder Fluch?, in: ders., Wirtschaft ohne Ethik? Biblische Beiträge zu Grundfragen des Wirtschaftlebens, Gießen 2000, 61-77; H. Egelkraut, Die Arbeit: Segen oder Fluch. Eine biblisch-theologische Einführung, in: W. Lachmann/H. Egelkraut/ H. Sautter, Die Krise der Arbeitsgesellschaft, Wuppertal 1984, 46-72; W. Eichrodt, Theologie des Alten Testaments, II. Teil, Leipzig 1935, 74-212; H. D. Preuß, Art. Arbeit, Altes Testament, in: TRE 3, 613-618; G. v. Rad, Das erste Buch Mose, Kap. 1-12, ATD 2, Göttingen 1964; R. Riesner, Jesus als Lehrer, Tübingen [3]1987; W. Schrage, Ethik des Neuen Testaments, Göttingen 1982.

1.2.2.3 Zur nachbiblischen Geschichte des Verständnisses der Arbeit

Wie der Bibel jede Geringschätzung auch harter körperlicher Arbeit fremd ist, so begegnet uns auch in der Alten Kirche weithin eine positive Einstellung zur Arbeit. Gemeinden werden ermahnt, reisende Christen bei längerem Verweilen zur Arbeit anzuhalten (Didache 12,3, Gülzow 625). Auch das frühe Mönchtum legt Wert auf die Arbeit in der klösterlichen Gemeinschaft. Die Bereitschaft, ein Handwerk auszuüben, ist Bedingung für die Aufnahme in den Orden (Gülzow 625). Das Prinzip des Miteinanders von „*Ora et labora*" prägt das klösterliche Leben insbesondere seit der benediktinischen Regel („Müßiggang ist der Feind der Seele. Deshalb sollen sich die Brüder zu bestimmten Zeiten mit Handarbeit, zu bestimmten Stunden dagegen mit heiliger Lesung beschäftigen … Erst dann sind sie wirklich Mönche, wenn sie von der Arbeit ihrer Hände leben", XLVIII,1.8). Daneben allerdings entwickelte sich im Lauf des Mittelalters auch, nicht zuletzt wohl unter griechisch-philosophischem Einfluss, eine Höherschätzung des „beschaulichen" Lebens *(vita contemplativa)* gegenüber der von weltlicher Arbeit bestimmten Lebensführung *(vita activa)* (Le Goff 628f; vgl. zur Mühlen 636).

In der Reformation erfährt die Arbeit im Zusammenhang mit Luthers Berufsverständnis eine außerordentliche Aufwertung: Als Erfüllung der dem Menschen in seinem Stand zugewiesenen Pflicht ist alle Arbeit von gleichem Wert und Gottesdienst (zur Mühlen 637). In neuzeitlicher Philosophie tritt der Gesichtspunkt der Selbstverwirklichung in der Arbeit in den Vordergrund. Nach F. Bacon (1561–1626) bemächtigt der Mensch sich in der Arbeit der Welt (Honecker TRE 639). Für John Locke (1632–1704) verleiht erst die menschliche Arbeit den Dingen ihren Wert und begründet so ein Eigentumsrecht an ihnen (Brocker 178f; Honecker TRE 640). Für A. Smith (1723–1790) wurde die Arbeit zum entscheidenden Produktionsfaktor und Zentralbegriff seiner Wirtschaftstheorie (Honecker 642). Der optimistischen Weltsicht der Aufklärung wurde Arbeit der Weg zu bürgerlichem Glück. Der idealistische Philosoph G. F. W. Hegel (1770–1831) verstand Arbeit als Mittel der Selbstbefreiung des Menschen von den Zwängen der Natur (Honecker 643). Der schottische Philosoph Th. Carlyle (1795–1881) verklärte sie gar, in einseitiger Übersteigerung der reformatorischen Auffassung der Berufsarbeit als Gottesdienst, zu einer Art Religion: „*Laborare est orare*, Arbeiten heißt beten" (Carlyle 15).

Eine weitreichende Veränderung der geschichtlichen Situation ergab sich durch den Fortschritt von einer vorwiegend handwerklichen Produktionsweise in kleinen und mittleren Betrieben zur industriellen Produktionsweise in Großbetrieben. Der Einsatz ständig weiterentwickelter Maschinen führte dazu, dass die menschliche Arbeit immer mehr zerstückelt und mechanisiert wurde („Industrielle Revolution", vgl. Rich 47). An die Stelle des beruflich durch sorgfältige Ausbildung qualifizierten Handwerkers trat der massenweise eingesetzte, ungelernte und deshalb auch leicht ersetzbare Arbeiter. Als Teil der Produktionskosten wurde der Lohn, ohne Rücksicht auf die Person des Arbeiters und sein soziales Umfeld, möglichst auf einem so niedrigen Niveau gehalten, dass dadurch gerade noch die Arbeitskraft erhalten wurde. Eine einflussreiche Analyse der Situation gab K. Marx (1818–1883): „Der Preis einer Ware, also auch der Arbeit, ist ... gleich ihren Produktionskosten. In demselben Maße, in dem die Widerwärtigkeit der (nur mechanischen, H. B.) Arbeit wächst, nimmt daher der Lohn ab. Noch mehr, in demselben Maße nimmt auch die Masse der Arbeit zu, sei es durch Vermehrung der Arbeitsstunden, sei es durch Vermehrung der in einer gegebenen Zeit geforderten Arbeit" (Marx/Engels 65). Während so, nach K. Marx, auf der Seite der Großunternehmer sich immer mehr Kapital konzentriert, verelendet die Masse der Arbeiter zur Klasse der Proletarier. Nur eine revolutionäre Veränderung der Gesellschaft durch Aufhebung des den Arbeiterstand ausbeutenden Privateigentums an den Produktionsmitteln kann nach K. Marx die Lage des in der mechanisierten Arbeit sich selbst entfremdeten Arbeiters verändern und eine freie Entwicklung aller in der Arbeit ermöglichen (Marx/Engels 76.87).

Der radikale Flügel der sich im 19. Jahrhundert bildenden Arbeiterbewegung ging, unter der Anleitung durch die Ideologie des Marxismus-Leninismus, diesen Weg der Revolution, der aber in den von der Sowjetunion dominierten Staaten des sog. Ostblocks im „real existierenden Sozialismus" schließlich zum Stocken kam und in der Wende von 1989 sein wirtschaftliches (Ineffektivität) und menschliches (Parteidiktatur) Scheitern offenbarte. Dagegen führten im sog. Westen Bemühungen von Seiten der Arbeiter (Gewerkschaften, demokratische Arbeiterparteien), der Unternehmer und des Staates, in Deutschland vor allem seit Bismarcks Sozialgesetzgebung (1883–1889), zu kontinuierlicher Verbesserung der Situation des Arbeiters.

Die christliche Kirche hat relativ spät ihre Mitverantwortung für die soziale Frage erkannt. Es waren zunächst vor allem einzelne christliche Unternehmer, wie etwa der badische Fabrikant C. Mez (1808–1877), welche versuchten, die Lebens- und Arbeitsbedingungen ihrer Arbeiter zu verbessern (wohnortnahe Filialbetriebe, Pensionsanstalt, Betriebssparkasse, Krankenversicherung, Mitbestimmung und Gewinnbeteiligung in einer sog. „Bundesfabrik", vgl. vom Orde 173-198). Einen wichtigen Beitrag zur Wahrnehmung und Bewältigung der sozialen Frage leistete die im 19. Jahrhundert entwickelte katholische Soziallehre, nicht zuletzt durch die 1891 herausgegebene Enzyklika *Rerum novarum* von Papst Leo XIII., in der die Würde der Arbeit und des Arbeiters stark betont wurde (vgl. auch die Enzykliken Papst Johannes Paul II. von 1981 und 1991 *Laborem exercens* und *Centesimus annus*). Auf protestantischer Seite versuchte zur gleichen Zeit vor allem der von A. Stöcker (1835–1909) angeregte Evangelisch-Soziale Kongress, der Kirche ihre soziale Verantwortung gegenüber der Arbeitswelt bewusstzumachen. Ihm gehörten so unterschiedliche Persönlichkeiten an wie der liberale Theologe A. v. Harnack (1851–1930) und der biblizistische Lutheraner H. Cremer (1834–1903). Seitdem hat das Thema Arbeit vermehrt auch in evangelischer Ethik Beachtung gefunden (vgl. etwa Schlatter 415-422; Wünsch 538-566; Lütgert 193-203; Brunner 369-379; Søe 229-237; Thielicke § 1429-1943; Honecker, 445-464; vgl. zur Geschichte der sozialen Marktwirtschaft: F. Segbers 226-303).

Gegenwärtig besteht, trotz aller nach wie vor bestehender Probleme bei den Arbeitsbedingungen (Enthumanisierung der Arbeit durch Spezialisierung und Mechanisierung; vgl. Brakelmann 658f; Rich 53ff), das Hauptproblem im verbreiteten Mangel an Arbeit als Folge vor allem der fortschreitenden Automatisierung der Produktion (durch Mikroelektronik) und der im Zuge der Globalisierung entstandenen Konkurrenz auf dem weltweiten Arbeitsmarkt (s.u. Exkurs 10: Globalisierung).

Literatur:

Die Benedikt-Regel, hg. von B. Steidle, Beuron 1975; G. Brakelmann, Art. Arbeit. Humanisierung der industriellen Arbeitswelt, in: TRE 1, 657-669; M. Brocker, Arbeit und Eigentum. Der Paradigmenwechsel in der neuzeitlichen Eigentumstheorie, Darmstadt 1992; E. Brunner, Das Gebot und die Ordnungen, Tübingen 1932; Th. Carlyle, Arbeiten und nicht verzweifeln, Königstein/Leipzig 1936; H. Gülzow, Art. Arbeit IV. Alte Kirche, in: TRE 3, 624-626; M. Honecker, Art. Arbeit VII. 18.–20. Jahrhundert, in: TRE 3, 639-657; ders., Grundriss der Sozialethik, Berlin 1995; H. J. Krüger, Art. Arbeit, in: HWP 1, 480-487; J. Le Goff, Art. Arbeit V. Mittelalter, in: TRE 3, 626-635; W. Lütgert, Ethik der Liebe, Gütersoh 1938; K. Marx/F. Engels, Manifest der kommunistischen Partei, in: Marx/Engels, Studienausgabe hg. von I. Fetscher, Bd. III, Frankfurt 1966; K. H. zur Mühlen, Art. Arbeit VI. Reformation, in: TRE 3, 635-639; K. vom Orde, Carl Mez. Ein Unternehmer in Industrie, Politik und Kirche, Gießen 1992; A. Rich, Wirtschaftsethik Bd. II, Gütersloh 1990; A. Schlatter, Die christliche Ethik, Stuttgart [5]1986; F. Segbers, Die Hausordnung der Tora, Luzern [3]2002; N. H. Søe, Christliche Ethik, München 1949; H. Thielicke, Theologische Ethik, Bd. II,1, Tübingen 1959; G. Wünsch, Evangelische Wirtschaftsethik, Tübingen 1927.

1.2.2.4 Arbeit in christlicher Sicht

1.2.2.4.1 Zur Abgrenzung des Begriffs Arbeit

Unter Arbeit wird umgangssprachlich weithin vor allem (lohnabhängige) Berufsarbeit verstanden. Tatsächlich aber muss der Begriff weiter gefasst werden: Grundsätzlich ist jede „zweckvoll geordnete Tätigkeit" als Arbeit anzusehen (Cremer 7), im Unterschied zur Muße oder auch zum zweckfreien Spiel. In diesem Sinn kann nicht nur neben der körperlichen auch die geistige, sondern neben der lohnabhängigen auch die freiberufliche Tätigkeit (also auch des Unternehmers), neben der beruflichen auch private Tätigkeit (ehrenamtliche Tätigkeit bis hin zum Hobby) als Arbeit gelten, sofern sie eben „zweckvoll geordnete Tätigkeit" ist. Als solche hat sie in der Regel, um den Zweck zu erreichen, Widerstände im Arbeitenden selbst wie im Gegenstand der Arbeit zu überwinden. Insofern ist Arbeit – in unterschiedlichem Maße – mit Mühe verbunden, was in der für Arbeit gebrauchten Begrifflichkeit in allen Sprachen zum Ausdruck kommt (vgl. Chenu, HWP 481). Arbeit ist schließlich insofern Privileg des Menschen gegenüber dem Tier, als sie nicht, wie beim Tier, instinkgeleitet ist, sondern sich ihre Zwecke selbst bewusst setzt (Cremer 7; vgl. Thielicke § 1461; Rich 26: „dem Menschen gemäßes Werk"). Sofern man trotzdem beim Tier von Arbeit spricht, geschieht dies mehr im uneigentlichen, übertragenen Sinn.

1.2.2.4.2 Vom Sinn der Arbeit

In christlicher Sicht ist der Sinn der Arbeit eingebettet in die biblischen Aussagen von der Bestimmung des Menschen.

Die Grundaussage biblischer Anthropologie über das Wesen des Menschen ist die über seine Gottebenbildlichkeit: In der Individualität und Sozialität des Menschen spiegeln sich Gottes Freiheit und Liebe. In dieser Entsprechung ist die Voraussetzung seiner Bestimmung gegeben: Als Bild Gottes ist er Statthalter oder Verwalter Gottes (vgl. Bd. I, 66-70). Diese

Bestimmung wird präzisiert im Auftrag, die Erde „zu bebauen" bzw. zu bearbeiten *('abad* Gen 2,15). In diesem Auftrag liegt eine einzigartige Würde des Menschen: Mitarbeiter Gottes *(cooperator Dei)* am fortgehenden Werk der Schöpfung zu sein: „Der Mensch ist Mitarbeiter an der Schöpfung, er ist Demiurg ihrer Entfaltung durch seine Tätigkeit als Entdecker, Nutznießer und geistiger Baumeister der Natur" (Chenu, Die Arbeit 69). „Im Wort der göttlichen Offenbarung ist diese fundamentale Wahrheit zutiefst eingeprägt, dass der *Mensch*, als Abbild Gottes geschaffen, *durch seine Arbeit am Werk des Schöpfers teilnimmt*" *(Laborem exercens* 25*)*. Arbeit ist nie nur „notwendiges und darin oft genug mühsames Mittel zur Bestreitung des Lebensunterhaltes", sondern vor allem „Medium eines das Menschsein des Menschen bestätigenden Wirkens" (Rich 26).

Diese Grunderkenntnis vom Sinn der Arbeit ist in dreifacher Richtung zu entfalten:

a. Die individuelle Dimension der Arbeit

Die Arbeit dient dem Selbsterhalt des Menschen. Um sein Leben zu erhalten, muss er zu essen haben. Die dazu nötige Nahrung muss er sich verschaffen, sich darum bemühen. Er muss arbeiten, sei es direkt durch Landbau, sei es, im Zuge der Arbeitsteilung, durch andere Tätigkeit, deren Produkte er gegen die des Landbaus eintauschen kann. In der Notwendigkeit sich zu ernähren wird der Mensch in seiner Arbeit kulturschöpferisch tätig. Der Selbsterhaltungstrieb wird also der Erfüllung des dem Menschen gegebenen Auftrags dienstbar gemacht, die Erde zu beherrschen, indem er die in ihr liegenden Möglichkeiten entfaltet. Darin entfaltet der Mensch zugleich die in seiner Individualität gegebene Anlage zur Freiheit und verwirklicht darin sich selbst. Arbeit als Existenzbedingung wird zur Wesenserfüllung (vgl. Weinstock 31: „... zur Wesensbestimmung"; in christlicher Sicht allerdings geht die Bestimmung von Gott aus, nicht vom Menschen. Darin wird neben dem Verbindenden auch das Unterscheidende zwischen christlichem und humanistisch-idealistischem Verständnis der Arbeit deutlich). Wer nicht arbeitet, hat nicht nur nicht zu essen, sondern erfüllt auch nicht seine Lebensbestimmung. „Jedes ohne Arbeit verbrachte Leben (ist) wertlos" (Cremer 8).

Die Arbeit des Menschen kann also nicht losgelöst vom Menschen als beliebig verfügbare Ware betrachtet werden. In seiner Arbeit ist der Mensch immer auch er selbst. „Sowohl die erste Industrialisierung, welche die sogenannte Arbeiterfrage geschaffen hat, als auch die darauf folgenden industriellen und nachindustriellen Umwandlungen zeigen deutlich, dass auch im Zeitalter der immer stärker mechanisierten ‚Arbeit‘ der Mensch das eigentliche Subjekt der Arbeit bleibt“ *(Laborem Exercens* 5*)*.

Angesichts anhaltender Mechanisierung und Automatisierung bleibt die Bemühung um „Humanisierung der industriellen Arbeitswelt“ (Brakelmann 657; vgl. Weinstock 54ff) insbesondere durch Schaffung menschengerechter Arbeitsbedingungen ständige Aufgabe, u.a. durch *Job Rotation*, also Wechsel von Arbeitsplatz und -aufgabe, *Job Enlargement*, also Aufgabenvergrößerung, und *Job Enrichment*, also Aufgabenbereicherung oder Schaffung teilautonomer Gruppen in der Produktion (Brakelmann 659; Rich 63ff; Gremmels 244).

b. Die soziale Dimension der Arbeit

Als Individuum ist der Mensch immer zugleich auch Sozialwesen, als einzelner Mensch immer auch Mensch mit anderen und für andere. Entsprechendes gilt auch für seine Arbeit: Nach dem zweiten Schöpfungsbericht ist die Frau dem ersten Menschen als erster anderer Mensch „zur Hilfe“ gegeben (Gen 2,18), und zwar als Hilfe und Ergänzung eben auch und gerade in seiner Arbeit (Cremer 9). Arbeit dient nicht nur dem eigenen Selbsterhalt, sondern zugleich auch dem des anderen. „Sittlich ist … die Arbeit … wenn sie in der dienenden Liebe geschieht“ (Cremer 12). „Die Arbeit schafft nicht ein sachliches, dingliches, sondern ein persönliches Verhältnis, in welchem die Personen füreinander da sind“ (Cremer 14).

Das menschliche Miteinander schafft allerdings immer auch Abhängigkeiten und damit Einschränkungen der sich in der Arbeit betätigenden Freiheit des Einzelnen. Das wird besonders in lohnabhängiger Arbeit deutlich. Umso wichtiger ist, dass beide Seiten im anderen immer auch den Menschen sehen, nicht nur sein Produkt. Entsprechend muss auch das Verhältnis zwischen Arbeitgeber und Arbeitnehmer von gegenseitiger Verantwortung füreinander geprägt sein und damit zugleich auch für den anderen in seinem eigenen sozialen Umfeld (primär der Familie).

c. Die religiöse Dimension der Arbeit

Ein religiöser Sinnbezug der Arbeit ist grundsätzlich in aller Arbeit mitgegeben, sofern sie Mitarbeit am Werk der Schöpfung ist. In christlicher Sicht ist bestimmte Arbeit darüber hinaus aber auch Mitarbeit an dem erlösenden Werk Gottes, als Mitarbeit am Bau des Reiches Gottes. Deshalb ist es zumindest missverständlich, wenn gelegentlich Ersteres zwar bejaht, Letzteres aber ausdrücklich verneint wird („Der Mensch ist cooperator dei … allein bei der Weltgestaltung, nicht bei der Erlangung des Heils", Honecker 449). Richtig ist: Der Mensch ist in beidem abhängig von Gott (und hat insofern keinen Grund, sich zu rühmen). Aber in aller Abhängigkeit von Gott ist seine Tätigkeit doch selbsttätige und insofern freie Tätigkeit und Mitarbeit.

Dabei ist zu beachten, dass Arbeit zwar Lebensbestimmung des Menschen ist. Und doch ist sie kein Selbstzweck. Arbeit darf nicht zum ausschließlichen Lebensinhalt werden. Sie würde damit letztlich zum Götzen (Chenu, Die Arbeit 68). Muße und arbeitsfreier Lebensraum sind deshalb neben der Arbeit nicht nur eine natürliche Notwendigkeit als Erholung von der Mühe der Arbeit. Auch ist nicht nur die Arbeit selbst in gewissem Sinn Gottesdienst, sondern neben ihr ist ausdrücklich Raum zu geben für den Gottesdienst im eigentlichen Sinn: „Sechs Tage sollst du arbeiten und alle deine Werke tun. Aber am siebenten Tage ist der Sabbat des HERRN, deines Gottes" (Ex 20,9f). Damit ist der Arbeit nicht nur zeitlich, sondern auch in ihrer Sinnbestimmung von Gott her eine Grenze gesetzt. In der zugespitzten Aussage jüdischer Weisheit: „Der Wochentag bereitet den Sabbat vor, nicht der Sabbat den Wochentag" (Heinemann 113), liegt ein Wahrheitsmoment. Gebet ist immer möglich, selbst während der Arbeit. Aber Carlyles identifizierende These „Arbeiten *ist* Beten" hebt das Gebet faktisch auf und setzt die Arbeit an seine Stelle. Die Beziehung des Menschen zu Gott ist der letzte, alles umfassende Sinnhorizont seines Lebens und braucht ihre eigene Zeit und ihren eigenen Raum (vgl. zum Sabbatgebot Bd. II,1, 69-83).

Literatur:

G. Brakelmann, Art. Arbeit VIII. Humanisierung der industriellen Arbeitswelt, in: TRE 1, 657-669; H. Burkhardt, Unternehmensethik zwischen Mensch und Markt. Biblische Orientierung für ein förderliches Miteinander von Arbeitgebern und Arbeitnehmern, in: ThBeitr 42/2011, 211-221; M. D. Chenu, Die Arbeit und der göttliche Kosmos. Versuch einer Theologie der Arbeit, Mainz 1956; ders., Art. Arbeit, in: HWP 1, 480-482; H. Cremer, Arbeit und Eigentum in christlicher Sicht, Gießen 1984; C. Gremmels, Art. Arbeit, in: EKL –Internationale theologische Enzyklopädie Bd. 1, 237-244; I. Heinemann, Philons griechische und jüdische Bildung, Hildesheim 1973; M. Honecker, Grundriss der Sozialethik, Berlin 1995; Johannes Paul II., Enzyklika *Laborem exercens*, Verlautbarungen des apostolischen Stuhls 32, Bonn 1981; H. Weinstock, Arbeit und Bildung, Heidelberg 1954; A. Rich, Wirtschaftsethik Bd. II, Gütersloh 1990; H. Thielicke, Theologische Ethik II,1, Tübingen [2]1973; H. Weinstock, Arbeit und Bildung. Die Rolle der Arbeit im Prozess um unsere Menschwerdung, Heidelberg 1954.

1.2.2.5 Arbeit und Eigentum

Gegenüber einem einseitigen Verständnis von Eigentum im Sinne der Okkupationstheorie stellt die Arbeitstheorie J. Lockes (oben S. 144) eine wichtige Ergänzung dar:

Die *Okkupationstheorie* hat darin Recht, dass Eigentum nicht nur durch Arbeit entsteht, sondern etwas der Arbeit prinzipiell Vorausliegendes ist. Der Mensch ist immer erst sich selbst gegeben, ehe er etwas aus sich macht. Dabei findet er sich vor in der Kontinuität natürlichen (genetischen) und kulturellen Erbes, in die er hineingeboren wird. Dazu gehört auch überkommenes dingliches Eigentum. Dem, der durch Arbeit etwas machen will, muss zuvor das nötige Material vorgegeben sein (vgl. Burkhardt 57-59). Insofern hat das Eigentum Vorrang gegenüber der Arbeit (gegen *Laborem exercens* 12).

Aber auch die *Arbeitstheorie* hat ihr gutes Recht: In der Bearbeitung wird der Gegenstand durch den Bearbeitenden verändert. Was er jetzt ist, ist er wesentlich durch die Bearbeitung. Als Ergebnis schöpferischer Tätigkeit ist das Werk Ausdruck der Persönlichkeit des Arbeiters und gleichsam Teil von ihr. Er eignet es sich durch Arbeit an. Allerdings: In dem Maße, in dem die Arbeit sich aufteilt in kleine, mechanisierte Arbeitsschritte, löst sich das Werk von der Person des Arbeitenden. Die so entpersönlichte Arbeit wird zur Ware, die der Arbeitgeber, der auch Arbeitsplatz und Arbeitsmaterial zur Verfügung zu stellen in der Lage ist, vom Arbeitnehmer kauft und so sein Kapital vermehrt. Sofern dem gesammelten Kapital des Arbeitgebers das zerstreute „Humankapital" einzelner Arbeiter gegenübersteht, kommt es leicht dazu, dass der über das Kapital verfügende Arbeitgeber es als sein Recht ansieht, allein über Produktion und Produkt zu bestimmen, während der Arbeitnehmer sein Mitbestimmungsrecht durch den Lohn sozusagen verkauft hat. Die Bedeutung des Faktors Arbeit wird dann gegenüber der des Faktors Kapital prinzipiell geringer veranschlagt.

Beide sind Investoren: Der eine investiert sein Kapital, der andere seine Arbeitszeit und -kraft. Aber bei beiden wird nicht nur „etwas" investiert. Das ist besonders deutlich beim Arbeitnehmer: Mit der Arbeit, die er leistet, investiert er zugleich sich selbst in seinem sozialen Umfeld, mit seiner Verantwortung für sein eigenes Leben wie ggf. das seiner Familie, im Blick auf ihre gegenwärtige wie zukünftige Versorgung. Aber auch der Unternehmer investiert mit seinem Kapital nicht nur irgendetwas, sondern riskiert, sofern er sein Eigentum einsetzt, ebenfalls ein Stück seines Lebens und des Lebens derer, für die er in seinem unmittelbaren sozialen Umfeld Verantwortung trägt. Objektiv oder quantitativ mag das, was der Arbeitgeber investiert, als wesentlich mehr erscheinen. Subjektiv oder qualitativ besteht aber kein wirklicher Unterschied. Und auch quantitativ ist der Einsatz vergleichbar, wenn man die Summe der Arbeitnehmer in Betracht zieht. Dieser Summe eine Stimme zu verleihen, ist Aufgabe der Vertreter der Arbeitnehmerschaft (Gewerkschaften).

Beides gilt und greift ineinander: Arbeit setzt Eigentum voraus und Arbeit begründet Eigentum. Beide sind im Wesen des Menschen begründet. Nicht nur auf Seiten der Arbeit, sondern auch auf Seiten des Eigentums sind natürliche Menschenrechte zu achten. Weder steht auf der Seite des Arbeitgebers nur das Interesse der Wirtschaftlichkeit noch auf der Seite des Arbeitnehmers nur das der Menschlichkeit. Beide Faktoren dürfen nicht gegeneinander ausgespielt werden. Sofern aber dem Eigentum der prinzipielle Vorrang gegenüber der Arbeit gebührt, hat der Faktor Eigentum zwar einen Führungsanspruch gegenüber dem Faktor Arbeit (gegen Segbers 159ff, der eine „Priorität der Arbeit" postuliert, dabei aber das Menschenrecht auf Eigentum außer Betracht lässt) . Sofern aber auch die Arbeit eine Mitverantwortung des Arbeiters einschließt, hat er zumindest ein Recht auf Mitbestimmung. „Es ist der Sinn des Mitbestimmungsrechts, das bloße Lohnarbeiterverhältnis zu überwinden und den Arbeiter als Menschen und Mitarbeiter ernst zu nehmen" (Mitbestimmung 9, eine Erklärung des Rats der EKD aus dem Jahr 1950 zitierend; vgl. auch Honecker 510). In welchem Maße allerdings Mitbestimmung möglich ist, ist eine Frage der menschen- und sachgerechten wirtschaftlichen Organisation.

Gegenwärtig scheint sich das Kräfteverhältnis zwischen Kapital und Arbeit sehr stark auf das Kapital zu verlagern. Als wäre das Kapital der einzig relevante Wirtschaftsfaktor, wird der Kapitalgewinn (vor allem bei Aktiengesellschaften die Rendite für die Aktieninhaber) zunehmend zum einzigen Kriterium des wirtschaftlichen Erfolgs. Dabei werden die von den Investoren gewünschten Unternehmensgewinne oft weniger durch Steigerung der Produktion und des Absatzes erzielt, als vielmehr durch Einsparungen vor allem bei den Personalkosten (Lohnsenkungen, Entlassungen). Um der Erhaltung der Konkurrenzfähigkeit eines Unternehmens und seiner Produkte auf dem globalen Markt willen können solche Maßnahmen wirtschaftlich unvermeidlich sein. Eine Unternehmenspolitik allerdings, die, unter Verweis auf niedrigere Löhne anderswo, die Löhne senkt, gleichzeitig aber nicht nur die Renditen unverhältnismäßig steigert, sondern auch noch die Gehälter von Managern in astronomische Höhen steigen lässt, ist offensichtlich nicht von ökonomischer Notwendigkeit bestimmt, sondern von purer Habgier. Hier ist das Verhältnis zwischen Arbeit und Eigentum offensichtlich in Unordnung geraten. Kriterium der Leistungsfähigkeit einer Unternehmensführung ist nicht die Rendite, sondern die Wirtschaftskraft eines Unternehmens. Diese ist aber nie das Ergebnis nur eines guten Managements, sondern immer auch der Qualifikation und Leistung aller Mitarbeiter. Geht es einem Unternehmen schlecht, dürfen nicht nur die Arbeitnehmer die Kosten tragen. Geht es einem Unternehmen gut, haben alle Beteiligten ein Recht darauf, in angemessener Weise davon zu profitieren.

Literatur:

H. Burkhardt, Wirtschaft ohne Ethik?, Gießen 2000; Enzyklika *Laborem exercens*, Verlautbarungen des apostolischen Stuhls 32, Bonn 1981; Mitbestimmung in der Wirtschaft, Studie der Kammer für soziale Ordnung, mit Erläuterungen von E. Müller hg. vom Rat der EKD, Hamburg 1968; M. Honecker, Grundriss der Sozialethik, Berlin 1954 (506-512); F. Segbers, Die Hausordnung der Tora. Biblische Umpulse für eine theologische Wirtschaftsethik, Luzern [3]2002.

1.2.2.6 Arbeit und Arbeitslosigkeit

Nachdem nach dem 2. Weltkrieg im Zusammenhang mit dem sog. deutschen Wirtschaftswunder zeitweise nahezu Vollbeschäftigung erreicht worden war (Lachmann 211), ist in den letzten Jahrzehnten die mit der Zeit dramatisch zunehmende Arbeitslosigkeit geradezu zum gesellschaftlichen Hauptproblem geworden. 1990 betrug die Zahl der Arbeitslosen in Deutschland bereits über 2 Millionen, vier Jahre später war die Zahl schon fast doppelt so hoch (3,7). Inzwischen wurde längst die 5-Millionengrenze überschritten, also fast die Arbeitslosenzahl der großen Krise am Ende der Weimarer Republik (6 Mill.) erreicht. Erst 2006 wurden die Zahlen wieder rückläufig.

1.2.2.6.1 Ursachen der Arbeitslosigkeit

a. Eine traditionelle Ursache von zumindest zeitweiliger Arbeitslosigkeit besteht darin, dass bestimmte Wirtschaftsbereiche (wie Landwirtschaft, Bauwesen und Tourismus) stark vom Wechsel der Jahreszeiten abhängig sind. Man spricht hier von *saisonaler Arbeitslosigkeit* (Lachmann 208f; vgl. Paraskewopoulos 127f).

Wesentlich problematischer sind die beiden anderen Ursachen von Arbeitslosigkeit:

b. Eine sozusagen immer schon und immer wieder akute Hauptursache von Arbeitslosigkeit ist der durch eine schlechte Wirtschaftlage hervorgerufene Mangel an Arbeitsplätzen. Das Nachlassen der Nachfrage nach Produkten durch Konsumschwäche oder auch kostengünstigere ausländische Konkurrenz (Lachmann, Vorstellungen 14.19) nötigen zur Reduktion der Produktion und damit der Entlassung nicht mehr benötigter Arbeitskräfte. Klassisches Beispiel einer solchen konjunkturell bedingten Arbeitslosigkeit ist die durch die große Wirtschaftkrise Ende der 20er Jahre des vergangenen Jahrhunderts hervorgerufene Massenarbeitslosigkeit im damaligen Deutschen Reich. Umgekehrt führte das rasche Wirtschaftswachstum nach dem 2. Weltkrieg in der Bundesrepublik zeitweise nahezu zum Verschwinden der Arbeitslosigkeit. Im Zusammenhang mit solcher auf die aktuelle wirtschaftliche Entwicklung zurückzuführenden Lage auf dem Arbeitsmarkt spricht man von *konjunktureller Arbeitslosigkeit* (Lachmann 209; vgl. Paraskewopoulos 128-130).

c. Hauptursache der gegenwärtigen Arbeitslosigkeit aber ist die in den letzten Jahrzehnten vor allem im Zusammenhang mit der Entwicklung der Technik, speziell der Mikroelektronik, sprunghaft angestiegene Automatisierung in der Produktion wie im Dienstleistungsbereich. Im Bereich der Landwirtschaft z.B. fiel der Anteil der in ihr beschäftigten Personen von 30% der Bevölkerung zu Anfang der 50er Jahre auf 4% zu Beginn der 90er Jahre (Paraskewopoulos 133). Automatisierte Arbeitsvorgänge machen immer mehr menschliche Arbeit überflüssig. Es handelt sich also um eine „technologisch bedingte Arbeitslosigkeit" (Lachmann, Krise 13). Dieser technologische Wandel ist ein geschichtlicher Vorgang, der prinzipiell nicht rückgängig zu machen ist. Er ist keine aktuelle, sondern eine strukturelle Veränderung der Arbeitsbedingungen. Die durch sie hervorgerufene Arbeitslosigkeit ist entsprechend eine *strukturelle Arbeitslosigkeit* (Lachmann 209; vgl. Paraskewopoulos 130-135).

d. Als weitere Ursachen der gegenwärtigen Arbeitslosigkeit könnten genannt werden: Die in den vergangenen Jahrzehnten ständig gestiegenen Löhne und Lohnnebenkosten (Lachmann 215f), die z.T. zur Verlagerung der Produktion in Länder mit niedrigeren Lohnkosten führen; zum andern die zeitweise Steigerung der Zahl der Erwerbspersonen durch den Eintritt der geburtsstarken Jahrgänge der 60er Jahre in das Erwerbsleben (Lachmann 214). Auch die zunehmende Berufstätigkeit von Frauen und Zuwanderung fallen statistisch ins Gewicht. Die erhöhte Zahl an Erwerbspersonen dürfte allerdings durch die derzeit niedrigen Geburtenzahlen mit der Zeit wieder ausgeglichen werden.

1.2.2.6.2 Überlegungen zur Überwindung der Arbeitslosigkeit

Dass die Überwindung der Arbeitslosigkeit grundsätzlich ein Ziel jeder verantwortlichen Wirtschaftspolitik ist, ist aus ethischer Sicht selbstverständlich. Dabei sollte man sich allerdings nicht auf ein angebliches Recht auf Arbeit berufen. Sofern Arbeit eine wesentliche Bestimmung des Menschen ist, sollte keinem Menschen gegen seinen Willen Arbeit verwehrt und, wo Mangel an Arbeit ist, alles Verantwortbare getan werden, um Arbeit zu schaffen (objektives Recht auf Arbeit). Aber ein vom Einzelnen von der Gesellschaft zwingend einzuforderndes (subjektives) Recht auf Arbeit kann nur in diktatorisch gelenkter Wirtschaft durchgesetzt werden, und zwar auf Kosten nicht nur der Freiheit, sondern auch der Wirtschaftlichkeit (vgl. Lachmann, Vorstellungen 21). „Man kann keine freie Berufswahl ohne das Arbeitsmarktrisiko haben" (Honecker 457)

Verantwortbare Wege zur Überwindung der Arbeitslosigkeit aufzuzeigen, ist aber nicht eigentlich Sache der theologischer Ethik, sondern der Wirtschaftswissenschaft bzw. der Wirtschaftspolitik. Solche derzeit diskutierten Möglichkeiten sollen deshalb hier nur angedeutet werden:

Dabei ist zunächst zu bedenken, dass insbesondere Ursachen struktureller Arbeitslosigkeit, wie sie im technologischen Fortschritt gegeben sind, in ihrer Wirkung in der Regel ambivalent sind: Sie vernichten nicht nur Arbeit, sondern schaffen gleichzeitig auch neue Arbeit. Pauschale Technikfeindlichkeit wäre deshalb kein verantwortbarer (und ein auch gar nicht realisierbarer) Weg, Arbeitslosigkeit zu überwinden.

Neben der generellen Bemühung um Förderung des Wirtschaftswachstums werden im einzelnen vor allem folgende Wege diskutiert:

1. Verteilung der vorhandenen Arbeit durch Reduktion der Wochenarbeitszeit, bis hin zu Teilarbeitszeit (vgl. Lachmann Vorstellungen 30-43; vgl. schon Wünsch 606). Diese Überlegung legt sich heute insofern nahe, als angesichts der verbreiteten Unsicherheit der Arbeitsplätze Arbeitnehmer zunehmend geneigt sind, vermehrt Überstunden in Kauf zu nehmen, um den eigenen Arbeitsplatz nicht zu gefährden. Damit aber werden nicht nur sie selbst z.T. überfordert (bzw. ausgenutzt), sondern möglicherweise auch die Schaffung neuer Arbeitplätze verhindert (durch aktuelle Nachfrage nötige Überstunden sind von diesem Einwand natürlich nicht betroffen). Selbstverständlich müsste der Arbeitnehmer bei verkürzter Arbeitszeit auch entsprechende Lohneinbußen hinzunehmen bereit sein. Das Fehlende könnte evtl. auf dem sog. zweiten Arbeitsmarkt ergänzt werden (Lachmann, Vorstellungen 42f).

Als besonders probates Heilmittel gegen die Arbeitslosigkeit wurde zeitweilig die Verkürzung der Lebensarbeitszeit angesehen. Sie hat sich inzwischen aber als hochproblematisch erwiesen, da sie in nicht verantwortbarer Weise die Rentenkassen belastete.

2. Reduktion der Lohnnebenkosten. Als ein wichtiges Hindernis für die Schaffung neuer Arbeitsplätze gelten die derzeit hohen Lohnnebenkosten (Beteiligung des Arbeitgebers an den Kosten der sozialen Absicherung des Arbeitnehmers). Dabei macht die Reduktion dieser Kosten einen Ausgleich durch stärkere Eigenvorsorge des Arbeitnehmers selbst erforderlich.

3. Motivation insbesondere von Langzeitarbeitslosen zur Arbeit. Wenn Arbeit sich nicht zu lohnen scheint, weil Zahlungen für Arbeitslose kaum geringer sind als ein zu erwartender Lohn, so demotiviert ein solcher Umstand zweifellos den Arbeitsuchenden. Deshalb versucht man, die Motivation zur Arbeitssuche zu erhöhen durch Reduktion der Zahlungen an Arbeitslose einerseits (sog. Hartz-Gesetze) und Verbesserung der Hilfe bei der Arbeitssuche andererseits (Fortbildungsmaßnahmen etc.). Grundlegend wichtig aber ist, durch Erziehung und Bildung von der Kindheit an ein positives Verhältnis zur Arbeit zu fördern, nicht nur die Pflicht zur Arbeit, sondern auch die Freude an ihr zu vermitteln (vgl. Meves 17f).

1.2.2.6.3 Zum Umgang mit Arbeitslosigkeit

Neben der Überwindung der Arbeitslosigkeit generell ist aber vor allem der Umgang mit nun einmal vorhandener konkreter Arbeitslosigkeit vordringliches Thema ethischer Reflexion. Es ist natürlich gut, wenn Bedingungen geschaffen werden können, welche die Zahl der Arbeitslosen verringert. Was aber ist mit denen, die trotzdem noch arbeitslos bleiben?

Hier ist zunächst grundlegend daran zu erinnern, dass Arbeit wesentlich zum Menschsein gehört. Arbeitslosigkeit gefährdet also nicht nur die äußeren Lebensgrundlagen, sondern auch die inneren. Der Mensch ohne Arbeit kann nicht mehr tun, wozu er geschaffen wurde. Ihm wird die Möglichkeit der Selbstverwirklichung in der Arbeit genommen. Arbeitslosigkeit scheint das Leben des von ihr Betroffenen wertlos zu machen und verletzt damit sein Selbstwertgefühl. Arbeitslosigkeit wird als Sinn- und Wertverlust erlebt.

Demgegenüber hat Ethik daran zu erinnern:

1. Der Wert menschlichen Lebens liegt primär nicht in dem, was der Mensch aus ihm macht, sondern in ihm selbst, nicht in der Arbeit des Menschen, sondern im Menschsein des Menschen. In der Arbeit bewährt der Mensch seine Menschlichkeit. Aber sie macht ihn nicht erst zum Menschen. Deshalb ist auch die Rede von der Arbeit als „kräftigster Wurzel … der Menschwerdung“ (Weinstock 5) zumindest missverständlich. Jeder Mensch hat, vor aller Arbeit, von Gott her einen einzigartigen Wert als sein Geschöpf und Ebenbild. „Obwohl Arbeit die menschliche Persönlichkeit entscheidend prägt, ist der Mensch hinsichtlich seines *Personseins* nicht sein eigenes Kunstwerk, sondern Geschöpf Gottes“ (Volf 38f). Hier ist angesichts der weitverbreiteten gegenteiligen Überzeugung ein grundlegendes Umdenken nötig. Diese Sicht des Menschen ist nicht nur wichtig im Blick auf Arbeitlose, sondern ebenso auch für durch Alter oder Krankheit Arbeitsunfähige und ihr Selbstverständnis. Kein Mensch ist nur eine Last für andere, sondern zunächst und vor allem eine Bereicherung.

Vollends der gläubige Christ schöpft seine Identität nicht aus seinem Werk. Er weiß um seine Sünde und damit seine eigene Fragwürdigkeit, um die Gefahr, dass er seine Arbeit missbraucht zur Selbstherrschaft und Herrschaft über andere. Seinen wahren Selbstwert aber empfängt er allein aus der freien Gnade Gottes und der in Christus die Sünde vergebenden Liebe Gottes.

2. Weiter kann eine Hilfe darin bestehen, dass wir den Begriff der Arbeit weiter fassen, als dies im ökonomischen Sprachgebrauch normaler-

weise der Fall ist. Arbeit ist nicht nur Erwerbsarbeit. „Je mehr … die mit dem technischen Fortschritt einhergehende Steigerung der Arbeitsproduktivität ein Wirtschaftswachstum bei gleichzeitiger Verringerung der Arbeitsplätze ermöglicht, desto fragwürdiger wird die Verengung des Arbeitsbegriffs auf den der Erwerbsarbeit" (Für eine Zukunft 62). Vielmehr: Wenn in weiterem Sinn jede Anwendung von geistiger oder körperlicher Energie zu zweckvoll geordneter Tätigkeit Arbeit genannt werden kann (Burkhardt, Wirtschaft 76; vgl. Cremer 7), dann kann auch nichtberufliche Tätigkeit, in persönlicher Weiterbildung oder in wissenschaftlicher, künstlerischer oder sozialer Betätigung, Arbeit und damit sinnerfüllende Tätigkeit sein. Es dürfte jedenfalls eine fragwürdige Entwicklung des Denkens sein, dass heute weithin die soziale Identität von Menschen einseitig durch ihren Beruf bestimmt wird (Dahrendorf, nach Sautter, 93f). In wachsender Freizeit, aber eben damit doch auch in sog. Arbeitslosigkeit (Arbeit im engeren Sinn der Berufstätigkeit), liegt gerade für den, dem sein Beruf keine Möglichkeit solcher Entfaltung seiner Persönlichkeit gab, auch eine Chance, das zu verwirklichen, was ihm sonst innerhalb seines Berufes nicht möglich war. Es könnte eine wichtige sozialdiakonische Aufgabe sein, zu solcher Betätigung Anregung und Hilfestellung zu geben. Ein eindrückliches Beispiel gab in der Zeit der großen Arbeitslosigkeit zu Anfang der 30er Jahre der bekannte Jugendevangelist W. Busch (1897–1966) mit der Gründung seiner „Universität für Arbeitslose" (Sautter 92; vgl. Parzany 58-60).

Literatur:

H. Burkhardt, Wirtschaft ohne Ethik?, Gießen 2000; ders., Entsorgte Arbeit – gefährdeter Mensch, in: EuroJTh VII/1998, 113-118; H. Cremer, Arbeit und Eigentum in christlicher Sicht, Gießen 1984; Für eine Zukunft in Solidarität und Gerechtigkeit. Wort des Rates der EKD und der Dt. Bischofskonferenz, Gemeinsame Texte 53, Hannover 1997; M. Honecker, Grundriss der Sozialethik, Berlin 1954; W. Lachmann, Einige populäre Vorstellungen zur Überwindung der Arbeitslosigkeit: Ökonomische Aspekte zu ihrer Bewertung, in: W. Lachmann u.a., Die Krise der Arbeitsgesellschaft. Chancen und Grenzen christlicher Verantwortung, Wuppertal 1984, 945; W. Lachmann, Volkswirtschaftslehre 1, Berlin/Heidelberg [5]2006; Ch. Meves, Arbeit macht das Leben süß, in: Freiheit will gelernt sein, Freiburg [6]1977 (11-18); Paraskewopoulos, Arbeitslosigkeit aus marktwirtschaftlicher Sicht, in: W. Lachmann (Hg.), Die Arbeitsgesellschaft in der Krise. Konsequenzen für den einzelnen und die Volkswirtschaft, Münster 1995; U. Parzany, Im Einsatz für Jesus. Programm und Praxis des Pfarrers Wilhelm Busch, Gladbeck 1973; H. Sautter, Herausforderung der Gemeinde durch das Problem der Arbeitslosigkeit, in: W. Lachmann u.a., Die Krise der Arbeitsgesellschaft, Wuppertal 1984; M. Volf, Arbeit, Geist und Schöpfung, in: H. Sautter/M. Volf, Gerechtigkeit, Geist und Schöpfung. Die Oxford-Erklärung zur Frage von Glaube und Wirtschaft, Wuppertal 1992; H. Weinstock, Arbeit und Bildung. Die Rolle der Arbeit im Prozess um unsere Menschwerdung, Heidelberg 1954; G. Wünsch, Evangelische Wirtschaftsethik, Tübingen 1927.

1.3 Die Wirtschaftsordnung

Die Erörterung der beiden Grundfaktoren des Wirtschaftens, des Eigentums und der Arbeit, hat gezeigt, dass die Frage des rechten Wirtschaftens nicht ohne die Frage nach dem, was für den Menschen und seine Umwelt gut ist, zu beantworten ist. Eine angeblich eigengesetzliche Wirtschaft ist eine Gedankenkonstruktion, die mit der Wirklichkeit nichts zu tun hat. Der Mensch ist nun einmal Subjekt und zugleich indirekt auch Objekt des Wirtschaftens, in seinem Wirtschaften verantwortlich nicht nur für sich, sondern auch seinen Mitmenschen und die Umwelt. Entsprechend sind auch die Gesetze, von denen die wissenschaftliche Ökonomie spricht, vom Menschen bestimmt und ohne ihn nicht zu verstehen. Deshalb ist Wirtschaften nicht nur eine Technik, sondern auch Gegenstand ethischer Verantwortung und Reflexion. Dies gilt in besonderer Weise auch von der Frage nach der Ordnung des Wirtschaftsprozesses bzw. der Frage nach dem Wirtschaftssystem.

Theoretisch sind zwei Grundmodelle denkbar: Das der Marktwirtschaft und das der Zentralverwaltungswirtschaft.

1.3.1 Marktwirtschaft

Marktwirtschaft bedeutet, der Markt, d.h. der Prozess von Produktion und Güteraustausch, regelt sich gleichsam von alleine. Genauer, er regelt sich durch Angebot und Nachfrage. *Produziert* (und damit angeboten) wird so viel, wie nachgefragt wird und zu einem Preis abgesetzt werden kann, der die Produktion lohnt, d.h. mindestens die Kosten deckt. Der *Preis* selbst ist ebenfalls abhängig von Angebot und Nachfrage: Je größer das Angebot ist, desto geringer wird sein Wert, je größer die Nachfrage ist, umso mehr steigt der Wert (Lachmann 61f). Es kann also etwas zu sehr hohen Kosten (durch Material und Arbeitslohn) hergestellt sein und auf dem Markt trotzdem nichts wert sein, weil es nicht nachgefragt wird und deshalb nicht absetzbar ist. Umgekehrt können die Produktionskosten ggf. sehr niedrig sein, große Nachfrage aber erlaubt trotzdem einen hohen Preis. Entscheidend ist also der Bedarf.

Damit ist aber auch die *Motivation* für das Wirtschaften angedeutet. Sie entsteht einerseits aus dem individuellen Interesse des Konsumenten, seinen Bedarf zu decken, andererseits aus dem Interesse des Produzenten, durch Decken des Bedarfs der anderen einen Gewinn zu erwirtschaften, mit dem er seine eigenen Bedürfnisse befriedigen kann. Das Grundmotiv allen Wirtschaftens ist also, so gesehen, auf beiden Seiten primär ein „egoistisches" im Sinne des Individualutilitarismus. Es ist also bestimmt von der Frage: Was nützt dem Erhalt und der Erfüllung meines Lebens? Vernünftigerweise kann der Einzelne dabei aber nicht nur von seinem eigenen Interesse bestimmt sein, sondern muss, um seines eigenen Erfolgs willens, auch das Interesse des anderen im Blick haben. Wer z.B. um niedrigerer Produktionskosten willen minderwertiges Material verwendet, schadet nicht nur dem Abnehmer, sondern auch sich selbst dadurch, dass der Abnehmer schließlich die minderwertige Ware nicht mehr abnimmt. Positiv gesagt: Es ist im eigenen Interesse des Produzenten, gute Ware zu liefern. Dabei kommt es zu einem Wettbewerb der Anbieter, wer die beste Ware zum günstigsten Preis anzubieten hat. Auf der Erkenntnis dieser den Wirtschaftsprozess regelnden Faktoren Eigeninteresse und Wettbewerb beruht wesentlich die Theorie des freien Marktes des Begründers der modernen Wirtschaftswissenschaften, A. Smith (1723–1790) in seinem berühmten Werk „Der Wohlstand der Nationen" (1776). Die Wirtschaft braucht danach keine zentrale Lenkung, weil sie sich selbst regelt durch den Ausgleich der individuellen Interessen. Sie wird gleichsam durch eine „unsichtbare Hand" geleitet (Smith 371).

Dabei stellt sich allerdings die Frage, wie diese beiden Faktoren, Eigeninteresse und Wettbewerb, eigentlich ethisch zu werten sind.

Das *Eigeninteresse* ist allerdings, wenn es im Sinn des Egoismus absolut gesetzt und in der Konsequenz ggf. auf Kosten der anderen durchgesetzt wird, dann doch ethisch problematisch. Tatsächlich hat solcher Egoismus im Rahmen einer freien Marktwirtschaft vor allem in den Anfängen des industriellen Zeitalters verheerende soziale Folgen gehabt: Kapitaleigner konnten ihren Gewinn ständig steigern durch Ausnutzung der von ihnen abhängigen Arbeitskräfte. Solange Arbeitskräfte in großer Zahl zur Verfügung standen, konnten die Arbeitszeiten hoch und die Löhne niedrig gehalten werden. Das führte zur Verelendung der Arbeiter und ihrer Familien.

Darüber darf allerdings nicht vergessen werden: Grundsätzlich ist vom Eigeninteresse geleitetes Handeln keineswegs ethisch verwerflich und darf nicht pauschal als „Egoismus“ diffamiert werden. Das Interesse am Erhalt und der Erfüllung des eigenen Lebens ist ein natürliches Recht jedes Menschen; theologisch gesprochen: Es entspricht dem Willen des Schöpfers, der das Leben seiner Geschöpfe will (vgl. Einführung in die Ethik 34ff). Die Frage ist nur, wie die Entartung des Eigeninteresses zum Egoismus verhindert werden kann.

Entsprechend gilt vom *Wettbewerb*: Ein vom Egoismus geleiteter Wettbewerb, der das Eigeninteresse ohne Rücksicht auf andere durchsetzt und damit, ggf. mit unlauteren Mitteln, den Konkurrenten vernichten will, ist allerdings ethisch verwerflich. Grundsätzlich aber ist Wettbewerb ein Prozess, der dazu geeignet ist, die nun einmal gegebenen natürlichen Unterschiede unter den Menschen zum Zuge kommen zu lassen und auf diese Weise jedem die seinen individuellen Möglichkeiten entsprechende Führung und Erfaltung des Lebens zu erlauben.

Exkurs 9: Wettbewerb

Alles Leben kann nur in einer gewissen Ordnung bestehen. Diese Ordnung ist einerseits vorgegeben (Determination durch Erbanlagen, Instinkte), andererseits muss sie erst hergestellt werden. Das Weltgeschehen ist also nicht entweder schlechthin determiniert oder schlechthin frei, sondern differenziert, von der Dominanz der Determination in der unbelebten Materie bis hin zur Freiheit und Weltoffenheit des Menschen als Ebenbild Gottes.

Die Würde des Menschen besteht also darin, dass er nicht einfach Produkt von Anlage und Umwelt ist, sondern sein Leben selbst gestalten kann – aber eben auch muss. Er muss aus seiner Anlage (Begabung) und Umwelt (Lebenssituation) etwas machen. Er muss etwas leisten, muss zu einer seinen natürlichen und geschichtlichen Möglichkeiten entsprechenden Entfaltung seines Lebens zu kommen suchen. Der natürliche Wille zur Selbsterhaltung und Selbstentfaltung wird hier also zum Leistungswillen.

Andererseits kann der Mensch auch nicht Beliebiges leisten. Jeder ist anders, mit unterschiedlicher Art und unterschiedlichem Maß an Begabung ausgestattet. Er muss Art und Maß seiner Gaben selbst herausfinden. Dies geschieht einmal *individuell*, indem er in der Leistung seine Möglichkeiten austestet. Der Erfolg motiviert dabei, die Ziele weiter zu stecken. Der Misserfolg kann persönliche, nicht übersteigbare Grenzen aufzeigen und eben dadurch dazu helfen, sich selbst richtig einzuschätzen. Zum anderen geschieht dieser Selbstfindungsprozess auch *im sozialen Kontext*. Sobald der Einzelne mit seinem Leistungswillen in das Mit- und Nebeneinander mit anderen tritt, entsteht unvermeidlich eine Konkurrenzsituation: Verschiedene Leistungswillen stoßen aufeinander und messen sich miteinander. Dieser Vergleich darf nicht von vornherein nur negativ von seinen möglichen Entartungserscheinungen her (Störung oder gar Zerstörung des Konkurrenten) noch als bloßes Mittel zur erzwungenen Erzeugung eines etwa nicht vorhandenen Leistungswillens gesehen werden. Vielmehr ist der vergleichende Leistungstest eine zusätzliche Hilfe, die eigenen Möglichkeiten besser einzuschätzen und den ihnen entsprechenden Platz im gesellschaftlichen Leben zu finden. Wer etwa keine Führungsgabe hat, für den ist es alles andere als existenzbedrohend, sondern vielmehr hilfreich und entlastend, wenn ein anderer, der sie hat, ihm darin vorgezogen wird. Dabei kann der Vergleich einerseits zu weiteren Leistungen und damit der Entdeckung weiterer mir gegebener Möglichkeiten motivieren oder aber auch ihre nicht übersteigbaren Grenzen aufzeigen. Konkurrenz ist also organisierendes, sachgemäße und insofern gerechte Ordnung herstellendes Prinzip. Man kann insofern positiv von einer „sozialen Funktion des Wettbewerbs" sprechen (Schmitz 3). Entsprechend ist zu sagen, dass „die ordnungspolitische Sicherung des Wettbewerbs „... ein wesentliches Element für die Funktionsfähigkeit der sozialen Marktwirtschaft" ist (Jänichen 39).

Verzichtet der Einzelne darauf, sich der Konkurrenz zu stellen, so versagt er sich die seinen Möglichkeiten entsprechende Entfaltung und Gestaltung seines Lebens.

Wo Konkurrenz vom Ansatz her als etwas Negatives verstanden wird (so z.B., obgleich an sich um Würdigung des Konkurrenzprinzips bemüht, Thielicke § 1703: Konkurrenz ist „Zeichen der gefallenen Welt"), da kann es nicht mehr nur darum gehen, ihre Entartungen zu zähmen entsprechend der Frage: Wie gehe ich mit der Konkurrenzsituation um? Vielmehr, sofern sie ein Übel ist, müsste man letztlich weitergehen zum Versuch ihrer Ausschaltung. Der aber würde notwendig zum Überspielen der individuellen Unterschiede unter den Menschen und zur Unterdrückung ihrer Freiheit führen. Die Frage ist also nicht, ob Wettbewerb überhaupt ethisch zulässig ist, sondern ob wir uns im Wettbewerb ethisch verantwortlich verhalten: Handeln wir dem Konkurrenten gegenüber fair oder versuchen wir, uns ungerechtfertigte Wettbewerbsvorteile zu verschaffen? Können wir fremden

Erfolg ohne Neid und Missgunst ertragen? Oder „schafft der Schmerz, den uns die Verletzung unseres Besitzes bereitet, den Hass und macht aus dem Wettbewerb den nach der Vernichtung des Gegners begehrenden Streit“? (Schlatter 340). „Das Problem mit der Konkurrenz ist nicht ihre Existenz, sondern die Art, wie sie ausgetragen wird“ (Farmer 13).

Grundsätzlich ist also durchaus denkbar, dass ein von Eigeninteresse und Wettbewerb bestimmtes Wirtschaftssystem so funktioniert, dass es ethisch verantwortbar ist.

Allerdings: Was in der Theorie aufgeht, funktioniert nicht unbedingt in der Praxis. Der Unsicherheitsfaktor dabei ist der Mensch, der wohl im Regelfall dazu neigen mag, sich so zu verhalten, wie die Theorie annimmt, also, vom Eigeninteresse bestimmt, leistungsbereit zu sein und zugleich das wohlverstandene Interesse des anderen zu berücksichtigen. Was aber, wenn sein Eigeninteresse minimalistisch sich mit dem Nötigsten begnügt und entsprechend minimale Leistung bringt? Oder wenn es maximalistisch versucht, sein Eigeninteresse möglichst groß zu machen und das des anderen zu überspielen? Wenn also die „Reaktion der Wirtschaftsteilnehmer“ nicht „markt-adäquat“ ist (Sautter 64f) bzw. „einzelwirtschaftliche Interessen“ ohne „tragfähige ethische Grundlage“ verfolgt werden? (Sautter 66f). Der Wettbewerb kann weiter nur funktionieren, wenn er nicht durch ungerechte Rechtslage und einseitige Machtverhältnisse verzerrt oder gar verhindert wird (Sautter 69-73). So gibt vorhandenes Kapital dem Unternehmer von vornherein ein Übergewicht an Macht gegenüber dem vom Arbeitgeber abhängigen einzelnen Arbeitnehmer und damit die Möglichkeit, das Kapital ständig auf Kosten des Arbeitnehmers zu vermehren. Der Zusammenschluss der Arbeitnehmer in Gewerkschaften und ähnlichen Vereinigungen kann diesem Ungleichgewicht an Macht entgegenwirken. Ein weiteres Problem, das der Markt selbst kaum zu lösen vermag, sind die sog. externen Effekte (Rich 196), also negative Wirkungen der Produktion, die sich nicht in den Kosten niederschlagen, wie etwa Gefährdung der Umwelt durch Abgase und verunreinigte Abwässer.

Literatur:

H. Burkhardt, Konkurrenz – muss das sein?, in: ders., Wirtschaft ohne Ethik?, Gießen 2000, 19-26; K. Farmer, Wirtschaft und Umwelt aus ökonomisch-biblischer Sicht, Graz 1991; W. Lachmann, Volkswirtschaftslehre 1, Berlin [5]2006; ders., Ethik des Wettbewerbs aus nationaler und globaler Perspektive, in: K. Farmer/R. Haupt/W. Lachmann (Hg.), Individuelle

Freiheit oder staatliche Lenkung?, Münster 2000, 137-154; T. Jänichen, Das wirtschaftsethische Profil des sozialen Protestantismus: Zu den gesellschafts- und ordnungspolitischen Grundentscheidungen der Sozialen Marktwirtschaft, in: Jahrbuch Sozialer Protestantismus Bd. 4, Gütersloh 2010, 11-45; A. Rich, Wirtschafsethik II, Gütersloh 1990; H. Sautter, Armut und Reichtum auf Weltebene und die Grenzen politischer Lösungsversuche, Wuppertal 1983; A. Schlatter, Die christliche Ethik, Stuttgart [5]1986; W. Schmitz, Die soziale Funktion des Wettbewerbs, in: G. Merk/H. Schambeck/W. Schmitz, Die soziale Funktion des Marktes, Berlin 1988, 4-20; F. Segbers, Die Hausordnung der Tora, Luzern [3]2002 (bes. 226-303: „Marktwirschaft im Plural"); A. Smith, Der Wohlstand der Nationen, übes. u. hg. von H. C. Recktenwald, dtv München 1978; H. Thielicke, Das Strukturgesetz der Konkurrenz, in: Theologische Ethik, Bd. 2, Tübingen [4]1973, § 1694-1729.

1.3.2 Zentralverwaltungswirtschaft

Wo der Entwicklung der Wirtschaft freie Hand gelassen wird, liegt die Befürchtung nahe, dass ein anscheinend ungeordneter Prozess notwendig in einen anarchischen Zustand führen muss, in dem nur noch das Gesetz des Stärkeren gilt, das unumgänglich soziale Ungerechtigkeit schafft.

Solche Beobachtungen und Erfahrungen führen auf die Frage nach einem möglichen alternativen Konzept, in dem der Wirtschaftsprozess nicht mehr sich selbst überlassen ist, sondern ordnend in ihn eingegriffen wird. Dies scheint, anders als beim dezentral strukturierten Markt (Rich 182), nur von einer zentral lenkenden Instanz aus möglich (Rich 202), die festlegt, wer was zu welchen Kosten produziert und zu welchem Preis verkauft. So kommt man zum Konzept der Zentralverwaltungswirtschaft.

Im Gegenzug gegen den individualistischen Ansatz des freien Marktes geht man hier nicht primär aus von den Interessen des Einzelnen, sondern von der Verantwortung für das Ganze der Gesellschaft und will in diesem Rahmen Gerechtigkeit für alle realisieren.

Aber der Verwirklichung dieses Ziels steht entgegen, dass eine zentrale Verwaltung der Wirtschaft 1. ökonomisch und menschlich nicht effektiv und 2. ethisch fragwürdig ist.

Zu 1: Eine zentrale Verwaltung der Wirtschaft muss Produktionsziele fest- und durchsetzen. Dazu ist eine umfassende Analyse des Bedarfs und der vorhandenen Ressourcen nötig. Die Produktionsmittel (Produktionsstätten, Arbeiter) müssen so eingesetzt werden, dass die geplante Produktion realisiert wird. Dazu muss ständig zentral kontrolliert werden, ob die Produktion den Planzielen entspricht. Denn Nichterfüllung des Plans an einem Punkt bringt die ganze Planung durcheinander und führt zu erheblichen Produktionsverlusten (vgl. Lachmann 27f). Hinzu kommt, dass das Eigeninteresse zugunsten des Kollektivinteresses bewusst ausgeschaltet ist und damit eine individuelle Motivation zur Leistung fehlt, was auch die Gesamtleistung herabsetzt (Lachmann 28).

Zu 2: So sehr die ethische Zielvorstellung einer gerechten Gesellschaft positiv zu werten ist, so ethisch fragwürdig ist es andererseits, wenn solche Gerechtigkeit auf Kosten nicht nur des allgemeinen Wohlstands, sondern vor allem der Freiheit des Einzelnen geht. Das System der Zentralverwaltungswirtschaft wurde vor allem vom Sozialismus zu realisieren versucht. Doch auch die absolute Monarchie (Merkantilismus um 1700) und die Diktatur (Nationalsozialismus) hatten starke zentralverwaltungswirtschaftliche Züge. Und selbst unter demokratischem Vorzeichen kann sich nach der Parole „Wohlstand für alle" ein Wohlfahrtsstaat entwickeln, der den einzelnen Bürger entmündigt, indem er ihm alle erdenklichen Zukunftssorgen abzunehmen verspricht, sodass „der moderne Wohlfahrtsstaat … diejenige Form zu sein scheint, in der sich in der nichtkommunistischen Welt die Unterwerfung des Menschen unter den Staat vornehmlich vollzieht" (Röpke 915).

Literatur:

W. Lachmann, Volkswirtschaftslehre 1, Berlin [5]2006; A. Rich, Wirtschaftsethik, Bd. 2: Marktwirtschaft, Planwirtschaft, Weltwirtschaft aus sozialethischer Sicht, Gütersloh 1990; W. Röpke, Der Wohlfahrtsstaat in der Kritik, in: Universitas 14. Jg./1959, 903-915.

1.3.3 Soziale Marktwirtschaft

Sowohl die Konzeption des freien Marktes wie die der Zentralverwaltungswirtschaft entsprechen in ihrem Ansatz einem ethischen Grundwert: Die eine der Freiheit, die andere der Gerechtigkeit. Beide sind je für sich im Wesen des Menschen angelegt; die Freiheit in seiner Individualität, die Gerechtigkeit in seiner Sozialität. Aber beide Konzeptionen führen, indem sie einseitig nur auf den einen Wert auf Kosten des anderen abstellen, ethisch in die Irre. Demgegenüber wird es darauf ankommen, ein System zu entwickeln, in dem beide Komponenten in ausgeglichener Weise zum Zug kommen.

Auszugehen ist dabei von der natürlich gewachsenen Form des freien Marktes. Diese Wirtschaftsform ist aber so zu gestalten, dass eine egoistische Entartung des legitimen Eigeninteresses nach Möglichkeit verhindert wird, und zwar durch Wachhalten der ethischen Verantwortung wie durch konkrete Eingriffe von Seiten der Gemeinschaft. Anders gesagt: Grundlegend bleibt das *Subsidiaritätsprinzip* (Farmer 237f): Aufgabe des Staates ist es danach, einen gesetzlichen Rahmen zu schaffen, der die Entfaltung der individuellen Initiative schützt und fördert (Farmer 237f). Dies geschieht etwa durch Gesetze zum Schutz des Eigentums und des Wettbewerbs. Darüber hinaus muss aber auch das *Solidaritätsprinzip* zum Zuge kommen. Dem entspricht es, wenn die Arbeitnehmerschaft sich zum Schutz der Rechte der Arbeitnehmer gegenüber den Arbeitgebern organisatorisch zusammenschließt (Gewerkschaften und andere Berufsverbände) und so gegenüber den aus dem Eigentum abgeleiteten Rechten der Unternehmer die aus der Arbeit fließenden Rechte der Arbeitnehmer zur Geltung bringt und angemessene Löhne, zumutbare Arbeitsverhältnisse und Schutz der Arbeitsplätze aushandelt. Dem Solidaritätsprinzip entspricht es weiter, wenn Institutionen solidarischer Absicherung für Zeiten der Arbeitslosigkeit, der Krankheit oder des Alters gebildet und staatlich gefördert werden (Kranken- und Pflegeversicherung, Arbeitslosen- und Rentenversicherung). Der Staat muss dort direkt helfend eingreifen, wo der Einzelne bzw. kleinere soziale Einheiten (wie die Familie) sich selbst sonst allein wirtschaftlich nicht helfen könnten (Familiengeld, Stipendien, Sozialhilfe etc). Er muss durch Rahmengesetzgebung dafür sorgen, dass externe Produktionskosten (wie die Belastung der Umwelt) zu internen Produktionskosten werden. Auch Leistungen des Staates im Bereich der Bildung sind ein wichtiges Mittel zur Herstellung sozialer Gerechtigkeit, indem allen grundsätzlich gleiche Bildungschancen gegeben werden, möglichst unabhängig von den in der Familie, in die der Einzelne hineingeboren wurde, gegebenen bildungsmäßigen und finanziellen Voraussetzungen. Zur Finanzierung solcher staatlicher Leistungen müssen dabei die wirtschaftlich Stärkeren durch Steuern in höherem Maße herangezogen werden als die wirtschaftlich Schwächeren.

Für ein solches wirtschaftliches System, welches „das Prinzip der Freiheit auf dem Markte mit dem des sozialen Ausgleichs“ verbindet (so A. Müller-Armack, einer der Väter der Konzeption, zit. nach Rich 269), hat sich nach dem 2. Weltkrieg der Begriff der Sozialen Marktwirtschaft gebildet (vgl. Holthaus). Das Prinzip des (freien) Marktes ist dabei zwar grundlegend, sozusagen als Standbein (Röpke 562: Die wirtschaftliche Freiheit ist „als Bedingung der allgemeinen Freiheit unersetzlich“), während der Gedanke der sozialen Gerechtigkeit ein Zielgedanke ist, dessen Verwirklichung eine stets neue Aufgabe darstellt, sozusagen das Spielbein eines solchen Wirtschaftssystems. Aber das Wort „sozial“ ist deshalb nicht etwa nur Beiwerk, angenehmes oder unbequemes, je nach Standort, sondern integraler Bestandteil des Begriffs (Schmitz 15f).

Sofern die Ordnung des Sozialen Marktes über den individuellen Egoismus hinausgeht, bedarf sie in ihrer Durchführung eines „ethischen Minimalkonsenses“ aller Beteiligten (Schmitz 16). Aber dies darf nicht in dem Sinn missverstanden werden, als ginge die Konzeption über das jedermann ethisch Zumutbare hinaus und bedürfte deshalb etwa einer spezifisch christlichen Motivation. Zwar waren es nicht selten gerade auch Christen, die wach waren für die sozialen Probleme und die Not der von ihnen betroffenen Menschen (Bockmühl, Problem 193-195). Seit dem Lausanner Kongress 1974 wurde auch unter theologisch konservativen Protestanten die soziale Verantwortung der Christen wieder neu entdeckt (vgl. Berneburg 72ff) und danach vor allem von sog. „radical evangelicals“ wie R. J. Sider und J. Wallis in der Zeitschrift „Transformation“ und weiteren Veröffentlichungen nachdrücklich vertreten. Dabei muss aber (was nicht immer geschieht) bedacht werden, dass eine spezifisch christliche Motivation nicht allgemein vorausgesetzt werden kann und deshalb auch nicht zur Komponente eines für alle geltenden wirtschaftlichen Systems gemacht werden darf. Stattdessen ist positiv daran zu erinnern, dass dem Menschen von Natur (theologisch: von der Schöpfung her) keineswegs nur das Eigeninteresse mitgegeben ist, sondern durchaus auch ein gewisses Sozialinteresse (A. Smith sprach in diesem Zusammenhang von der Sympathie als einer soziales Verhalten stimulierenden Empfindung, vgl. Sautter 60 A. v. d. Lühe 757; vgl. zu Smith auch: H. C. Recktenwald XL). Letzteres ist allerdings (über den engsten natürlichen Kreis der Familie hinaus) in der Regel schwächer ausgebildet als das Eigeninteresse. Umso wichtiger ist die gezielte Förderung ethischer Standards und ihre Abstützung durch entsprechende gesetzliche Regelungen. Inhaltlich bleibt man dabei aber im Rahmen einer allgemeinen Ethik. Von einer eigentlichen spezifisch „christlichen“ Wirtschaftsethik ist dabei noch nicht zu sprechen. Achten auf soziale Gerechtigkeit, Respektieren der menschlichen Würde der Mitarbeiter, faires Verhalten gegenüber Konkurrenten, Verzicht auf Korruption, Schutz der Umwelt: Das alles sind nicht spezifisch christliche, sondern – hoffentlich gerade unter Christen geübte – allgemein-menschliche Tugenden. Anders etwa beim benediktinischen Grundsatz, eigene Produktion zu einem günstigeren Preis als sonst möglich abzugeben, „damit in allem Gott verherrlicht werde" (Benediktus-Regel LVII). Dieser Grundsatz ist durchführbar nur im Rahmen einer geistlichen, auf privaten Besitz verzichtenden Gemeinschaft. Diese Voraussetzung ist im allgemeinen Wirtschaftsleben aber nicht gegeben, ein solcher Grundsatz hier deshalb auch nicht zum allgemeinen Gesetz zu erheben (vgl. Burkhardt, 143).

Literatur:

Die Benediktus-Regel, lt.-dt., hg. v. B. Steidle, Beuron 1975; E. Berneburg, Das Verhältnis von Verkündigung und sozialer Aktion in der evangelikalen Missionstheorie, Wuppertal 1997; K. Bockmühl, Das Problem einer evangelikalen Sozialethik, in: ders., Leben nach dem Willen Gottes. Schriften zur Materialethik, hg. von R. Mayer, BWA II,3, Gießen 2006, 192-205; H. Burkhardt, Gibt es eine spezifisch christliche Wirtschaftsethik?, in W. Lachmann u. a. (Hg.), die Krise der Weltwirtschaft, Berlin/Münster 2001, 125-143; K. Farmer, Marktdynamik und Umweltpolitik. Ein Beitrag zur gleichgewichts- und ordnungstheoretischen Fundierung umweltorientierter Volkswirtschaftslehre, Wien 2005; S. Holthaus, Zwischen Gewinn und Gewissen, Münster 2015; T. Jänichen (Hg), Zauberformel soziale Marktwirtschaft? Gütersloh 2010; W. Lachmann, Volkswirtschaftslehre1, Berlin [5]2006; : A. v. d.Lühe, HWP Bd. 10, Art. Sympathie II, 756-762; H. C. Recktenwald, Vorwort zu: A. Smith, Der Wohlstand der Nationen, dt., München 1958, IX-LXXI; A. Rich, Wirtschaftsethik II, Gütersloh 1990; H. Sautter, Armut und Reichtum auf Weltebene und die Grenzen politischer Lösungsversuche, Wuppertal 1983; ders., Verantwortlich wirtschaften, Marburg 2017; W. Schmitz, Die soziale Funktion des Wettbewerbs. Ausgangspunkt jeder menschengerechten Wirtschaftsordnung, in: G. Merk/H. Schambeck/ W. Schmitz, Die soziale Funktion des Marktes, Berlin 1988, 4-20; R. J. Sider, … denn sie tun nicht, was sie wissen, Moers 1995; J. Wallis, Die Seele der Politik, München 1995; S. Wenzler, Sozialethische und anthropologische Grundlagen der Sozialen Marktwirtschaft am Beispiel Müller-Armacks, in: K. Farmer/ R. Haupt/W. Lachmann (Hg.), Individuelle Freiheit oder staatliche Lenkung? Markt und Staat im Lichte christlicher Wirtschaftsethik, Münster 2000, 11-47.

Exkurs 10: Globalisierung

Der *Begriff* der Globalisierung ist nicht ganz neu. Bereits 1974 ist im „Historischen Wörterbuch der Philosophie" ein Artikel unter diesem Stichwort zu finden, der sich zwar vor allem mit dem völkerrechtlichen Aspekt des Themas beschäftigt, aber auch die wirtschaftliche Globalisierung erwähnt (Kimminich 676). Andererseits konnte noch die Wirtschaftsethik von A. Rich (1984/1990) ganz ohne den Begriff auskommen (natürlich nicht ohne die unter „Weltwirtschaftlicher Ausblick" 345-364 behandelte Sache).

Erst in den 90er Jahren wurde „Globalisierung" plötzlich geradezu zum Modebegriff.

Die *Sache,* um die es bei diesem Begriff geht, ist an sich uralt. Sie bezeichnet vor allem die Internationalisierung des Güteraustauschs, wie er schon in der Antike, auch in biblischer Zeit (Burkhardt 79-89), zu beobachten ist. Neu an der gegenwärtigen Globalisierung ist aber die in dieser Weise erst in den letzten Jahrzehnten sich entwickelnde Internationalisierung der Finanzmärkte und auch der Produktion (Lachmann 174). Geld fließt, durch international agierende Fonds, an die Stellen der Welt, an denen die größten Renditen zu erwarten sind. Vor allem Konzerne, aber selbst mittelständische Unternehmen, handeln nicht nur über nationale Grenzen hinaus, sondern produzieren auch weltweit. Entscheidend vorangetrieben wurde diese Entwicklung durch den Fortschritt der Technik: die Intensivierung des Transportwesens und vor allem die Förderung der weltweiten Kommunikation durch die sprunghafte Entwicklung in den elektronischen Medien.

In der Globalisierung der Wirtschaft liegen *theoretisch* große *Chancen,* zunächst natürlich für die einzelnen Unternehmen selbst: Der Absatz und damit der Gewinn kann gesteigert werden. Aber auch die Weltwirtschaft als ganze gewinnt. Indem sie das Prinzip der Arbeitsteilung auf die internationale Ebene überträgt, wird sie zum Positivsummenspiel (d.h. alle Beteiligten gewinnen) und führt letztlich zur wirtschaftlichen und sozialen Konvergenz von Industrienationen und Entwicklungsländern (Lachmann 180).

In der *Praxis* allerdings bringt die Globalisierung vorerst noch erhebliche *Probleme* mit sich. Denn das Positivsummenspiel funktioniert nur, wenn auch die Voraussetzungen stimmen. Dazu gehört grundlegend die allen gleiche Chancen bietende Freiheit des Welthandels. Diese ist aber nach wie vor nicht gegeben. Die wirtschaftlich starken Industrienationen verlangen zwar eine Öffnung der Märkte der Entwicklungsländer für ihre eigenen Produkte, schützen aber durch Einfuhrbeschränkungen und Subventionen die eigene Wirtschaft vor unliebsamer Konkurrenz aus Entwicklungsländern. Eine andere vieldiskutierte Wirkung der Globalisierung betrifft den Arbeitsmarkt. Firmen aus den Industrienationen verlagern Produktion in Entwicklungsländer, um das dortige Niedriglohnniveau auszunutzen, vernichten dabei aber Arbeitsplätze im eigenen Land. Erforderlich sind also internationale Institutionen, welche die nötigen Rahmenbedingungen für eine zugleich freie und gerechte Globalisierung garantieren. Die Industrienationen müssen genötigt werden, sich für einen fairen Welthandel zu öffnen, um den Entwicklungsländern eine Chance im Wettbewerb zu geben und damit Wachstum und Stärkung der eigenen Wirtschaft und des Wohlstands zu ermöglichen. In den Entwicklungsländern müssen Strukturen gefördert werden, die zu einem Ausgleich von Kapital und Arbeit führen (z.B. Bildung von Gewerkschaften, die faire Arbeitsbedingungen und Löhne für die Arbeiter durchsetzen können; Verbot der Kinderarbeit etc.). Damit können dann mit der Zeit auch die hohen Produktionskosten in den herkömmlichen Industrienationen wieder wettbewerbsfähiger werden. Solche Veränderung der weltwirtschaftlichen Rahmenbedingungen sind wichtiger als alle rein finanzielle Entwicklungshilfe, die zwar, zumindest bei sorgfältig geplanten und durchgeführten Projekten, momentan hilfreich sein kann, ansonsten aber nicht nur oft in den falschen Kanälen korrupter Eliten landet, sondern auch an der Grundsituation der Entwicklungsländer wenig verbessert.

Literatur:

H. Burkhardt, Globalisierung aus der Sicht der Bibel, in: ders., Wirtschaft ohne Ethik?, Gießen 2000, 78-96: O. Kimminich, Art. Globalisierung, in: HWP Bd. 3, 675-677; W. Lachmann, Leben wir auf Kosten der Dritten Welt?, Wuppertal 1986; ders., Die wirtschaftliche Globalisierung und ihre Kritiker – Eine alternative Sicht, in: Wirtschaftsethische Perspektiven VIII, Berlin 2006, 173-200. H. Sautter, Für eine bessere Globalisierung, Witten 2008.

2. Umweltethik

2.1 Der Begriff „Umwelt“

Der Begriff „Umwelt“ ist ein relativ junges Wort. Es taucht erstmals um 1800 in der Dichtung auf (J. Baggesen, J. W. v. Goethe; vgl. Müller 99). Seit J. Uexkülls Lehre von der engbegrenzten Umwelt des Tieres betonte man dieser gegenüber die Weltoffenheit des Menschen (so Gehlen 35, seinerseits anknüpfend an M. Schelers Werk „Die Stellung des Menschen im Kosmos“). Dabei ist ein weiterer von einem engeren Begriff zu unterscheiden. Der weitere Begriff umfasst neben den materiellen und biologischen auch die psychologischen und gesellschaftlichen Existenzbedingungen. Wenn heute von „Umweltschutz“, „Umweltpolitik“ oder eben auch „Umweltethik“ die Rede ist, denkt man beim Stichwort „Umwelt“ ausschließlich im engeren Sinn an die den Menschen umgebende nichtmenschliche natürliche Umwelt mit ihren Grundbereichen Boden, Luft und Wasser, aber auch Pflanzen- und Tierwelt (Farmer 19). Die Umwelt setzt sich zusammen aus vielen Ökosystemen (öko- von gr. *oikos* = Haushalt), „in denen Organismen und unbelebte Materie untereinander in Beziehung stehen und voneinander abhängig sind“ (Krolzik 2050).

Literatur:

K. Farmer, Marktdynamik und Umweltpolitik, Wien 2005; A. Gehlen, Der Mensch. Seine Natur und seine Stellung in der Welt, Wiesbaden [13]1986; U. Krolzik, Art. Umweltethik, in: ELThG 1. Aufl. 1992/94, 2050f; G. H. Müller, Art. Umwelt, in: HWP 11, 99-105. J.v. Uexküll, Umwelt und Innenwelt der Tiele, Berlin 1909.

2.2 Zur Geschichte des Themas Umwelt als Gegenstand der Ethik

2.2.1 Die Umwelt in biblischer Sicht

Der Glaube an das Geschaffensein der Welt durch Gott ist ein Grunddatum biblischen Glaubens. Der Gott Israels, den es vor allem in seiner Wortoffenbarung und in seinen geschichtlichen Rettungstaten kennengelernt hat (Ex 20,2), ist von Anfang immer auch der *Schöpfer* von allem (Ex 20,11; vgl. das Segenswort an Abraham Gen 14,19; vgl. den Schöpfungspsalm Ps 104 und Hi 28-29). Der Schöpfer der Welt ist aber zugleich auch bleibend wirksam als ihr *Erhalter* (Ps 104,29: „Verbirgst du dein Angesicht, so erschrecken sie; nimmst du weg ihren Odem, so vergehen sie und werden wieder Staub. Du sendest aus deinen Odem, so werden sie geschaffen, und du machst neu die Gestalt der Erde“). Nach dem Gericht über die Menschheit in der Sintflut, in das die ganze Schöpfung einbezogen ist, macht Gott einen Bund nicht nur mit den Menschen, sondern auch „mit allem lebenden Getier bei euch“ (sog. Noah-Bund, Gen 9,9f.12.16). Zusammenfassend ist von einem „Bund zwischen mir (Gott) und der Erde“ die Rede (9,13; vgl. Gen 8,22: „Solange die Erde steht, soll nicht aufhören Saat und Ernte, Frost und Hitze, Sommer und Winter, Tag und Nacht“). Dieser Bund Gottes „zielt auf die Erhaltung aller Kreatur“ (Bockmühl 83; vgl. Schaeffer 45f).

Als Gottes Ebenbild hat der Mensch innerhalb der Schöpfung eine einzigartige Stellung, die auch einen besonderen Auftrag gegenüber der übrigen Schöpfung einschließt: Er soll über sie „herrschen“ (Gen 1,26; vgl.

Ps 8,7-9), sie „bebauen und bewahren“ (Gen 2,15). Der so gleichsam zum Verwalter der Schöpfung eingesetzte Mensch wird damit zu einem verantwortlichen Umgang mit ihr verpflichtet. Er soll sie nicht ausbeuten und dadurch zerstören, sondern sie so nutzen (Gen 1,29: „Seht, ich habe euch gegeben alle Pflanzen … zu eurer Speise“), dass sie als ganze dabei in ihrer Lebensfunktion erhalten bleibt. Hier findet nicht nur der Mensch, sondern die Natur als Werk Gottes um ihrer selbst willen Beachtung. So macht „die anthropozentrische einer kosmischen Betrachtung Platz“ (Eichrodt 79). Entsprechend soll etwa am Sabbat, eingedenk des Schöpfungswerks Gottes, nicht nur der Mensch ruhen, sondern auch sein Vieh (Ex 20,10; 23,12; vgl. Dt 5,14: „… dein Rind, dein Esel, all dein Vieh“). Aber nicht nur das Vieh, sondern auch das Ackerland wird in die Sabbatruhe einbezogen. Es soll in siebenjährigem Turnus jeweils ein Sabbatjahr haben, in dem es nicht bebaut wird (Lev 25,2-7; 26,34; vgl. Hi 31,38-40: „Hat mein Acker wider mich geschrieen und haben miteinander seine Furchen geweint, hab ich seine Früchte unbezahlt gegessen … so sollen mir Disteln wachsen statt Weizen und Unkraut statt Gerste“).

Man kann also im Blick auf das ganze Alte Testament sagen, dass in ihm der Glaube an die Schöpfung und damit zugleich eine positive Stellung zur natürlichen Umwelt als Werk Gottes grundlegend ist (Eichrodt 52f: „Während die heidnischen und philosophischen Weltentstehungstheorien meist schon den Keim des Pessimismus in sich tragen, vermag Israel kraft seines Schöpfungsglaubens zu kraftvoller Weltbejahung zu gelangen“). Trotzdem ist das primäre Interesse des Glaubens Israels allerdings auf die Geschichtstradition gerichtet und damit auf die Geschichte der Beziehung zwischen Gott und seinem erwählten Volk und, zunehmend wichtig, auch zwischen Gott und dem einzelnen Israeliten.

Ebenso bekennt das Neue Testament sich zwar durchgehend unverändert zu Gott als dem Schöpfer der Welt. In der missionarischen Verkündigung an Nichtjuden rückt dies Bekenntnis als unumgänglicher Anknüpfungspunkt an den Erfahrungshorizont der Adressaten sogar an die erste Stelle (Apg 14,16f; 17,24: „Gott, der die Welt gemacht hat und alles, was darinnen ist“; Röm 1,20-25; vgl. Lütgert, Schöpfung 397: „Die Missionspredigt des Apostels begann mit der Predigt der Weltschöpfung und Weltregierung Gottes … Das ist nicht hellenische Spekulation, sondern alttestamentliches Wort Gottes“). Im Neuen Testament wird das Bekenntnis zu Gott als dem, der die Welt erhält, auch auf Christus bezogen (Kol 1,17; Hebr 1,3).

Das Hauptinteresse des Glaubens ist dabei zwar im Neuen Testament eher noch stärker als bereits im Alten Testament auf die Beziehung des Einzelnen zu Gott und zwar nun auf das über diese Welt hinausgehende ewige Leben konzentriert (vgl. Lk 23,43; Phil 1,23; 3,20). Aber die Hoffnung des Einzelnen bleibt doch eingebettet in den Weg der Gemeinde und führt zur Erwartung des kommenden Reiches Gottes und vollendet sich schließlich, auch darin alttestamentliche Erwartungen aufnehmend (Jes 65,17; vgl. Eichrodt 51f), durch das Vergehen der alten Welt hindurch in der Erneuerung der Schöpfung, des „neuen Himmels und der neuen Erde“ (Offb 21,1; vgl. Mt 19,28; Röm 8,18-25; Gal 6,15; 2Petr 3,13). „Erlöst werden will die Christenheit nicht von der Natur, sondern vom Bösen“ (Lütgert, Ethik 257).

Literatur:

K. Bockmühl, Umweltschutz – Lebenserhaltung, in: Leben nach dem Willen Gottes, BWA II,3, Gießen 2006, 76-114 (ND von: Umweltschutz – Lebenserhaltung. Vom Umgang mit Gottes Schöpfung, TuD 6, Gießen 1975); W. Eichrodt, Theologie des Alten Testaments, Bd. 2, Leipzig 1939; W. Lütgert, Schöpfung und Offenbarung, Gütersloh 1934; ders., Ethik der Liebe, Gütersloh 1938; F. A. Schaeffer, Das programmierte Ende. Umweltschutz aus christlicher Sicht, Wuppertal 1973.

2.2.2 Die Stellung zur natürlichen Umwelt in der Geschichte der Kirche

Die christliche Lehre hat grundsätzlich immer am biblischen Schöpfungsglauben festgehalten. Deshalb wurden häretische Bewegungen wie zur Zeit der *Alten Kirche* die der Marcioniten (die Schöpfung ist nicht Werk des höchsten Gottes, sondern nur eines niederen Geistwesens, des sog. Demiurgen, vgl. Hägglund 31f) oder im *Mittelalter* die der Katharer (Gott als Schöpfer der geistigen Dinge steht das böse Prinzip gegenüber, das alles Materielle hervorgebracht hat, v. Padberg 33) bekämpft und ausgeschieden.

Trotzdem entwickelte sich, einseitig anknüpfend an die betont auf das ewige Heil ausgerichtete Soteriologie des Neuen Testaments und verstärkt durch Einflüsse platonischer Philosophie (Schaeffer 30; Bockmühl 87.98), schon früh ein eher negatives Verhältnis zur Welt als Sphäre nicht nur der Vergänglichkeit, sondern auch der Verführung zur Sünde. Christliche Ethik neigte deshalb lange dazu, in der Loslösung von der Welt durch Askese das Ideal christlichen Lebens zu sehen.

In der *Renaissance* kam es zwar zu einer gewissen Neuentdeckung der Natur (Trillhaas 162). Dies zeigt in auffallender Weise etwa die bildende Kunst. Standen im Mittelalter die Personen der heiligen Geschichte ganz im Vordergrund, so verlieren sie sich jetzt zunehmend in der Weite der dargestellten Landschaft. Die Natur wird gewürdigt, eigener Bildgegenstand zu sein (Schaeffer 27). Gleichzeitig wandte sich die Ethik der Reformation entschlossen ab von der mittelalterlichen Askese. Aber vom Humanismus der Renaissance aus führte die Entdeckung der Natur zu ihrer oft rücksichtslosen Bemächtigung in Wissenschaft und Technik (die Natur wird angesehen als „nichts anderes als Gestaltungsmaterial für die menschliche Beherrschung“, Honecker 244). In der *Reformation* blieb die Soteriologie das bestimmende Thema und förderte dadurch eine jenseitsbetonte Spiritualität, nicht zuletzt im Pietismus und Idealismus (Trillhaas 162; etwas differenzierter in der Kritik des Pietismus Bockmühl 87f, wobei ergänzend noch an den schwäbischen Theologen F. Oetinger zu erinnern wäre, vgl. Weyer-Menkhoff 27.87). In der sog. Physikotheologie der Zeit der *Aufklärung* wandte man zwar der Natur eine oft geradezu rührende Aufmerksamkeit zu. Es ist aber auffällig, wie die Weisheit des Schöpfers immer wieder vor allem darin gesehen wird, wie nützlich die Natur für den Menschen eingerichtet ist, also auch hier im Verhältnis zur Natur eine anthropozentrische Sicht dominiert (Landmann 75; Barth 138). So bleibt aufs Ganze gesehen doch wohl das Urteil gerechtfertigt: „Gerade das neuzeitliche Christentum, also vor allem das Christentum der Protestanten, ist durch ein eigenartiges Wegsehen von der Natur gekennzeichnet“ (Trillhaas 162). Umso bemerkenswerter ist die große Ausnahme von solcher weitverbreiteten „Diskreditierung der Natur“ im *Biblizismus* J. T. Becks und, in seinen Spuren, A. Schlatters (Trillhaas 162; vgl. zu Beck: Zöckler 153f; zu Schlatter: Neuer 243ff). Der Kampf der *dialektischen Theologie* gegen alles, was ihr als einer „natürlichen“ Theologie verdächtig schien, verdrängte allerdings solche Ansätze. Erst im Zusammenhang mit der modernen Diskussion um die Gefährdung der natürlichen Umwelt kam es auf breiterer Front zu einer Neubesinnung auf die Schöpfungstheologie, allerdings nicht, ohne dass man dabei (wie schon bei J. Sittler und vor allem bei L. White) in bedenkliche Nähe zum Pantheismus geriet, etwa bei G. Altner (vgl. Bockmühl, Gefährdete Umwelt 228f) oder auch J. Moltmann (in einem die Identität von Gott und Natur eschatologisch intendierenden Panentheismus (Burkhardt 167; vgl. Neuer 259).

Literatur:

G. Altner, Die Überlebenskrise in der Gegenwart, Darmstadt 1987; K. Barth, Die protestantische Theologie im 19. Jahrhundert, Zollikon/Zürich [2]1952; K. Bockmühl, Umweltschutz – Lebenserhaltung, in: BWA II,3, Gießen 2006, 76-114; ders., Gefährdete Umwelt (Sammelrezension, in: ThBeitr Jg. 6/1975, 223-232); H. Burkhardt, Tendenzen in der deutschen Theologie der Gegenwart, in: EuroJTh 1995, 161-171; B. Hägglund, Geschichte der Theologie, München [2]1990; M. Honecker, Grundriss der Sozialethik, Berlin 1995; M. Landmann, Philosophische Anthropologie, Berlin 1964; J. Moltmann, Gott in der Schöpfung. Ökologische Schöpfungslehre, München 1985; W. Neuer, Naturtheologie als Basis einer ökologischen Ethik. Adolf Schlatters Beitrag zu einem verantwortlichen Umgang mit der Natur, in: M. Bockmühl/H. Burkhardt (Hg.), Gott lieben und seine Gebote halten. In memoriam Klaus Bockmühl, Gießen 1991, 243-259; L. v. Padberg, Art. Albigenser, in: ELThG 33f; F. A. Schaeffer, Das programmierte Ende, Wuppertal 1973; J. Sittler, Zur Einheit berufen, in: Neu Delhi Dokumente, hg. von F. Lüpsen, Witten 1962, 300-311; W. Trillhaas, Ethik, Berlin 1959; M. Weyer-Menkhoff, Friedrich Christoph Oetinger, Wuppertal 1990; L. White, Die historischen Wurzeln unserer ökologischen Krise, in: F. A. Schaeffer aaO 71-88; O. Zöckler, Theologia naturalis. Entwurf einer systematischen Naturtheologie Bd. 1, Frankfurt 1860.

2.3 Die gegenwärtige Gefährdung der natürlichen Umwelt

Alles begann bei uns in den 60er Jahren mit dem Stichwort „Umweltverschmutzung". Der mehr oder weniger ahnungslose Zeitgenosse mochte dabei vor allem an das mehr ästhetische Problem der Verschmutzung der Natur durch achtlos weggeworfene Abfälle der modernen Zivilisation denken. Es ging aber von Anfang an um ein wesentlich ernsteres Problem: Die Belastung der Umwelt, also von Boden, Wasser und Luft, durch giftige Schadstoffe, insbesondere durch Produkte und Emissionen der chemischen Industrie (vgl. Kreikebaum 22-37). Neuerdings wird vor allem der Plastikmüll als ernstes Problem der Meere wahrgenommen.

Erstes weltweites Aufsehen erregte damals das Buch der amerikanischen Autorin R. Carson „Der stumme Frühling" (1962), in dem sie die weit über den Anwendungsbreich hinausreichenden verheerenden Wirkungen des Insektizids DDT insbesondere auf die Vogelwelt beschrieb (vgl. Bockmühl 76; v. Weizsäcker 14f). Die Situation wurde zusätzlich verschärft durch sich bald danach anbahnende Engpässe in der Nahrungsmittel- und Energieversorgung (die nach dem 6-Tage-Krieg von der OPEC, der Vereinigung Erdölproduzierender Länder, heraufbeschworene Ölkrise 1973). Damals löste auch der Bericht des „Club of Rome" über „Die Grenzen des Wachstums"

(1972) mit seinen dramatischen Hochrechnungen zu den Grenzen der natürlichen Ressourcen und der Belastbarkeit der Umwelt durch Schadstoffe eine weltweite Diskussion aus. Ein mögliches Ausweichen auf die scheinbar klimafreundliche Atomenergie warf neue Fragen auf: mit der Gefahr nicht nur von Störfällen und ihrer radioaktiven Verseuchung von Mensch und Umwelt (Tschernobyl 1986), sondern vor allem mit dem Problem der Entsorgung der radioaktiven Abfälle (vgl. Mosner 74f; v. Weizsäcker 72f; Honecker 277f).

Ein Anzeichen für die negativen Folgeerscheinungen der Ausbreitung menschlicher Zivilisation und der damit verbundenen Eingriffe in den Lebensraum von Pflanzen und Tieren ist auch der in den letzten Jahrzehnten beobachtete ständig zunehmende Rückgang der Artenvielfalt bei Pflanzen und Tieren (v. Weizsäcker 130 spricht von Tausenden aussterbender Arten; im Blick auf die Zahlen zurückhaltender Farmer 44f, wobei er allerdings, anders als v. Weizsäcker, nur Tierarten im Blick hat).

Ein weiteres Alarmsignal war 1995 die Entdeckung des sog. Ozonlochs. Besonders an den Polkappen wurde eine Verdünnung der Ozonschicht beobachtet, wodurch für die menschliche Haut schädliche Ultraviolett-B-Strahlen hier ungehindert auf die Erdoberflächliche gelangen. Eine Hauptursache dieser Verdünnung der Ozonschicht sieht man in Treibgasen (vor allem FCKW), wie sie in Spraydosen und Kühlaggregaten verwendet werden.

Gegenwärtig wird, seit den 90er Jahren, die Umweltdiskussion ganz beherrscht durch ein Thema: den *Weltklimawandel*: Die Atmosphäre wird zunehmend angereichert durch Gase wie vor allem Kohlendioxid (CO_2). So betrugen die CO_2-Emissionen im Jahr 1980 weltweit 18102 Mil. Tonnen, im Jahr 1999 aber bereits 22414 Mill. Tonnen. Das ist ein Anstieg um knapp 24% (Tabelle 2.12 bei Farmer 27f). Durch solche Anreicherung der Atmosphäre mit CO_2 werden die auf die Erde treffenden Sonnenstrahlen nicht mehr im gleichen Maße wie bisher zurückgestrahlt, sondern vermehrt durch die Atmosphäre absorbiert. Dadurch erwärmt sich diese beständig, derzeit, im Vergleich zu 1776, um 0,6° C. Setzt sich die gegenwärtige Entwicklung ungehindert fort, rechnet man bis zum Jahr 2100 mit einer weiteren durchschnittlichen Erwärmung um 2,3° C (Wicke-Thüs 27f). Man spricht hier von einem sog. Treibhauseffekt. Dabei wird zwischen einem *natürlichen* und einem *anthropogenen*, also vom Menschen verursachten, *Treibhauseffekt* unterschieden: Ohne die natürlich vorhandenen Gase in der Atmosphäre würde auf der Erde eine lebensfeindliche durchschnittliche Temperatur von ca. –15° C herrschen, mit ihnen aber haben wir eine lebensfreundliche Temperatur von durchschnittlich ca. +15° C. Diese Temperatur wurde früher durch den natürlichen Kreislauf von Ausstoß und Aufnahme des Kohlendioxids (Ausstoß durch Veratmung und Verrottung, Aufnahme durch die Ozeane und vor allem die Photosynthese von Pflanzen) relativ konstant gehalten (Wicke-Thüs 22). Dies Gleichgewicht scheint jetzt aber durch die Emissionen der fortschreitenden menschlichen Zivilisation zunehmend gestört zu werden. Die Emission von CO_2 hat sich durch den großen Verbrauch von fossilen Energieträgern in den industrialisierten Ländern (Kohle, Erdöl, Erdgas) gegenüber früher drastisch erhöht, während umgekehrt insbesondere durch Entwaldung (Tropenwälder) der Verbrauch von CO_2 durch die Pflanzenwelt zurückging. Der natürliche Kohlenstoffdioxidkreislauf kann die ansteigende Belastung der Atmosphäre offensichtlich nicht mehr kompensieren (Farmer 34). Seit Beginn der Industrialisierung gegen Ende des 18. Jahrhunderts steigerte sich die CO_2-Konzentration der Atmosphäre um 30% und wächst derzeit jährlich um etwa 0,4%. Da das CO_2 in der Atmosphäre sich nur sehr langsam abbaut, entsteht, auch wenn die CO_2-Emissionen jetzt drastisch reduziert würden, eine sehr langandauernde, auch künftige Generationen betreffende Wirkung (Wicke-Thüs 23).

Einige dieser Wirkungen sind bereits heute feststellbar: Katastrophale *Überschwemmungen* (in Deutschland: Oderflut 1997; Elbe-Jahrtausend-Hochwasser 2000); auffallende Zunahme von *Wirbelstürmen* (auch in Regionen wie bei uns, in denen sie bisher kaum bekannt waren); *Dürre- und Hitzeperioden* (2003 der wärmste Sommer in Europa seit 500 Jahren); *Wüstenbildung* (vor allem in Afrika); infolge der Erwärmung der Meere und des Abtauens von Hochgebirgsgletschern und von Eis an den Polkappen ein *Anstieg des Meeresspiegels* und damit drohender Verlust großer Gebiete tiefliegenden, aber oft sehr bevölkerungsreichen Landes wie in Bangladesh und den Niederlanden (Wicke-Thüs 35-54; vgl. v. Weizsäcker 58ff). Der Weltklimarat der UNO rechnet derzeit bis 2100 mit einem Anstieg des Meeresspiegels von 30 bis 50 cm (IPCC-Report 2007; vgl. Blasberg 15). Ein vollständiges Abschmelzen allein des Grönlandeises könnte zu einem Anstieg des Meeresspiegels von ca. 7 Meter führen (Wicke-Thüs 52).

Ob die gegenwärtig feststellbare Klimaveränderung wirklich nur menschlich verursacht ist, wird allerdings auch in Frage gestellt. Einige

Klimaforscher verweisen z.B. auf periodisch wiederkehrende Klimaveränderungen, verursacht etwa durch eine Veränderung in der Neigung der Erdachse, wodurch sich die Sonneneinstrahlung und damit die Temperatur auf der Erde verändert (sog. Milankovic-Zyklen; vgl. z.B. das Juni 2019 von einer Gruppe von italienischen Forschern herausgegebene Votum „Klima, eine Gegenstrom-Petition", http://die kaltesonne.de). Allerdings vollzieht sich diese Veränderung extrem langsam im Laufe von Jahrtausenden. Die innerhalb der letzten Jahrzehnte festgestellte Temperaturveränderung ist auf diese Weise also nicht zu erklären.

Zwar sind zumindest für die katastrophalen Auswirkungen solcher Entwicklungen z.T. auch andere Faktoren als Mitursachen zu bedenken, wie etwa bei den an Heftigkeit zunehmenden Überschwemmungen der zu schnelle Abfluss des Regenwassers infolge von Entwaldung und Flussbegradigung. Aber auch dadurch sind die Klimaveränderungen selbst natürlich nicht erklärt.

So spricht der Potsdamer Klimaforscher O. Edenhofer unter Verweis auf den 2007 vorgelegten 4. Bericht des UNO-Klimagremiums IPCC (Intergovernmental Panel on Climate Change) von einem derzeit feststehenden wissenschaftlichen Konsens: „Der vom Menschen verursachte Klimawandeln ist ein Faktum."

Literatur:

A. u. M. Blasberg, Vor der großen Flut, in: DIE ZEIT Nr. 21/2007, 15-19; K. Bockmühl, Umweltschutz – Lebenserhaltung, in: BWA II,3, 76-114; O. Edenhofer, ZEIT-Interview vom 1.2.2007, 36; K. Farmer/I. Stadler, Marktdynamik und Umweltpolitik, Wien 2005; M. Honecker, Grundriss der Sozialethik, Berlin 1995, 277-288; H. Kreikebaum, Kehrtwende zur Zukunft, Neuhausen 1988; D. u. D. Meadows u.a., Die Grenzen des Wachstums. Bericht des Club of Rome zur Lage der Menschheit, Stuttgart 1972; 1988; K.-H. Mosner, Zukunft ohne Atomernergie, in: J. Heil/K.-H. Mosner/H. Sautter, Atomkraft – ja oder nein?, Wuppertal 1982, 45-86; E. U. v. Weizsäcker, Erdpolitik. Ökologische Realpolitik an der Schwelle zum Jahrhundert der Umwelt, Darmstadt [4]1994; L. Wicke/P. Spiegel/I. Wicke-Thüs, KyotoPLUS. So gelingt die Klimawende, München 2006.

2.4 Die christliche Einstellung zur natürlichen Umwelt

Die beginnende Umweltdiskussion in den 1960er Jahren war z.T. von scharfen Angriffen gegen das Christentum begleitet: Dieses sei eine geistige Hauptursache für die gegenwärtige Umweltzerstörung. Dieses Urteil wurde besonders markant zum Ausdruck gebracht in dem Buchtitel von C. Amery „Das Ende der Vorsehung. Die gnadenlosen Folgen des Christentums". Dabei wurde vor allem verwiesen auf den in der biblischen Schöpfungsgeschichte enthaltenen Auftrag Gottes an den Menschen: „Macht euch die Erde untertan" (Gen 1,28). Dieser Auftrag habe zu einem rücksichtslosen, ausbeuterischen Umgang mit der Natur geführt. L. White sah diesen Umgang letztlich im engeren Sinn theologisch begründet in der christlichen Auffassung von der Transzendenz Gottes jenseits der Natur, und der Anthropozentrismus der christlichen Einstellung gegenüber der Natur wurzele darin, dass nach der Bibel der Mensch als Gottes Ebenbild an dieser Transzendenz Gottes Anteil bekomme. „Es gibt in der ganzen Welt keine einzige Religion, die in solchem Maße anthropozentrisch ist wie das Christentum" (White 81; ähnlich spricht G. Altner IX von einer „anthropozentrischen Fixierung im christlichen Weltverständnis"; positiv wertend, im Sinne personalistischer Ethik, Irrgang 24).

Tatsächlich formuliert der biblische Schöpfungsbericht für unser Empfinden eigentümlich hart. Für „herrschen" (Gen 1,26.28) verwendet der hebr. Text *radah*, ein Wort, das auch für das Treten in der Kelter verwendet wird (Joel 4,13); und für das „untertan machen" (V. 28) steht das hebr. *chabasch*, das wörtlich „niedertreten" bedeutet (Sach 9,15). Aber angesichts der eindeutigen Aussagen über die fürsorgliche Verantwortung des Menschen für die Natur im unmittelbaren biblischen Kontext („bebauen und bewahren", Gen 2,15) wird man der Etymologie hier kein zu großes Gewicht beilegen dürfen. Genesis 1,26.28 sind daher von 2,15 her zu interpretieren, nicht umgekehrt. Dies bestätigt auch der übrige biblische Befund (s. oben 2.1).

Soweit es in der Geschichte der Christenheit also tatsächlich eine ausbeuterische Auslegung des Herrschaftsauftrags gab, stand sie offenkundig im Widerspruch zur biblischen Intention. Gleiches gilt auch von der angeblich naturfeindlichen Auffassung von der Transzendenz Gottes. Denn die Transzendenz Gottes ist seine unbedingte Freiheit und Weltüberlegenheit gerade als Schöpfer der Welt. Gott schafft die Welt, weil er sie will und also bejaht. Als er sie erschaffen hat, heißt es, dass er sah, dass alles „sehr gut" war (Gen

1,31). Die Erschaffung der Welt ist eine gütige „Herablassung Gottes", in einer Linie zu sehen mit der Menschwerdung des Sohnes Gottes (Hamann I,5; vgl. ebda 91 zur Erschaffung des Menschen: „Wie hat sich Gott der Vater gedemüthigt, da er einen Erdenkloß nicht nur bildete, sondern auch durch seinen Othem beseelte"). Entsprechend ist nach christlicher Erkenntnis auch nicht die Zerstörung, sondern die Erneuerung und Vollendung der Schöpfung das Ziel der Wege Gottes (vgl. Lütgert, Ethik 257: „Die Sehnsucht nach dem Himmelreich ist nicht ein Verlangen nach einem Reich der Geister, sondern nach dem neuen Himmel und der neuen Erde, in denen Gerechtigkeit wohnt"; vgl. neben 2Petr 3,13 und Offb 21,1 auch 1Kor 15,53 und Röm 8,21-23).

Eher als der Vorwurf ausbeuterischer Gesinnung trifft nun zwar nicht das biblische Christentum, wohl aber manche Strömungen und Stimmungen in der Geschichte der Christenheit der Vorwurf einer gewissen „Entfremdung von Mensch und Natur" (Bockmühl 86), und zwar vor allem unter platonischem und idealistischem Einfluss (Köberle 56).

Doch, wie gesagt, solche Fremdheit und die aus ihr fließende Gleichgültigkeit gegenüber der Natur ist alles andere als genuin christlich. Sie wird nur überwunden werden können in einer vertieften Erkenntnis der christlichen Wahrheit gerade auch des ersten Glaubensartikels, des Glaubens an Gott den Schöpfer. „Die Lehre von der Schöpfung … gehört als Grundlage des Glaubens an die Versöhnung in das Evangelium vom Reich Gottes hinein. Denn es ist ja die Verkündigung des dreieinigen Gottes … Die Ordnung der Bibel und der Aufbau des Katechismus, die dem Glauben an Christus den Glauben an den Schöpfer vorausschicken, muss auch die Ordnung jeder christlichen Theologie und aller kirchlichen Predigt bleiben" (Lütgert, Schöpfung 398). Von solcher Neubesinnung her wird auch die fürsorgliche Verantwortung für die Schöpfung als Werk Gottes neu wach werden – und zwar für die ganze Schöpfung.

In der gegenwärtigen Diskussion steht immer wieder die Furcht vor den schädlichen Folgen der Umweltkrise für den *Menschen* im Mittelpunkt und dient als Motivation zum Handeln. Das ist natürlich verständlich, in gewisser Weise auch richtig – aber nicht ausreichend. Es ist das bleibende Verdienst A. Schweitzers (1875-1965), den Horizont ethischer Verantwortung über den Menschen hinaus auch auf das Tier, ja auf *Leben überhaupt* ausgedehnt zu haben. Aber auch seine Parole „Ehrfurcht vor dem Leben" (Schweitzer 227ff) müsste noch im Sinne des biblischen Schöpfungsglauben ausgeweitet werden zum Gedanken der Ehrfurcht vor allem, was ist, also der ganzen

Schöpfung als Werk Gottes, die *unbelebte Welt* mit eingeschlossen. In diesem Sinn spricht Schlatter von der notwendigen „Ehrfurcht vor der Wirklichkeit" (Schlatter 99). Die Natur ist nicht bloß eine zufällige Anhäufung von Atomen, sondern ein großer, von Gott gesetzter Zusammenhang, in dem alles seinen, wenn auch unterschiedlichen, so doch je eigenen Ort und Wert hat (gegen Irrgang 143). Darin liegt ein Wahrheitsmoment des aristotelischen teleologischen Naturverständnisses (Honecker 244: „Die Natur hat ein eigenes inneres Strukturprinzip"). „Die Natur ist gedacht" (Schlatter 39; vgl. 52ff; dazu Neuer 251f). Der Mensch, selbst Geschöpf, übersieht und durchschaut diesen Zusammenhang nur andeutungsweise. Die Natur ist deshalb der beliebigen Verfügbarkeit durch den Menschen entzogen und er hat nur insofern Möglichkeit und Vollmacht, verantwortungsvoll in ihren Zusammenhang einzugreifen, sofern sie seiner bewahrenden Obhut anvertraut ist. Dies ist zwar, wie sich zeigte, eine christlich begründete Erkenntnis. Sie ist zugleich aber auch grundsätzlich allgemein nachvollziehbar. So forderte schon 1969 der Tropenökologe H. Sioli, seinerzeit Direktor am Max-Planck-Institut für Limnologie in Plön/Holstein: „Vor jedem Eingriff in die Umwelt, die lebenerfüllte Erde, muss die Menschheit schon aus rein wissenschaftlichen, ökologischen Gründen heraus lernen, sich zu fragen, nicht mehr, was sie tun kann ..., sondern was sie tun darf, um die Eigengesetzlichkeit dieser Umwelt zu erhalten" (Sioli 1088). „Die Natur verträgt nur in sehr beschränktem Maß Veränderungen, ohne dass die Stoffkreisläufe, die unser Leben tragen, angegriffen werden" (Seitz 189)

Literatur:

G. Altner, Die Überlebenskrise in der Gegenwart, Darmstadt 1987; C. Amery, Das Ende der Vorsehung. Die gnadenlosen Folgen des Christentums, Reinbeck 1972; K. Bockmühl, Umweltschutz – Lebenserhaltung (1975), in: ders., Leben nach dem Willen Gottes, BWA II/3, Gießen 2006, 76-114; J. G. Hamann, Sämtliche Werke, hg. von J. Nadler, Bd. I, Wien 1949; M. Honecker, Grundriss der Sozialethik, Berlin 1995; B. Irrgang, Christliche Umweltethik, München 1992; A. Köberle, Christliche Verantwortung gegenüber der Schöpfung, in: ders., Biblischer Realismus, Wuppertal 1972, 55-75; W. Lütgert, Schöpfung und Offenbarung, Gütersloh 1934; ders., Ethik der Liebe, Gütersloh 1938; W. Neuer, Naturtheologie als Basis einer ökologischen Ethik, in: M. Bockmühl/H. Burkhardt, Gott lieben und seine Gebote halten, Gießen 1991, 243-259; A. Schlatter, Das christliche Dogma, Stuttgart [3]1977; A. Schweitzer, Kultur und Ethik, München [9]1953; M. Seitz, Was haben Energie und Umwelt mit Ethik zu tun?, in: ders., Theologie für die Kirche, Stuttgart 2003, 185-204; H. Sioli, Die Biospäre und der Mensch – Probleme der Umwelt in der heutigen Weltzivilisation, in: Universitas 24. Jg./1969, 1081-1088; L. White, Die historischen Wurzeln unserer ökologischen Krise, in: F. Schaeffer, Das programmierte Ende, Wuppertal 1973, 71-88.

2.5 Der Schutz der bedrohten Umwelt als ethische Herausforderung

2.5.1 Förderung des Bewusstseins der Verantwortung für die Umwelt

Grundlegende Voraussetzung für einen wirksamen Schutz der Umwelt ist, dass überhaupt ein entsprechendes Problem- und Verantwortungsbewusstsein da ist und gefördert wird. Es ist naheliegend, dass Menschen die Vorteile und Bequemlichkeiten des zivilisatorischen Fortschritts wahrnehmen und schätzen und deshalb zunächst einmal nicht bereit sind, um der Umwelt willen etwaige Veränderungen oder gar Einschränkungen des Lebensstils hinzunehmen. Es ist auch wenig sinnvoll, mangelnde Einsicht einseitig durch gesetzlichen Zwang ersetzen zu wollen. Vielmehr kommt alles darauf an, zunächst auf möglichst breiter Front Verständnis für die Umweltproblematik und damit zugleich innere Bereitschaft zum Schutz der Umwelt zu wecken.

Der christliche Glaube an Gott den Schöpfer bildet hier eine besonders günstige Voraussetzung, mehr noch als etwa der Buddhismus, dessen nichtaggressive Grundeinstellung zur Welt und allem Lebendigen in ihr („Güte gegenüber allen Wesen", Mylius 28; vgl. Schumacher 52: „Der Grundgedanke buddhistischer Wirtschaftslehre heißt daher Einfachheit und Gewaltlosigkeit") sich zwar ebenfalls auf den Umweltschutz positiv auswirken kann. Aber diese Einstellung ist doch bestimmt von einer grundsätzlich negativen Sicht der Welt als Ort des Leidens und damit mehr nur passiv-zurückhaltend, weniger aktiv wertschätzend und deshalb schützend. Zugleich fördert der Glaube an die Fürsorge des Schöpfers eine Kultur der Bescheidenheit und persönlichen Anspruchslosigkeit (Mt 6,25ff; 1Tim 6,6.8; Hebr 13,5; vgl. Bockmühl 268-277, 293f; Kreikebaum 60f.82f).

Dass trotzdem unter den Pionieren der Umweltbewegung so beschämend wenige Christen zu finden waren, hat, wie gesagt, seinen Grund nicht im christlichen Glauben selbst, sondern einer geschichtlich bedingten Reduktion des Glaubens auf die Innerlichkeit. So waren es vor allem mehr von säkularem Denken bestimmte Denker und Politiker, die in den letzten Jahrzehnten das Anliegen des Schutzes der Umwelt vorantrieben und ihm so im Bewusstsein der Bevölkerung zunehmend Raum verschafften. Nach wie vor aber bleibt die Notwendigkeit, dies Bewusstsein zu klären, zu vertiefen und zu erweitern und zum entsprechenden Handeln zu motivieren. Gerade die Christenheit sollte hierin ein wichtige Aufgabe sehen. Das könnte damit beginnen, dass in der christlichen Gemeinde neu angeleitet wird zur Wahrnehmung und Achtung der Natur als Schöpfung und damit zur Dankbarkeit für die Natur (Honecker 263f). Doch auch unabhängig vom Glauben ist der unmittelbare eigene Nutzen des nachhaltig-schonenden Umgangs mit der Natur, etwa wenn er mit Einsparungen oder Qualitätsgewinn verbunden ist, unmittelbar einleuchtend. Darüber hinaus ist bei verantwortlichem Bedenken der weitergehenden Folgen unseres Umgangs mit der Natur die Notwendigkeit ihres Schutzes grundsätzlich jedermann einsichtig zu machen.

2.5.2 Praktische Wege zur Verwirklichung des Schutzes der Umwelt

2.5.2.1 Prinzipien umweltgerechten Verhaltens

Verantwortliche Nutzung der Umwelt muss über kurzfristiges Eigeninteresse hinausdenken. Sie sollte das eigene Lebensinteresse über den Augenblick hinaus im Blick haben, wie auch das der kommenden Generationen, aber auch um der Natur selbst willen ihre substantielle Bewahrung. Daraus ist das Prinzip der Dauerhaftigkeit oder *Nachhaltigkeit* abzuleiten. Der Begriff ist der Forstwirtschaft entlehnt: Es soll in einem Wald nicht mehr Holz geschlagen werden als nachwachsen kann (Bockmühl 280f).

Im Blick auf die Frage, wer für entstandene Umweltschäden aufzukommen hat, ist vom Gedanken der Verantwortlichkeit des Menschen für die Natur her das *Verursacherprinzip* anzuwenden: Für den Schaden hat aufzukommen, wer für ihn verantwortlich ist.

2.5.2.2 Bereiche des Handlungsbedarfs

Wenn nach konkretem Handeln gefragt ist, muss zunächst noch einmal bedacht werden, wo oder in welchen Bereichen solches Handeln angesagt ist.

Man kann insbesondere drei Bereiche unterscheiden:

a. Land- und Forstwirtschaft,

b. Verkehr,

c. Industrie.

a. Die im Vergleich zur vorindustriellen Zeit gewaltigen Ertragssteigerungen in der *Landwirtschaft* sind neben der Mechanisierung vor allem dem Einsatz von künstlichen Düngemitteln sowie von Insektiziden und

Herbiziden zu verdanken. Diese Mittel aber belasten den Boden erheblich (v. Weizsäcker 103-105). Sie stören die natürliche Fruchtbarkeit des Bodens mit seinen Mikroorganismen und machen so einen immer stärkeren Einsatz solcher Mittel nötig – ein verhängnisvoller Kreislauf, gefährlich auch für die Gesundheit der Verbraucher (durch Restbestände der eingesetzten Mittel) und oft auch nachteilig für die Qualität der Frucht.

Wieweit eine Umstellung auf sog. biologischen Land- und Gartenbau durchführbar und ökonomisch verantwortbar ist, darüber mögen im einzelnen die Fachleute urteilen. Klar aber bleibt in jedem Fall, dass so weit wie irgend möglich eine Reduktion der chemischen Mittel bzw. eine Förderung einer natürlichen Anbauweise wünschenswert ist.

In der Forstwirtschaft ist weltweit vor allem der Rückgang des Waldes ein Problem, sei es durch Abholzen der z.T. für die menschliche Nutzung besonders wertvollen tropischen Hölzer, sei es durch Brandrodung zum Gewinn neuen Acker- und Weidelandes (wie z.B. im Urwald Brasiliens). Die Wälder sind von großer Bedeutung für das ökologische Gleichgewicht sowohl als Wasserspeicher als auch durch ihre Aufnahme von Kohlenstoffdioxyd und Produktion von Sauerstoff. Ziel wäre hier deshalb die Durchsetzung des Prinzips der Nachhaltigkeit: Dass nur so viel Wald geschlagen wird, wie man wieder aufforstet. Wo es möglich ist, sollte darüber hinaus wieder neu aufgeforstet werden. Ein erfolgreiches Beispiel gibt Israel, dessen Gebiet seit Jahrhunderten weithin entwaldet gewesen war und nun wiederaufgeforstet wird. Angesichts solcher Erkenntnis mutet es heute etwas merkwürdig an, wenn man gelegentlich hört, wie einerseits allgemein der Rückgang des Waldes beklagt wird, man andererseits aber in Gegenden, in denen die Landwirtschaft nicht mehr rentiert, wie in Teilen des Schwarzwalds, vom „Vordringen des Waldes" auf nicht mehr bewirtschaftete Flächen spricht, als wäre das eine Katastrophe.

Mit einem besonderen Problem konfrontiert uns die Möglichkeit der Anwendung der Gentechnik in der Landwirtschaft. Sie stellt einerseits für die Sicherung der Welternährung ein große Chance dar, vor allem durch Herstellung krankheits- und schädlingsresistenten Pflanzenmaterials. Andererseits sind allerdings auch mit solcher Technik verbundene mögliche Gefahren zu bedenken (störender Eingriff in die natürliche ökologische Ordnung; mögliche gesundheitliche Schäden durch Verzehr genmanipulierter Pflanzen; vgl. Gestrich, darin besonders die Beiträge von Hess, Kern, Hübner und Tappeser; vgl. auch Eibach 181ff).

b. Der Menschen und Völker verbindende *Verkehr* hat im letzten Jahrhundert vor allem durch die Erfindung von Auto und Flugzeug ein früher unvorstellbares Maß angenommen. Beide Verkehrsmittel sind aber durch ihren Kraftstoffverbrauch und die durch ihn entstehenden Emissionen für die Umwelt auch zum Problem geworden, das Auto zusätzlich durch den Verbrauch an Landschaft für das dichte Straßenverkehrsnetz. „Der Verkehr (ist) eine Hauptquelle der Naturzerstörung und Umweltbelastung" (v. Weizsäcker 83).

Hier stellt sich die Frage nicht nur nach möglicher Einsparung von Kraftstoff durch neue Technologien, sondern auch, wieweit der Verkehr nicht stärker auf umweltfreundlichere Verkehrsmittel wie die Bahn verlagert werden kann.

c. Die *Industrie* belastet durch die im Produktionsprozess unter hohem Einsatz von Rohstoffen und Energie entstehenden Emissionen Luft und Wasser. Um die Umwelt zu schützen, müssen diese Emissionen auf ein umweltverträgliches Mindestmaß reduziert werden. Dabei geht es nicht nur um Reduktion des Verbrauchs, sondern um Einsparungen durch die Erhöhung der Effizienz im Verbrauch von Material und Energie, und zwar mit Hilfe verbesserter Technologie (v. Weizsäcker 75).

2.5.2.3 Das Verhalten des Einzelnen im Umgang mit der Umwelt

Das Bewusstsein der menschlichen Verantwortung für die Umwelt sollte zunächst im Verhalten jedes Einzelnen konkret werden. Auch wenn er keinen unmittelbaren Einfluss auf die großen umweltpolitischen Entscheidungen hat, kann er doch seine eigene Verantwortung nicht einfach auf die anonymen Mächte Staat und Wirtschaft abwälzen. Er ist vielmehr in seinem privaten Umfeld auch selbst zu einem umweltschützenden Verhalten herausgefordert.

So liegt es bei jedem Einzelnen, umweltschonenden sog. biologischen Landbau zu fördern durch bevorzugten Kauf so entstandener Produkte. Selbst wer nicht Landwirtschaft betreibt, sondern etwa nur seinen Haus- oder Schrebergarten, wird, so eng begrenzt auch die Auswirkungen sein mögen, möglichst auf den Einsatz von künstlichem Dünger und chemischen Unkraut- bzw. Schädlingsbekämpfungsmitteln verzichten. Oder er kann Zurückhaltung üben beim Kauf von billig angebotenen Möbeln aus tropischen Hölzern und lieber einen etwas höheren Preis zahlen, wenn das Holz nachgewiesen aus nachhaltig betriebener Waldwirtschaft stammt. Er kann auch, etwa wenn er in der Großstadt wohnt, auf den heute scheinbar unabdingbaren Besitz eines eigenen Autos verzichten oder doch es möglichst wenig nutzen und stattdessen vermehrt öffentliche Verkehrsmittel oder auch das noch umweltfreundlichere Fahrrad nutzen – oder gar, wenn möglich, zu Fuß gehen.

Im Energieverbrauch kann man sparsam sein und in Produktion und Verbrauch möglichst umweltfreundliche Energie nutzen, eventuell sogar Energie selbst produzieren (etwa durch eine eigene Solaranlage). Man kann z.B. auf gute Wärmeisolation seiner Wohnung achten und Fenster in kühleren Jahreszeiten nur zum Durchlüften öffnen, nicht auf Dauer (vgl. weitere Anregungen bei Kreikebaum 92ff; Wicke 209f; v. Weizsäcker/Lovis 31-170).

2.5.2.4 Umweltpolitik

Es ist gut, wenn der Einzelne im privaten Bereich ökologische Verantwortung wahrnimmt. Aber das ist natürlich nicht genug. Die ökologische Problematik reicht über den privaten Bereich hinaus und bedarf deshalb politischer Regelung.

Hier war zunächst der Staat zum Handeln herausgefordert, direkt etwa zu eigenen umweltschützenden Maßnahmen wie kommunalen Kläranlagen, indirekt durch Erlass von Gesetzen und Festsetzen von Grenzwerten, wodurch Emissionen in Luft und Wasser reduziert werden (vgl. v. Weizsäcker 37ff), oder auch durch gezielte Förderung alternativer Ernergieerzeugung (erneuerbare Energien).

Es wäre aber hochproblematisch, wenn man sich bei der Lösung des Umweltproblems einseitig auf den Staat verlassen würde. Das wäre nicht nur ordnungspolitisch fragwürdig (bevormundender staatlicher Dirigismus), sondern würde auch einen unverantwortlich großen Aufwand an Bürokratie erfordern. Auch ist fraglich, ob die Bürokratie im Blick auf die industriellen Prozesse überhaupt über den nötigen Insiderwissensstand verfügt (Lachmann 103). Deshalb stellt sich die Frage, wieweit nicht die Umweltproblematik im Rahmen unserer marktwirtschaftlichen Ordnung von der Wirtschaft selbst gelöst werden kann.

Ein dem entgegenstehendes Grundproblem ist dabei, dass es sich bei den Umweltkosten um sog. *externe* Kosten handelt, d.h. um Kosten, die zunächst in der betriebswirtschaftlichen Rechnung der einzelnen Firma gar nicht auftauchen. Ihr Produkt kann entstehen und verkauft werden, ohne dass die Umweltkosten in irgendeiner Weise zu Buche schlagen, weil es sich ja bei der Luft, aber auch beim Wasser, in das die Emissionen gehen, um öffentliches Gut handelt, das jedermann zunächst kostenfrei zur Verfügung steht.

Das Problem verschärft sich noch einmal, wenn man bedenkt, dass die Verschmutzung der Umwelt keine staatlichen Grenzen kennt. Bei uns verursachte Verseuchung der Luft und des Wassers kann sich bis auf die andere Seite des Erdballs hin auswirken. Wie aber will man diese Kosten für den Verursacher berechnen und von ihm einfordern?

Das Problem der Berücksichtigung der externen Kosten wird der Markt allein nicht regeln können. Aber auch einseitig bürokratische Lösungen sind weder wünschbar noch, erst recht im internationalen Maßstab, realisierbar. Deshalb wird heute zunehmend nach einer Lösung gesucht, in der zwar von staatlicher Seite gewisse Rahmenbedingen geschaffen werden, innerhalb dieser Bedingungen aber die konkrete Lösung des Problems den Kräften des Marktes überlassen wird. Dies aber geschieht durch Ökonomisierung der Umwelt: Für den Verbrauch von Umwelt werden Zertifikate angeboten, die dann, je nach Bedarf, auf dem Markt gehandelt werden können. Die *Zertifikatslösung* ist für die Berücksichtigung der Umweltkosten „die eigentliche marktwirtschaftliche Lösung“ (Lachmann 374; vgl. v. Weizsäcker 156f).

Angesichts des globalisierten Marktes reichen allerdings nationale Regelungen etwa nur der industrialisierten Länder nicht aus. Denn sie sind im Vergleich mit den Entwicklungsländern nicht nur die viel größeren Verursacher von Umweltschäden, sondern ihre Unternehmen können, wenn ihnen die umweltpolitischen Gegebenheiten ihres Heimatlandes zu unbequem werden, ihre die Umwelt belastende Produktion in Entwicklungsländer verlagern, in denen die Umweltauflagen weniger streng sind. Wollte man aber von den Entwicklungsländern gleiche ökologische Rahmenregelungen verlangen wie in den entwickelten Ländern, würde damit ihre eigene industrielle Entwicklung in unfairer Weise gehemmt und ihre Armut zementiert.

Exkurs 11: KyotoPLUS

Einen möglichen marktwirtschaftlich verantworteten Ausweg aus dem Dilemma versucht, vor allem im Blick auf das aktuelle Problem des *Klimawandels*, das Konzept „KyotoPLUS“, das auf einer Studie fußt, die vom Umweltministerium Baden-Württemberg in Auftrag gegeben wurde (Wicke 20).

Hier wird vorgeschlagen, dass im Rahmen der Vereinten Nationen durch eine zu gründende „Weltzertifikationsbank“ an alle Länder eine ihrer Bevölkerungszahl entsprechende Anzahl von Umweltzertifikaten verteilt wird („One human – one emission right“, vgl. Wicke 88). Diese müssen dann von den Ländern nach Bedarf an die Erstlieferanten von fossilen Brenn- und Rohstoffen verkauft werden. Der Preis wird zunächst allgemeinverbindlich festgelegt, seine Entwicklung später aber dem Markt überlassen. Ein Zertifikat berechtigt zum Verkauf einer Menge, die im Verbrauch zu einer Emission von 1 Tonne CO_2 führt. Die Erstlieferanten wälzen dann die durch den Zertifikatkauf entstandenen Kosten auf die Verbraucher ab. So wirkt sich das System auf alle Emissionsbereiche aus, auf Industrie, Dienstleistungen, Verkehr und Privathaushalte. Die erhöhten Energiekosten geben Anreize zu einem sparsameren und vor allem effizienteren Verbrauch von Energie durch Entwicklung neuer Technologien (z. B. möglichst emissionsfreier Kraftwerke).

Auf diese Weise hofft man, eine weltweite Reduktion der CO_2-Emissionen zu erreichen bzw. die Treibhausgaskonzentration in der Atmosphäre auf einem verantwortbaren Niveau zu halten. Gegenwärtig würde das eine CO_2-Konzentration der Atmosphäre von etwa 450 ppm bedeuten (d. h. 450 CO_2-Moleküle auf 1 Million Moleküle der Atmosphäre).

Zugleich wird durch dies Konzept die globale Gerechtigkeit gefördert und damit ihre politische Akzeptanz auch bei den Entwicklungsländern erhöht. Entwicklungsländer, die bisher noch einen geringen Bedarf an Umweltzertifikaten haben, können diese an Industrieländer verkaufen. Mit Hilfe des Erlöses werden sie in die Lage versetzt, aus eigener Kraft heraus (und nicht durch Almosen der Entwicklungshilfe) ihre eigene Entwicklung umweltfreundlich voranzutreiben und damit zugleich die Armut in ihren Ländern zu bekämpfen. Dabei müsste die sachgemäße Verwendung der finanziellen Mittel natürlich überprüft und eventueller Missbrauch könnte durch Reduktion der Klimazertifikate geahndet werden (Wicke 137f).

Das Konzept „KyotoPLUS“ will also das ehrgeizige Ziel einer Stabilisierung des Weltklimas (durchschnittliche Temperatursteigerung gegenüber dem Beginn der Industrialisierung um nicht mehr als 2° C, Wicke 85) nicht mit bürokratischen, sondern mit marktwirtschaftlichen Mitteln erreichen (also unter Berücksichtigung des Eigeninteresses der Marktteilnehmer), mit dem Nebeneffekt, dabei zugleich der Entwicklung der bisher wirtschaftlich unterentwickelten Länder und damit der Gerechtigkeit im Weltmaßstab zu dienen.

Seit Kyoto sind die Bemühungen um Maßnahmen gegen den Klimawandel 2015 mit dem Pariser Weltklimaabkommen einen wichtigen Schritt weitergekommen. Das auf der Weltklimakonferenz in Madrid im Dezemer 2019 noch einmal bestätigte Übereinkommen sieht als Ziel vor, dass der Anstieg der weltweiten Durchnittstemperatur mindestens auf 2° C über dem vorindustriellen Niveau begrenzt, möglichst aber ein noch niedrigerer Anstieg auf 1,5° C angestrebt werden sollte. Bis 2018 haben 176 Staaten das Pariser Abkommen verbindlich ratifiziert (vgl. https://de.wikipedia.org/wiki/Übereinkommen_von_ Paris).

Allerdings wird alles darauf ankommen, dass es nicht nur bei dem auf dem Papier erklärten guten Willen bleibt, sondern das Abkommen auch wirklich umgesetzt wird. Kritiker sehen aber die Realisierung u. a. schon dadurch im Ansatz gefährdet, dass im Text des Pariser Abkommens für den Fall der Nichteinhaltung keine Sanktionen vorgesehen sind. Einen herben Rückschlag bedeutete es auch, dass 2017 die USA, neben China weltweit der größte Produzent von Treibhausgasemissionen, den Rückzug aus dem Abkommen ankündigten.

Literatur:

K. Bockmühl, Überlegungen zum „einfachen Lebensstil“, in: ders., Leben nach dem Willen Gottes, BWA II,3, Gießen 2006, 264-285; Gautama Budda: Die vier edlen Wahrheiten, Texte hg. von K. Mylius, München [2]1986; U. Eibach, Gentechnik – der Griff nach dem Leben, Wuppertal 1986; Ch. Gestrich (Hg.), Welternährung und Gentechnologie. Praxis und ethische Bewertung, Berlin 1998; P. Hawken, Drawdown – der Plan. Wie wir die Erderwärmung umkehren können, mit Vorwort von E. U. v. Weizsäcker, Rossdorf 2019;M. Honecker, Grundriss der Sozialethik, Berlin 1995; W. Lachmann, Volkswirtschaftslehre 2: Anwendungen, Berlin 1995; E. F. Schumacher, Die Rückkehr zum menschlichen Maß. Alternativen für Wirtschaft und Technik – „Small is Beautiful“, Reinbek bei Hamburg [3]1978; E. U. v. Weizsäcker, Erdpolitik. Ökologische Realpolitik an der Schwelle zum Jahrhundert der Umwelt, Darmstadt [4]1994; ders./A. B. und L. H. Lovis, Faktor vier. Doppelter Wohlstand – halbierter Naturverbrauch. Der neue Bericht an den Club of Rome, München 1995; L. Wicke/P. Spiegel/I. Wicke-Thüs, KyotoPLUS. So gelingt die Klimawende. Nachhaltige Energieversorgung PLUS globale Gerechtigkeit, München 2006.

2.6 Tierethik

2.6.1 Rechtlosigkeit der Tiere?

„Die vermeinte Rechtlosigkeit der Tiere, der Wahn, dass unser Handeln gegen sie ohne moralische Bedeutung sei, ... dass es gegen Tiere keine Pflichten gebe, ist geradezu eine empörende Rohheit und Barbarei des Okzidents, deren Quelle im Judentum liegt. In der Philosophie beruht sie auf der ... angenommenen gänzlichen Verschiedenheit zwischen Mensch und Tier, welche bekanntlich am entschiedensten und grellsten von Cartesius ausgesprochen war“ (Schopenhauer, Grundlage 773; vgl. Parerga 437). Angesichts einer heute noch anzutreffenden Gleichgültigkeit gegenüber dem von Menschen verursachten Leiden von Tieren ist die Empörung des Philosophen Schopenhauer (1788–1860) allerdings verständlich. Historisch offensichtlich falsch ist zweifellos seine Behauptung, dass die Quelle dieser „Barbarei des Okzidents“ im Judentum zu finden sei. Denn gerade das biblische Zeugnis beweist eher das Gegenteil (vgl. dazu unten 2.6.2), während, schon vor möglichem jüdisch-christlichem Einfluss, im gr.-röm. Ethos die Auffassung weit verbreitet war, „dass es zwischen Mensch und Tier kein Rechtsverhältnis gebe“ (*homini nihil iuris esse cum bestiis*), so Cicero in seiner Darstellung stoischer Ethik (De finibus III, 67). Auch Plutarch (ca. 46-120 n.Chr.) setzt diese Auffassung als allgemein anerkannt voraus, differenziert sie aber immerhin, indem er die Frage eines Rechtsverhältnisses unterscheidet von einem von spontaner Dankbarkeit motivierten praktischen Verhalten und den ethischen Grundsatz vertritt, man dürfe „mit lebenden Wesen nicht wie mit Schuhen oder Geräten umgehen“ (Marcus Cato 5). Richtig ist allerdings Schopenhauers unmittelbare Rückführung dieser „Barberei“ in neuerer Zeit auf den von Descartes (1596-1650) vertretenen radikalen Dualismus von dem Menschen als seiner selbst bewusstem Ich, als „Vernunftseele“ (*res cogitans*), und dem Tier als nur körperlichem Wesen (*res extensa*). Als vernunftloses Wesen ist es von einem Roboter nicht zu unterscheiden (Descartes 50 spricht von einem „Automaten“ oder einer „sich bewegenden Maschine“). Auch die Empfindungen des Tieres sind, ganz anders als beim Menschen, rein körperlicher Art, sodass nach Descartes „Mitleid mit ihnen völlig unangebracht“ ist (vgl. Eckhart/v.d. Lühe 1208). Nach I. Kant (1724–1804) ist der Mensch als Person „ein von Sachen, dergleichen die vernunftlosen Tiere sind, mit denen man nach

Belieben schalten und walten kann, durch Rang und Würde ganz unterschiedenes Wesen“ (Anthropologie § 1, 407). Nur der Mensch existiert als „Zweck an sich selbst“ und darf, anders als das Tier, nie als „bloßes Mittel“ gebraucht werden (Grundlegung 59.61). Mitgefühl mit dem Tier ist deshalb bestenfalls indirekt Pflicht des Menschen gegenüber dem Tier, direkt nur Pflicht gegen sich selbst, weil Grausamkeit gegen das Tier auch das Mitgefühl gegenüber dem Mitmenschen abstumpft (Metaphysische Anfangsgründe der Tugendlehre § 17; vgl. Irrgang 55f; Linnemann 1218).

2.6.2 Die Stellung zum Tier in der Bibel

Irrig ist allerdings Schopenhauers Ableitung jener „Rohheit und Barbarei“ aus der Bibel, speziell dem Alten Testament (ein Vorwurf, der bei Schopenhauer mit stereotypen Antijudaismen verbunden ist).

Nach dem Zeugnis der *Bibel* hat der Mensch als Gottes Ebenbild zwar unter allen Geschöpfen eine Sonderstellung. Trotzdem ist er Geschöpf unter Geschöpfen. Diese sind ihm zwar so zugeordnet, dass er sie sich dienstbar machen kann (Gen 1,28; vgl. Ps 8,7f). Selbst die Erlaubnis zur Tötung ist in die Erlaubnis zur Nutzung eingeschlossen (Gen 9,3).

Es wäre jedoch völlig verfehlt, darin ein Unwerterklärung der nichtmenschlichen Kreatur zu sehen. Denn der Auftrag zur Herrschaft über die Erde ist ja nicht nur Erlaubnis zu ihrer Nutzung, sondern grundsätzlich auch Auftrag zu ihrer Bewahrung. Jedes nichtmenschliche Geschöpf hat nicht nur in seiner Zuordnung zum Menschen seinen Existenzsinn (wie in der Tradition griechischer Philosophie oft angenommen wurde; vgl. Xenophon IV,3,10; Aristoteles 1256b; Cicero, De natura Deorum/Vom Wesen der Götter II, 158-162), sondern auch in sich selbst.

Dies zeigt sich etwa darin, dass Gott besonders dem Tier seine beständige Fürsorge zuwendet (Ps 36,7; 104,27f; 147,9; vgl. Mt 6,26; 10,29b). Angesichts des drohenden Untergangs der Stadt Ninive hat er nicht nur Mitleid mit den Menschen in ihr, sondern auch den mitbetroffenen Tieren (Jona 4,11: „Sollte mich nicht jammern Ninive, eine große Stadt, in der hundertzwanzigtausend Menschen sind … dazu auch viele Tiere?“). Haustiere sollen nicht rücksichtslos ausgebeutet werden, sondern die nötige Nahrung erhalten: „Du sollst dem Ochsen, der drischt, nicht das Maul verbinden“ (Dt 25,4; 1Tim 5,18). Dass die Sabbatruhe auch den zum Haushalt gehörenden Tieren zugute kommen soll, gehört ebenfalls zu dieser Fürsorge für das Tier (Ex 20,10 = Dt 5,14; vgl. zum Sabbatjahr Ex 23,11; Lev 25,7). In einem Atemzug mit Mord (also Tötung von Menschen) wird mutwilliger Umgang mit Tieren als „grausam“ gebrandmarkt („In ihrem Mutwillen haben sie Stiere gelähmt. Verflucht sei ihr Zorn, … dass er so grausam ist“, Gen 49,6f). Mitleid mit dem Tier kann in der biblischen Spruchweisheit geradezu tierpsychologisch begründet werden: „Der Gerechte weiß, wie seinem Vieh zu Mute ist, und das Gemüt des Gottlosen ist unbarmherzig“ (so Spr 12,10 in der Übersetzung von F. Delitzsch 197; wörtlich: Er „kennt die *näphäsch* = Seele seines Viehs“).

Zu weit geht man allerdings doch wohl, wenn man in der Bibel im Blick auf Tiere von einer Art „Gottesverhältnis“ spricht (Honecker 269 – wobei er in der Konkretion dies Verhältnis allerdings nur einseitig von Gott her beschreibt). Jedenfalls ist in Ps 104,21 nicht vom Suchen des Tiers nach *Gott* die Rede, sondern nach – von Gott kommender – *Speise*. Wenn in den Psalmen die Himmel „die Ehre Gottes erzählen“ (Ps 19,2), wenn der Himmel „sich freut“ und die Erde „fröhlich ist“ in Erwartung des Kommens Gottes (Ps 96,11), so ist das dichterische Sprache, die nicht personifizierend wörtlich zu nehmen ist: Allein schon in ihrer Existenz ist die Kreatur „Lob“ Gottes. Auch ihr Warten auf die „Offenbarung der Kinder Gottes“ (Röm 8,20) ist nicht eigentlich Warten auf Gott, sondern auf die Befreiung von der leidvollen Vergänglichkeit (*mataiotäs* = Nichtigkeit), der die Schöpfung jetzt noch unterworfen ist. Eben diese Spannung zwischen der schöpfungsgemäßen Bestimmung und dem gegenwärtigen Zustand ist das „ängstliche Harren“ (V. 19).

2.6.3 Die Stellung zum Tier in der Geschichte der neueren Ethik

Tierfreundliche Aussagen wie Deuteronomium 25,4 und Sprüche 12,10 sind in biblisch bestimmter Frömmigkeit immer bewusst gewesen. Nicht zufällig dürfte sein, dass der Dichter erwecklicher Lieder A. Knapp (1798–1864) Mitbegründer des ersten Tierschutzvereins in Deutschland war (Frasch 1176).

In der Theologie bewirkte allerdings die traditionelle Konzentration auf die Soteriologie und damit das Schicksal der menschlichen Seele, dass das Verhalten des Menschen gegenüber dem Tier kaum reflektiert wurde. In den meisten Ethiken kommt es bis heute schlicht nicht vor. Geschieht es doch, dann bezeichnenderweise im Kontext der Pflichten des Menschen gegen sich selbst. So findet sich etwa bei J. M. Sailer (1751–1832), dem führendem Vertreter der katholischen Erweckung, in seinem „Handbuch der christlichen Moral" am Schluss von § I über „Die allgemeinen Pflichten des Menschen gegen sich selber" ein Abschnitt „Von dem Verhalten gegen die Thiere": Da das Tier kein personales Wesen ist, kann es ihm gegenüber keine Pflichten geben. Der Mensch verletzt nur seine Pflicht gegen sich selbst, wenn er unvernünftig, mutwillig zerstörend mit der Natur im allgemeinen und so auch mit den Tieren im besonderen umgeht. Allerdings liegt, scheint es, eine gewisse Grenze für menschliches Verhalten auch im Tier selbst, wenn Sailer sagt, sie dürften nicht gegen ihre (!) Bestimmung gebraucht werden (Sailer 167). In einem Anhang zur Erörterung der „besonderen Nächstenpflichten" in seinem „Handbuch der christlichen Sittenlehre" betont C. F. Ammon (1766–1850) ausdrücklich, dass unsere Gewalt über die Tiere „von keinen Rechten … derselben beschränkt wird" (306). Ähnlich bringt W. M. L. de Wette (1780–1849) in seiner „Christliche(n) Sittenlehre" im Kapitel über „Liebe und Freundschaft" einen Anhang „Von dem Verhalten gegen die Thiere". Grundlegend ist für ihn (der Terminologie nach offenbar in Anlehnung an Kant, vgl. oben S. 219f) die Überzeugung: Tiere sind „als Mittel zu betrachten, nicht als Selbstzweck" (267). Deshalb können wir Tiere brauchen, „wie wir wollen", nur vernünftig, „wie es Menschen ziemt" (268).

Es gab allerdings auch früh rühmliche Ausnahmen. So stellt etwa C. F. Stäudlin (1761–1826) in seinem „Neuen Lehrbuch der Moral" in einem eigenen Kapitel über die „Pflichten und Tugenden des Menschen in Beziehung auf die Thiere und die leblosen Wesen" (zwischen Kapiteln über die Pflichten gegen sich selbst einerseits, gegen Gott und gegen andere Menschen andererseits) fest: Die Tiere sind beseelt und Träger von Rechten. Der Mensch ist deshalb „verpflichtet, sie ihrer Natur und Bestimmung gemäß zu behandeln, sie zu schonen, nicht zu misshandeln und zu quälen" (Stäudlin 321). „Immer liegt etwas Ungereimtes darin, dass dies gar nicht um ihrer selbst, sondern nur um anderer Dinge willen geschehen soll" (ebda). Der dänische Lutheraner H. L. Martensen (1808–1884) spricht im Rahmen seiner Lehre von der christlichen Liebe in einem eigenen Kapitel auch über „Die Liebe zu der unpersönlichen Creatur" (Martensen 333-338). Er begründet sie vom Schöpferwillen her. Dieser hat „den Menschen zum Herrn der Natur bestimmt und hiermit verpflichtet …, die Natur in Übereinstimmung mit dem Schöpfergedanken zu behandeln, theils als Mittel für die sittlichen Aufgaben des Menschen, theils als relativen *Selbstzweck*" (333, Hervorhebung H. B.). Der Mensch soll sich im Umgang mit den Creaturen immer daran erinnern, „dass alles Leben auch Zweck an sich selber ist" (334). Auch A. Köberle (1898-1990) kritisiert die „anthropozentrische Verengung, die wir uns angewöhnt haben", und fordert ein „mitgeschöpfliches" Verhalten gegenüber dem Tier (Köberle 90).

Seit generell das Umweltbewusstsein neu erwacht ist, findet speziell auch der Schutz des Tieres in der Ethik wieder mehr Beachtung (vgl. Honecker 268-276 und die dort angeführte Literatur). Dabei hat heute die Auffassung vom Eigenwert der Tiere in der Ethik weite Anerkennung gefunden (Körtner 261f).

2.6.4 Das Tier und der Umgang mit ihm in christlicher Sicht

Das Tier ist Geschöpf Gottes wie der Mensch, ihm in vieler Hinsicht verwandt, wenn auch in sehr unterschiedlicher Weise (in Intelligenz, Sinneswahrnehmung, Schmerz- und Lustempfinden; vgl. J. T. Beck 10: „Wie die Seele Thier und Mensch unterscheidet von allen niederen Stufen des Körperlebens ..."). Aber in allem bleibt als grundlegender Unterschied zum Menschen bestehen, dass die Subjektivität des Tieres eine a-personale ist, instinkt- und umweltgebunden, während die personale Subjektivität des Menschen sich vor allem auszeichnet durch ihre Offenheit und die damit gegebene Fähigkeit, sich gleichsam selbst gegenüberzutreten (Spaemann 471). Diese Freiheit ermöglicht dem Menschen, entsprechend dem biblischen Herrschaftsauftrag, Verantwortung nicht nur für sich selbst, sondern auch seine menschliche und nichtmenschliche Umwelt wahrzunehmen. Der Mensch ist so nicht nur (als Mitmensch) Objekt von Ethik, sondern auch Subjekt. Anders das Tier: Als instinkgeleitetes und umweltgebundenes Wesen kann es für sein Handeln nicht verantwortlich gemacht werden. Es ist nicht Subjekt von Ethik. „Es gibt keine Ethik für Tiere" (Trillhaas 15). Es kann damit auch kein möglicher Partner eines auf Gegenseitigkeit beruhenden Rechtsverhältnisses sein. Bedeutet das aber, dass es deshalb rechtlos ist und ihm gegenüber keine Pflichten bestehen? Ein solcher Schluss wäre wohl verständlich, wenn man das Tier und mit ihm die Welt überhaupt als reines Produkt des Zufalls und damit als sinnlos ansehen würde. Dann wäre allerdings der Sinn jeder Ethik fraglich. Sieht man das

Tier dagegen eingebettet in den größeren Zusammenhang des christlichen Schöpfungsglaubens, dann ist die Verantwortung des Menschen gegenüber der Welt überhaupt und dem Tier im besonderen letztlich Verantwortung gegenüber dem Schöpferwillen Gottes mit der Welt, der will, dass sein Geschöpf sei. Als von Gott gewolltes Wesen eignet ihm ein Existenzrecht, das der Mensch zu respektieren hat. Zwar ist der Mensch nach dem biblischen Schöpfungsbericht die Krönung des Schöpfungswerks und die nichtmenschliche Schöpfung seiner Obhut und damit auch Nutzung anvertraut. Aber die Schöpfungswerke werden von Gott je für sich „gut“ genannt (Gen 1,4.10.12.18.21.25) und sind dies nicht erst in ihrer Nutzbarkeit für den Menschen. Sie sind zwar für den Menschen *auch* Mittel zu seinen Zwecken. *Zuerst* aber sind sie ihr eigener Selbstzweck, eben weil Gott will, dass sie sind und dass sie so sind. Dabei ist die Zueinanderordnung der Geschöpfe eine differenzierte: Das Existenzrecht der unbelebten Natur ist relativ zur belebten, das der Pflanze relativ zum Tier, das des Tieres relativ zum Menschen. Prinzipiell unverfügbar für den Menschen ist nur menschliches Leben. Die Annahme, das diese Sonderstellung des Menschen das Existenzrecht und die Schutzwürdigkeit des Tieres in Frage stelle und deshalb (durch Ausweitung des Personbegriffs auch auf empfindungsfähige Tiere) der menschliche „Speziesismus“ aufzuheben sei (Singer147ff), ist unbegründet. Ganz im Gegenteil: Gerade die Sonderstellung des Menschen ermöglicht ihm, die mitmenschliche Kreatur schützend in Obhut zu nehmen (Spaemann 471f).

Aus dem vom Schöpfungswillen Gottes abgeleiteten Existenzrecht alles Geschaffenen ergibt sich auch für den Menschen die grundlegende *Norm* für den Umgang mit dem nichtmenschlichen Geschöpf: Er sollte der natürlichen Existenzweise des jeweiligen Geschöpfs gerecht werden, also möglichst artgemäß sein. Gegenüber dem empfindungsfähigen Tier (und zwar umso mehr, als diese Fähigkeit der des Menschen nahekommt) ist ein dies Empfinden berücksichtigendes Verhalten geboten. Kein lebendes Wesen darf willkürlich und sinnlos zerstört werden. Aber mit einem Tier von relativ hoher Intelligenz und Empfindungsfähigkeit wie einem Hund oder Pferd werden wir anders umgehen als mit einer Wegschnecke oder einer Stechmücke. Unser Mitleid wird umso stärker geweckt werden, je mehr Empfinden wir beim Tier anzunehmen haben. Letztes *Motiv* des Handelns allerdings für christliche Ethik kann nur die Ehrfurcht vor dem Werk Gottes und damit vor dem in seinem Werk uns begegnenden Willen Gottes sein.

2.6.5 Anwendung tierethischer Grundsätze auf aktuelle Problemfälle

Gegenwärtig ist die Frage des Umgangs mit dem Tier in besonderer Weise akut in zwei Zusammenhängen: in der Massentierhaltung und bei Tierversuchen.

Entsprechend dem Grundsatz einer artgerechten Behandlung des Tiers ist eine seine Lebensbedingungen, insbesondere den Lebensraum, unnatürlich einschränkende *Massentierhaltung* (z.B. in der Eierproduktion) ethisch nicht zu verantworten. Der Gesichtspunkt rationeller und also preiswerterer Produktion muss gegenüber dem Recht des Tieres auf artgemäßes Leben zurückstehen. „Wirtschaftliche Vor- und Nachteile dürfen hier gar nicht in Anschlag gebracht werden" (Spaemann 473). Die Minderwertigkeit so entstandener Produkte ist dabei nur ein sekundäres Argument.

Tierversuche sind in der Erprobung medizinischer Mittel und Methoden u.U. unvermeidbar. Ihre Notwendigkeit (und auch die der erprobten Medikamente) ist aber immer rechtfertigungsbedürftig und nur zu rechtfertigen, wenn dadurch für Menschen vergleichbare Schmerzen bzw. Lebenseinbußen vermieden werden (Spaemann 473). Außerdem hat die Forschung die ständige Aufgabe, nach Ersatzwegen zu suchen, die Tierversuche unnötig machen (Spaemann 474), z.B. durch Tests in Zellkulturen oder auch durch Einsatz von Robotern (Boeing 55).

Literatur:

C. F. v. Ammon, Handbuch der christlichen Sittenlehre, Bd. 3,2, Leipzig 1829; Aristoteles, Politik, hg. und übers. von E. Rolfes, PhB 7, Leipzig 1943; J. T. Beck, Umriß der biblischen Seelenlehre. Ein Versuch, Stuttgart 1843; N. Boeing, Leiden für die Chemie?, in: DIE ZEIT vom 16.5.2007, 55; M. T. Cicero, Vom Wesen der Götter, lat-dt., übers. und hg. von W. Gerlach u. K. Bayer, München 1978; ders., De finibus bonorum et malorum/Ziele menschlichen Handelns, lat/dt. hg. und übers. von O. Gigon, München 1988; R. Descartes, Abhandlung über die Methode des richtigen Vernunftgebrauchs, in: ders., Hauptschriften, übers. u. hg. von K. Fischer, ND Heidelberg 1930; F. Delitzsch, Salomonisches Spruchbuch, ND Gießen 1985; W. M. L. de Wette, Christliche Sittenlehre, Bd. 3, Berlin 1823; U. Dierauer/W. U. Eckhart/A. v. d. Lühe, Art. Tier; Tierseele, in: HWP 10, Darmstadt 1998, 1195-1217; K. Frasch, Art. Tierschutz, in: Calwer Kirchenlexikon, Stuttgart 1941, 1175f; M. Honecker, Grundriss der Sozialethik, Berlin 1995; B. Irrgang, Christliche Umweltethik, München/Basel 1992; I. Kant, Anthropologie in pragmatischer Hinsicht, in: Werke in 10 Bänden, hg. von W. Weischedel, Bd. 10, Darmstadt 1975, 395-690; ders., Grundlegung der Metaphysik der Sitten, in: Werke in 12 Bänden, Bd.VII, hg. v. W. Weischedel, Wiesbaden 1956; ders., Metaphysik der Sitten, 2. Teil Metaphysische Anfangsgründe der Tugendlehre, Hamburg 1959; A. Köberle, Vergebung und neues Leben, Stuttgart 1979 (darin: Mitmenschlichkeit – Mitgeschöpflichkeit, 85-94); U. H. J. Körtner, Evangelische Sozialethik, Göttingen 1999;

M. Linnemann, Art. Tierrecht, in: HWP 10, Darmstadt 1998, 1217-1221; H. Martensen, Die christliche Ethik. Spezieller Theil, 1. Abt.: Die individuelle Ethik, Berlin [5]1894; Plutarch, Marcus Cato, in: ders.: Große Griechen und Römer, Bd.1, übers. und erläutert von K. Ziegler, München 1979; J. M. Sailer, Handbuch der christlichen Moral, 2. Bd., Wien [2]1818; A. Schopenhauer, Über die Grundlage der Moral, in: A. Schopenhauer, Sämtliche Werke, hg. von W. v. Löhneysen, Bd. 3, Frankfurt 1986, 629-813; ders., Parerga und Paralipomena II, in: Sämtliche Werke Bd. 5, Frankfurt 1986; P. Singer, Praktische Ethik, Stuttgart [2]1994; R. Spaemann, Tierschutz und Menschenwürde, in: ders., Grenzen. Zur ethischen Dimension des Handelns, Stuttgart 2001, 467-476; C. F. Stäudlin, Neues Lehrbuch der Moral für Theologen, Göttingen [2]1817; W. Trillhaas, Ethik, Berlin 1959; Xenophon, Erinnerungen an Sokrates, gr./dt., übers. und hg. von P. Jaerisch, München 1982.

3. Kulturethik

3.1 Der Begriff der Kultur

Das Wort „Kultur“ ist abgeleitet vom lat. *colere* (= pflegen, bebauen). Kultur im weiteren Sinn ist insofern Gegenbegriff zu „Natur“, als Natur als die dem Menschen vorgegebene, vom Menschen noch nicht veränderte Welt verstanden wird. Kultur ist dagegen eben diese verändernde Einflussnahme des Menschen auf die Natur und das Ergebnis dieses Vorgangs.

So gesehen ist zunächst genaugenommen alle Ethik Kulturethik. Denn alle Ethik handelt vom Verhalten des Menschen in der und gegenüber der ihn umgebenden Welt, den handelnden Menschen selbst und die Mitmenschen eingeschlossen. Dabei wird Welt so gestaltet und umgestaltet, dass Neues entsteht, etwas jedenfalls, das so vorher noch nicht da war: im Blick auf die menschliche Welt z.B. Institutionen wie Ehe, Familie und Staat (vgl. Ethik II 1, 164-218) sowie innerhalb solcher Institutionen bestimmte überlieferte Sitten und Gebräuche; im Blick auf die Beziehung zur nichtmenschlichen Welt z.B. Kleidung, Wohnung, Werkzeug. So setzt etwa die Kulturphilosophie A. Schweitzers, in deren zweiten Teil „Kultur und Ethik“ er mit der Lehre von der Ehrfurcht vor dem Leben ein Grundprinzip der Ethik entwickelt, das zugleich grundlegend für alle Kultur ist, diesen weiten Kulturbegriff voraus.

Von diesem umfassenden Begriff der Kultur ist ein engerer zu unterscheiden, wie er uns aus dem alltäglichen Sprachgebrauch vertraut ist. Wir sprechen z.B. von städtischen „Kulturreferenten“, die für die Förderung des „kulturellen Lebens“ am Ort zuständig sind. Bei „kulturellem Leben“

denken wir dann etwa an Konzerte, Theateraufführungen, Museen oder öffentliche Bibliotheken. Oder wir sprechen von „Kultusministerien“, welche wir insbesondere für das gesamte Bildungswesen von der Grundschule bis hin zur Hochschule zuständig wissen.

3.2 Die Begründung der Kultur im Wesen des Menschen

Zunächst und grundlegend ist der Mensch Natur. Er ist Geschöpf unter Geschöpfen. Aber darin unterscheidet er sich von allen anderen Geschöpfen, dass er nun doch nicht nur Naturwesen ist, sondern auch Kulturwesen. Er kann gar nicht leben und überleben, ohne Kultur zu entwickeln und in Kultur eingebettet zu sein. So bleibt „... selbst das Allerelementarste und -notwendigste: wie wir uns ernähren und fortpflanzen, in welchen Beziehungen wir zu unserer Mitwelt stehen, wie wir unseren Nachwuchs aufziehen sollen usf. ... beim Menschen bereits seiner eigenen Regelung überlassen“ (Landmann 194). Der Grund dafür ist darin zu suchen, dass solches Verhalten beim Tier durch Instinkte geregelt ist, dem Menschen diese Instinkte aber fehlen. Insofern ist er von Natur ein „Mängelwesen“ (Gehlen 83). Er hat „einen geradezu lebensgefährlichen Mangel an echten Instinkten“ (Gehlen 33). „Der Mensch ist, um existenzfähig zu sein, auf Umschaffung und Bewältigung der Natur hin gebaut ... Der Inbegriff der von ihm ins Lebensdienliche umgearbeiteten Natur heißt Kultur und die Kulturwelt ist die menschliche Welt“ (38). Kultur ist eine Art „zweite Natur“ (ebda; vgl. Portmann 14; Landmann 166). „Die Natur selbst zwingt uns zur Kultur. Es ist unsere Natur ... dass wir kulturschöpferisch sein müssen“ (Landmann 194). Der Mangel an Instinkten wird auch beschrieben als Unspezialisiertheit (Landmann 156). Diese ermöglicht positiv Weltoffenheit in der Wahrnehmung (Landmann 169) und schöpferische Freiheit im Verhalten (Landmann 181). „Unspezialisiertheit und Schöpfertum zusammen wiegen also auf der menschlichen Seite die Spezialisiertheit der Tiere auf“ (Landmann 182). Dies Bestimmtsein zur Kultur ist dabei nicht etwas, das der Mensch zu seinem Natursein hinzu hat, sodass er teilweise (etwa in seiner Leiblichkeit) Naturwesen und teilweise (in seiner Geistigkeit) Kulturwesen wäre. Vielmehr ist der Mensch in seiner ganzen leib-seelischen Beschaffenheit darauf angelegt, Kulturwesen zu sein.

Diese Erkenntnis entspricht biblischem Wissen vom Menschen. Danach setzte Gott den Menschen in den Garten, den er bereitet hatte (Gen 2,8), mit dem Auftrag, „dass er ihn bebaute (lat: *colere*) und bewahrte“ (Gen 2,15). Der Mensch wird also in das schöpferische Handeln Gottes hineingenommen, das er durch sein „Bebauen“ des Landes (Gen 2,5.15) gleichsam fortsetzt. Dies geschieht nicht in der absoluten schöpferischen Freiheit Gottes, der das Nichtseiende ins Dasein ruft (Röm 4,17). Aber der Mensch vollzieht es in der relativen, das Werk Gottes voraussetzenden, ihm von Gott gegebenen Freiheit. Auch durch den Sündenfall ist dieser Auftrag Gottes und die mit ihm gegebene Würde des Menschen nicht aufgehoben. Adam und Eva bedecken ihre Blöße, indem sie sich aus Feigenblättern erste, einfache Kleidung flechten (Gen 3,7). Kain ist Ackerbauer, Abel Viehhirte. Kains Sohn baut eine Stadt (Gen 4,17). Aus dessen Nachkommenschaft kommen erste Künstler und Handwerker (Gen 4,21f).

Literatur:

A. Gehlen, Der Mensch. Seine Natur und seine Stellung in der Welt, Wiesbaden [13]1986; M. Landmann, Philosophische Anthropologie, Berlin [2]1964; K.H. Michel, Die Wechselwirkung von Kultur und christlichen Werten, in: ders., sehen – glauben – leben. Ausgewählte Aufsätze, hg. von R. Braun/ H. Hempelmann, Gießen 2012, 77- 95; A. Portmann, Zoologie und das neue Bild vom Menschen, Hamburg 1956; A. Schweitzer, Kultur und Ethik, München [9]1953.

3.3 Bereiche der Kultur

3.3.1 Technik

3.3.1.1 Der Begriff der Technik

Der Begriff „Technik“ geht auf das gr. Wort *technä* zurück, dessen Wurzel *teqs* „zimmern, künstlich herstellen“ bedeutet (Kluge 678; vgl. *tektoon* = Zimmerer als Berufsbezeichnung Jesu bzw. Josephs; vgl. Mk 6,3; Mt 13,55). „Technik“ bezeichnet also, vom Vorgehen des Handwerkers ausgehend, allgemein die zielgerichtete Bearbeitung natürlicher Materialien durch Entwicklung und Anwendung sachdienlicher Werkzeuge und Verfahren. Die Technik geht dabei einerseits über das natürlich Vorgegebene hinaus und entwickelt eine Art „zweite Natur“, macht sich dabei aber die den Gegebenheiten unveränderlich innewohnende natürliche Gesetzlichkeit zunutze (Schelsky 176: Bewältigung des Lebens durch „planvolle Umgestaltung der Natur unter Ausnutzung ihrer Gesetze").

Bereits einfache Handlungen vorgeschichtlicher Menschen wie das Entzünden von Feuer oder die Formung von Steinen zu Werkzeugen bedurften in diesem weiten Sinn einer gewissen „Technik". Die immer intensivere Verfeinerung und Differenzierung von Verfahren, insbesondere seit der Entwicklung und dem Einsatz von Maschinen, lässt von der Zeit etwa seit dem 19. Jahrhundert als von einem „Zeitalter der Technik" sprechen (Jaspers 28). Der Mensch ist jetzt in allen Bereichen des Lebens zunehmend von „zweiter Natur" umgeben, angefangen von der technisierten Produktion von Nahrungsmitteln, Kleidung, Wohnung und Gütern aller Art bis hin zu Medizintechnik,Verkehrs- und Kommunikationstechnologie.

Dieser neuzeitliche technologische Schub wird gelegentlich auf die Entmythisierung oder „Entzauberung" der Natur unter dem Einfluss jüdisch-christlicher Tradition zurückgeführt (Honecker 548, zurückhaltender 560). In dieser Deutung mag ein Wahrheitsmoment enthalten sein. So sind im biblischen Schöpfungsbericht die Gestirne, anders als in zeitgenössischen Kosmogonien, nicht mythische Wesen, sondern „Leuchten am Firmament des Himmels" (Gen 1,14). „Durch die Kenntnis Jesu werden wir bei der Erforschung der Natur deshalb wirksam unterstützt, weil sie alle Mythologie verscheucht, uns also auch im Verkehr mit der Natur zur reinen Beobachtung verhilft" – und damit auch den Weg zum technischen Umgang mit der Natur ermöglicht (Schlatter 253). Andererseits ist Magie (also Zauberei) keineswegs technikfeindlich, sondern selbst eine (vorrationale) Form von Technik (Huntemann 14f, unter Berufung auf A. Gehlen). Vor allem aber darf nicht übersehen werden, dass die Technik in der vorchristlichen griechisch-römischen Antike beachtlich weit entwickelt war (vgl. Gross 552f), sicher nicht weniger weit als zur selben Zeit im Einflussbereich biblischen Denkens. In dem in der Neuzeit einsetzenden technologischen Schub dürfte neben dem biblischen Schöpfungsglauben vor allem die Ablösung des scholastischen Traditionswissens durch eine von der wiederentdeckten Antike angeregte neue Wahrnehmung der Natur und ihrer Gesetzlichkeit sich ausgegewirkt haben (vgl. Guardini, Ende 41).

3.3.1.2. Zur ethischen Ambivalenz der Technik

Technik im weiten Sinn des Wortes ist zunächst schlicht notwendig. Als sogenanntes „Mängelwesen“ ist der Mensch in seiner Organunspezialisiertheit und Instinktunsicherheit darauf angewiesen und zugleich auch, mithilfe seiner Vernunft, dazu in der Lage, solche Mängel auszugleichen, indem er Techniken des Überlebens entwickelt. Technik gehört insofern „zu den konstituierenden Wesensmerkmalen des Menschen“ (Schelsky 176). Technik „bereichert und befestigt ... unsere Gemeinschaft durch die Mehrung unserer Lebens- und Schutzmittel und durch die Erleichterung unserer Gemeinschaft durch die zunehmende Überwindung der uns trennenden Wirkungen des Raumes und der Zeit“ (Schlatter 233). Als menschliches Leben erhaltend und fördernd ist Technik also gut. Man kann – wie bei aller Kultur – mit Recht von Anteilhabe des Menschen an Gottes fortgehendem Schöpfungswerk sprechen (Dessauer 57). Erfinden ist „gleichsam ein neues Schaffen und eine Nachahmung der göttlichen Urkraft“ (Bacon 95).

Andererseits ist Technik aber auch ambivalent (vgl. Thiede 90ff). In ihr liegt beides beieinander: Chance und Gefahr. Wobei beides letztlich nicht in der Technik selbst, sondern in dem sie entwickelnden und gebrauchenden Menschen seinen Grund hat.

Auch Tiere gebrauchen Werkzeuge oder gar ganze „Wirkanlagen“ – wie z.B. die Spinne ihr Netz (Guardini, Ethik 826f). Das „technisch“ scheinende Verhalten des Tiers ist aber eingegrenzt durch den Rahmen von Instinkt und Umwelt. Demgegenüber ist das instinktfreie und unspezialisierte Verhalten des Menschen offen zur Entwicklung ständig neuer Technik. Der Mensch überschreitet in seiner Freiheit die Grenze bloßer direkter Befriedigung elementarer Bedürfnisse. Die sich ihm durch die Technik eröffnenden Möglichkeiten haben damit die „Tendenz zur Verselbständigung“ (Guardini, Ethik 834), letztlich zur Autonomie (ders., Ethik 835). Dabei befriedigt die Technik nicht nur Bedürfnisse, sondern erzeugt auch immer neue (ders., Ethik 836). Es geht dem Menschen des technischen Zeitalters wie dem Zauberlehrling in Goethes bekannter Ballade: „Die ich rief, die Geister, werd ich nun nicht los“ (Goethe 152). Die Erfahrung der Macht über die Dinge steigert sich schließlich zum Gefühl der Allmacht. Damit verliert sich zunehmend das Kreaturgefühl des Menschen. Als Schöpfer der „zweiten Natur“ erhebt der Mensch sich über die Natur und macht sich zum vermeintlichen Schöpfer der Welt überhaupt, auch seiner selbst. In der

Bibel kommt dieser Missbrauch der Technik bereits in der Geschichte vom Turmbau zu Babel (Gen 11) klassisch zum Ausdruck (Zeindler 386).

Gegenüber der Gefahr solcher Maßlosigkeit bedarf es der Neubesinnung auf das Maß des Menschlichen, gegenüber solchem Machtbewusstsein der Besinnung auf die Begrenztheit und Abhängigkeit des menschlichen Könnens von der Natur und damit von Gott selbst als ihrem Schöpfer. „Am Anfang der kulturellen Entwicklung war die Natur der Feind und jedes Machtmittel des Menschen ein Sieg über sie ... Nun aber erhebt sich die Gefahr ... in der Macht des Menschen selbst ... Der Sieg aber, der jetzt errungen werden muss, heißt ... dass der Mensch Herr werde über seine Macht, damit sie ... sich nicht gegen ihn kehre" (Guardini, Ethik 843).

Angesichts der scheinbar grenzenlosen Möglichkeiten der Technik bedarf es neu der Besinnung auf das Verantwortbare. Heute treffen wir, besonders im Bereich der Bio- und Gentechnik, auf die weithin unkritisch akzeptierte Behauptung: Das technisch Machbare ist als solches auch erlaubt – mit dem scheinbar zwingend überzeugenden Zusatz: Wenn wir es nicht machen, machen es eben andere. Aber: „Alles zu tun, was technisch möglich ist, ... ist kindisch" (v. Weizsäcker 8). „Der Grundsatz ‚Can implies ought' ist kein ethischer Satz; er ist Ausdruck einer technischen Hybris" (Honecker 561).

Literatur:

F. Bacon, Neues Organ der Wissenschaften (Novum Organon), dt. von. A. Th. Brück, Darmstadt 1990; F. Dessauer, Philosophie der Technik, Bonn 1927; J. W. v. Goethe, Sämtliche Werke, Artemis-Ausgabe Bd. 1, Zürich 1950; R. Guardini, Das Ende der Neuzeit, Würzburg 1951; ders., Ethik. Vorlesungen an der Universität München Bd. 2, Mainz/Paderborn 1993; W. H. Gross, Art. Technik, in: Kleine Pauly. Lexikon der Antike, Bd. 5, München 1975; M. Honecker, Grundriss der Sozialethik, Berlin 1955 (VII § 3: Technik und Wissenschaft); G. Huntemann, Provozierte Theologie in technischer Welt, Wuppertal 1968; K. Jaspers, Die geistige Situation der Zeit, Berlin [5]1971; F. Kluge, Etymologisches Wörterbuch der deutschen Sprache, Berlin [17]1957; H. Schelsky, Industrie- und Betriebssoziologie, in: A. Gehlen/H. Schelsky (Hg.), Soziologie. Ein Lehr- und Handbuch zur modernen Gesellschaftskunde, Düsseldorf/Köln 1955; A. Schlatter, Die christliche Ethik, Stuttgart [5]1986; W. Thiede, Von der Fortschrittssambivalenz zur digitalen Fortschrittsfalle, in: Biblisch erneuerte Theologie, Bd. 3/2019, 89-117; C. F. v. Weizsäcker, Die Tragweite der Wissenschaft, Stuttgart [2]1966; M. Zeindler, Gott und das Schöne, Göttingen 1993.

3.3.2 Erkenntnis

3.3.2.1 Erkenntnis in der Bibel

Der zentrale biblische Begriff für Erkenntnis ist das hebr. Wort *daat* (von *jada* = erkennen). Der Begriff steht speziell in der Weisheitsliteratur des *Alten Testaments* in einem weiteren Wortfeld neben sinnverwandten Begriffen wie *chokma* (Weisheit), *tebuna* oder *bina* (Einsicht), *mezimma* (Plan) oder *musar* (Zucht) (v. Rad 75f).

Organ des Erkennens ist neben Auge und Ohr vor allem das Herz (hebr. *leb*; Spr 15,14: „Des Klugen Herz sucht Erkenntnis"; vgl. Wolff 78). „Herz" ist dabei zwar, wie in unserem Sprachgebrauch, durchaus auch mit dem Gedanken an Gefühle verknüpft (Wolff 74f), aber seine Bedeutung beschränkt sich nicht darauf, sondern es ist eben auch Ort des vernünftigen Denkens (aaO 77ff). Der Ausdruck „Mangel an Herz" (Spr 10,13) „meint nicht Gefühlskälte, sondern Gedankenlosigkeit" (Wolff 80). Aber dass nun doch das Herz als Zentralorgan aller inneren Vorgänge im Menschen Organ auch des Erkennens ist, dürfte bezeichnend sein für das nicht einseitig intellektualistische biblische Verständnis des Erkenntnisvorgangs. Erkenntnis ist grundlegend:

a. ein Akt der durch die Sinne vermittelten Wahrnehmung (z.B. Ex 16,6: „innewerden", parallel zu „sehen": V. 7),
b. ein im Zusammenhang mit solcher Wahrnehmung zustande kommendes Urteil („begreifen, einsehen", z.B. Gen 42,33) und
c. ein Wissen, dass auch anderen weitergegeben werden kann (z.B. Ex 2,14).

Dabei ist für das hebr. *jada* in besonderer Weise charakteristisch sein sog. kontaktiver Aspekt: Es kann ein handwerklich-künstlerisches Vertrautsein mit etwas bezeichnen (z.B. 1Sam 16,18), ein „sich kümmern um" (z.B. Gen 39,6), bis hin zur geschlechtlichen Vereinigung von Mann und Frau (z.B. Gen 4,1; vgl. Schottroff 690f; Hempelmann 327). In diesem kontaktiven Aspekt kommt besonders zum Ausdruck, dass Erkennen immer ein relationales Geschehen ist, in das der Erkennende selbst einbezogen ist, und zwar in unterschiedlichem Maße, je nach dem Gegenstand des Erkennens, vor allem wenn es um die Beziehung zum Mitmenschen und zu Gott geht. Gottes geschichtliche Selbstkundgabe (Nif. von *jada*: sich zu erkennen geben, vgl. Ps 98,2) zielt auf Erkenntnis durch den Menschen (Ex 7,17: „Daran sollst du erkennen, dass ich der HERR bin"; vgl. Schottroff 697f), eine Erkenntnis, die entweder mit Unglauben beantwortet wird und so zur Verstockung führt (V. 22; vgl. 6,7-9) oder zu Glauben und so zum Gehorsam gegenüber dem Willen Gottes (vgl. Jes 11,9). Deshalb ist „die Furcht Gottes Anfang der Erkenntnis" (Spr 1,7) – zunächst der Erkenntnis Gottes selbst, dann aber auch aller Erkenntnis überhaupt. Denn Gott ist der Schöpfer von allem und der Mensch hat insofern überall mit ihm zu tun. „Die Erfahrungen von der Welt waren ihm (Israel) immer auch Gotteserfahrungen und die Erfahrungen von Gott waren ihm Welterfahrungen" (v. Rad 87). Dabei bedingen Glauben und Erkennen sich gegenseitig: Der Glaube wird initiiert durch Wahrnehmung des Handelns Gottes. Aber wahre Erkenntnis des Wirklichen ist nur möglich im Vertrauen auf das Welthandeln Gottes: In jedem Erkennen ist „zugleich auch ein Vertrauen wirksam", ein „Vertrauen in die Verlässlichkeit der das Menschenleben tragenden Ordnungen und damit implizit oder explizit ein Vertrauen zu Gott" (v. Rad 87f). Der Glaube behindert also das Erkennen nicht, sondern setzt das Erkennen frei, lässt es „erst richtig zur Sache kommen" (ebda 95).

Umgekehrt hindert aber ein gestörtes Verhältnis zu Gott die Erkenntnis: Die Weisheit des Weisen verführt ihn leicht zur Überheblichkeit und macht ihn so zum Toren. Torheit ist nicht Mangel an Intelligenz, wohl aber an „Bereitschaft, sich in die Ordnungen zu fügen" (v. Rad 90; vgl. Spr 29,11) und „Mangel an Realismus" (v. Rad 90; vgl. Spr 17,24), Torheit ist „praktischer Atheismus" (v. Rad 91; vgl. Ps 14,1). Deshalb warnt der Prophet: „Ein Weiser rühme sich nicht seiner Weisheit" (Jer 9,22). Auch schon die Wahrnehmung ist von dieser Einschränkung mitbetroffen: Israel hat zwar „alles gesehen, was der HERR vor euren Augen in Ägypten getan hat" (Dt 29,1), und doch muss ihm gesagt werden: „Der HERR hat euch bis auf den heutigen Tag noch nicht ein Herz gegeben, das verständig wäre *(leb ladaat),* Augen, die da sähen, und Ohren, die da hörten" (V. 3).

Ein solches Verständnis von Erkenntnis kommt dann vor allem im Zusammenhang mit einem vertieften Wissen um die menschliche Sünde im *Neuen Testament* zum Tragen: Die Gegner Jesu „sahen die Wunder, die er tat" (Mt 21,15), aber sie glaubten trotzdem nicht an ihn und seine Sendung. Während die Volksmenge angesichts der Heilung eines Besessenen in der richtigen Richtung zumindest fragt („Ist dieser nicht Davids Sohn?", Mt 12,23), deuten die Gegner Jesu Tat als Teufelswerk (V. 24). „Mit sehenden Augen sehen sie nicht und mit hörenden Ohren hören sie nicht und verstehen es auch nicht" (Mt 13,13 – wobei „verstehen" für die Funktion des Herzens steht, vgl.

V. 15). Jesus preist Gott darüber, „dass du solches den Weisen und Klugen verborgen hast und hast es den Unmündigen offenbart“ (Mt 11,25). Dabei sind die „Unmündigen“ die „Kleinen“ (18,6), diejenigen, die bereit sind, von dem zu „lernen“, der „sanftmütig und von Herzen demütig ist“ (11,29).

Nach dem Zeugnis des Paulus ist Gott in seinem offenbarenden Handeln in der Schöpfung jedermann erkennbar *(to gnooston tou theou phaneron en autois*, Röm 1,19*)*. Im Undank gegen Gott aber wandten die Menschen ihre Gedanken dem Nichtigen zu und „ihr unverständiges Herz wurde verfinstert“ *(eskotisthä hä asynetos autoon kardia*, V. 21*)*. Sie hielten sich für weise, wurden dadurch aber zu Narren (V. 22). Gott hat, indem er – ein in den Augen der Weisen dieser Welt törichtes Unterfangen – seinen Christus ans Kreuz gehen ließ, „die Weisheit der Welt zur Torheit gemacht“ (1Kor 1,20), das scheinbar törichte „Wort vom Kreuz“ aber, als wahre Weisheit, zur rettenden Gotteskraft (V. 18.24).

Paulus war deshalb keineswegs vernunftfeindlich. Die Korinther fordert er auf: „Werdet nicht Kinder im Denken *(phrän),* sondern in der Bosheit, im Denken aber vollkommen“ (1Kor 14,20). Er rechnet aber damit, dass selbst an sich „richtige“ Erkenntnis *(gnoosis)* dazu verführen kann, nur Macht über andere ausüben zu wollen und so die Gemeinschaft zu zerstören (Erkenntnis „bläst auf“, 1Kor 8,1a). Wer so erkennt, „weiß noch nicht, wie man erkennen soll“ (V. 2). Wahre Erkenntnis entsteht dagegen in der Abhängigkeit von der gnädigen Zuwendung Gottes („Wenn jemand Gott liebt, der ist von ihm erkannt“, V. 3; vgl. Gal 4,8f) und verbindet sich mit der Zuwendung zum andern („die Liebe aber baut auf“, 1Kor 8,1b).

Paulus geht also aus von der Möglichkeit wirklicher Erkenntnis, weiß aber zugleich auch, dass sie immer begrenzt und vorläufig ist. Die Möglichkeit der Erkenntnis einerseits ist Anlass zur Dankbarkeit („Ich danke Gott allezeit eurethalben ... dass ihr durch ihn reich gemacht seid an aller Lehre und in aller Erkenntnis“, 1Kor 1,5). Die Begrenztheit und Vorläufigkeit allen menschlichen Erkennens andererseits leitet an zu Zurückhaltung und Bescheidenheit („Jetzt erkenne ich stückweise, dann aber werde ich erkennen, gleichwie ich erkannt bin“, 1Kor 13,12).

Literatur:

H. Hempelmann, Art. Erkennen, in: GBL, 325-332; G. v. Rad, Weisheit in Israel, Neukirchen 1970; W. Schottroff, Art. *jda*, in: THAT, 692-701; H. W. Wolff, Anthropologie des Alten Testaments, München 1973.

3.3.2.2 *Erkenntnis in systematischer Reflexion*

a. Erkenntnis und Wahrnehmung

Erkenntnis ist ein Grundakt menschlicher Existenz überhaupt: bewusste *Wahrnehmung* der Welt, vermittelt durch die Sinnesorgane. Während das Tier instinktgeleitet unmittelbar auf die Wahrnehmungen reagiert, die aus seiner Umwelt auf es zukommen, tritt der Mensch aufgrund seiner Weltoffenheit und Freiheit in der Begegnung mit der ihn umgebenden Wirklichkeit „aus dem unmittelbaren Zusammenhang der Natur heraus … nimmt Abstand, betrachtet, überblickt, durchdenkt, beurteilt" (Guardini 727). Zur Wahrnehmung tritt damit das *Urteil* (Schlatter CD 89). In ihm bestimmt der Mensch sein Verhältnis zu ihr: Er setzt die Wahrnehmung in Beziehung zu bisheriger Erkenntnis, diese von der Wahrnehmung her bestätigend, erweiternd oder korrigierend, oder auch umgekehrt, die neue Wahrnehmung von bisheriger Erkenntnis, die ihrerseits ja auch in früherer Wahrnehmung wurzelt, sowie vom Gegenstand selbst her auf dem Weg erneuter Wahrnehmung kritisch hinterfragend. Wir häufen „nicht nur Anschauungen ohne Ordnung und Regel in uns an, sondern bemühen uns, das Geschaute zu verstehen, indem wir uns, soweit es uns erreichbar ist, die Einheit, die unsere Vorstellungen verbindet, verdeutlichen" (Schlatter CE 252). Dabei wird im Urteil die Wahrnehmung zur Aussage, zum Wort, und damit erst wirklich zur *Erkenntnis*. „Erkennen entwickelt sich im Sprechen" (Guardini 744; vgl. Majetschak 1479f). „Das ganze Vermögen zu denken beruht auf Sprache" (Hamann 286,6f). Die Sprache aber entwickeln wir nicht aus uns selbst heraus. Sie ist geschichtlich vermittelt und mit ihr unser Erkennen: „Durch unseren Anteil an der Sprache gelangen wir … in den Besitz der Gedanken derer, die mit uns und vor uns dachten, und erhalten damit die unentbehrliche Bedingung für unseren eigenen Denkakt" (Schlatter CD 63).

Grundlegend aber bleibt immer die Wahrnehmung. Der Mensch ist in seiner Erkenntnis des Wirklichen primär Empfangender (Schlatter CD 89). „Weil wir uns für unser eigenes Bilden an das gebunden wissen, was wir empfangen, pflegen wir die Anschauung als die Wurzel aller Erkenntnis und werfen alle leeren Begriffe weg" (Schlatter CE 252). Mit diesem erkenntnistheoretischen Grundsatz widerspricht Schlatter (wie vor ihm schon J. G. Hamann; vgl. Lindner 89ff) der seit Kant verbreiteten Annahme einer Autonomie der Vernunft mit ihren *a priori* (vor aller Erfahrung) gegebenen Kategorien und Formen der Anschauung (Kants „Illusion einer reinen Vernunft", so Michel 238; vgl. Hempelmann, Erkenntnis 516).

b. Erkenntnis und Wille

So sehr der Mensch grundsätzlich die Möglichkeit der Distanz zum Gegenstand der Erkenntnis und damit zu objektiv wahrer, dem Gegenstand entsprechender Erkenntnis hat, so ist er doch nie nur unbeteiligter Zuschauer, der die Welt gleichsam von außen betrachtet (in strikter Trennung von Subjekt und Objekt; vgl. Descartes, Abhandlung 31: *Ego cogito ergo sum*). Vielmehr ist das Erkenntnisvermögen des Menschen eingebettet in die Ganzheit seines Geistes, vernetzt mit Gefühl und Wille, diese beinflussend wie auch umgekehrt von ihnen mitbestimmt. So können ein vorgefasster Wille oder ein festsitzendes Gefühl der Zu- oder Abneigung die Gegenstandsgemäßheit unserer Erkenntnis beeinträchtigen. Insbesondere unser Wille gehört „zu den Bedingungen, von denen das Gelingen unseres Denkens abhängt" (Schlatter CD 93; vgl. Walldorf 65f).

Daraus aber entsteht die Notwendigkeit und zugleich Pflicht, aus der offenen Gegenstandsbezogenheit des Erkennens aber auch die Möglichkeit, unsere Erkenntnis wahr zu machen – wollen wir nicht wirklichkeitsblind und damit zum richtigen Verhalten untüchtig werden. Es ist „eine Erfüllung unserer Pflicht, wenn wir richtig denken" (Schlatter, Ethik 250; vgl. das Kapitel „Die Wahrheit der Gedanken": „Groß und würdig ergeht damit an die Christenheit die Berufung … zur Kritik, durch die sie jeden menschlichen Gedanken immer neu nach seiner Begründung fragt", ebda 268). Aufkommende Zweifel dürfen nicht durch selbstauferlegten Zwang beiseitegeschoben werden. Vielmehr sind sie so zu überwinden, „dass wir dem festen Teil unseres Bewusstseins eine geschlossene Zustimmung gewähren und der Wahrheit, die uns noch unerkennbar ist, glauben" (Schlatter CE 275).

c. Welterkennen und Gotterkennen

Die Möglichkeit gegenstandsgerechter, objektiv richtiger Erkenntnis differenziert sich nach dem Gegenstand des Erkennens. Ein Mensch in der Freiheit und Unverfügbarkeit seiner Innerlichkeit ist in anderer Weise möglicher „Gegenstand" der Erkenntnis als das berechenbare und messbare Ding, Gott in seiner absoluten Weltüberlegenheit und Unsichtbarkeit wieder anders als der Mensch. Im Blick auf die Natur ist deshalb Übereinstimmung in der Erkenntnis leichter erreichbar als im Blick auf den Menschen, im Blick auf einen Menschen leichter als im Blick auf Gott. Die Offenheit der Wahrnehmung für die Wirklichkeit aber schließt eine prinzipielle Beschränkung des Erkennens auf bestimmte Gegenstandsbereiche aus. Sofern Gott nach biblischem Zeugnis nicht in seiner Unsichtbarkeit verharrt, sondern sich in seinem offenbarenden Handeln in Natur und Geschichte zu uns herabneigt und so zu erkennen gibt, insofern ist auch er möglicher „Gegenstand“ unserer Wahrnehmung. Der Neutestamentler J. Schniewind (1883–1947) stellte dazu in der Auseinandersetzung mit R. Bultmann (1884–1976), dem Initiator der sog. Entmythologisierung des Neuen Testaments, fest: „Es wäre zu behaupten, dass sorgfältige historische Forschung den Spuren dieser Epiphanie (erg.: Gottes in der Geschichte Jesu, H. B.) begegnen muss; dass, wo deren Spuren verschwinden, auch die historische Arbeit nicht stimmt“ (Schniewind 108). Die Möglichkeit solcher empirischen Erkenntnis Gottes wird allerdings spätestens seit I. Kant in protestantischer Theologie weithin bestritten. In dieser Bestreitung der Erkennbarkeit Gottes besteht das eigentliche Grundproblem der modernen protestantischen Theologie (vgl. Michel 244-248).

Wieweit menschliche Sünde die Erkenntnis Gottes hindert und diese nur in einem Prozess geistlicher Erneuerung möglich wird (1Kor 2,14f; vgl. Riesner), steht auf einem anderen Blatt. Aber von einer Aussage über den Menschen (dass er Sünder ist) darf nicht auf eine Aussage über Gott (dass er prinzipiell unerkennbar sei) geschlossen werden.

Literatur:

R. Descartes, Abhandlung über die Methode des richtigen Vernunftgebrauchs, dt. von K. Fischer, Reclams Universalbibliothek, Stuttgart 1961; R. Guardini, Ethik, Mainz/Paderborn 1993; J. G. Hamann, Metakritik über den Purismum der Vernunft, in: Sämtliche Werke (hg. von J. Nadler), Bd. 3, Wien 1950, 281-289; H. Hempelmann, Art. Erkenntnis, in: ELThG 515-519; ders., Erkennen, wie man erkennen soll, in: Glaube und Denken, Karl-Heim-Jahrbuch Jg. 20/2007, 151-176; H. Lindner, Kant und Hamann, in: ders., Biblisch …, Gesammelte Aufsätze, Gießen 2006, 89-94; S. Majetschak, Art. Sprache III. Neuzeit, in: HWP 9, 1468-1495; K.-H. Michel, Immanuel Kant und die Frage der Erkennbarkeit Gottes. Eine kritische Untersuchung der „Transzendentalen Ästhetik“ in der „Kritik der reinen Vernunft“ und ihrer theologischen Konsequenz, Wuppertal 1987; R. Riesner, Die Christus-Offenbarung nachdenken, in: J. Cochlovius/P. Zimmerling, Evangelische Schriftauslegung, Wuppertal 1987, 416-423; A. Schlatter, Das christliche Dogma, Stuttgart [3]1977 (= CD); ders., Die christliche Ethik, Stuttgart [5]1986 (= CE); J. Schniewind, Antwort an Rudolf Bultmann, in: Kerygma und Mythos I, Hamburg [4]1960,77-121; M. Weber, Vom Beruf der Wissenschaft, in: O. Loerke (Hg.), Deutscher Geist, Frankfurt [3]1982, 616-627; J. Walldorf, Realistische Philosophie. Der philosophische Entwurf Adolf Schlatters, Göttingen 1999.

Exkurs 12: Wissenschaft

1. Zur Bedeutung der Wissenschaftsethik

Unsere Welt ist heute eine von der Technik geprägte Welt. Die großen technischen Fortschritte der modernen Zivilisation, bis hin zu den vor wenigen Generationen noch undenkbaren Erfolgen z. B. der Medizin, wären ohne die Grundlagenarbeit der Wissenschaft undenkbar. „Die Dampfmaschine des 18. Jahrhunderts wurde noch weitgehend aus den Traditionen des Bergbaus und des Handwerks heraus entwickelt; der Elektromotor des 19. Jahrhunderts wäre ohne die vorangegangenen wissenschaftlichen Entdeckungen Faradays nicht möglich gewesen; den Atomreaktor unseres (d. h. des 20.) Jahrhunderts haben die Atomphysiker selbst entworfen und zuerst gebaut“ (v. Weizsäcker, Tragweite 2). Unser technisches Zeitalter ist deshalb zugleich ein Zeitalter der Wissenschaft (ebda 1).

Die überragende Rolle, welche die Wissenschaft, insbesondere die Naturwissenschaft, heute faktisch spielt, spiegelt sich auch im Bewusstsein der Menschen. Die Wissenschaft gilt gemeinhin als letzte Autorität. Wo festgestellt werden kann: „Die Wissenschaft sagt …“, erübrigt sich für den Menschen unserer Tage normalerweise jede weitere Diskussion. Tatsächlich werden die wissenschaftlichen Ergebnisse, je weiter die Erkenntnis, sich immer mehr spezialisierend, voranschreitet, für Menschen außerhalb der Fachwelt umso schwerer überprüfbar. Es bleibt dem normalen Zeitgenossen weithin nichts anderes übrig, als das, was „die“ Wissenschaft sagt, einfach hinzunehmen. So entsteht eine Haltung fast religiöser Ehrfurcht gegenüber der Wissenschaft. Nicht zufällig spricht man heutzutage weithin in einem Sinn von „der“ Wissenschaft, als wäre sie ein Wesen ganz eigener Art. Man kann deshalb von einem verbreiteten Glauben an die Wissenschaft und die Unfehlbarkeit ihrer Methoden und Ergebnisse sprechen. Der „Glaube“ an die Wissenschaft spielt geradezu „die Rolle der herrschenden Religion unserer Zeit“ (v. Weizsäcker, Tragweite 3). Nachdem der christliche Glaube für die Mehrzahl unserer Zeitgenossen seine Anziehungskraft verloren hat, tritt dieser „Szientismus“ (ebda 4) an seine Stelle: „Die seelische Situation des durchschnittlichen Menschen unserer Zeit gegenüber der Wissenschaft ist sehr ähnlich der eines Gläubigen gegenüber seinem geoffenbarten Glauben“ (ebda 5). Diese „Religion“ (genauer müsste man wohl sagen: Quasireligion; vgl. Tillich 10ff) hat ihre eigenen Glaubensbekenntnisse (die wissenschaftlichen Theorien), ihre Kirchen (die Universität und andere wissenschaftliche Institutionen), ihre Priesterschaft (die Professoren) und Ritualkodizes (Methoden und Gebrauchsanweisungen; vgl. v. Weizsäcker, Tragweite 4-8).

2. Die Eigenart wissenschaftlicher Arbeit

Solcher Hypostasierung der Wissenschaft gegenüber ist daran zu erinnern, dass Wissenschaft im Prinzip nichts anderes ist als jede andere Erkenntnis. Der einzige Unterschied wissenschaftlichen Erkennens zu vorwissenschaftlichem oder nichtwissenschaftlichem besteht in dem Bemühen um eine Intensivierung der Erkenntnis und die Erhöhung der Sicherheit durch überprüfbares methodisches Vorgehen („Der Dilettant unterscheidet sich vom Fachmann … nur dadurch, dass ihm die feste Sicherheit der Arbeitsmethode fehlt“, Weber 618).

Ein Grundfehler einiger moderner Wissenschaftstheorien und der von ihnen proklamierten Kriterien der Wissenschaftlichkeit besteht darin, dass man einseitig von einer bestimmten Wissenschaft ausgeht und die in ihr mögliche und erfolgreiche Methodik absolut setzt. Dies geschieht vor allem von Seiten der heute so erfolgreichen und populären Naturwissenschaften. So forderte etwa der Logiker und Erkenntnistheoretiker H. Scholz in seinem sog. „Konkordanzpostulat“: „In einer Wissenschaft dürfen nur Sätze auftreten, die das physikalisch und das biologisch Unmögliche respektieren: das soll heißen: nur Sätze, die den Sätzen ‚unserer‘ Physik und ‚unserer‘ Biologie nicht widersprechen“ (Scholz 235; nach 248 offensichtlich in direkter Anlehnung an Schleiermacher, der einst versichert hatte: Die Religion lässt „Euch … Eure Physik und … Eure Psychologie unangetastet“, Schleiermacher 117; letzterer ist dabei seinerseits wiederum abhängig von der Philosophie Kants, vgl. dessen klassische Schrift zum Thema „Der Streit der Fakultäten“, dazu Burkhardt 6ff). Aber wer bestimmt eigentlich, was physikalisch bzw. biologisch möglich oder unmöglich ist? Wieso sind die Erkenntnisse „unserer Physik“ und „unserer Biologie“ so sakrosankt, dass sie unter keinen Umständen in Frage gestellt werden dürfen? Sicher, die Erfahrung im Bereich dieser Wissenschaften und ihrer Anwendung zeigt selbstverständlich, dass normalerweise das natürliche Geschehen sich nach einer gewissen, immer wieder bestätigten Gesetzmäßigkeit vollzieht. Aus dieser Beobachtung ist aber kein absolut gültiges, alles Geschehen außerhalb dieser Regel prinzipiell ausschließendes Gesetz abzuleiten. Wissenschaftliche Redlichkeit hat vielmehr zu berücksichtigen, dass alle Erkenntnis vorläufig und überholbar ist („Wissenschaftlich … überholt zu werden ist … unser aller Zweck“, Weber 621). Sie hat zu bedenken, dass die Wirklichkeit größer ist als die von uns bisher erkannte und dass wahre Wissenschaftlichkeit sich immer für diese Wirklichkeit offenhalten muss. Im Bereich der Physik etwa hat sich diese Forderung bestätigt in der Erkenntnis, dass angesichts der in der Mikrophysik festgestellten sog. Unschärferelation unsere in der Makrophysik normalerweise sicher funktionierenden Naturgesetze strenggenommen doch nur statistische Größen sind, keine – wie einst gedacht – absoluten Gesetze (Heisenberg 28; vgl. Jordan 140ff). Von daher wird auch die Geltung des Kausalgesetzes als Grundlage der Vorstellung von einem absoluten Determinismus allen Naturgeschehens relativiert (Jordan 152ff). Eben solcher Determinismus aber wurde einst, unter dem Eindruck der damals, Ende des 19. Jahrhunderts, vom Kausalgedanken bestimmten Physik, von E. Troeltsch in seinen berühmten, die kritische historische Theologie bis heute prägenden Kriterien wissenschaftlicher Arbeit zum ausschließenden Maßstab des historisch Möglichen erhoben (Kriterien der Analogie und der Korrelation, Troeltsch 108f).

Um solchen Fehlwegen zu entgehen, sind folgende *Grundsätze wissenschaftlicher Arbeit* zu beachten:

a. Am Anfang aller wissenschaftlichen Erkenntnis steht die *offene Wahrnehmung*. Sicher fließen in den Erkenntnisvorgang auch Prämissen und Interessen des Erkennenden ein. Sie können in der Fokussierung auf einen bestimmten Aspekt oder eine bestimmte Fragestellung sogar hilfreich sein (Popper 19f). Aber sie dürfen weder die offene Wahrnehmung hindern noch ihre Ergebnisse vorwegnehmen. Die Wahrnehmung bleibt deshalb grundlegend: „Wissenschaft ist erstens Sehen und zweitens Sehen und drittens Sehen und immer wieder Sehen. Von diesem Beruf entbindet uns nichts, was immer auch auf den übrigen wissenschaftlichen Feldern geschehen mag“ (Schlatter, Atheistische Methoden 240). Der wissenschaftlich Arbeitende hat also nicht selbst festzulegen, was erkennbar ist und was nicht, sondern muss sich bleibend offenhalten für die ihm vorgegebene Wirklichkeit (Offenheit ist „das fundamentale Prinzip“ jeder echten Wissenschaft; Hempelmann, Wissenschaft 2179).

b. Eben deshalb, weil es der Wissenschaft um objektive, möglichst jedermann zugängliche Wirklichkeitserkenntnis geht, muss der Erkenntnisprozess in seiner Methode für andere *nachvollziehbar* und insofern auch *kontrollierbar* sein: Es muss deutlichgemacht werden, von welchen Voraussetzungen ausgehend und auf welchem Weg der Wissenschaftler warum zu seiner Erkenntnis kommt. Er arbeitet selbstkritisch und für andere kritisierbar („falsifizierbar", vgl. Popper 26), und zwar kritisch und kritisierbar nicht aufgrund irgendwelcher an den Erkenntnisgegenstand herangetragener Prinzipien, sondern vom Achten auf den Gegenstand selbst her.

c. Dabei ist allerdings zu bedenken, dass die Kontrollierbarkeit und damit die Sicherheit eines Resultats nicht beliebig erreichbar sind. Vielmehr differenziert sich das *Maß gesicherter Erkenntnis* nach der Art des Gegenstands der Erkenntnis. „Denn es kennzeichnet den Gebildeten, in jedem einzelnen Gebiet nur so viel Präzision zu verlangen, als es die Natur des Gegenstandes zulässt" (Aristoteles, Nikomachische Ethik 1094b). Eine relativ große Sicherheit ist etwa im Bereich des Anorganischen (Physik und Chemie) dadurch möglich, dass eine Theorie jederzeit durch Versuche überprüft werden kann. In der Biologie ist dies schon schwieriger. Der hypothetisch angenommene Vorgang der Evolution der Arten etwa ist experimentiell kaum nachvollziehbar. Noch weniger durchführbar ist solche Überprüfung in der Geschichtswissenschaft. Man kann vielleicht versuchen, im Experiment herauszufinden, wie das Leben etwa des steinzeitlichen Menschen generell ausgesehen haben könnte. Aber es ist prinzipiell unmöglich, die Faktizität eines bestimmten Ereignisses der Vergangenheit durch Experiment zu falsifizieren. Trotzdem wäre es absurd, deshalb der Geschichtswissenschaft ihre Wissenschaftlichkeit prinzipiell zu bestreiten. In ihrer Gründung auf die Wahrnehmung archäologischer Funde und literarischer Quellen kann auch sie der geschichtlichen Erkenntnis ein hohes Maß an Sicherheit geben. Überall also, wo wirkliche Erkenntnis möglich ist, ist auch ihre Intensivierung durch wissenschaftliche Arbeit möglich. Sofern religiöse Erkenntnis aufgrund sie begründender geschichtlicher Offenbarung Wirklichkeitserkenntnis ist, ist deshalb auch Theologie als Wissenschaft möglich – und zwar wirklich Theologie als Lehre von Gott, nicht nur als Religionswissenschaft (so A. Schlatter 1905 in seiner klassischen Auseinandersetzung mit dem frommen Liberalen P. Jäger über „atheistische Methoden in der Theologie"; vgl. Burkhardt 18ff; Hempelmann, Kritischer Rationalismus 121-132). Wissenschaft ist keineswegs, wie einst M. Weber meinte, notwendig „die spezifisch gottfremde Macht" (Weber 627), sondern wird, wo sie sich der Wirklichkeit unvoreingenommen öffnet, zum „Nachdenken der Gedanken Gottes“ (Guardini 1168).

3. Zum Ethos wissenschaftlicher Arbeit

a. Unmittelbares Ziel wissenschaftlicher Arbeit ist Erkenntnis der Wahrheit, also eine Erkenntnis des Wirklichen, die ihm entspricht. Wissenschaftliche Arbeit muss sich deshalb unabhängig machen von allen sachfremden Interessen, seien es eigene Interessen oder die anderer, und nur *der Erforschung der Wahrheit dienen.* „Alles Forschen fordert die Selbstlosigkeit der Liebe, die Bereitschaft, auf selbstgemachte Vorurteile zu verzichten und sich durch die Wahrheit leiten zu lassen … Alles Forschen beruht auf Interesse an der Sache“ (Lütgert 125). „Deshalb ist die Tugend der Wahrhaftigkeit … oberste Norm der Wissenschaft“ (Honecker 564). Karrierechancen, mögliche materielle Vorteile, persönlicher Ehrgeiz oder Zugehörigkeit zu einer bestimmten Schule oder Richtung: alles hat sich der Frage nach der Wahrheit unterzuordnen. Praktisch bedeutet das nicht zuletzt, dass man dem, der aufgrund seiner Arbeit zu anderen Ergebnissen gekommen ist als man selbst, eine faire Chance gibt, sie trotzdem in die wissenschaftliche Diskussion einzubringen. Da erfahrungsgemäß vorwissenschaftliche Entscheidungen in der Theologie (allerdings keineswegs nur dort!) eine große Rolle spielen, ist hier besondere Wachsamkeit geboten. Machtkämpfe unter Wissenschaftlern sind der Tod wissenschaftlicher Wahrheitssuche. Mit Recht zählt deshalb die Freiheit der Forschung in unserer Gesellschaft zu den anerkannten Grundrechten (GG Art. 5,3).

b. Neben der Verantwortung gegenüber der Aufgabe der Wahrheitserkenntnis hat wissenschaftliche Arbeit aber auch eine Verantwortung gegenüber dem *Gegenstand* der Erkenntnis selbst und für die Folgen einer *Anwendung* der Ergebnisse.

Gegenüber dem *Gegenstand* der Forschung selbst: Insbesondere in der Gestalt des Experiments greift der Wissenschaftler u. U. in die Existenz des Gegenstands selbst ein (Beispiele: Tierversuche, Embryonenforschung). Dies ist je nach Gegenstand unterschiedlich verantwortbar. Spätestens beim Menschen sind dem forschenden Eingriff unübersteigbare Grenzen gesetzt, wenn sie Selbstbestimmungsrecht und Leben gefährden. Aber auch in der theologischen Forschung stellt sich die Frage nach dem angemessenen, d. h. von Ehrfurcht angesichts des Heiligen geprägten Verhalten.

Im Blick auf die *Anwendung*: Der Forscher muss sich dessen bewusst sein, dass seine Forschung nicht im Elfenbeinturm reiner Erkenntnis um ihrer selbst willen geschieht und bleibt, sondern in der Anwendung möglicherweise nicht verantwortbare Folgen für Umwelt und Menschen nach sich zieht. Dies zeigte sich im 20. Jahrhundert besonders am Beispiel der Atomphysik. Die Atomwissenschaftler fragten sich spätestens nachträglich mit Recht, ob sie mit ihrer Forschung für die Entwicklung der Atombombe sich nicht mitschuldig gemacht hätten am Leid der von ihrem Einsatz Betroffenen (vgl. die „Erklärung der 18 Atomwissenschaftler vom 12. April 1957", v. Weizsäcker, Verantwortung 50-52).

c. Ein besonderes Problem ergibt sich in der wissenschaftlichen *Theologie*: Ihr eigentlicher Gegenstand ist Gott in seiner Offenbarung (Schlatter, CD 11.14). Gott ist unserer Erkenntnis zwar nicht grundsätzlich unzugänglich – aber in seiner Unsichtbarkeit ist er faktisch doch in anderer Weise zugänglich als die Gegenstände der Welt. Eine Folge ist die Möglichkeit des Atheismus. Immer wieder aber geschieht es, dass selbst ein Theologe im Laufe seiner Arbeit zu der Überzeugung kommt, dass es Gott nicht gibt, dass seine Wissenschaft also eigentlich gar keinen wirklichen Gegenstand hat. Oder ein christlicher Theologe stellt fest, dass seine Gotteserkenntnis jedenfalls nicht mehr in Einklang zu bringen ist mit der überlieferten Glaubenserkenntnis der Christenheit. Wie ist mit solchen Situationen umzugehen?

Zunächst könnte der Wissenschaftler versucht sein, sich selbst und anderen seine Situation dadurch zu verschleiern, dass er den Gottesgedanken so umgestaltet, dass er mit seinen religionslosen Vorstellungen vereinbar wird. Das könnte so aussehen, dass er sie etwa im Sinne von Formeln wie „Gott ist das Woher meines Umgetriebenseins" oder „das Wie meiner Mitmenschlichkeit" auf rein anthropologische Erfahrungen reduziert. Oder, wenn er selbst zwar am Gottesgedanken festhält, aber nicht am christlichen, dass er versucht, den christlichen Gottesgedanken und damit die christliche Religion im Sinne eines allgemeinen Gottesgedankens zu interpretieren (im Sinne der sog. pluralistischen Religionstheologie). Aber angesichts solcher Uminterpretation der Begriffe stellt sich doch die Frage der intellektuellen Redlichkeit. Deshalb bietet sich als einzig sinnvolle Alternative die Konsequenz an, die Wissenschaftsdisziplin zu wechseln, etwa zur Philosophie oder zur Religionswissenschaft. Denn ein Wissenschaftler, der seinen Gegenstand verloren hat, kann seiner Wissenschaft sinnvollerweise nicht mehr nachgehen. Eine entsprechende Forderung ist deshalb auch kein Eingriff in die Freiheit der Wissenschaft, sondern dient der Wahrung ihrer Sachgemäßheit.

Literatur:

Aristoteles, Die Nikomachische Ethik, übersetzt und mit Einleitung und erklärenden Anmerkungen versehen von O.Gigon, Zürich ²1967; H. Burkhardt, Kann Theologie Wissenschaft sein?, in: K. Bockmühl (Hg.), Die Aktualität der Theologie Adolf Schlatters, Gießen 1988, 5-33; W. Heisenberg, Das Naturbild der heutigen Physik, Hamburg 1955; H. Hempelmann, Kritischer Rationalismus und Theologie als Wissenschaft. Zur Frage des Wirklichkeitsbezugs des christlichen Glaubens, Wuppertal 1980; ders., Art. Wissenschaft, in: ELThG, 1276-2179; M. Honecker, Grundriss der Sozialethik, Berlin 1995; P. Jordan, Der Naturwissenschaftler vor der religiösen Frage, Oldenburg ⁶1962; W. Lütgert, Ethik der Liebe, Gütersloh 1938; K. Popper, Alles Leben ist Problemlösen, München 1994; A. Schlatter, Atheistische Methoden in der Theologie, Gütersloh 1905 (ND in: ders., Die Bibel verstehen. Aufsätze zur biblischen Hermeneutik, hg. von W. Neuer, Gießen 2002, 125-148); ders., Das christliche Dogma, Stuttgart ³1977; F. Schleiermacher, Über die Religion. Reden an die Gebildeten unter ihren Verächtern, Berlin 1977; H. Scholz, Wie ist eine ev. Theologie als Wissenschaft möglich?, in: G. Sauter (Hg.), Theologie als Wissenschaft. Aufsätze und Thesen, München 1971, 220-264; P. Tillich, Das Christentum und die Begegnung der Weltreligionen, Stuttgart 1962; E. Troeltsch, Über historische und dogmatische Methode in der Theologie, in: G. Sauter (Hg.), Theologie als Wissenschaft, München 1971, 105-127; M. Weber, Vom Beruf der Wissenschaft, in: Deutscher Geist, Ein Lesebuch aus zwei Jahrhunderten, 2. Bd., Frankfurt 1982, 615-627; C. F. v. Weizsäcker, Die Verantwortung der Wissenschaft im Atomzeitalter, Göttingen ²1958; ders., Die Tragweite der Wissenschaft, Stuttgart ²1966.

3.3.2.3 Kommunikation

a. Wesen und Bedeutung der Kommunikation

Bereits der Erkenntnisvorgang selbst kann als Kommunikationsprozess verstanden werden. Die Sinnesorgane vermitteln ein Verhältnis zum Gegenstand der Erkenntnis (Buytendijk 51). Dieser Kommunikationsprozess aber beginnt weder noch endet er im Erkenntnissubjekt. In seiner Sozialität ist er immer schon eingebettet in Erkenntnisvorgaben der Gemeinschaft, in der wir leben, insbesondere durch die Sprache. „Nur als der Angesprochene lernt der Mensch sprechen" (Ziegler 16) und damit wirklich erkennen. Entsprechend drängt die Sozialität des Erkennenden auch zur Mitteilung des Erkannten an andere. „Sprechen ist eine transitive Bewegung, sie geht zum andern hinüber" (Guardini 747). Menschliche Gemeinschaft entsteht also wesentlich durch Kommunikation: Indem ich dem anderen Anteil gebe an meiner Erkenntnis, öffne ich gleichzeit mich selbst für ihn, gewähre ihm Anteil an meinem Leben und gewinne in seiner Reaktion Anteil an seinem. Darauf verweist auch H. Lindner im Blick auf die nicht gelingende Kommunikation zwischen Kant und Hamann: „Scheitert Kommunikation, so gelingt auch das Sagen von Wahrheit nicht ... Wahrheit kann nicht unabhängig vom redenden Menschen und seinen geschichtlichen Bedingtheiten gesagt werden“ (Lindner 41).

Ein wesentliches Element der gemeinschaftsstiftenden Kommunikation ist die die Generationen übergreifende Kommunikation in Gestalt mündlicher und schriftlicher Tradition (Landmann 206ff). Hier hat seit der Erfindung des Buchdrucks das Buch eine entscheidende Bedeutung, die auch durch das Vordringen der modernen Kommunikations- und Traditionsmedien (elektronische Speicherung und Übermittlung) keineswegs überholt wird. Neben ihnen wird das in Muße gelesene und so innerlich angeeignete Buch seine grundlegende Bedeutung in unserer Kultur behalten.

b. Die Pflicht zur Wahrhaftigkeit in der Kommunikation

Damit Mitteilung wirklich gemeinschaftsstiftend sein kann, muss sie tragfähig sein. Der Empfänger der Mitteilung muss sich darauf verlassen können, dass sie in wahrer Erkenntnis und ehrlicher Absicht gründet. „Vertrauen ist der Kern mitmenschlicher Kommunikation“ (Ziegler 81). „Jedes Wort, das ich überhaupt rede, steht unter der Bestimmung, wahr zu sein“ (Bonhoeffer 387). Nur wahre Kommunikation stiftet Gemeinschaft. Dabei ist „wahr“ ganzheitlich zu verstehen (Haacker182): Wahrheit meint nicht nur die Richtigkeit des Worts als Information (Übereinstimmung von Erkenntnis und Gegenstand; vgl. STh I,16,1 *veritas est adaequatio rei et intellectus*), sondern auch die Verlässlichkeit des Worts als Zusage (Übereinstimmung von Wort und Tat). „Das ganze Sein des Menschen kann Wahrheit oder Lüge sein“ (Lütgert 120).

Der Wille zur Wahrhaftigkeit in der Kommunikation hat also seinen tiefsten Grund im Willen zur Gemeinschaft, mithin in der Liebe. „Die Liebe begründet die Wahrhaftigkeit“ (Schlatter 282, unter Verweis auf 1Kor 13,6: „Die Liebe freut sich an der Wahrheit“, und die Aufforderung Eph 4,15, „wahrhaftig zu sein in Liebe“). Jede nicht der Wahrheit entsprechende Kommunikation dagegen verunsichert das Vertrauen und damit die Gemeinschaft. Das gilt besonders von der bewussten, der eigenen Erkenntnis widersprechenden Fehlinformation, der Lüge. Vertrauenswürdigkeit der Mitteilung ist „unentbehrlich, da jede Lüge das Vertrauen vernichtet und damit das Fundament der Gemeinschaft angreift“ (Schlatter 282). Unwahrhaftigkeit ist letztlich Lieblosigkeit.

Das biblische Verbot des „falschen Zeugnisses gegen deinen Nächsten“ (Ex 20,16 = Dt 5,20) spricht zwar dem Wortlaut nach vor allem eine besondere Situation an, die Zeugenaussage vor Gericht (Schmidt 124). Als Bestandteil des Dekalogs ist dies Gebot aber zugleich eine grundlegende Weisung für den ganzen Bereich der Kommunikation und verpflichtet alles Reden zur Wahrhaftigkeit. Gott „hasst“ den falschen Zeugen, „der frech Lügen redet, und wer Hader zwischen Brüdern anrichtet“ (Spr 6,19). Jesus erwartet insbesondere von seinen Jüngern unbedingte Wahrhaftigkeit: „Eure Rede sei: Ja, ja; nein, nein. Was darüber ist, ist vom Übel“ (Mt 5,37; vgl. Jak 5,12; 2Kor 1,17f). „Ich sage euch, dass die Menschen Rechenschaft geben müssen am Tage des Gerichts von jedem nichtsnutzigen Wort“ (Mt 12,36; vgl. Jak 3,2-12). Der Gegensatz von Wahrheit und Lüge kommt am tiefsten zum Ausdruck, wenn Jesus nach dem Johannesevangelium von sich als „der“ Wahrheit spricht (Joh 14,6: „Ich bin der Weg, die Wahrheit und das Leben“; vgl. Röm 3,4a: „Gott ist wahrhaftig“), den Widersacher Gottes, den Teufel, aber „Vater der Lüge“ und als solchen „Mörder von Anfang an“ nennt (Joh 8,44). Ähnlich stellt Paulus der Aussage „Gott ist wahrhaftig“ die Feststellung gegenüber, dass, als Folge menschlicher Sündhaftigkeit, „alle Menschen Lügner“ sind (Röm 3,4b).

c. Grenzen der Pflicht zur Wahrhaftigkeit in der Kommunikation

Die Pflicht zur Wahrhaftigkeit der Rede kennt allerdings auch Grenzen. So kann das Taktgefühl mir verbieten, dem andern unverblümt zu sagen, was ich über ihn denke, und ihn damit in seinem Selbstwertgefühl zu verletzen. Die Rücksicht auf die Sensibilität etwa eines Schwerkranken kann uns um seinetwillen daran hindern, ihm die Bedrohlichkeit seiner Situation ganz offenzulegen. Vor allem aber endet die Pflicht zur Wahrhaftigkeit dort, wo sie zum Unrecht missbraucht werden soll und damit den, von dem wahrhaftige Auskunft gefordert wird, zum Komplizen des Unrechts machen will. Rationalistisch begründete Ethik muss hier konsequent sein und jede unwahre Auskunft ablehnen („Es ist also ein heiliges, unbedingt gebietendes … Vernunftgebot: In allen Erklärungen wahrhaft (ehrlich) zu sein“, andernfalls tue man zwar dem zur Auskunft Nötigenden kein Unrecht, wohl aber der Pflicht der Wahrhaftigkeit selbst und damit „der Menschheit überhaupt“, Kant 203; vgl. Baruzzi 74ff).

Demgegenüber ist aber zu bedenken: Durch seine gemeinschaftszerstörende Absicht verwirkt der Wahrhaftigkeit Einfordernde selbst den Anspruch auf die Vertrauenswürdigkeit der Antwort (Schlatter 287). Die objektiv unrichtige Auskunft wird hier in weiterem Sinn zur wahren, nämlich Unrecht verhindernden, und sollte deshalb nicht Lüge genannt werden (so wenig Tötung aus Notwehr Mord genannt werden kann; vgl. Schlatter 287, Anm.1). „Wahrheit ist eine Gabe. Jede Gabe hat ihre Grenze in der Empfänglichkeit des andern. Es gibt deswegen auch eine Pflicht des Schweigens, der Verweigerung der Wahrheit. Nicht jedem kann und darf man alles sagen“ (Lütgert 123). „Es ist der Zyniker, der unter dem Anspruch, jederzeit und jedem Menschen in gleicher Weise ‚die Wahrheit zu sagen‘, nur ein totes Götzenbild der Wahrheit zur Schau stellt“ (Bonhoeffer 388). Solch eine Grenzsituation ist aber grundsätzlich zu unterscheiden von der anderen, in der jemand sich selbst ohne Not in eine missliche Lage gebracht hat und nun meint, durch eine ethisch allerdings nicht zu rechtfertigende sog. „Notlüge“ sich heraushelfen zu dürfen. Schließlich: Ebenso wie eine an sich unrichtige Aussage im weiteren Kontext wahr sein kann, so kann umgekehrt auch eine objektiv richtige Aussage unwahr sein, wenn in ihr die Wahrhaftigkeit zum bloßen Vorwand dient, um jemanden zu verletzen oder anderen gegenüber herabzusetzen.

Literatur:

A. Baruzzi, Philosophie der Lüge, Darmstadt 1996; D. Bonhoeffer, Was heißt: Die Wahrheit sagen?, in: ders., Ethik, hg. von E. Bethge, München [9]1981; F. J. J. Buytendijk, Mensch und Tier. Ein Beitrag zur vergleichenden Psychologie, Hamburg [3]1970; R. Guardini, Ethik, Mainz/Paderborn 1993; K. Haacker, Wie redet die Bibel von der Wahrheit?, in: ders., Biblische Theologie als engagierte Exegese, Wuppertal 1993, 173-187; I. Kant, Über ein vermeintliches Recht, aus Menschenliebe zu lügen (1997), in: ders, Kleine Schriften zur Geschichtsphilosophie, Ethik und Politik, hg. v. K. Vorländer, PhB 471, Hamburg 1959, 199-206; M. Landmann, Philosophische Anthropologie, Berlin 1964; H. Lindner, Ach hätte er doch gestritten!, in: ders., J. G. Hamann. Aufbruch zum biblischen Denken in der Zeit der Aufklärung, TuD 54, Gießen 1988, 37-44; W. Lütgert, Ethik der Liebe, Gütersloh 1938; A. Schlatter, Die christliche Ethik, Stuttgart [5]1986; W. H. Schmidt, Die Zehn Gebote im Rahmen alttestamentlicher Ethik, Darmstadt 1993; H. Seubert, Kommunikation in unserer Zeit: Philosophische Perspektiven, in: communicatio 1/2020, 4-9; Thomas von Aquin, Summa Theologica, Rom 1923; A. Ziegler, Verantwortung für das Wort. Kommunikation und Ethik, Frauenfeld (Schweiz) 2000.

Exkurs 13: Medienethik

Die Pflicht des Einzelnen zur Wahrhaftigkeit gilt selbstverständlich nicht nur im privaten Bereich, sondern genauso auch im öffentlichen Leben, in der Politik, in der Wirtschaft (Wahrhaftigkeit im Handel, in der Werbung) und nicht zuletzt in den Medien, heute besonders in den sog. sozialen Netzwerken, in denen mit in der vordigitalen Welt unvorstellbarer Leichtigkeit und Schnelligkeit wichtige Nachrichten und bedenkenswerte Meinungen, die sonst kaum Gehör gefunden hätten, weltweit verbreitet werden können, ebenso aber auch irreführende Unwahrheiten („fake news") und sog. Hassbotschaften, Drohungen und Verschwörungstheorien.

Angesichts des großen gesellschaftlichen Einflusses der öffentlichen Medien Presse, Funk und Fernsehen sowie Internet kommt dem ethisch verantworteten Umgang mit solchem Einfluss eine besondere Bedeutung zu. Weder journalistische Professionalität (so sehr sie natürlich vorausgesetzt bzw. angestrebt werden sollte) noch wirtschaftlicher Erfolg (so sehr er natürlich zumindest für die privatrechtlichen Medien in einer freien Marktwirtschaft die Existenzgrundlage darstellt) können letzter Maßstab für die Arbeit des Journalisten sein. Vielmehr ist die vornehmste Aufgabe der Medien eine unabhängige, sachliche Information über die gesellschaftlich relevanten Vorgänge und die kritische Förderung und Begleitung ihrer öffentlichen Diskussion. Dabei gelten grundsätzlich die gleichen Regeln wie in aller zwischenmenschlichen Kommunikation, nur dass die öffentliche Wirkung der Medien die Verantwortung der Medienschaffenden eher noch verschärft. Grundforderungen publizistischer Ethik sind deshalb „Wahrhaftigkeit und Schutz der personalen Integrität" (Hille 136). An diesen Kriterien ist nicht nur der Inhalt des Mitgeteilten, sondern auch die Art der Darstellung zu messen. Die Forderung der Wahrhaftigkeit bezieht sich also nicht nur auf die Frage der Richtigkeit der Information im einzelnen bzw. Unwahrheit im Sinne direkter Falschmeldung. Sondern die Wahrheit kann auch durch Akzentverschiebung verfälscht werden: An sich weniger wichtige Aussagen oder Ereignisse, die aber die Sensations- oder Streitlust mancher Leser bedienen, werden in den Vordergrund gerückt, während wirklich Wichtiges unbeachtet bleibt. Die Versuchung zu solcher Berichterstattung und Kommentierung ist natürlich groß, wenn zu erwarten ist, dass damit die Zahl der Leser vermehrt und die Rentabilität des Unternehmens gesichert oder gesteigert werden kann. So kommt es leicht dazu, dass eine so arbeitende Presse „zu unserer Verfeindung nicht nur dadurch mit(wirkt), dass sie den bestehenden Zwist darstellt" – das kann ihre unvermeidliche Pflicht sein –, „sondern dadurch, dass sie selber den Zwist erzeugt" (Schlatter 307). Eine gewisse Gefahr liegt auch darin, dass der Journalist unvermeidlich Generalist ist: Er muss nicht nur über alles mögliche berichten, sondern es auch noch kommentieren. Aber niemand kann überall kompetent sein. Der tägliche Zwang zum Schreiben verführt deshalb nur zu leicht zu Oberflächlichkeit – den Jounalisten selbst, aber dann auch seinen Leser.

Die genannten Grundforderungen allgemeiner publizistischer Ethik gelten selbstverständlich erst recht für christliche Publizistik. Da die christliche Wahrheit in einer zunehmend säkularistisch geprägten Gesellschaft immer weniger bekannt ist und die Arbeit der Kirchen und anderer christlicher Initivativen immer weniger öffentliche Beachtung findet, kommt christlichen Medien heute als Korrektiv eine umso größere Bedeutung zu – nicht nur in dem, was, sondern auch, wie sie kommunizieren (zu christlicher Kommunikation speziell im Medium Fernsehen vgl. Uhlmann 212ff).

Literatur:

R. Hille, Publizistische Ethik, in: H. Burkhardt (Hg.), Christliche Ethik im Wandel der Systeme, Gießen 1994, 123-147; Rede frei! Mit Recht über das Evangelium sprechen. Handreichung der DEA zur Meinungsfreiheit, Bad Blankenburg 2019; A. Schlatter, Christliche Ethik, Stuttgart [5]1986; R. Uhlmann, Chancen und Kriterien christlicher Verkündigung im Fernsehen, Wuppertal 1991.

3.3.3 Kunst

3.3.3.1 Zum Ursprung der Kunst

Technik ist für den Menschen von Anfang an eine Überlebensnotwendigkeit. Kriterium für die Entwicklung und den Gebrauch eines technischen Instruments oder einer technischen Anlage ist ihre Nützlichkeit, nichts anderes, d.h. die Frage, ob sie dem Erhalt menschlichen Lebens förderlich sind.

Tatsächlich aber begnügt der Mensch sich nicht mit der Erstellung von Nützlichem. Früheste Dokumente aus der Geschichte der Menschheit zeigen, dass Gebrauchsgegenstände wie Werkzeuge und Waffen oder auch Vorratsgeräte nicht nur nach dem Gesichtspunkt der Brauchbarkeit gefertigt wurden, sondern darüber hinaus verziert wurden durch Ornamente oder bildliche Darstellungen (vgl. Eibl-Eibesfeld/Sütterlin). Auch die Gestaltung von

Kleidung und Wohnung ging seit jeher über die reine Nützlichkeit hinaus. Teilweise mögen solche Gestaltungen auch einen Zweck gehabt haben; etwa im magisch verstandenen Kultbild oder auch als Mittel der Repräsentation zur Markierung der sozialen Stellung, die es dem Inhaber erlaubte, mehr als andere über das Notwendige hinauszugehen. Aber eben dies Hinausgehen über das Notwendige ist – in unterschiedlichem Maße – jedem möglich und entspricht offenbar einem allgemein-menschlichen inneren Bedürfnis, seine Umwelt über das Notwendige hinaus auch schön zu gestalten (Brunner 486; Egelkraut 1195). Kunst ist ein Grundelement menschlicher Kultur seit ihren ersten Anfängen (vgl. Kultermann 15f).

Aber nicht nur von Natur oder auch Technik her Vorgegebenes ist Gegenstand künstlerischer Gestaltung. Der Künstler schafft sich auch unabhängig vom Alltagsgebrauch seine Gegenstände selbst. Das gilt insbesondere von der Musik. In ihr entsteht etwas, das so vorher einfach noch nicht da war. Selbstverständlich werden dabei natürliche oder technische Mittel verwendet wie menschliche Stimme oder Instrumente. Auch über die Töne, die der Künstler hervorbringt, verfügt er nicht völlig frei, sondern ist dabei an die Gesetze der Akustik gebunden. Und doch: Die Musik selbst, die besondere Melodie, der Rhythmus, das Zusammenstimmen der Töne ist damit noch nicht gegeben. Sie sind jeweils etwas über alle Gegebenheit hinaus Neues. Sie sind menschliche Kreation. Entsprechendes gilt, wenn auch in unterschiedlicher Weise, grundsätzlich von jeder Kunst. Selbst das der vorgegebenen Wirklichkeit nachgebildete Portrait oder Landschaftsbild ist nicht nur mechanisch hergestelltes Spiegelbild, sondern individueller Ausdruck dessen, wie der Künstler die Wirklichkeit wahrgenommen hat.

Literatur:

E. Brunner, Das Gebot und die Ordnungen, Tübingen 1932; H. Egelkraut, Art. Kunst, in: ELThG Bd. 2, Wuppertal 1993, 1195-1197; I. Eibl-Eibesfeld/Ch. Sütterlin, Weltsprache Kunst, Wien 2007; U. Kultermann, Kleine Geschichte der Kunsttheorie, Darmstadt 1987.

3.3.3.2 Kunst in der Bibel

Ein unserem Wort „Kunst“ entsprechender Allgemeinbegriff fehlt in der Bibel. Auch die griechische Antike kennt ursprünglich nur den Technik und Kunst zusammenfassenden Begriff *technä.*

Das Phänomen Kunst aber ist in der Bibel reich bezeugt. Bereits mitten in der Aufzählung erster technischer Errungenschaften begegnen uns in der Bibel auch die Anfänge von Musik. Der Kainit Jubal wird eingeführt als der, „von dem alle Zither- und Flötenspieler hergekommen sind“ (Gen 4,21). Dabei wird die Abkunft Jubals von Kain selbstverständlich genauso wie bei seinem Stiefbruder Tubal-Kain („von dem hergekommen sind alle Erz- und Eisenschmiede“, V. 22) nicht etwa als negatives Werturteil über seine kulturelle Leistung und damit über die Musik intepretiert werden dürfen. Nur bei ihrem Vater Lamech zeigt sich die Ambivalenz dieser kulturellen Errungenschaft und die Möglichkeit des Missbrauchs der Kunst in dessen brutalem Rachelied (V. 23f).

Welche hohe Bedeutung speziell der *Musik* in Israel zukam, zeigt sich nicht nur darin, dass David, Israels großer König und Urbild des Messias, als Musiker geschildert wurde, dessen Harfenspiel die Schwermut Sauls vertrieb (1Sam 16,16.23; 18,10 zeigt allerdings auch die der Macht seiner Musik gesetzten Grenzen), sondern vor allem in der häufigen Erwähnung von Musik im Gottesdienst Israels (Volz 113-116) und in den verschiedensten Lebenslagen im Volk (Volz 424-431; vgl. Schmidt 998-1006).

Die sog. *bildende Kunst* scheint in Israel eine geringere Rolle gespielt zu haben, wobei das Bilderverbot des Dekalogs, das die Herstellung von Gottesbildern als Gegenstand der Anbetung untersagte, mitgespielt haben mag, vor allem was die Darstellung von Menschen angeht (während die Darstellung der menschlichen Gestalt geradezu Herzstück etwa der griechischen Kunst war). Aber als Verbot darstellender Kunst überhaupt ist das Bilderverbot in Israel erst in späterer, nachbiblischer Zeit verstanden worden. Das bezeugt die ausführlich geschilderte Ausgestaltung von Stiftshütte und Tempel und ihrer Kultgegenstände mit Bildern von Cherubim, Löwen, Rindern, Blumen, Palmen und Granatäpfeln (dazu Bd. II/1 S. 60, vgl. Wiseman 854ff). Die Fähigkeit zu solcher künstlerischen Arbeit wird auf göttliche Begabung zurückgeführt („… und habe ihn erfüllt mit dem Geist Gottes, mit Weisheit und Verstand und Erkenntnis und mit aller Geschicklichkeit, kunstreich zu arbeiten in Gold, Silber und Kupfer, kunstreich Steine zu schneiden und einzusetzen und kunstreich zu schnitzen in Holz“, Ex 31, 3-5; vgl. 28,3).

Während allerdings von der Musik nichts, von der bildenden Kunst Israels fast nichts überliefert ist, sind wir im Blick auf seine *Dichtung* in einer völlig anderen Lage: Die ganze Bibel selbst ist ihr Niederschlag (Walldorf 16). Das gilt besonders natürlich vom Psalter, dieser Liedersammlung von auch im Vergleich mit anderer zeitgenössischer Literatur großer Kraft und Schönheit (vgl. auch außerhalb des Psalters überlieferte Lieder wie in Ex 15,1-19; Ri 5,2-31; 1Sam 2,1-10). Aber auch die Weisheit Israels ist dichterisch gestaltet (vgl. vor allem das Hohelied, oder etwa Pred 12,1-8 mit seinen schönen, einprägsamen Bildern; das Buch Hiob hat neben der Rahmenerzählung im Hauptteil die Gestalt eines dramatischen Dialogs) und ebenso auch die Prophetie (besonders eindrücklich bei Jesaja, nicht nur an Stellen wie dem Lied vom Weinberg, 5,1-7, sondern ganz generell in der poetischen Formung der Prophetensprüche). Nicht zuletzt aber die biblischen Geschichtsbücher, gerade in ihrer lapidaren Schlichtheit, sind Zeugnisse einer außergewöhnlichen Erzählkunst. Darauf hat als einer der ersten J. G. Herder (1744–1803), angeregt von J. G. Hamann und dem englischen Theologen R. Lowth (1710–1787), in seiner Schrift „Geist der hebräischen Poesie“ (1782/83) und speziell zur Genesis schon in „Älteste Urkunde des Menschengeschlechts“ (1774/76) aufmerksam gemacht (Kraus 108; vgl. generell zur hebr. Dichtkunst La Sor/Egelkraut 366-379). Anknüpfend an Herder nennt Goethe das biblische Buch Ruth „das lieblichste kleine Ganze, … das uns episch und idyllisch überliefert worden ist“ (Noten 415).

Das von der Erzählkunst der alttestamentlichen Geschichtsbücher Gesagte gilt auch von den neutestamentlichen („Die höchste, uns bisher gegebene Leistung der Kunst sind die Evangelien“, Schlatter 358). Dichtung im engeren Sinn finden wir vor allem in den Liedern der lukanischen Geburtsgeschichten (Lk 1 und 2) sowie der Johannesoffenbarung (z.B. 4,8; 5,12; 15,3f; 19,5). Paulus fordert die Gemeinde in Ephesus auf: „Redet untereinander in Psalmen und Lobgesängen und geistlichen Lieder und spielt dem Herrn in eueren Herzen und sagt Dank allezeit für alles Gott dem Vater in dem Namen unseres Herrn Jesus Christus“ (Eph 5,19f; vgl. Kol 3,16; vgl. mögliche Beispiele solcher Lieder bei Paulus selbst in Röm 11,33-36;1Kor 13,1-13; Phil 2,5-11; 1Tim 3,16).

Literatur:

J. W. v. Goethe, Noten und Abhandlungen zu besserem Verständnis des West-östlichen Divans, in: Sämtliche Werke, Artemis-Gedenkausgabe Bd. 3, 413-566; H.-J. Kraus, Geschichte der historisch-kritischen Erforschung des Alten Testaments von der Reformation bis zur Gegenwart, Neukirchen 1956; W. S. La Sor/H. Egelkraut, Das Alte Testament. Entstehung – Geschichte – Botschaft, Gießen 1989; V. Schmidt, Art. Musik, in: GBL Bd. 2,

Wuppertal 1988, 998-1006; A. Schlatter, Die christliche Ethik, [5]1986; P. Volz, Biblische Altertümer, Stuttgart 1925; J. Walldorf, Homo Creator – Kreativität, Kunst und der christliche Glaube, in: Porta 2/2000, 11-18; D. J. Wiseman, Art. Kunst, in: GBL Bd. 2, Wuppertal 1988, 853-857.

3.3.3.3 Wesen und Sinn der Kunst

Kunst ist ein wesentlicher Bestandteil menschlicher Kultur. Der Grund dafür ist darin zu sehen, dass beim Menschen über das Bedürfnis hinaus, sein Leben zu sichern (Technik) und sich und seine Umwelt zu verstehen (Wissenschaft) auch ein innerer Drang besteht, sein Leben und seine Umwelt zu gestalten, und zwar schön zu gestalten. Neben dem Lebenswillen und dem Erkenntniswillen gehört der Gestaltungswille zur Ganzheitlichkeit menschlicher Existenz.

Im Licht des biblischen Menschenbildes verwirklicht sich darin der Auftrag an den Menschen als Ebenbild Gottes, Herrschaft über die Erde auszuüben (Gen 1,28) im Sinne nicht nur ihrer Bewahrung, sondern auch ihrer Kultivierung (Gen 2,15), und zwar außer in Technik und Wissenschaft in besonderer Weise auch in der Kunst. Gott hat die Welt gut und damit auch schön geschaffen (Westermann 229 zu Gen 1,31; vgl. Zeindler 299f). Sie ist „voll geformter Schönheit“ (Köberle 148). Dieses sein Werk setzt Gott nun in dem mitschöpferischen Tun des Menschen fort. Die Kunst spiegelt dabei nicht nur die Schönheit der Natur, sondern es entsteht in ihr auch neues Schöne über das in der Natur Gegebene hinaus. Gott würdigt Menschen, „sein Schaffen in Schönheit aufzunehmen, es gewissermaßen fortzusetzen und weiterzubauen“ (Köberle 148; vgl. Zeindler 176). Der Künstler geht zwar von der Natur aus (Dürer: „Denn wahrhaftig steckt die Kunst in der Natur – wer sie heraus kann reißen, der hat sie“, nach Wölfflin 369). Aber er geht zugleich über sie hinaus. So wurde in der Kunsttheorie des 19. Jahrhunderts nicht zu Unrecht als das zunächst fast blasphemisch klingende Ziel formuliert,: „ein Schöneres hervorzubringen als die Natur“ (Eckstein 9). Die Aussage verliert ihre Anstößigkeit, wenn man bedenkt, dass die Kunst, recht verstanden, ja nicht im Gegensatz zum Werk Gottes steht, sondern ganz im Gegenteil dieses, im Sinne des Kulturauftrags Gottes an den Menschen, nur fortsetzt. Tatsächlich kann man, um nur diese Beispiele herauszugreifen, beim Hören etwa einer Violin-Sonate von Mozart oder einer Cello-Suite von Bach sich des Eindrucks kaum erwehren, dass jenes Ziel zumindest hier in beglückender Weise erreicht wurde.

Literatur:

H. Eckstein (Hg.), Künstler über Kunst, Leipzig 1938; R. Guardini, Ethik Bd. 2 , München 1993, 793-819; A. Köberle, Die Kunst im Zeichen der Erlösung, in: ders., Der Herr über alles. Beiträge zum Universalismus der christlichen Botschaft, Hamburg 1957; H. Kuhn, Wesen und Wirken des Kunstwerks, Münster 1960; C. Westermann, Genesis, 1. Teilband Gen 1-11, BK I/1, Neukirchen 1974; H. Wölfflin, Die Kunst Albrecht Dürers, München [5]1926; M. Zeindler, Gott und das Schöne, Göttingen 1993.

3.3.3.4 Kriterien des Schönen

3.3.3.4.1 Die Wirkung des Schönen

Warum ist das Schöne eigentlich schön, bzw. woran merken wir, dass das Schöne schön ist?

Rein empirisch erkennen wir das Schöne zunächst an seiner Wirkung auf uns. Vom Schönen geht eine Faszination aus (Zeindler 24), ihm eignet Attraktivität (ders. 209.333.382). Es weckt und versammelt unsere Aufmerksamkeit und nimmt uns so gefangen. Indem es das Gefühl einer tiefen Freude, eines „innere(n) Leicht- und Frohwerden(s)“ (Guardini 796) hervorruft, hat es aber zugleich eine innerlich befreiende Wirkung und hebt uns über die alltäglichen Zwänge des bloß Nützlichen hinaus letztlich zur Wahrnehmung von Schönem als „wahrnehmbaren Spuren Gottes in der Welt“ (Lauster 387). Das Schöne ruft ein sehr persönliches, ja selbst leidenschaftliches Interesse an sich hervor, das aber doch frei ist von privatisierendem Besitzen- und Verfügenwollen, vielmehr über sich selbst hinausführt und mit allen, die Gleiches empfinden, verbindet. Darin liegt ein Wahrheitsmoment der Annahme I. Kants in seiner „Kritik der Urteilskraft“, das Erleben des Schönen unterscheide sich darin von dem Wohlgefallen am Angenehmen und am Guten, dass es „ohne alles Interesse“ sei (KdU 5; vgl. Zeindler 200), deshalb nur betrachtend, „kontemplativ“ (14), und darin das einzig „freie“ Wohlgefallen sei (15). Präziser wäre allerdings differenzierend zu sagen: Das Erlebnis des Schönen ist zwar ohne privatisierendes, egoistisches Interesse, welches aber von einem bewundernden, liebenden Interesse zu unterscheiden ist (Lütgert, SuO 168: „Schönheit weckt Liebe“). Hinter Kants Ablehnung von „allem“ Interesse steht seine Auffassung vom nur subjektiven Charakter des Erlebnisses des Schönen, der ein Urteil über den Gegenstand selbst nicht zulässt. Es sei vielmehr vom Schönen nur so zu sprechen, „als ob (!)

Schönheit eine Beschaffenheit des Gegenstandes … wäre“ (18, vgl. H.-G. Gadamer, Wahrheit und Methode, 39ff: die „Subjektivierung der Ästhetik durch die kantische Kritik“).

3.3.3.4.2 Der Grund der Wirkung des Schönen im Schönen selbst

a. Das von der Schöpfung her Schöne
Angesichts einer solchen problematischen „Subjektivierung des Schönen“ (Zeindler 182) ist zurückzufragen, worin eigentlich unsere Erfahrung der „ästhetischen Korrespondenz“ (Zeindler 202f) im Schönen selbst ihren Grund hat, wovon also seine faszinierende Wirkung auf uns ausgeht.

In der Bibel wird zwar diese Frage so direkt nicht gestellt. Aber es werden uns doch Hinweise zu ihrer Beantwortung gegeben. Grundlegend ist die Beobachtung, dass das wiederholte Urteil Gottes: „Es war gut“ (Gen 1,4.10.12.18.21.25), gipfelnd nach der Erschaffung des Menschen in der Aussage: „Es war sehr gut“ (V. 31), innerhalb der Schöpfungsgeschichte in offensichtlich bewusstem Gegensatz steht zur Feststellung, am Anfang der Erschaffung von Himmel und Erde sei Letztere „wüst und leer“ (hebr. *tohu wabohu*) gewesen (Gen 1,2). Damit wird dem anfänglichen ungestalteten Zustand, dem Chaos (Delitzsch 51; v. Rad 37; LXX: *akataskeuastos* = unbereitet, ungeformt; vgl. Sap Sal 11,17: *ex amorphou hylä* = aus ungestaltetem Material), der „gute“, d.h. gestaltete, geordnete und insofern eben auch schöne Zustand am Ende der Schöpfungstage gegenübergestellt. Dieser Gedanke wird wiederaufgenommen im großen Schöpfungspsalm 104. Gleich am Anfang findet sich auch der Begriff „schön“, wenn von Gott gesagt wird, er sei „schön und prächtig geschmückt“ (V. 1, LÜ, hebr. *hod wehadar* = herrlich und prächtig). Dieser Schmuck ist, wie die darauffolgenden Verse entfalten, die Schöpfung („Licht ist dein Kleid, das du anhast …). Der Begriff „schön“ taucht dann noch einmal in V. 15 auf: Gott lässt dem Menschen Früchte wachsen, „dass der Wein erfreue des Menschen Herz und sein Antlitz vom Öl schön werde“ (LÜ, hebr. *hazhil* = leuchten machen; gr. *hilarynai* = heiter machen). Die Beschreibung der Vielfalt der Schöpfung wird zusammengefasst in der staunenden Erkenntnis der Geordnetheit der Schöpfung: „HERR, wie sind deine Werke so groß und viel! Du hast sie alle mit Weisheit gemacht“ (V. 24). In der Weisheit Salomos heißt es, Gott habe alles „nach Maß, Zahl und Gewicht geordnet“ (Sap Sal 11,20: *panta metroo kai arithmoo kai stathmoo diataxas*). So offenbart die Schönheit der Schöpfung in ihrer geordneten

Vielfalt diese als Schöpfung Gottes (Zeindler 297). In diesem Sinn spricht auch Jesus von der Schönheit der Blumen des Feldes, die die Pracht (gr. *doxa*) Salomos übertrifft, als Ausdruck der Fürsorge Gottes (Mt 6,26-30). Paulus spricht von der in der Schöpfung aufscheinenden Herrlichkeit Gottes (Röm 1,19.23). Im Gedanken der Herrlichkeit aber fasst biblische Theologie alle Aussagen über die Eigenschaften Gottes zusammen (Cremer 121-123).

In der griechischen Antike fragte man direkt nach objektiven Kriterien für das Schöne und kam dabei zu vergleichbaren Antworten. So verwiesen die Pythagoräer (5. Jh. v. Chr.) auf Ordnung, Symmetrie und Harmonie in der Musik (Most 134f). „Für die Pythagoreer war diese mathematische Ordnung des Alls … mit dem Wesen des Schönen überhaupt identisch: Schönheit entsteht durch die sinnvolle innere Ordnung" (Ratzinger 131). Plato nennt Abgemessenheit *(metriotäs)* und Verhältnismäßigkeit *(symmetria)* als Kennzeichen des Schönen (Philebos 64e). Die schönen Dinge führen zum Schönen an sich, das letztlich mit dem Guten an sich identisch ist (Symposion 204; vgl. Krüger 217). Plotin (3. Jh. n. Chr.) führte die Symmetrie zurück auf die Idee, die in der Mannigfaltigkeit des Materiellen Einheit stiftet (Most 1348). Augustin hat diese Anregungen aufgenommen und im Sinne des biblisch-personalen Schöpfungsglaubens umgestaltet (Ratzinger 131f). In der mittelalterlichen christlichen Theologie formulierte Thomas von Aquin schließlich als klassische Merkmale des Schönen: *integritas* (in sich abgeschlossene Gestalt), *proportio* (Ausgewogenheit und harmonisches Zusammenstimmen der Teile) und *claritas* (Glanz) (STh I,39,8: *„Nam ad pulchritudinem tria requiruntur: Primo quidem integritas sive perfectio … Et debita proportio, sive consonantia. Et iterum claritas"*, vgl. Aertsen 1354; vgl. R. Th. Stoll 26). Ähnlich kann auch heute noch „Harmonie" als „erster Leitbegriff der Diskussion" bezeichnet und dazu ausgeführt werden: „Schönes zeichnet sich durch eine Form von Ausgeglichenheit im Rahmen eines Sinnganzen aus, durch sinnvolle Bezüge einzelner Teile, die sich ergänzend und korrespondierend aufeinander beziehen, die zusammen ein kohärentes Ganzes ergeben, das dem Betrachter ausgewogen und angemessen im Sinne einer treffenden Darstellung oder eines adäquaten Ausdrucks erscheint" (Beiner 117).

b. Das von der Heilsgeschichte her Schöne

Nach dem biblischen Zeugnis vom Fall des Menschen tritt eine Störung in die gute Schöpfung Gottes. Das Gute und damit auch Schöne der Schöpfung tritt damit nicht nur in Gegensatz zum noch ungeordneten Stadium des

Urstands, sondern auch zur Zerstörung des Guten und damit Schönen durch die Sünde. Solche Zerstörung manifestiert sich im Bösen und damit auch Hässlichen. Die Überwindung des Bösen geschieht nun aber nicht dadurch, dass Gott ein Machtwort spricht, sondern indem er in seinem Knecht die Sünde und ihre Hässlichkeit auf sich nimmt: Das Aussehen des Gottesknechtes ist „unmenschlich entstellt" (Luther: hässlich, Jes 52,14), er hat „keine (schöne) Gestalt (hebr. *thoar*) noch Hoheit" (hebr. *hadar*; Luther: „Schöne"). „Wir sahen ihn, aber da war kein (schönes) Aussehen, das uns gefallen hätte. Er war der Allerverachtetste und Unwerteste, voller Schmerzen und Krankheit" (Jes 53,2f). Im Licht dieses Prophetenwortes hat dann Jesus seinen eigenen Weg in die Niedrigkeit des Kreuzes verstanden (Lk 22,37; Mk 10,45; 14,24; vgl. Wolff 57ff). Nach dem Johannesevangelium ist gerade die Stunde des Kreuzestodes zugleich die Stunde der Verherrlichung Jesu (17,1). Der Gedanke der Schönheit bekommt hier eine neue Tiefendimension. Mitten in der Schrecklichkeit des Verbrechertodes leuchtet die Schönheit der weltüberwindenden Liebe Gottes auf (vgl. Zeindler 231). Schönheit ist hier nicht, wie in der Tradition eines platonisierenden Idealismus, Erscheinung der Idee des Guten, sondern der die Sünde des Menschen überwindenden Liebe Gottes („Das Kreuz Christi ist Offenbarung höchster Liebe und darum höchste Schönheit", Lütgert, Ethik 156). Während jetzt die Hässlichkeit des Bösen die Schönheit der Schöpfung vielfältig verdrängt und missbraucht, weist die in der niedrigen Gestalt der Kreuzesbotschaft verborgene Schönheit des Evangeliums jetzt schon auf die kommende Herrlichkeit (und damit Schönheit) der alles Böse und Hässliche überwindenden Neuen Schöpfung hin.

3.3.3.4.3 Grenzen objektiver Feststellbarkeit des Schönen

Wie kaum ein anderer bedeutender Künstler hat A. Dürer „unsäglich darunter gelitten, dass die Menschen ästhetisch so verschieden urteilen" (Wölfflin 367), und sich deshalb darum bemüht, über die Willkür des individuellen Geschmacksurteils hinauszukommen und zu objektiven Kriterien des Schönen zu gelangen, Schönheit geradezu mathematisch zu „beweisen" (Wölfflin 364), etwa in der Bestimmung der richtigen Proportionen in der Darstellung des Menschen. Erasmus sagte über ihn: *„Observat exacte symmetrias et harmonias"* („Er achtet genau auf Symmetrien und Harmonien") (Wölfflin 361). Sein Nachdenken mündet aber in das Bekenntnis: „Die Schönheit, was das ist, das weiß ich nicht." Zu dieser Aussage kommt er nicht aus reiner Resignation – denn er hat ja in seinem erst in seinem Todesjahr 1528 fertig gewordenen Werk über die Proportionen des Menschen durchaus einiges darüber zu sagen gewusst, „warum ein Werk gut sei“ (Wölfflin 360). Vielmehr dürfte darin die Erkenntnis sich Ausdruck geben, dass das Phänomen des Schönen letztlich doch nichts anderes ist als ein Hinweis auf seinen letzten Ursprung, auf Gott (deshalb sagt Dürer: „Niemand weiß das denn Gott, die Schöne zu urteilen“, und fügt hinzu: „Und wem er es wollte offenbaren, der wüsste es auch“, Wölfflin 368, vgl. Zeindler 356). Damit weist er hin auf eine Wirklichkeit, die, bei allem, worin sie sich uns erschließt, doch alles Denken übersteigt (Phil 4,7).

Literatur:

J. A. Aertsen, Art. Schöne (das), II. Mittelalter, in: HWP Bd. 8, Basel/Darmstadt 1992; M. Beiner, Gott und das Schöne, in: K. Stock/M. Roth, Glaube und Schönheit, Mainz 2000; H. Cremer, Die christliche Lehre von den Eigenschaften Gottes (1897), ND hg. von H. Burkhardt, Gießen 2005; F. Delitzsch, Neuer Kommentar über die Genesis ([5]1887), ND Gießen 1999; H-G. Gadamer, Wahrheit und Methode, Tübingen [4]1975; R. Guardini, Ethik, Bd. 2, Mainz/Paderborn 1993; I. Kant, Kritik der Urteilskraft (1790), PhB 39a, Hamburg 1963; G. Krüger, Einsicht und Leidenschaft, Frankfurt [3]1963; J. Lauster, Die Verzauberung der Welt. Eine Kulturgeschichte des Christentums, München/Bonn 2014/2015; W. Lütgert, Schöpfung und Offenbarung (SuO), Gütersloh 1934; ders., Ethik der Liebe, Gütersloh 1938; G. W. Most, Art. Schöne (das), I. Antike, in: HWP Bd. 8, Basel/Darmstadt 1992; G. v. Rad, Das erste Buch Mose, ATD 2, Göttingen [7]1964; J. Ratzinger, Der Geist der Liturgie, Freiburg 2000; ders., Verwundet vom Pfeil des Schönen, in: J. Ratzinger, Unterwegs zu Jesus Christus, Augsburg 2003, 31-40; R. Th. Stoll, Bildende Kunst als Zeichen der Universalität, in: D. Bader (Hg.), Universalität als Auftrag, München/Zürich, 21-26; Thomas von Aquin, Summa Theologica, Rom 1923; H. Wölfflin, Die Kunst Albrecht Dürers, München [5]1926; H. W. Wolff, Jesaja 53 im Urchristentum, Gießen [4]1984; M. Zeindler, Gott und das Schöne, Göttingen 1993.

3.3.3.5 Schönheit und Wahrheit

a. Der Wirklichkeitsbezug in den verschiedenen Zweigen der Kunst

Der Bezug zur vorgegebenen Wirklichkeit ist in den verschiedenen Zweigen der Kunst ein sehr verschiedener.

Bildende Kunst war, zumindest bis zur Entwicklung der abstrakten Kunst, generell Abbildung vorgegebener Wirklichkeit. Hier stellt sich die Aufgabe der wahrheitsgemäßen Wiedergabe – wie weit sie gelingt, allerdings auch, wie weit sie gewollt ist. Spätestens seit Erfindung der Fotografie ist klar – was aber dem wirklichen Künstler immer schon bewusst war –, dass die bloß möglichst exakte Nachbildung der Wirklichkeit nicht Ziel des Kunstwerks sein kann. Aber auch die Herstellung von rein Zufälligem ist nicht Kunst. Vielmehr geht es immer, sei es in gegenständlicher, sei es in abstrakter Kunst, darum, nicht vor Augen liegendes Sinnhaftes sichtbar zu machen: sei es in der Wiedergabe eines kleinen Ausschnitts der Wirklichkeit, in dessen schöner, ausgewogener Darstellung sich die Sinnhaftigkeit der Wirklichkeit überhaupt spiegelt, sei es, dass Gleiches in gegenstandsloser Komposition von Farben und Formen Gestalt gewinnt.

Auch *Literatur* in ihren verschiedenen Gattungen ist vor allem der Wirklichkeit zugewandt, auch wo Personen und Handlungen vom Autor erfunden sind – letztlich sind sie doch aus der Beobachtung menschlichen Lebens erwachsen. Das gilt selbst von Märchen und Fantasieliteratur – wenn auch natürlich in anderem Maße als etwa, um das andere Extrem zu nennen, in der Biographie. Hier stellt sich immer die Frage, wie lebensecht das Dargestellte ist. Weder der bloß exakte Bericht (der ist Protokoll oder Niederschlag wissenschaftlicher Arbeit, nicht Dichtung) noch das völlig frei Erfundene, das keiner Wirklichkeit entspricht oder ihr gar widerspricht, ist wirklich Kunst. Auch hier gilt: Kunst soll im Sehen der Wirklichkeit das nicht vor Augen Liegende sichtbar machen und vermitteln.

Anders ist es in der *Musik*. Sie geht in der Regel nicht von Gegebenem aus, sondern schafft grundsätzlich etwas Neues, über das Gebene Hinausgehendes – abgesehen von der Verwendung zumindest einzelner Motive (wie Vogelrufe) und vor allem von sog. Programmmusik, in der Geräusche und Stimmungen aus der Wirklichkeit nachgeahmt werden. Stärker als in der Instrumentalmusik ist die Verbindung mit der Wirklichkeit durch den Text in der Vokalmusik. Hier stellt sich natürlich die Frage, wieweit die Musik dem Text entspricht, ihn interpretiert und stützt. Aber auch die Instrumentalmusik ist auf Vorgegebenes angewiesen. Sie hat einerseits die Möglichkeiten der Instrumente und die Gesetze der Akustik zu berücksichtigen, andererseits die Tatsache, dass unterschiedliche Tonfolgen und Rhythmen auf je unterschiedliche Weise auf den Menschen wirken bzw. unterschiedliche Empfindungen zum Ausdruck bringen können.

Ein weiterer, sehr ursprünglicher Bereich der Kunst ist auch der *Tanz* als gestaltete Bewegung des menschlichen Körpers. Aus ihm entsteht die Ausdruckskunst des Balletts, im Gesellschaftstanz auch Tanz als gestaltetes menschliches Miteinander, schließlich, in Verbindung mit Literatur, das Theater (heute auch Kino- und Fernsehfilm) und, kombiniert mit Musik, die

Oper (heute auch das Musical). Aber auch die gottesdienstliche Liturgie ist gestaltete Bewegung, Einbezug des Leibes in das Gotteslob (Ratzinger 152).

b. Schönheit und Wahrheit in der Kunst

Schönheit ist die dem Wahren und Guten angemessene Form. Von dieser Überzeugung ging die Kunst bis ins 18. Jh. hinein generell aus (Zeindler 181). Seitdem aber zerbrach die Einheit von Schönem und Gutem zunehmend (Zeindler 182ff). Ein Grund dafür dürfte in der Subjektivierung des Schönen seit dem ausgehenden 18. Jh. zu sehen sein. Ein weiterer Grund liegt darin, dass eine sich von der Lebenswirklichkeit verselbstständigende Kultivierung der schönen Form diese unglaubwüdig machte. Ein vom Leben abgehobenes Schönheitsideal ließ die Kunst zum Ästhetizismus bzw. zum Kitsch degenerieren. Die Reaktion auf diese einseitige Entwicklung führte, wiederum einseitig, zum Verständnis von Kunst als Ausdruck individueller und sozialer Lebenswirklichkeit: „Was früher Schönheit genannt wurde, sollte heute, nach dem völligen Verfall des Wortes ‚schön', ‚Ausdrucksmächtigkeit' genannt werden" (P. Tillich 229; vgl. Zeindler 161). Es kann gesagt werden, der Künstler brauche keine Schönheit, ihm genüge, „sich ausgedrückt zu haben" (A. Schönberg, zit. n. Zeindler 185). Kriterium der Kunst ist danach ausschließlich die Wahrhaftigkeit des Künstlers. Im Gegenzug gegen ein unwahres, idealisiertes Schöne kann das Hässliche und Chaotische in der Kunst einen eigenen Stellenwert bekommen. In der Musik zeigt sich dies etwa in aggressiver Disharmonik. In Literatur und bildender Kunst kommt es zu fast obligatorischen detaillierten Darstellungen des Sexuallebens bis hin zu Perversionen, oder auch zu drastischer Inszenierung von Gewalt (insbes. im sog. Regietheater, dabei oft Werke klassischer Dichtung als Vehikel moderner Ideologie missbrauchend). Dies alles steht unter dem selbstgesetzten Anspruch, bürgerliche Scheinharmonie zu entlarven und die schlechte Wirklichkeit zu spiegeln, um sie zu verändern – woraufhin, bleibt in der Regel ungesagt. Man kann hier geradezu von einem „Prozess der Deshumanisation" sprechen: „Die Kunst strebt fort vom Menschen, vom Menschlichen und vom Maß" (Sedlmayer 121.118).

Wo dies geschieht, dient man aber, entgegen erklärter Absicht, nicht der Wahrheit, sondern vermittelt nur ein Zerrbild der Wirklichkeit, das seinerseits eher destruktive als konstruktiv-erneuernde Wirkung hat. Selbstverständlich kann es nicht Aufgabe der Kunst sein, die schlechte Wirklichkleit durch die Illusion von einer „heilen Welt" zu verdrängen. Sie muss wahr sein, indem sie sich mit der schlechten Wirklichkeit zwar offen auseinandersetzt, in aller Realistik dabei aber doch auch das Gute und damit Schöne sucht, sieht und gestaltet. Form und Inhalt lassen sich nicht trennen, bzw. nur zu beiderseitigem Schaden („Denn Schönheit ist nichts Äußerliches, sondern sie besteht darin, dass die Form der völlig entsprechende Ausdruck der inneren Güte ist“, Lütgert 170). Kunst sollte weder nur angenehm noch nur provozierend sein, sondern, entsprechend dem Kulturauftrag des Menschen, mit der Wirklichkeit so umgehen, dass sie „bebaut und bewahrt“ wird, d.h. etwas entsteht, das das gute Werk der Schöpfung Gottes fortsetzt und so nicht nur Erschütterung, sondern auch Freude und Hoffnung weckt.

Literatur:

W. Lütgert, Schöpfung und Offenbarung, Gütersloh 1934; J. Ratzinger, Der Geist der Liturgie, Freiburg 2000; H. Sedlmayer, Verlust der Mitte, Die bildende Kunst des 19. und 20. Jahrhunderts als Symptom und Symbol der Zeit, Frankfurt 1955; P. Tillich, Zur Theologie der bildenden Kunst und Architektur, in: ders., Auf der Grenze, München 1987, 226-239; M. Zeindler, Gott und das Schöne, Göttingen 1993.

3.3.3.6 Kunst und Religion

Von ihren ersten Anfängen an ist Kunst eng verbunden gewesen mit der Religion des Menschen. Dies zeigte sich besonders in der Gestaltung des Kultus (Kultmythen, Liturgie) und der Kultgegenstände (Tempel, Gottesbild). „Solange das Leben religiös orientiert war, solange sich sein Umfang und seine Tiefe vor einem Höheren verantworteten, waren Dichtung und bildende Kunst der vornehmste Ausdruck solcher Verantwortung“ (Schefold 7; vgl. Guardini 797: „Die früheste Dichtung ist Kultgesang“).

Im Zusammenhang mit der allgemeinen Säkularisierung des Lebens und Denkens in der Moderne tritt zwar der religiöse Bezug in der Kunst zurück (Schefold 7). Und doch kommt die Kunst nicht los von der Religion. Ihr eignet offenbar in ihrem Hinausgehen („transzendieren“) über das sichtbar Vorgegebene, bloß Nützliche und Verrechenbare wesentlich ein Zug zum Transzendenten. Wo aber der religiöse Glaube an echte Transzendenz schwindet, neigt Kunst deshalb dazu, selbst Religionsersatz zu werden. Bekannt ist das Wort Goethes in den „Zahmen Xenien“: „Wer Wissenschaft und Kunst besitzt, hat auch Religion; wer jene beiden nicht besitzt, der habe Religion“ (Goethe 404; vgl. Trillhaas 241; Schmidt-Salomon 47). Goethe spielt hier mit zwei Bedeutungsvarianten von Religion: Zum Schluss („der habe Religion“) spricht er von Religion im Sinne einer bestimmten positiven Religion (als Ersatz für mangelnden Zugang zu Wissenschaft und Kunst) und zu Anfang („der hat auch Religion“) von Religion im Sinne sog. Quasireligion (hier im Sinne einer zum Pantheismus neigenden Begeisterung für Wissenschaft und Kunst, die positive Religion überflüssig machen). In diesem Sinn hat im 19. Jh. ein entchristlichtes Bürgertum Ersatz für den ihm abhandengekommenen christlichen Glauben in der Kunst gesucht (Strauß 218-270; vgl. H. Burkhardt 39f). Die Tempel dieser „Religion“ sind dann die Museen,Theater und Konzerthäuser, ihre Priester die Künstler, ihre Gemeinde die der Kunstliebhaber. Auch religiöse Inhalte können, scheint es, diese Säkularisierung nicht verhindern, wie die Abwanderung von Altären aus ihrem angestammten Ort in Kirchen in den ihnen fremden Kontext der Museen oder von geistlichen Oratorien in den Konzertsaal zeigt, wo sie dann dem „Kunstgenuss“ dienen.

Angesichts solcher Tendenzen könnte es naheliegen, dass wirklich religiöse Menschen sich aus der Kunst überhaupt zurückziehen („wer jene beiden nicht besitzt“) und sich mit einer formlosen Frömmigkeit begnügen oder, wenn sie auf Kunst nicht verzichten wollen, den Versuch unternehmen, abseits des normalen Kunstbetriebs eine eigene christliche Kunst zu pflegen.

Die Frage ist dabei allerdings, was man unter „christlicher“ Kunst zu verstehen hat. Es gibt drei denkbare Varianten:

1. Von Christen produzierte Kunst, 2. Kunst mit christlichen Inhalten und 3. Kunst mit christlicher Botschaft.

Tatsächlich wird man bei einem Kunstwerk von jemandem, der christliche Inhalte verwendet, sich selbst aber offen als Nichtchrist bekennt, nicht von christlicher Kunst sprechen können. Andererseits ist das, was ein Christ in der Absicht schafft, ein Kunstwerk hervorzubringen, nicht automatisch auch schon wirklich Kunst – es könnte auch (und ist es leider oft) nur Kitsch sein. Daran ändert auch eine im Werk enthaltene christliche Botschaft nichts. Vielmehr ist wirkliche Kunst, gleich von wem hervorgebracht, zunächst einmal nichts als Kunst und nur ihren Kriterien unterworfen. Da authentische Kunst aber nicht von der Person des Künstlers und seinem Leben zu trennen ist, wird sich das Christsein eines Künstlers unvermeidlich in seinem Werk niederschlagen, auch unabhängig vom Gegenstand. Deshalb wird für den Christen seine künstlerische Arbeit, wie alles, was er tut, letztlich das Lob Gottes zum Ziel haben (Kol 3,17; Eph 1,12). Dazu aber ist nun allerdings Kunst in besonderer Weise geeignet.

In diesem Sinn hat ein J. S. Bach keineswegs nur über seine geistlichen, sondern über alle seine Werke die Widmung S.D.G. gestellt (*Soli Deo Gloria* = Gott allein die Ehre; vgl. Schweitzer 152). „Ob wir Bach oder Mozart … hören – beide Male spüren wir auf wunderbare Weise, was gloria Dei – Herrlichkeit Gottes – heißt: Das Mysterium der unendlichen Schönheit ist da und lässt uns Gottes Gegenwart lebendiger und wahrer erfahren, als es durch viele Predigten geschehen könnte" (Ratzinger 126).

In einer Zeit der Säkularisierung der Kultur können dabei Zusammenschlüsse bewusst christlicher Künstler (wie „Crescendo" oder „Das Rad") einen guten Sinn haben: um sich gegenseitig zu ermutigen und ansprechbare Vermittler zwischen Gemeinde und Kunst zu sein. Eine Ghetto-Bildung sollte daraus aber möglichst nicht entstehen. Der christliche Künstler hat sich auch über den Bereich der christlichen Gemeinde hinaus als Künstler zu bewähren. Neben dem Trennenden im Glauben ist das auch mit dem nichtchristlichen Künstler Verbindende im gemeinsamen Menschsein gegeben. Als Mensch und damit Gottes Ebendbild hat der nichtchristliche Künstler (ob er seine Gottebenbildlichkeit glaubt oder nicht) genauso Anteil am Auftrag, die Erde zu bebauen und zu bewahren (und so das Schöpfungswerk fortzusetzen), wie der christliche Künstler. So zeugt auch das vom Nichtchristen geschaffene Kunstwerk noch „indirekt von der Schöpferkraft Gottes" (Rink 363). „Eine Kunst, die aus dem Unglauben, aber aus großer Lebensnähe kommt, steht der Kirche näher als eine religiöse Kunst, die aus einer Scheinwelt erdichteter Frömmigkeit lebt" (Melzer 92).

Vor ein spezielles Problem stellt in diesem Zusammenhang natürlich das Verhältnis des reproduzierenden Künstlers zum religiösen Kunstwerk dar. Es hat immer etwas Merkwürdiges, wenn etwa ein nichtreligiös geprägter Sänger in einer Bach-Arie in der Ichform mit großem gefühlsmäßigen Einsatz z.B. von „seiner" Liebe zu Jesus spricht. Aber diese Spannung müssen wir aushalten. Sie ist keine Veranlassung zu zwischenmenschlichen Abgrenzungen, sondern eine Aufforderung an die Gemeinde zu einer Verkündigung, welche die bleibende Wahrheit der alten Texte und Bilder an die Gegenwart vermittelt.

Literatur:

H. Burkhardt, Was glaubt eigentlich ein Christ?, Basel 2000; J. W. v. Goethe, Sämtliche Werke, Artemis-Gedenkausgabe Bd. 2, Zürich 1953; R. Guardini, Ethik, Bd. 2, Mainz/Paderborn 1993; F. Melzer, Gnade und Schönheit. Grundfragen christlicher Kunstauffassung, Neuhausen 1985; J. Ratzinger, Der Geist der Liturgie, Freiburg 2000; B. Rink, Schönheit – Gestalt gewordene Liebe. Theologische Überlegungen zur Ästhetik, in: H. Dürr/ Ch. Ramstein (Hg.), Basileia – FS für Eduard Buess, Basel 1993, 357-367; K. Schefold, Griechische Kunst als religiöses Phänomen, Hamburg 1959; M. Schmidt-Salomon, Manifest des evolutionären Humanismus, Aschaffenburg 2006; A. Schweitzer, Johann Sebastian Bach (1908), Leipzig 1963; D. F. Strauß, Der alte und der neue Glaube (1872), Leipzig o. J.; W. Trillhaas, Ethik, Göttingen 1959.

Stichwortregister

Namenregister

Bibelstellenregister (inkl. atl. Apokryphen)

Helmut Burkhardt

Einführung in die Ethik

Grund und Norm sittlichen Handelns

192 S., Paperback
ISBN 978-3-7655-9416-8
4. Auflage

Gegenwärtig erleben wir eine tiefgehende Krise aller ethischen Normen. Wir stehen nicht nur in einem rasnten Wertewandel, sondern in einem dramatischen Werteverfall. In dieser Situation genügt es nicht, bei der klassischen Frage stehenzubleiben: „Was soll ich tun?" Vielmehr gilt es, sich ganz neu der grundlegenden Frage zu stellen: „Wie kann ich überhaupt erkennen, was ich zu tun habe?" und „Wie kann ich tun, was ich als richtig erkannt habe?" Die vorliegende „Einführung in die Ethik" gibt auf diese Fragen in einer umfassenden, neuen Konzeption Antwort. Gegenüber den Einseitigkeiten einer allgemeinen Ethik, in der das Christliche keinen Platz mehr hat, und einer christlichen Ethik, die in einer zunehmend nichtchristlichen Gesellschaft ihre Relevanz verloren hat, bindet der Autor in einem heilsgeschichtlich differenzierten Entwurf beide Anliegen zusammen: gesellschaftliche, allgemein-menschliche Relevanz und Wahrnehmung des spezifisch Christlichen.

B.s Einführung in die Ethik (ist) nicht nur ein empfehlenswertes Handbuch für Theologiestudenten, Pfarrer und interessierte Laien, sondern auch ein ernsthafter Gesprächsbeitrag zur Weiterführung der gegenwärtigen evangelischen Ethik

(Dozent Dr. Werner Neuer in idea spezial 2,1996).

In seinem heilsgeschichtlich differenzierten Entwurf zeigt der Autor einerseits auf, dass christliche Ethik gesellschaftliche und allgemein-menschliche Relevanz hat und deshalb ‚allgemeineEthik' ist. In eindrücklicher Weise führt Burkhardt dann aber auch aus, dass es innerhalb der christlichen Ethik eine spezifisch christliche Ethik gibt, die nur für Christen gelten kann (Beat Spirgi, InforMA, Ev. Gemeinschaftswerk Bern).

BRUNNEN VERLAG GIESSEN
www.brunnen-verlag.de

Helmut Burkhardt

Ethik

Band II/1
Das gute Handeln: Religionsethik, Lebensethik, Sozialethik

240 S., Paperback
ISBN 978-3-7655-9477-9

Der zunehmend schnelle gesellschaftliche Wandel hat frühere Selbstverständlichkeiten in Lebensanschauung und Lebensführung überholt. An ihre Stelle ist eine weit verbreitete Verhaltensunsicherheit getreten. Die Frage: „Warum soll ich eigentlich was tun?" wird ganz neu gestellt. Auch christliche Normen sind von dieser Unsicherheit erfasst.

Die hier vorgelegte Ethik versucht, in dieser Situation Orientierungshilfe zu geben. Sie tut es unter sorgfältiger Berücksichtigung der Wirklichkeit und in der steten Rückbesinnung auf das als maßgeblich angesehene Zeugnis der Heiligen Schrift. Auf diese Weise ist ein eigenständiger, systematisch durchdachter Entwurf theologischer Ethik entstanden, der zugleich offen ist für das Gespräch mit anderen Ansätzen, auch solchen, die nicht von christlichen Voraussetzungen ausgehen.

Die Lektüre dieses Buches lohnt sich ... nicht nur, weil B. an vielen Stellen biblische Einsichten für die Ethik fruchtbar macht, sondern auch, weil er sich erfolgreich bemüht, enge Glaubens- und Denkhorizonte zu erweitern und dennoch klare Orientierunggrundlagen zu vermitteln
(Landesbischof Prof. Dr. Heinrich Bedford-Strohm, München, ThLZ).

In einer Zeit zunehmender Orientierungslosigkeit, die bis in die Mitte der Gemeinde hineinreicht, ist es notwendig, die biblischen Grundworte und Grundwerte neu ins Licht zu rücken und sie so konkret wie möglich mit dem Leben zu verbinden. Das geschieht in diesem Buch auf treffliche Weise (Landesbischof D. Theo Sorg, Stuttgart, brieflich).

Helmut Burkhardt

Ethik

Band III
Die bessere Gerechtigkeit: spezifisch christliche Materialethik

320 S., Paperback
ISBN 978-3-7655-9500-4

In seinem letzten und umfänglichsten Band geht es Burkhardt um die spezifisch christliche Ethik. Er hält eine solche im Unterschied zum evangelischen und katholischen mainstream für möglich und aufgrund des Neuen Testaments auch für geboten. Ausgehend vor allem von dem Liebesgebot äußert er sich unter den traditionellen Begriffen von koinonia, leitourgia, martyria und diakonia zur christlichen Gemeinchaft, dem Gebet und dem christlichen Dienst in Mission und Diakonie. ... Kirche und Theologie im web

Burkhardts Werk ist beides: Eine Neuvermessung des Feldes allgemeiner Ethik und der Aufweis des christlichen Spezifikums guten Lebens. Es verdient daher innerhalb und außerhalb der Theologie und Kirche gleichermaßen große Aufmerksamkeit.
(Prof. Dr. Harald Seubert, Hochschule für Politik München/ Staatsunabhängige Theologische Hochschule Basel, ThLZ).

BRUNNEN VERLAG GIESSEN
www.brunnen-verlag.de

Reinhard Slenczka (Hrsg.)

Klaus Bockmühl: Gesetz und Geist

Eine kritische Würdigung des Erbes protestantischer Ethik

Paperback

ISBN 978-3-7655-9448-9

Wir leben in einer Zeit, in der es immer schwerer fällt, tragfähige Normen für moralisches Handeln zu finden. Auch die protestantische Ethik befindet sich gegenwärtig in einer Krise, deren Ursachen zum Teil schon bei den Reformatoren angelegt sind.

Klaus Bockmühl analysiert die Ethik der Reformatoren, der reformatorischen Bekenntnisschriften und des protestantischen Kirchenlieds und entdeckt neben vielem Wertvollen auch einseitige Tendenzen: Unevangelische Gesetzlichkeit steht falsch verstandener evangelischer Freiheit gegenüber. Dem gegenüber betont Bockmühl das unauflösliche Miteinander von Gesetz und Geist, die übereinstimmen und sich ergänzen.

BRUNNEN VERLAG GIESSEN
www.brunnen-verlag.de